Uwe Kraus

WordPress

WordPress
Das Praxisbuch

Uwe Kraus

Dieses Werk einschließlich aller Inhalte ist urheberrechtlich geschützt. Alle Rechte vorbehalten, auch die der Übersetzung, der fotomechanischen Wiedergabe und der Speicherung in elektronischen Medien.

Bei der Erstellung von Texten und Abbildungen wurde mit größter Sorgfalt vorgegangen. Trotzdem sind Fehler nicht völlig auszuschließen. Verlag, Herausgeber und Autoren können für fehlerhafte Angaben und deren Folgen weder eine juristische Verantwortung noch irgendeine Haftung übernehmen. Für Anregungen und Hinweise auf Fehler sind Verlag und Autoren dankbar.

Die Informationen in diesem Werk werden ohne Rücksicht auf einen eventuellen Patentschutz veröffentlicht. Warennamen werden ohne Gewährleistung der freien Verwendbarkeit benutzt. Nahezu alle Hard- und Softwarebezeichnungen sowie weitere Namen und sonstige Angaben, die in diesem Buch wiedergegeben werden, sind als eingetragene Marken geschützt. Da es nicht möglich ist, in allen Fällen zeitnah zu ermitteln, ob ein Markenschutz besteht, wird das ®-Symbol in diesem Buch nicht verwendet.

ISBN 978-3-95982-082-0

© 2018 by   Markt+Technik Verlag GmbH
Espenpark 1a
90559 Burgthann

Produktmanagement Christian Braun, Burkhardt Lühr
Herstellung Jutta Brunemann
Korrektorat Petra Heubach-Erdmann
Layout Merve Zimmer
Covergestaltung David Haberkamp
Coverfoto © Victoria – Fotolia.com
Satz inpunkt[w]o, Haiger (www.inpunktwo.de)
Druck Media-Print Informationstechnologie GmbH, Paderborn
Printed in Germany

Vorwort

Eines der wichtigsten Dinge in der Welt des Internets ist wohl die Erfindung von WordPress, das aus unserem modernen Alltag nicht mehr wegzudenken ist. WordPress ist eine Open-Source-Lösung, also eine freie Software für jedermann, für jeden zugänglich und für jeden verständlich. Ein Framework stellt das Grundgerüst des Programms dar.

Bereits Mitte der 90er-Jahre war es möglich, einen einfachen Blog einzurichten. Die Erfolgsgeschichte von Blogs begann aber erst im Jahr 2004 mit WordPress. Im Laufe der Jahre wurde es immer weiter ausgebaut und ist heute ein fester Bestandteil des Internets.

Heutzutage nutzen bereits über 60 Millionen Menschen WordPress. War WordPress zuerst nur für die Erstellung von Blogs gedacht, ist es heute viel mehr und kann auch für das Erstellen von Webseiten sehr gut genutzt werden.

Das Programm ist schnell installiert und leicht zu nutzen, sodass es in den letzten Jahren immer mehr Anhänger gefunden hat. Wem die Grundlagen von WordPress nicht ausreichen, der kann es durch zusätzliche Plug-ins erweitern sowie das Aussehen und Design verändern.

WordPress ist das meistverbreitete CMS-Tool überhaupt und hat grundsätzlich zwei Inhalte: Seiten und Beiträge, die im visuellen oder im HTML-Modus bearbeitet werden können. Ein weiterer wichtiger positiver Faktor ist, dass in WordPress Bilder hochgeladen werden können und Besucher die Möglichkeit haben, Kommentare zum Inhalt abzugeben. WordPress ist also sehr produktiv und dadurch für jeden geeignet, aber auch sehr umfangreich.

Selbst wenn man sich nur auf Themes und Plug-ins festlegt, wird man trotzdem einiges an Zeit benötigen, um einen Blog zu erstellen, wird dafür aber nach der Fertigstellung reichlich belohnt durch das professionelle Aussehen seiner Seite. Und noch ein zu beachtender Vorteil: WordPress ist kostenlos. Sie müssen lediglich für Web-Hosting bezahlen, falls das gewünscht ist.

Dieses Buch bietet zunächst eine kurze Einführung in die Welt von WordPress und geht im weiteren Verlauf näher auf die einzelnen Programmelemente ein. In diesem Buch werde ich Sie nicht mit aufwendigen Installationen oder HTML-Code belasten, sondern alles so einfach wie möglich erklären.

Sollten Sie trotzdem einmal etwas nicht verstanden haben, dann lesen Sie sich den entsprechenden Abschnitt ein zweites oder drittes Mal durch, denn beim wiederholten Lesen wird manches klarer und meist auch verständlicher.

Ich weise vorsorglich noch darauf hin, dass ich für alle rechtlichen Hinweise in diesem Buch keine Garantie übernehmen kann. Besonders im Medienrecht ändern sich öfter Gesetze oder es kommen neue hinzu. Im Zweifelsfall sollten Sie sich an einen Rechtsanwalt für Medienrecht wenden.

Ich habe Wert darauf gelegt, verständlich zu schreiben und Fachbegriffe, sollten sie unerlässlich sein, direkt zu erläutern. Sollten Sie jedoch einmal einen Fachbegriff im Buch nicht verstehen, nutzen Sie das Glossar im Anhang des Buches und lesen Sie die Bedeutung dort nach.

Dieses Buch erhebt keinen Anspruch auf Vollständigkeit. Es wurde versucht, alle Themenbereiche rund um WordPress mit Beispielen aus der Praxis zu beschreiben. Sollten Sie dabei das eine oder andere Thema vermissen, bitte ich um Verständnis.

Anregungen und Kritik zu diesem Buch sind jederzeit erwünscht unter folgender E-Mail-Adresse: krausnet@outlook.de.

An dieser Stelle möchte ich mich noch bei den folgenden Personen und Firmen für die Unterstützung bei diesem Buch bedanken:

Bei der Firma 1&1 www.1und1.de für die Genehmigung, Screens aus ihrer Webseite in dem Buch zu veröffentlichen.

Bei Thomas Bluhm für die Genehmigung, Screens aus seinem Blog www.got-big.de in meinem Buch zu veröffentlichen.

Ein besonderer Dank gilt meiner Frau, weil sie immer Verständnis und Geduld hatte, wenn ich beim Schreiben dieses Buches mal nicht ansprechbar oder mit den Gedanken abwesend war.

Weiterhin bedanke ich mich bei den Erzeugern und Betreibern von WordPress, die dieses Programm pflegen und immer wieder verbessern.

Bei der Lektüre des Buches wünsche ich Ihnen viel Spaß und gehe davon aus, dass Sie viel Wissen in Form von Tipps und Infos aus dem Buch ziehen können.

Ihr
Uwe Kraus

www.redaktion-kraus.de

Inhaltsverzeichnis

1. Die Installation von WordPress 15
    1.1   Die 1-Klick-Installation 15
    1.2   Die SSL-Verschlüsselung 19

2. Infos über den Blog 23
    2.1   Ein Blog – was ist das überhaupt? 23
    2.2   Der Aufbau eines Blogs 23
    2.3   Trolle – Die Plagegeister der Blogger 28
    2.4   Das Logo – Markenzeichen eines Blogs 28
    2.5   Besonderheiten eines Blogs 29
    2.6   Bloggertools für die Bildbearbeitung 29
    2.7   Infos über die Seite 34

3. Der ideale Einstieg in WordPress 37
    3.1   Die optimale Planung 37
    3.2   Das Thema 37
    3.3   Layout 39

4. WordPress einrichten 42
    4.1   Einen Blog erzeugen 42
    4.2   Design aussuchen 43

5. Die Themes von WordPress 47
    5.1   Was sind eigentlich Themes? 47
    5.2   Ohne großen Aufwand: fertige Themes 47
    5.3   Die Auswahl eines Themes 47
    5.4   Themes installieren 48
    5.5   Themes ändern 53
    5.6   Themes bearbeiten 54
    5.7   Alternative Themes 60

6.	Der Aufbau von WordPress	67
	6.1 Das Dashboard – die Kommandozentrale	67
	6.2 Frontend und Backend	71

7.	Erste Schritte mit WordPress	73
	7.1 Beiträge erstellen	73
	7.2 Weitere Textgestaltungen	80

8.	Die Seiten	85
	8.1 Die Startseite	86
	8.2 Eine neue Seite erstellen	86
	8.3 Die Über-mich-Seite	88
	8.4 Die Kontakt-Seite	88
	8.5 Das Impressum	89
	8.6 Seiten ändern	91

9.	Plug-ins	93
	9.1 Installation von Plug-ins	94
	9.2 Plug-ins downloaden	109
	9.3 Plug-ins entfernen	113

10.	Der Umgang mit Bildern	115
	10.1 Bilder erstellen	115
	10.2 Bilder einfügen	119
	10.3 Bilder in WordPress bearbeiten	122
	10.4 Eine Bildergalerie erstellen	133
	10.5 Große Bilder einfügen	136
	10.6 Bilder ersetzen	137
	10.7 Ein Beitragsbild einfügen	138
	10.8 Bilder für die Vorschau neu erstellen	140
	10.9 Kostenlose Bilder	143

11. Die Artikel 147
- 11.1 Von der Idee bis zum Text 147
- 11.2 Einen Artikel erstellen 150
- 11.3 Die Gestaltung eines Artikels 151
- 11.4 Kurze oder lange Artikel 154
- 11.5 Den Beitrag veröffentlichen 157

12. Fachblogs 159
- 12.1 Fachblog ohne Bilder 159
- 12.2 Überschrift und Text eingeben und formatieren 164
- 12.3 Mehrere Beiträge gleichzeitig bearbeiten 166
- 12.4 Die Keywords 168
- 12.5 Revisionen 169
- 12.6 Webanalyse mit WP Statistics 173
- 12.7 Fachblog mit Bildern 174
- 12.8 Tabellen nutzen 181

13. Die Kommentare 183
- 13.1 Kommentare verwalten 183
- 13.2 Das Avatar-Bild 186

14. Newsletter und Abonnenten 189
- 14.1 Das Plug-in MailPoet 189
- 14.2 Abonnentenlisten 194
- 14.3 Newsletter bearbeiten 199

15. Die Kategorien 206
- 15.1 Eine neue Kategorie anlegen 206
- 15.2 Kategorien bearbeiten 209
- 15.3 Beiträge den Kategorien zuweisen 211
- 15.4 Kategorien nutzen 212

16. Der Administrationsbereich 213

16.1 Die verschiedenen Benutzerarten 213
16.2 Neue Benutzer anlegen 213
16.3 Das Profil 215

17. Die Einstellungen von WordPress 219

17.1 Allgemeine Einstellungen 219
17.2 Einstellungen für das Schreiben 221
17.3 Einstellungen für das Lesen 222
17.4 Einstellungen für Diskussionen 223
17.5 Einstellungen für die Mediathek 223
17.6 Einstellungen für die Permalinks 223

18. Der geschäftliche Blog 225

18.1 Das passende Design 225
18.2 Die Plug-ins 226
18.3 Foto in Kopfzeile einfügen 226
18.4 Die Seitengestaltung 227
18.5 Das Kontaktformular 230
18.6 Die Beiträge 231

19. Widgets 233

19.1 Widgets in die Sidebar einfügen 233
19.2 Inaktive Widgets 250

20. Die Mediathek 251

20.1 Bilder sortieren 253
20.2 Bilder ordnen 255

21. Ein Blog als Shop 259
- 21.1 Beiträge und Galerien 259
- 21.2 Einen Shop einrichten 262
- 21.3 Nutzung weiterer Plug-ins 274
- 21.4 Die Footer-Widgets nutzen 277

22. SEO – Suchmaschinenoptimierung 278
- 22.1 Die Seite optimal einstellen 278
- 22.2 Suchmaschinenoptimierung außerhalb der Seite 279
- 22.3 Plug-ins für die Suchmaschinenoptimierung 279

23. Der Reiseblog 281
- 23.1 Die Lightbox 283
- 23.2 Ein spezielles Kontaktformular 284
- 23.3 Seiten von Datenmüll bereinigen 288

24. Backups und Absicherung 292
- 24.1 Eine gute Datensicherung 292
- 24.2 Dropbox einrichten 292
- 24.3 Ein Backup erstellen 294
- 24.4 Backup außerhalb von WordPress anlegen 306
- 24.5 Ein WordPress-Backup testen 308
- 24.6 Ein Backup aufteilen 309
- 24.7 Ein Backup wiederherstellen 311
- 24.8 Die richtige Absicherung 314

25. Performance der Webseite 318
- 25.1 Die Leistung des Blogs testen 318
- 25.2 Alternative Programme für den Performancetest 337

26. Das Caching 345

- 26.1 Caching mit Plug-ins 345
- 26.2 Das Inkognito-Fenster 354
- 26.3 Weitere Caching-Tools 356
- 26.4 Was bremst die Geschwindigkeit? 361
- 26.5 Voraussetzungen für ein gutes Caching 362
- 26.6 WordPress säubern 363

27. Der private Blog 365

- 27.1 Das Plug-in Jetpack nutzen 370
- 27.2 Die Verwendung von PDF-Dateien 382
- 27.3 Tabellen 386
- 27.4 Das Inhaltsverzeichnis 389
- 27.5 Der Shortcode 392
- 27.6 Caching 396
- 27.7 Reinigung 397
- 27.8 Veröffentlichungstermin eines Artikels 398

28. Social Media 399

- 28.1 Facebook 399
- 28.2 Google+ 399
- 28.3 Instagram 400
- 28.4 Pinterest 401
- 28.5 Snapchat 402
- 28.6 Flickr 403
- 28.7 Twitter 403
- 28.8 Tumblr 404
- 28.9 XING 404
- 28.10 LinkedIn 405
- 28.11 SlideShare 406

	28.12	YouTube	406
	28.13	Vimeo	407
	28.14	WhatsApp	408

29. Einen Blog bekannt machen 409

	29.1	Blogparade	409
	29.2	Blogroll	409
	29.3	Blogverzeichnisse	409
	29.4	Downloads	410
	29.5	Foren	411
	29.6	Gastartikel	411
	29.7	Permalinks	411
	29.8	Social Networks	411
	29.9	Kommentare	413
	29.10	Newsletter	413
	29.11	Problemlösungen	413
	29.12	Veröffentlichungen	413

30. Mit Bloggen Geld verdienen 414

	30.1	Ziele setzen	414
	30.2	Schreiben	415
	30.3	Affiliate-Programme	415
	30.4	Books	416
	30.5	Backlinks	416
	30.6	Schreibaufträge	419
	30.7	Werbung	421
	30.8	VG Wort	421
	30.9	Besucherzähler aus dem Internet	425
	30.10	VG Bild-Kunst	426

31. Rechtliche Aspekte 428

    31.1   Das Impressum 428

    31.2   Die Datenschutzerklärung 429

    31.3   Versenden von Newslettern 429

    31.4   Das Urheberrecht 430

    31.5   Bilder veröffentlichen 431

    31.6   Die Social-Media-Logos 432

    31.7   Quellenangabe 432

32. Anhang 434

    32.1   Die besten Tipps zum Blog 434

    32.2   Die wichtigsten Tastenkombinationen 434

    32.3   Das WordPress-Lexikon 435

    32.4   Blogs, Themes, Plug-ins 440

Stichwortverzeichnis 442

1. Die Installation von WordPress

Sie können WordPress kostenlos aus dem Internet herunterladen. Bedenken Sie dabei aber, dass dieses Angebot nicht werbefrei ist und Sie sich anschließend um alle technischen Dinge wie Datenbank, Backups und Sicherung kümmern müssen. Das ist ziemlich kompliziert und erfordert viel Wissen und Geduld.

Allein die Erstellung einer Datenbank würde Ihnen einiges an technischem Wissen und viel Zeitaufwand abverlangen. Sie müssten die WordPress-Installation in die vorher von Ihnen anzulegenden Verzeichnisse kopieren, eine Verknüpfung und einen Zugang zu einer Datenbank erstellen, die benötigten Felder in der Datenbank generieren und das ausgewählte Theme konfigurieren.

Um sich eine aufwendige Installation von WordPress mit komplizierten technischen Vorgängen zu ersparen, sollten Sie WordPress inklusive Domain über einen Webhoster mieten, der viel Speicherplatz bietet, da der Speicherplatz bei WordPress auch bei manchen bezahlten Hostings relativ gering und die Auswahl an Plug-ins sehr eingeschränkt ist. Bei einem Webhoster kostet das Mieten von Webspace nur wenige Euro im Monat und erspart Ihnen eine Menge Stress.

Der Hoster kümmert sich dann auch um Updates sowie um die Sicherheit und bietet außerdem in der Regel eine 1-Klick-Installation an, die einfach und schnell vor sich geht und in wenigen Minuten erledigt ist.

Wählen Sie bevorzugt ein Managed-WordPress-Paket aus, da dies meist mehr Leistung und eine bessere Performance bietet und Themes sowie wichtige Plug-ins gleich vorinstalliert sind. Außerdem steht hier ein spezieller Server für schnellere Ladezeiten zur Verfügung. Die Installation läuft bei allen Anbietern ähnlich ab, aber es wird sicher nicht bei jedem gleich sein. Nach der Installation ist WordPress dann aber bei jedem gleich.

1.1 Die 1-Klick-Installation

Wenn Sie sich bei Ihrem Webhoster angemeldet haben, bekommen Sie eine Bestätigungsmail von ihm mit einer Kundennummer und können sich nun mit dieser Kundennummer und einem Passwort, das Sie noch vergeben müssen, einloggen. Suchen Sie dann WordPress auf der Seite des Anbieters und starten Sie die Installation. In diesem Fall über den Button *WordPress einrichten*.

Im nächsten Bereich werden Sie aufgefordert, einen Namen für Ihre Seite zu vergeben. Kommen Sie dieser Aufforderung nach und geben Sie den gewünschten Namen ein.

1. Die Installation von WordPress

Hier geht es zu WordPress. Quelle: 1&1 Internet SE, Montabaur.

Im rechten Bereich des Fensters sehen Sie ein Muster, das zeigt, wie Ihre Seite aufgebaut ist. Links sehen Sie die Felder für die einzelnen Menüs und im rechten Bereich eine Zeile für die Blogüberschrift, darunter den Texteingabebereich und ein leeres Feld.

Links unten sehen Sie noch die Version von WordPress, das Datum der letzten Aktualisierung und einige Erklärungen zum Programm. Klicken Sie nun auf den Button *Website erstellen*.

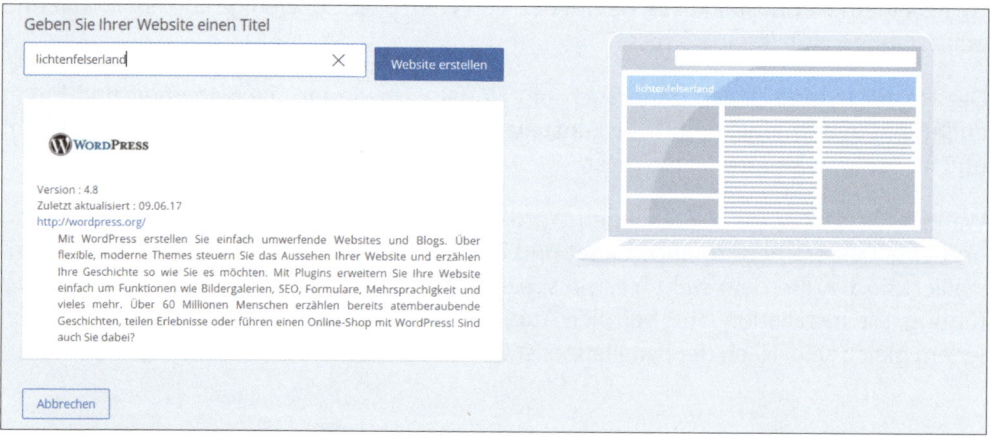

Im Installationsfenster legen Sie den Namen der Seite fest und lassen diese erstellen.
Quelle: 1&1 Internet SE, Montabaur.

Im nächsten Schritt müssen Sie einen Benutzernamen für den Administrator eingeben. Der Administrator sind in diesem Fall Sie. Es versteht sich von selbst, dass Sie hier nicht den Namen *Administrator* eingeben sollten, der Name sollte auch dem Ihrer Seite nicht ähneln. Denken Sie sich irgendeinen Namen aus, am besten in Verbindung mit Zahlen, und notieren Sie ihn irgendwo.

Nun benötigen Sie noch ein Passwort. Auch dieses sollten Sie gut wählen, es sollte möglichst viele Zeichen enthalten, wieder in Verbindung mit Zahlen und auch Sonderzeichen sowie Groß- und Kleinbuchstaben.

Die 1-Klick-Installation

Es ist empfehlenswert, sich auch das Passwort zu notieren. Selbst wenn jemand Ihr Passwort knacken sollte, kommt er nicht auf Ihre Seite, wenn der Username nicht bekannt ist. Verwenden Sie auf keinen Fall das Passwort irgendwo anders im Internet. Geben Sie das Passwort ein und wiederholen Sie die Eingabe nochmals im zweiten Feld. Im Auswahlbereich *Benutzeroberflächensprache* ist *Deutsch* bereits voreingestellt. Bestätigen Sie durch ein Häkchen die Nutzungsbedingungen und klicken Sie auf *Weiter*.

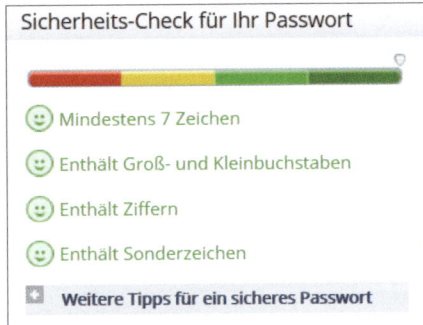

Das ausgewählte Passwort ist 100 % sicher.

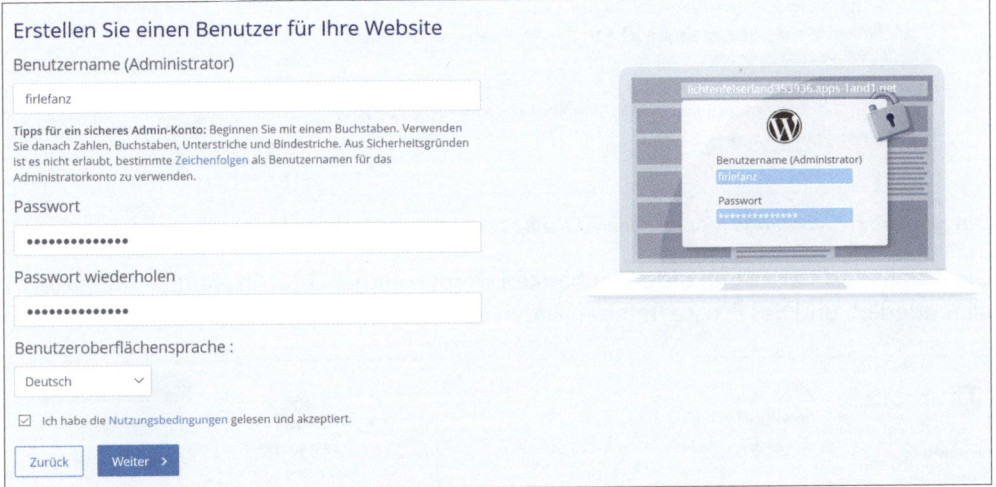

Hier legen Sie den Administrator an. Quelle: 1&1 Internet SE, Montabaur.

Nun werden Ihnen zwei Installationsarten von WordPress angeboten. Ich würde Ihnen **Managed WordPress** empfehlen, da sich hier der Provider um die Updates kümmert und täglich updatet. Themes und Plug-ins sind auch bereits enthalten, die die wichtigsten Anforderungen erfüllen. Das spart Ihnen viel Zeit und auch Nerven.

Außerdem erhalten Sie bei dieser Variante eine kostenlose SSL-Verschlüsselung. Es gibt auch einen speziellen Server für schnellere Ladezeiten Ihrer Seite. Klicken Sie auf *Managed WordPress*. Die Installation startet und ist in wenigen Minuten erledigt.

1. Die Installation von WordPress

Das gemanagte WordPress wird installiert. Quelle: 1&1 Internet SE, Montabaur.

Die Installation startet und die Datenbanken werden eingerichtet. In wenigen Minuten ist alles erledigt, und das Fenster mit den Daten der Seite wird angezeigt.

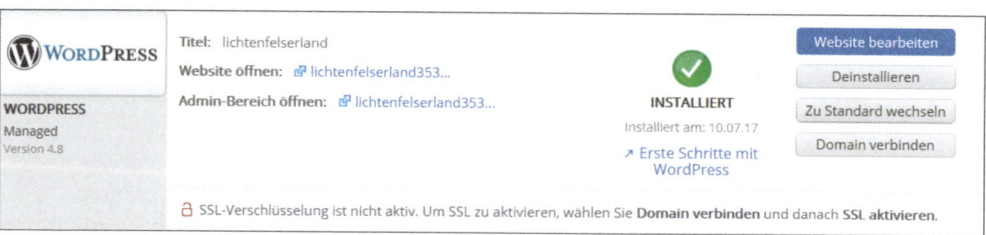

Die WordPress-Installation ist vollendet. Quelle: 1&1 Internet SE, Montabaur.

Im nächsten Schritt müssen Sie eine Domain zuweisen. Klicken Sie auf den Button *Domain verbinden* rechts unten in diesem Fenster. Sie gelangen in den Auswahlbereich für Domains. Klicken Sie die betreffende Domain an, um sie auszuwählen, und im nächsten Schritt dann auf *Domain verbinden*.

Verbinden Sie Ihre Domain.

lichtenfelserland.de	Domain verbinden

Wählen Sie hier Ihre Domain aus.

`Domain wechseln` *Von hier aus können Sie einen Domainwechsel vornehmen.*

Der Button *Domain verbinden* in dem Fenster hat sich nun in *Domain wechseln* geändert, ein Zeichen dafür, dass die Domain zugewiesen wurde. Da Sie im Moment nur eine Domain haben, können Sie diese aber nicht wechseln. Nachdem die Installation und die Domainzuweisung beendet sind, können Sie sich nun zu Ihrer Seite klicken und diese bearbeiten. Aber vorher richten Sie noch die SSL-Verschlüsselung ein.

1.2 Die SSL-Verschlüsselung

Bevor Sie sich nun zum Bearbeiten Ihrer Seite begeben, sollten Sie erst noch die SSL-Verschlüsselung aktivieren. Diese Verschlüsselung bietet Ihnen viele Vorteile: Eine Datenübertragung ist abhörsicher, und alle Daten, die mit Besuchern ausgetauscht werden, sind geschützt. Das SSL-Logo in der Adresszeile Ihres Browsers zeigt die hohe Sicherheitsstufe der Seite an. Eine Seite mit SSL-Verschlüsselung wird von den Suchmaschinen bevorzugt und besser platziert.

Um die Aktivierung von SSL zu starten, klicken Sie auf den Button *SSL aktivieren*, den Sie unten rechts im WordPress-Fenster finden.

`SSL aktivieren` *Der Weg zur Aktivierung von SSL.*

Bevor Sie das SSL-Zertifikat einrichten, müssen Sie sich erst noch um die SFTP-Zugangsdaten kümmern. Klicken Sie dazu auf den Link *SFTP-Zugangsdaten*, der blau hinterlegt ist.

> **Wählen Sie Ihr SSL-Zertifikat für lichtenfelserland.de**
>
> Wenn Sie SSL-Verschlüsselung aktivieren, konfigurieren wir Ihre Domain und Website automatisch für SSL. Wichtig: Mit der Umstellung auf SSL ändern sich Ihre SFTP-Zugangsdaten.

Eine Umstellung auf SSL ändert bestimmte Zugangsdaten.

Sie gelangen im nächsten Schritt in den Bereich des Hauptbenutzers, in dem Sie ein Passwort vergeben müssen. Dies ist zwingend notwendig, da sonst das SSL-Zertifikat nicht aktiv wird. Sie müssen für die SSL-Verschlüsselung ein SSL-Zertifikat erstellen, das mit einer Domain verbunden ist. Über den Link zum *Webspace Explorer* bekommen Sie einen Überblick über Ihre gesamten gespeicherten Daten. Eine Erklärung dieser einzelnen Punkte würde den Rahmen dieses Buches sprengen und es ist auch ziemlich schwierig zu erklären und zu verstehen. Daher gehe ich auf diesen Explorer auch nicht näher ein.

1. Die Installation von WordPress

Richten Sie eine sichere Verbindung zu Ihrem Speicherplatz ein. Quelle: 1&1 Internet SE, Montabaur.

Vergeben Sie das Passwort und speichern Sie es ab. Verwenden Sie auf keinen Fall das gleiche Passwort wie beim Anlegen des Administrators!

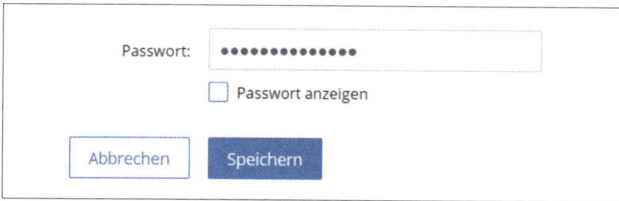

Ein neues Passwort wird benötigt.

Nach dem Speichervorgang sehen Sie eine Liste mit den Daten des Hauptbenutzers.

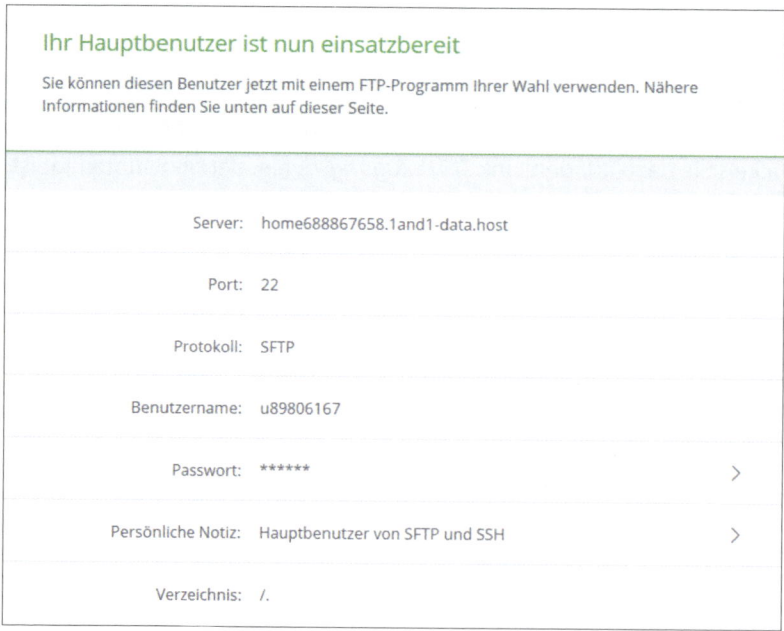

Ein Überblick über die Daten des Hauptbenutzers. Quelle: 1&1 Internet SE, Montabaur.

Die SSL-Verschlüsselung

Begeben Sie sich nun wieder einen Schritt zurück. Ein Klick auf den Button *SSL-Zertifikat kostenlos aktivieren* am unteren Rand des Bildschirms bringt Sie wieder in das WordPress-Fenster.

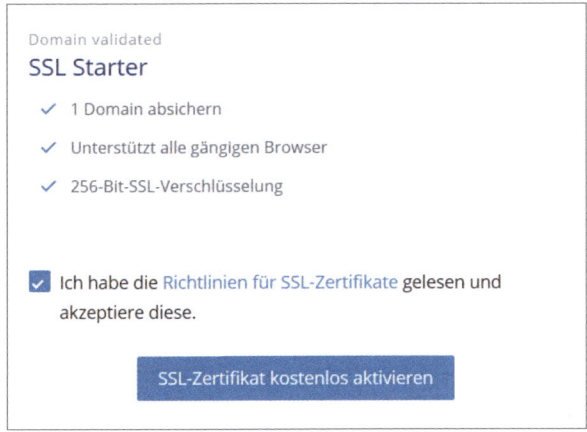

Starten Sie die SSL-Aktivierung.

Sie sehen am unteren Rand den Hinweis, dass die SSL-Verschlüsselung jetzt aktiv ist. Über die Schaltfläche *SSL deaktivieren* können Sie diese auch jederzeit wieder ausschalten.

Wenn Sie nun das Menü *Domains* in der linken Menüleiste anklicken, gelangen Sie in die Anzeige der Domains.

Die bisher erstellte Domain. Quelle: 1&1 Internet SE, Montabaur.

Am Ende der Spalte für die Domain sehen Sie drei übereinanderstehende Punkte. Wenn Sie darauf klicken, öffnet sich eine Liste mit verschiedenen Optionen. Klicken Sie die Punkte an.

Ein Auswahlmenü klappt auf. Wählen Sie den Eintrag *Erweiterte Einstellungen* durch Mausklick aus. Ein Klick auf *Weiter* im nächsten Fenster bringt Sie in den Bereich *Domaineinstellungen und SSL-Zertifikate* mit verschiedenen Menüs.

Die Punkte und das Menü führen Sie zu weiteren Einstellungen.

21

1. Die Installation von WordPress

Klicken Sie auf das Menü *SSL-Zertifikate*. Jetzt wird Ihnen die *Domain* angezeigt, zu der das Zertifikat gehört, der *Zertifikatstyp*, wie lange das Zertifikat gültig ist und der aktuelle Status. Wenn Sie den Haken unter *Status* mit dem Mauszeiger berühren, sehen Sie die Mitteilung, dass Ihr SSL aktiv ist.

Das SSL-Zertifikat ist nun 30 Tage an diese Domain gebunden, erst nach 30 Tagen können Sie es, wenn nötig, einer anderen Domain zuweisen.

Domain	Zertifikatstyp	Gültig bis	Status
lichtenfelserland.de	SSL Starter	12.07.2018	✓

Eine Übersicht über Ihr Zertifikat.

Sie haben nun ein professionelles CMS-Programm installiert, eine Domain angelegt und SSL aktiviert. Dieses Programm ist so gut, dass eine erstellte Seite durchaus mit einer Seite verglichen werden kann, die manch ein Profi vor 20 Jahren erstellt hat und dafür viel Geld bekam.

Sollten Sie Ihr SSL-Zertifikat nicht bereits eingerichtet haben, könnten Sie dies jetzt noch über den Button *SSL-Zertifikat einrichten* am unteren Rand tun. Um ein weiteres Zertifikat für eine andere Domain einzurichten, das allerdings dann kostenpflichtig ist, müssen Sie über das Menü *Neues SSL-Zertifikat/Zusätzliches SSL-Zertifikat bestellen* gehen.

Über diesen Weg bestellen Sie ein weiteres SSL-Zertifikat.

Über das Symbol am oberen rechten Bildschirmrand können Sie WordPress jetzt erst mal schließen. Vor der Abmeldung werden Ihnen noch Ihre Kundendaten angezeigt, und über das Symbol *Abmelden* schließen Sie WordPress.

Das Symbol, das zum Abmelden führt.

Bevor Sie nun einen Blog anlegen, möchte ich in den nächsten Kapiteln erst einmal ein paar grundlegende Dinge zu Blogs in WordPress beschreiben.

2. Infos über den Blog

In diesem Kapitel werden wir uns genauer mit dem Blog befassen, damit Sie erst mal die grundlegenden Dinge über einen Blog erfahren. All dies ist wichtig für die spätere Arbeit mit und in einem Blog.

Ab diesem Kapitel steigen wir tiefer in die Arbeit mit WordPress ein.

2.1 Ein Blog – was ist das überhaupt?

Die Bezeichnung Blog entstand aus dem Wort Weblog. Ein Blog enthält Artikel zu bestimmten Themen. Dabei stehen die neuesten Artikel immer oben in einer Liste des Blogs.

Der Blogger steht in direktem Kontakt zu seinen Lesern und kann über Kommentare mit ihnen kommunizieren. Dadurch können regelmäßig Neuigkeiten ausgetauscht werden. Es gibt viele verschiedene Arten von Blogs, vom fachlichen Blog über den Erzählblog bis zum Werbeblog für Produkte. Blogs werden von Privatpersonen und Firmen genutzt.

Der neueste Artikel steht oben.

2.2 Der Aufbau eines Blogs

Ein Blog ist in der Regel eine Sammlung von Artikeln, die nach Veröffentlichungsdatum und nach Themen aufgeteilt sind. So ist es für den Leser relativ einfach, einen bestimmten Artikel zu finden. Bilder, Musik oder Videos sind dabei häufig Bestandteile eines Artikels.

2. Infos über den Blog

> # Artikel
>
> Auf dieser Seite möchte ich dir einen kleinen Überblick über die Inhalte von www.got-big.de verschaffen. Hier findest du mittlerweile mehr als 700 Artikel zum Thema Fitness.
>
> # Ratgeber
>
> Ich habe einige zusammenfassende Leitfäden und Ratgeber geschrieben, die du hier findest:
>
> - Flacher Bauch in 3 bewährten Schritten (plus die besten Übungen und Lebensmittel)
> - Fett verbrennen: Die 10 besten Tipps zur Fettverbrennung
> - Muskelaufbau: So baust du Schritt für Schritt schöne Muskeln auf
> - Sportnahrung: Was ist das und was sollte man beachten? (noch nicht vollständig)
> - Übungen
> - Die besten Fitnessprogramme im Internet
> - Muskulatur: Die wichtigsten Muskeln des Menschen im Überblick

Eine Sammlung von Artikeln.

Die technische Seite des Blogs

Wer seinen Blog veröffentlichen will, der benötigt eine Domain. Wer WordPress auf seinem PC installieren und selbst verwalten möchte, muss sich einen Anbieter suchen, der Webspace auf seinem Server anbietet, und sich eine Domain sichern. Zusätzlich benötigt er gute Kenntnisse in der HTML-Sprache und vor allem im Umgang mit Servern.

Wesentlich einfacher ist es, bei einem Anbieter alles in einem Paket zu mieten. Dann lässt sich ein Blog in relativ kurzer Zeit einrichten.

> **1** WordPress-Projekt
>
> **50 GB** Webspace **auf SSD**
>
> **Unlimited** Besucher
>
> **1** Domain

Mieten Sie Domain und Speicherplatz an.

Blogname und Domain

Der Blogname und die Domain sind wichtige Bestandteile eines Blogs. Mit diesen beiden Dingen werden Ihre Leser als Erstes konfrontiert. Daher sollten Sie den Blog- und auch den Domainnamen sorgfältig auswählen, denn eine spätere Änderung ist nicht ganz einfach. Den Blognamen können Sie zwar noch leicht ändern, aber bei der Domain wird es da schon wesentlich schwieriger.

Bei der Auswahl für einen Blognamen sollten Sie sich natürlich an dem Thema Ihres Blogs orientieren. Der Blogname sollte auch nicht zu konkret gewählt sein, denn dann können Sie später auch ähnliche Themen einfügen.

So könnte Ihr Blog zum Beispiel »Fit und Gesund« heißen, und damit wird bereits signalisiert, dass es in diesem Blog um Fitness und Gesundheit geht. Auf diese Weise erfährt Ihr Leser bereits beim Lesen des Blognamens, womit sich Ihr Blog beschäftigt, und Sie können den Blog mit ähnlichen Themen ausweiten. Dies alles gilt allerdings nur für Fachblogs, bei privaten Blogs können Sie auch den eigenen Namen oder einen Namen, der Ihrer Fantasie entsprungen ist, verwenden.

Einen Domainnamen zu finden, ist für gigantische Firmen leicht. Sie denken sich irgendeinen leicht zu merkenden Namen aus und dieser wird dann mit viel Werbung, die natürlich auch viel kostet, bekannt gemacht. Das kann sich natürlich der Durchschnittsmensch nicht leisten.

Als Domainnamen sollten Sie niemals Ihren Namen verwenden, sondern eher einen Namen, der auch zum Thema passt. Der Name sollte kurz und prägnant sein und auch nicht mehr als zwei Keywords enthalten, damit sich die Besucher Ihres Blogs den Domainnamen leicht merken können.

Das wichtigste Keyword sollte auf jeden Fall im Domainnamen enthalten sein, um eine gute Suchmaschinenpositionierung zu erreichen. Außerdem sollten die Besucher bereits anhand des Namens erahnen können, welche Themen sie in Ihrem Blog erwarten. Ein paar Beispiele dazu:

- pushandpull.de – Keywords: push und pull
- krankodergesund.de – Keywords: krank und gesund
- seeninbayern.de – Keywords: seen und bayern

Allerdings wird es sich schwierig gestalten, heutzutage einen Namen zu bekommen, der in Kurzform den Inhalt des Blogs beschreibt. Oft ist es auch sinnvoll, dem Blog und der Domain den gleichen Namen zu geben, der Leser kann sich dies leichter merken. Aber Sie sollten auf jeden Fall beides ähnlich betiteln.

Die Headline

Der Überschrift Ihres Blogs sollten Sie besondere Beachtung schenken, denn sie ist das Erste, was der Leser sieht. Viele Leser entscheiden bereits beim Lesen der Überschrift, ob sie sich diesem Artikel widmen oder nicht.

Aber auch innerhalb eines Blogs sind die Überschriften wichtig, denn Blogs mit viel Text werden von den Lesern oft nur überflogen, mit dem Ziel, schnell etwas Interessantes zu

2. Infos über den Blog

finden. Jede Überschrift sollte also interessant sein und den Leser neugierig machen auf mehr.

Außerdem wertet die Suchmaschine Google die Überschriften aus und sucht dort nach Keywords, und die Headline wird auch in den Suchergebnissen angezeigt. Das kann sich natürlich positiv auf die Menge der Klicks auswirken und für mehr Leser sorgen.

Eine gute Überschrift sollte bereits auf den Inhalt des Artikels hinweisen und das Interesse des Lesers wecken. Das wichtigste Keyword des Artikels oder auch zwei sollten ebenfalls enthalten sein, denn das wirkt sich wiederum positiv auf die Suchmaschinenoptimierung aus.

Die Headline sollte kurz und prägnant sein, denn dadurch wirkt sie wesentlich besser auf den Leser. Auch das Einfügen von Zahlen in die Headline ist eine gute Idee, das signalisiert dem Leser, dass ihn zum Beispiel die 12 besten Tipps zum Abnehmen erwarten oder Ähnliches. Auch Fragen wie »Wollen Sie jetzt endlich abnehmen?« oder Versprechen wie »10 Pfund Fett verlieren in 10 Wochen« regen den Leser an.

Aussagekräftige Wörter wie »geheim«, »problemlos« oder »kostenlos« wecken ebenfalls die Neugier der Besucher. Die Headline sollte aktiv formuliert sein. Gut wäre »So nimmst du leicht ab!« statt der Formulierung »Wie man leicht abnimmt!«.

Manche Blogger schreiben erst ihren Artikel und dann erst die Überschrift, andere wiederum leiten aus der Headline ihren Artikel ab. Hier den richtigen Weg für sich zu wählen, müssen Sie selbst herausfinden. Nachstehend finden Sie einige Beispiele für den Beginn einer guten Headline:

- Abnehmen ist kein Geheimnis mehr!
- So verlieren Sie 10 Pfund Fett in 10 Wochen!
- Ein Dutzend Gründe, um mit Hanteln zu trainieren
- In 10 Schritten zum eigenen Blog
- Der schnelle Weg zum eigenen Blog

Nehmen Sie sich aus den genannten Gründen also unbedingt genügend Zeit für die Erstellung Ihrer Headline. Das wird sich später positiv auf Ihren Blog auswirken.

Kommentare in den Blogs

In Blogs berichtet der Blogger meist aus seiner eigenen Sicht, also in der Ich-Form. Über die Kommentarfunktion werden dabei Informationen ausgetauscht. Sind zu einem bestimmten Thema mehrere Artikel in einem Blog vorhanden, bezeichnet man dies als Thread.

Der Begriff kommt aus dem Englischen und bedeutet so viel wie Faden. Ein solcher (roter) Faden sollte sich durch Ihren Blog ziehen. Jeder Artikel hat dabei seine eigene Adresse. Das hat den Vorteil, dass jeder Artikel einzeln verlinkt werden kann.

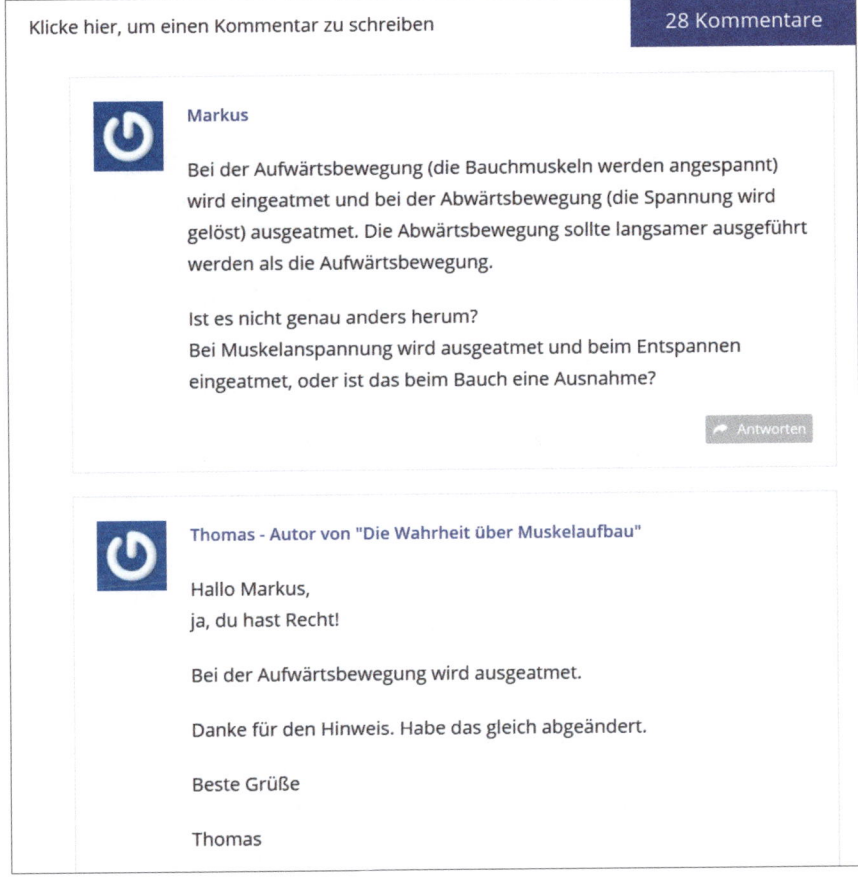

So sieht ein Kommentar mit Rückantwort aus.

Der Inhalt eines Blogs

Um einen Blog mit Inhalt zu füllen, müssen Sie kein Experte auf einem bestimmten Gebiet sein, mehr als der Leser sollten Sie allerdings schon wissen, besonders wenn es sich um einen fachlichen Blog handelt. Lassen Sie auch eigene Erfahrungen und Ihre eigene Meinung in Ihren Blogs erscheinen, und schreiben Sie vor allem über das, was Sie auch selbst interessiert.

Selbst wenn Sie ein umfangreiches Wissen haben, wird es immer den einen oder anderen Leser geben, der mehr weiß oder mehr zu wissen glaubt. Bezeichnen Sie sich daher nie als Experte, es sei denn, Sie sind wirklich einer. Im Lauf der Zeit werden Sie vielleicht von Ihren Lesern als Experte angesehen und können mit diesen Ihr Wissen teilen.

Von Blogs über News würde ich eher abraten, denn Sie müssen ständig aufpassen, dass Sie keine Neuigkeiten verpassen, denn News gibt es praktisch immer. Über News zu berichten, ist aufwendig und anstrengend. Sie können praktisch nie komplett abschalten. Sie müssen schnell sein und einer der Ersten, der die Neuigkeiten veröffentlicht, sonst haben Sie keine Chance.

Schreiben Sie lieber Artikel, die zeitlos sind, die also immer interessant sind. Für diese Artikel bekommen Sie immer wieder neue Leser oder die früheren Leser greifen mal wieder darauf zurück. Zeitlose Artikel können Ihnen auch helfen, eine längere Pause zu überbrücken, also Zeiten, in denen Sie nichts schreiben. Sie können sich mit zeitlosen Artikeln einen Ruf als Experte aufbauen, denn in einem zeitlosen Blog geht es meist um fachliche Dinge und diese haben in der Regel immer oder zumindest lange Bestand.

Fehler in Blogs

Haben Sie keine Angst vor Fehlern in Ihrem Blog. Ohne Fehler kann man nichts lernen. Allerdings sollten Sie auch aus Ihren Fehlern und den Fehlern anderer lernen. Sie werden in Ihrer Bloggerzeit etliche Fehler begehen. Fehler prägen sich ein und Sie werden diese in Zukunft vermeiden. Fehler sind nicht schlimm, aber man muss dazu stehen. Denken Sie immer daran – im Internet wird nichts vergessen und Fehler werden schnell bestraft.

2.3   Trolle – Die Plagegeister der Blogger

Trolle sind diejenigen User, die ständig auf Streit aus sind. Sie schreiben nur Kommentare, um andere zu beleidigen oder um Unruhe zu stiften. Gegen Kritik ist ja normalerweise nichts einzuwenden, aber es kommt immer auf die Art der Kritik an.

Wenn ein Kommentar persönlich wird oder der Troll etwas behauptet, was nicht stimmt, sollten Sie ruhig bleiben, denn der Troll wartet ja nur darauf, dass Sie antworten. Ignorieren ist hier wohl die beste Lösung. In der Regel werden Trolle dann schnell von Ihrem Blog verschwinden. Wenn ein Kommentar beleidigende Dinge enthält, können Sie ihn auch mit ruhigem Gewissen löschen.

Die Faustregel im Internet lautet: »Don't feed the trolls!« – Die Trolle nicht füttern.

2.4   Das Logo – Markenzeichen eines Blogs

Für Ihren Blog sollten Sie ein Logo nutzen, denn erfahrungsgemäß merken sich die Leser das Logo, wenn es ansprechend ist. Das Logo muss nicht unbedingt ein Kunstwerk sein. Sie können noch einen kurzen Satz darunter platzieren, der sich in das Gedächtnis des Lesers einprägt. Dieser Satz sollte sich natürlich auf den Blog beziehen. Das Logo sollte auch farblich zu der restlichen Seite passen.

Ein einfaches Logo für den Blog.

2.5 Besonderheiten eines Blogs

Blogs gibt es mittlerweile in Massen und es gibt sicherlich auch kein Thema mehr, zu dem es keinen Blog gibt. Aber trotzdem macht ein weiterer Blog zu einem bestimmten Thema immer Sinn, vor allem wenn sich Ihr Blog aus dieser Masse abhebt. Um dieses Ziel zu erreichen, sollten Sie auf keinen Fall einen anderen Blog kopieren, denn wer will sich schon einen Blog anschauen, den es bereits gibt? Normalerweise werden die Leser hier das Original bevorzugen.

Sie können sich aber einen bestimmten Blog zum Vorbild nehmen und diesen verbessern. Er sollte auf jeden Fall von der Optik her anders aussehen und das Thema auf ganz andere Art und Weise beschreiben. Ihr Blog darf nicht als Kopie bei den Lesern gelten. Durchsuchen Sie den Blog auf Dinge, die fehlen oder nicht ausführlich oder verständlich genug erklärt sind. Schauen Sie sich alle Teile des Blogs genau an und überlegen Sie, was Sie besser machen können.

Ihr Blog muss besondere Dinge zeigen, die bei anderen Blogs nicht zu sehen sind. Wenn Sie heutzutage mit einem Blog erfolgreich sein wollen, dann muss dieser auffällig sein und sich positiv von den anderen Blogs unterscheiden.

2.6 Bloggertools für die Bildbearbeitung

Ganz wichtig sind auch Tools, die für Blogger im Internet bereitstehen und hilfreich sind. Doch welche Tools sollte man wirklich haben? Auf jeden Fall eines für die Bildbearbeitung. Nicht jeder kann oder will sich Photoshop leisten, aber es gibt günstige und auch kostenlose Alternativen. Photoshop Elements bietet für ca. 65 Euro umfangreiche Tools zur Bildbearbeitung mit dem Hauptaugenmerk auf der Fotobearbeitung. Es enthält aber auch einiges für profihafte Arbeiten. Für die meisten grafischen Dinge ist das Programm gut geeignet.

Unbedingt erwähnenswert ist GIMP, das kostenlos ist und als die beste Alternative zu Photoshop gilt. Dies wohl unter anderem aufgrund seiner großen Anzahl von Funktionen. Das Programm hebt sich durch eine professionelle Fotoretusche und Animationen hervor. Massenweise Werkzeuge, Filter und Effekte bietet das Programm ebenfalls.

Außerdem ist es leicht zu bedienen. Aber das ist bei Weitem noch nicht alles bei diesem tollen Programm. Viele Werkzeuge wie ein Pinsel, eine Airbrush-Pistole und ein Füller machen die Arbeit mit diesem Tool zu einem wahren Vergnügen. Verschiedene Formen wie ein einfaches Rechteck oder anspruchsvollere wie Sterne können Sie einfügen. Es gibt Hunderte von Filtern für optimale Effekte. Dies geht von Spiegelungen bis zu Wolken. Fotos können Sie in Ölgemälde oder Zeichnungen umändern.

2. Infos über den Blog

Und was noch wichtig ist: Die Software unterstützt viele gängige Grafikformate wie BMP, GIF, JPEG, PDF, PNG, TIF und noch viele andere. Nach dem Start präsentiert sich GIMP erst mal in einer einfachen Form.

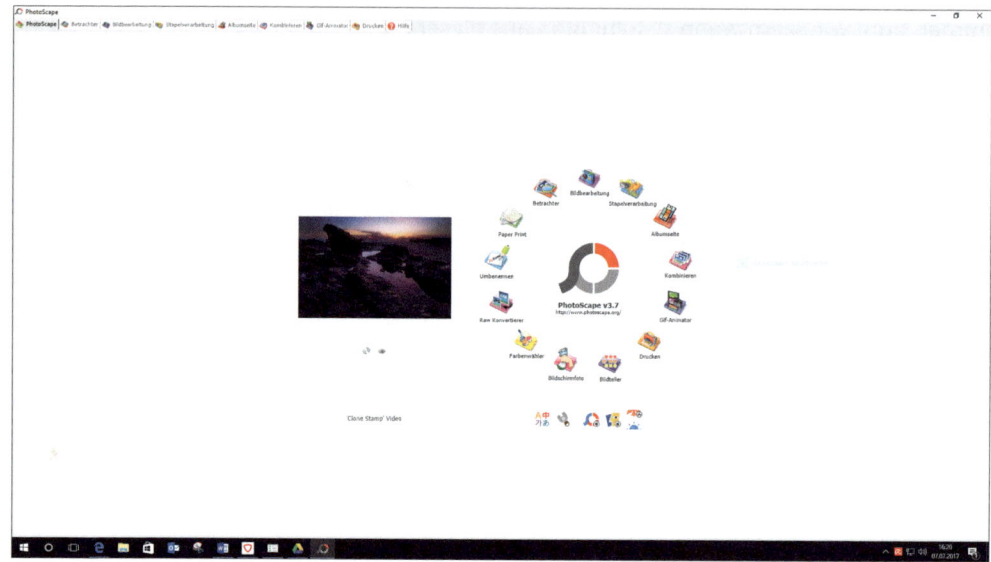

Der Startbildschirm von GIMP.

Für die Bearbeitung eines Bildes benötigen Sie den Werkzeugkasten von GIMP. Diesen können Sie über das Menü *Fenster/Docks* verbergen und ein- oder ausblenden. Docks nennt man die Dialogfelder von GIMP. Mit der ⇥-Taste können Sie ihn ausblenden und auch wieder einblenden. Alternativ können Sie ihn auch über das kleine rote Kreuz am oberen rechten Rand ausblenden. Dann müssen Sie ihn aber über das Menü *Fenster/Werkzeugkasten* wieder aufrufen.

Wenn Sie den Werkzeugkasten in einer anderen Form anzeigen lassen wollen, dann berühren Sie den rechten Rand mit dem Mauszeiger. Ein doppelter Pfeil wird angezeigt. Wenn Sie jetzt den Pfeil nach rechts ziehen, wird das Fenster breiter und niedriger. Diese Ansicht ist übersichtlicher.

Fügen Sie über *Datei/Öffnen* ein Bild zur Bearbeitung in GIMP ein. Klicken Sie dann im Werkzeugkasten auf das Symbol für *Zuschneiden*. Mit dem Stiftsymbol, das nun aktiviert wird, können Sie einen Rahmen um den Bereich des Bildes ziehen, den Sie ausschneiden wollen. Führen Sie einen Doppelklick auf das Bild aus, um nur noch den ausgeschnittenen Bereich anzuzeigen. Speichern Sie das Bild für die weitere Bearbeitung in einem Ordner ab.

Bloggertools für die Bildbearbeitung

Die schmale ...

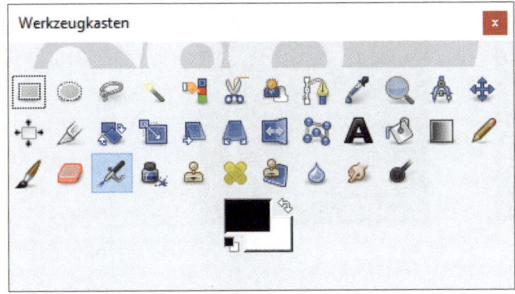

... und die breite Variante der Anzeige von Symbolen des Werkzeugkastens.

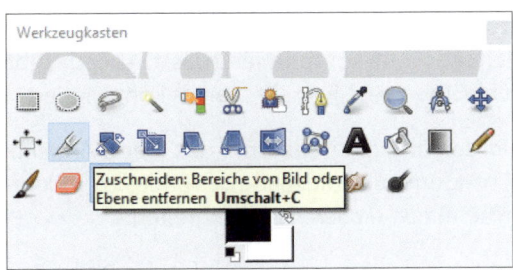

Aktivieren Sie das Symbol für das Zuschneiden eines Bildes.

2. Infos über den Blog

Das Bild vor dem Zuschneiden ... *... und danach.*

Das Bild hatte vor der Verkleinerung 11,8 MByte, nun hat es nur noch 2 MByte. Es ist aber noch eine weitere Reduzierung des Speicherbedarfs möglich. Für eine Verkleinerung von Bildern bietet sich das JPEG-Format an, das sich sehr stark komprimieren lässt. Aber da gibt es leider das Problem, dass die Bildqualität schlechter wird, je mehr man es komprimiert.

Sehen Sie sich das Bild am besten erst mal in der Originalgröße über das Menü *Ansicht/ Vergrößerung* an. Um nicht nur die Bildgröße, sondern auch die Maße des Bildes zu verkleinern, müssen Sie im Menü *Bild* auf das Untermenü *Bild skalieren* zurückgreifen.

Im nun sich zeigenden Dialogfenster können Sie die Breite und die Höhe des Bildes ändern. Geben Sie in das Feld *Breite* das gewünschte Maß ein. Wenn Sie danach in das Feld für *Höhe* klicken, wird der entsprechende Wert automatisch angepasst. Wählen Sie bei *Interpolation* immer die Option *Kubisch*, denn hier wird die Reduzierung der Pixel besser gesteuert als bei der linearen Interpolation. Nach dieser erneuten Verkleinerung hat das Bild nur noch 1,9 MByte.

Bloggertools für die Bildbearbeitung

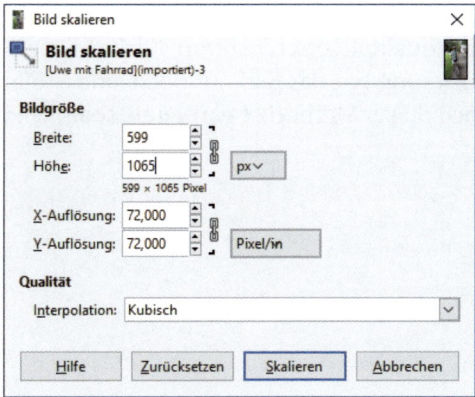

Die Bildgröße wurde festgelegt.

Sie können das Bild nun noch weiter verkleinern, wenn Sie im Menü auf *Datei/Exportieren als...* klicken. Das Fenster *Bild exportieren* wird geöffnet. Durch einen weiteren Klick auf den Button *Exportieren* wird das Bild automatisch als JPEG-Bild exportiert. Sollte dieses Dateiformat nicht angezeigt werden, können Sie es in der Drop-down-Liste am unteren Rand des Fensters aussuchen. Der Klick führt Sie in das Qualitätsfenster der Anzeige der Qualitätszahl 90. Hier müssen Sie die Option *Vorschau im Bildfenster anzeigen* aktivieren, um zu sehen, welche Größe nach dem Exportieren erreicht wird.

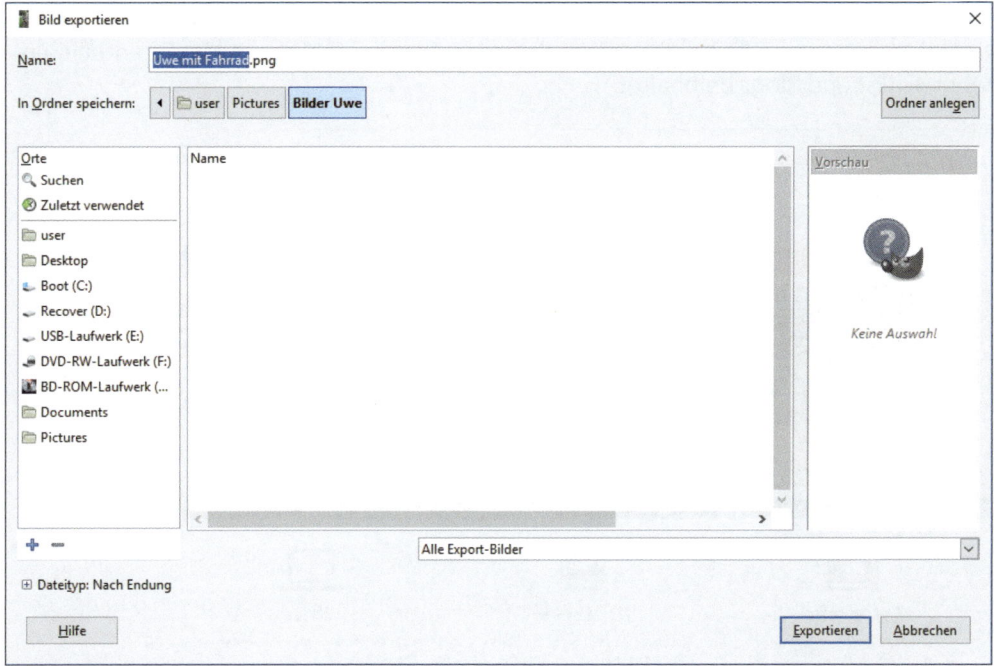

Ein Bild wird exportiert.

33

2. Infos über den Blog

Sie können das Bild auch noch weiter verkleinern, indem Sie den Schieberegler *Qualität* nach links ziehen. Aber dadurch wird sich die Bildqualität verschlechtern. Klicken Sie auf *Exportieren*. Nach dieser erneuten Speicherreduzierung hat das Bild nur noch eine Größe von etwa 300 KByte. Wenn Sie alle Ihre Bilder nach dieser Methode bearbeiten, sparen Sie enormen Speicherplatz.

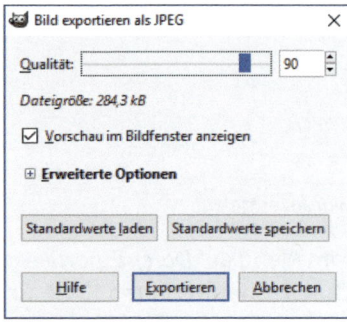

Die Höhe der Qualität wird festgelegt.

2.7 Infos über die Seite

Wenn von einer Seite gesprochen wird, redet man eigentlich von einer Webseite. Diese Webseite wiederum enthält verschiedene Seiten, die beliebig erweiterbar sind. Der Unterschied zu einem Blog besteht darin, dass eine Seite verschiedene Menüs enthält, umfangreich ist und Blogs beinhaltet.

Die Webseite von Markt+Technik.

34

Infos über die Seite

Was versteht man unter einer Seite?

Als Seite wird all das bezeichnet, was keinen Beitrag oder keinen Artikel darstellt. Seiten unterscheiden sich von Blogs dadurch, dass sie nicht nach Datum sortiert sind. Ein typisches Beispiel für eine Seite ist die Über-mich-Seite oder die Impressum-Seite oder die Kontakt-Seite. Seiten können auch nicht mit Schlagwörtern versehen werden und erscheinen nicht im Blog.

Wie ist eine Seite aufgebaut?

Den Aufbau einer Seite möchte ich Ihnen am Beispiel der Markt+Technik-Startseite erklären. Eine Webseite enthält eine Kopfzeile, die in der Regel den Namen der Seite enthält. Darunter finden Sie das Menü mit den einzelnen Menüpunkten.

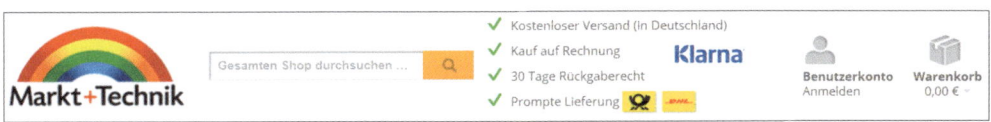

Die Kopfzeile von Markt+Technik.

Das Menü von Markt+Technik.

Unter dem Menü sehen Sie dann den Hauptbereich der Seite: Texte oder Links mit Fotos zu Produkten.

Der Hauptteil der Seite von Markt+Technik.

2. Infos über den Blog

Am Ende der Seite stehen dann noch die allgemeinen Informationen, etwa das Impressum, das ebenfalls zu einem Internetauftritt gehört.

Rechtliches	Kontakt	Service	Wer ist Markt+Technik?
Impressum	Kontakt	Suchbegriffe	Markt+Technik bietet ein umfassendes
Autor werden	Sitemap	Erweiterte Suche	Buchprogramm an IT-Fachliteratur sowie. Ratgebern
AGB	RSS-Feed	Bestellungen und Retouren	und Sachbüchern zu Entertainment, Fotografie,
Widerrufsrecht	Händler	Gutschein	Multimedia und Wirtschaftsthemen.
Datenschutz			

Die allgemeinen Infos von Markt+Technik.

3. Der ideale Einstieg in WordPress

Bevor Sie mit der Erstellung eines Blogs bzw. einer Seite beginnen, sollten Sie sich einige Gedanken machen. Nur durch gezielte Vorbereitung gelingt Ihnen ein anspruchsvolles und zufriedenstellendes Ergebnis.

3.1 Die optimale Planung

Vor jedem Projekt steht eine gute Planung. Hier stellt sich als Erstes die Frage, wann man denn eigentlich seinen Blog starten sollte. Die Antwort ist ganz einfach: »Jetzt«. Grübeln Sie nicht lange über bestimmte Dinge nach, legen Sie einfach los, denn sonst werden Sie den Start Ihres Blogs wochen- oder sogar monatelang verschieben oder Sie starten Ihren Blog vielleicht nie. Dann haben Sie wertvolle Zeit vergeudet. Probieren Sie einfach etwas aus – »Learning by doing«.

Außerdem kommen Sie im Ranking bei Google schneller nach oben, je früher Sie Ihren Blog starten. Es kann sowieso Monate dauern und Sie müssen viele Artikel schreiben, bis Sie bei Google ziemlich weit oben landen.

Ohne eine gewisse Grundplanung sollte man allerdings auch nicht starten, denn das kann später zum Nachteil werden. Sie müssen über das Thema Ihres Blogs nachdenken und über den passenden Domainnamen. Und natürlich auch über die Inhalte. Danach sollte es auch schon losgehen, denn viele Sachen kann man während des Schreibens entscheiden.

3.2 Das Thema

Ein Thema liegt ja meist vor, wenn eine Veröffentlichung geplant ist, sei es über eine Urlaubsreise, sportliche Erfolge, ein Hobby, die Familie oder über fachliche Themen. Das kann z. B. der letzte Urlaub in Kroatien sein oder der Städtetrip nach Wien oder der Gewinn einer Meisterschaft, ein runder Geburtstag im Kreise von Verwandten und Freunden oder ein Blog über Oldtimer, über Modelleisenbahnen, über Briefmarken oder über Fitnesstraining und so weiter und so fort. Wie Sie sehen, ist die Auswahl unendlich.

Wenn Sie einen Blog oder eine Seite planen, sollten Sie sich genau überlegen, wen Sie eigentlich mit Ihrem ausgewählten Thema ansprechen wollen.

3. Der ideale Einstieg in WordPress

Die Stoffsammlung

Um ein Thema für einen Blog zu finden, schreiben Sie zunächst alles auf, was Ihnen einfällt, denn alles, was Sie nicht aufschreiben, vergessen Sie schnell wieder. Schreiben Sie alle Ihre Interessen auf oder alles, über das Sie gut Bescheid wissen, und entscheiden Sie dann, welches Thema genügend Stoff für einen Blog bietet.

Eine Sammlung von Ideen.

Wenn Sie das passende Thema gefunden haben, nehmen Sie ein neues Blatt und schreiben in die Mitte des Blattes das Thema. Nun schreiben Sie von dem Thema abzweigend rund um das Thema die Stichpunkte auf, die Ihnen zu diesem Thema einfallen. Von diesen einzelnen Stichpunkten leiten Sie wieder Unterpunkte ab.

So wächst durch die Abzweigungen Ihre Stoffsammlung nach und nach an, denn beim Aufschreiben fallen Ihnen wahrscheinlich immer weitere neue Punkte ein, die wahrscheinlich nur durch Nachdenken Ihrem Gedächtnis nicht entsprungen wären.

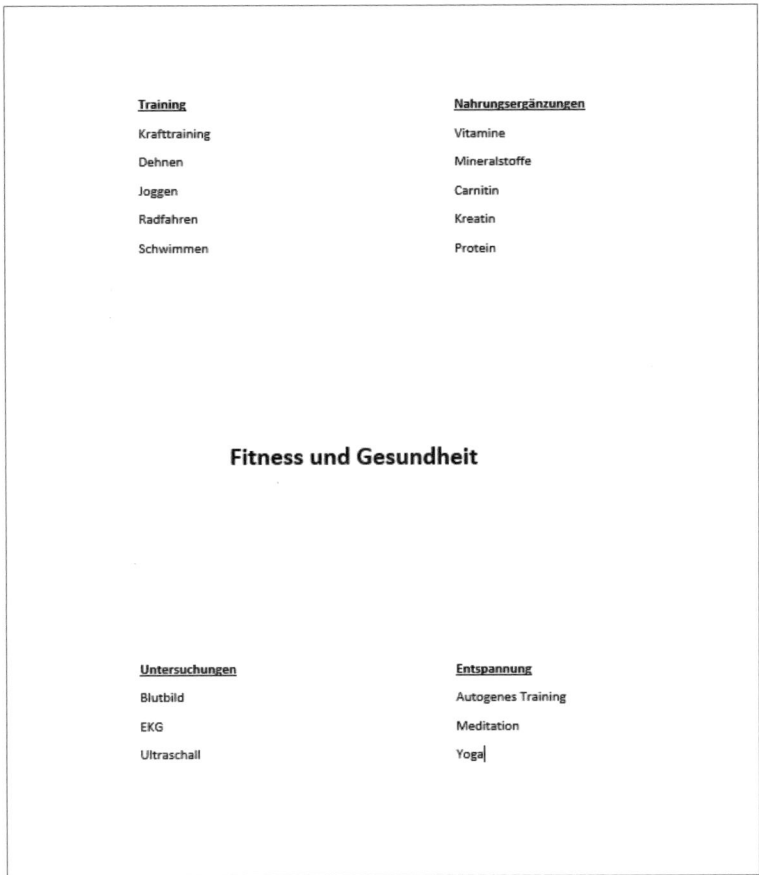

So könnte eine Stoffsammlung aussehen.

Lesen

Wenn Sie Blogs schreiben wollen, müssen Sie viel lesen, denn sonst wird es Ihnen schwerfallen, Artikel zu schreiben. Durch das Lesen von Artikeln, Zeitschriften und Büchern kommen Sie auf neue Ideen. Außerdem erweitern Sie Ihren Wortschatz und Sie werden sich besser ausdrücken und auch bestimmte Dinge besser erklären können.

3.3 Layout

Auch über das Layout Ihres Blogs sollten Sie sich einige Gedanken machen, denn ein neuer Besucher entscheidet in wenigen Sekunden, ob ihm der Blog zusagt. Wenn Sie einen professionellen Blog gestalten wollen, muss auch das Aussehen professionell sein.

Wie soll ein Blog strukturiert sein?

Ein Blog zeigt zuerst immer ein grundlegendes Muster seines Aussehens. Dies kann aber jederzeit verändert werden. Nachstehend finden Sie einige unterschiedliche Strukturen für Blogs. Das erste Muster zeigt die Variante, bei der die Banner oben auf der Seite stehen. Im zweiten Beispiel ist es genauso, aber hier gibt es zwei Reihen von Bannern. Auf diese Variante können Sie zugreifen, wenn Sie viele Menüs benötigen. Theoretisch wäre auch noch eine dritte Reihe möglich, aber das wird für den Besucher schnell unübersichtlich.

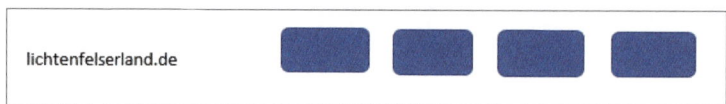

Blog mit den Menüs oben und in einer Reihe.

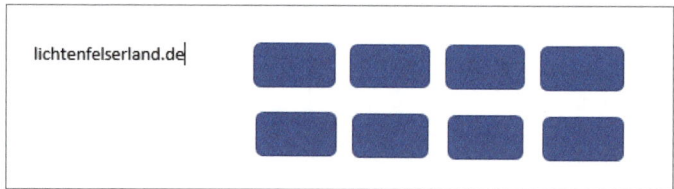

Blog mit den Menüs oben und in zwei Reihen.

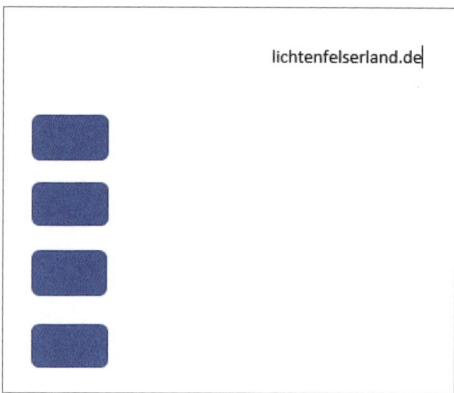

Blog mit den Menüs am linken Rand.   *Blog mit den Menüs am rechten Rand.*

Bei den Varianten mit den Menüs am Rand können Sie die Banner nach unten erweitern. Dabei sollten Sie aber nur so weit gehen, dass der User die Banner auf seinem Bildschirm noch sehen kann, ohne nach unten zu scrollen.

Wie soll eine Seite strukturiert sein?

Eine Seite ist immer nach einem bestimmten Muster aufgebaut. Die Navigation und die Menüführung müssen für den Besucher übersichtlich sein. Wenn er sich nicht innerhalb

Layout

kürzester Zeit zurechtfindet, haben Sie ihn verloren. Wenn er nicht mit wenigen Klicks zum Ziel kommt, geht er auf eine andere Webseite.

Alle wichtigen Inhalte, die der Besucher sofort sehen soll, gehören auf die Startseite. Untermenüs sollten Sie möglichst vermeiden, aber auf bestimmten Seiten sind sie unabkömmlich. Jede Seite sollte eine Home-Seite haben und eine Kontakt-Seite. Eine E-Mail-Adresse darf auch nicht fehlen, ebenso wenig das Impressum.

Am Beispiel der Seite von Markt+Technik zeige ich Ihnen, wie eine mustergültige Seite aussehen sollte. Das Menü ist übersichtlich gegliedert und besitzt sinnvoll aufgeteilte Untermenüs. Hier findet sich der Besucher schnell zurecht.

Ein übersichtlich gestaltetes Menü mit aussagekräftigen Menüpunkten.

In der Fußzeile finden sich weitere wichtige Links wie zum Impressum oder zum Kontaktformular.

Ein Untermenü.

Kurz und prägnant – das Kontaktformular.

4. WordPress einrichten

Nach einigen Seiten Theorie wenden wir uns jetzt wieder der Praxis zu. Im Administrationsbereich von WordPress nehmen Sie bestimmte Einstellungen vor, um einen Blog nach Ihrem Belieben zu gestalten. Sie installieren verschiedene Tools zur Gestaltung Ihres Blogs.

4.1 Einen Blog erzeugen

Begeben Sie sich auf die Seite Ihres Providers, um Einstellungen nach Ihren Wünschen vorzunehmen und WordPress nach Ihren Vorlieben einzurichten. Es gibt einen einfachen und schnellen Weg, WordPress zu starten, ohne sich erst bei Ihrem Provider einloggen zu müssen, und zwar, indem Sie in die Browserzeile den Namen Ihrer Domain mit dem Anhang *wp-admin* eingeben, in unserem Fall also *lichtenfelserland.de/wp-admin*.

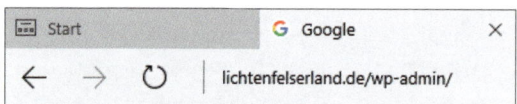
Der direkte Weg zu Ihrem Blog.

Nach der Eingabe Ihres Benutzernamens und Ihres Passworts wird WordPress gestartet und Sie befinden sich direkt im Bearbeitungsbereich von WordPress. Klicken Sie auf den Button *Website einrichten*.

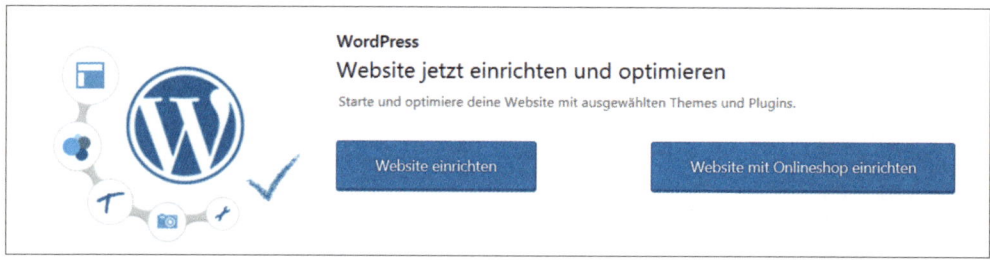
Von hier aus starten Sie die Einrichtung Ihres Blogs.

Nun müssen Sie eine passende Auswahl für Ihre Seite treffen. Fünf verschiedene Varianten werden Ihnen angeboten. Die Möglichkeiten reichen von *Fotos* und *Blog* über *Privat* bis *Unternehmen* und sogar ein *Onlineshop* lässt sich erstellen.

Für unseren Blog wählen wir die Seite *Fotos* aus, da hier empfehlenswerte Plug-ins für einen Fotoblog gleich integriert sind. Klicken Sie im Typ *Fotos* auf *Auswählen*.

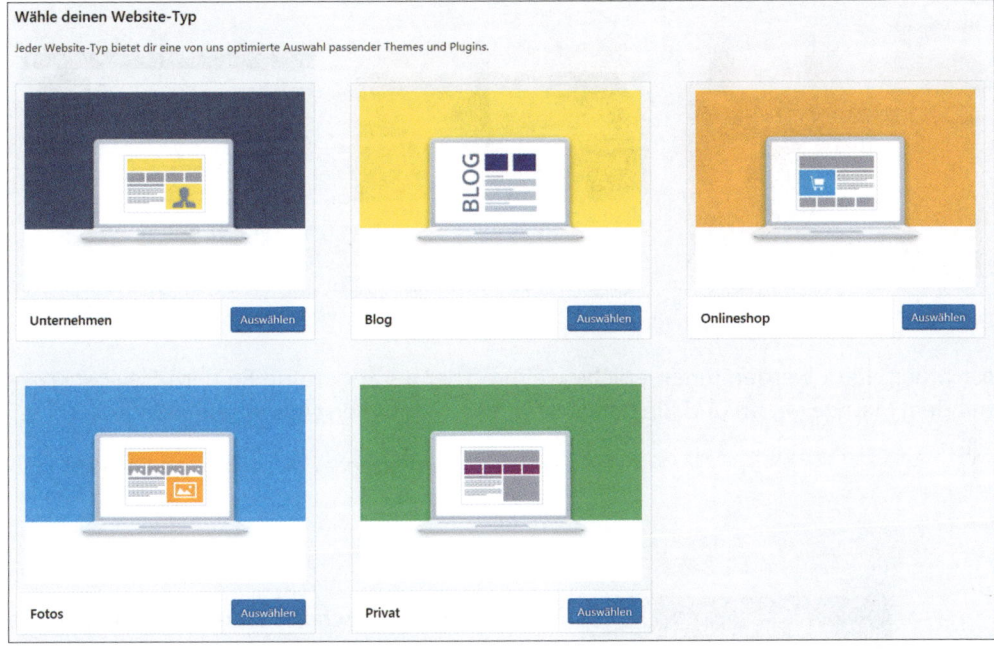

Die verschiedenen Typen für Blogs. Quelle: 1&1 Internet SE, Montabaur.

Der ideale Typ für einen Fotoblog. Quelle: 1&1 Internet SE, Montabaur.

4.2   Design aussuchen

Sie kommen in die Auswahl für Designs. Hier werden Ihnen verschiedene Themes angezeigt. Im nächsten Schritt müssen Sie ein Theme auswählen. Es besteht aber auch die Möglichkeit, das aktuelle zu behalten. In unserem Fall wollen wir aber ein passendes zu Stadt und Land aussuchen. Das Theme *Misty Lake* ist dafür gut geeignet. Dieses finden Sie über den Button *Hinzufügen* oben links.

4. WordPress einrichten

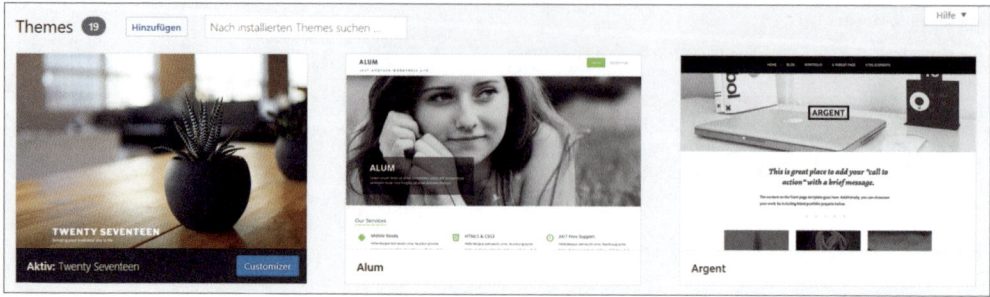

Die ersten Themes werden angezeigt.

Nach dem Klick werden Ihnen etliche weitere Themes angezeigt. Steuern Sie *Misty Lake* mit dem Mauszeiger an und die Buttons *Installieren* und *Vorschau* werden eingeblendet.

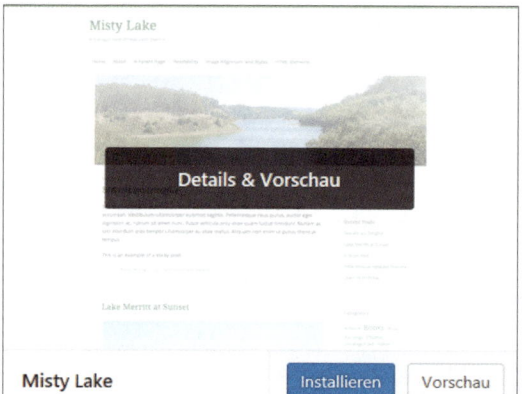

Ein passendes Theme wurde ausgesucht.

Über *Vorschau* sehen Sie das Theme, wie es später in Ihrer Seite angezeigt wird. In der linken Leiste wird das Theme ausführlich beschrieben. Diese Leiste können Sie durch Anklicken des gleichnamigen Links auch einklappen. Über das kleine Kreuz oben links lässt sich die Vorschau wieder schließen.

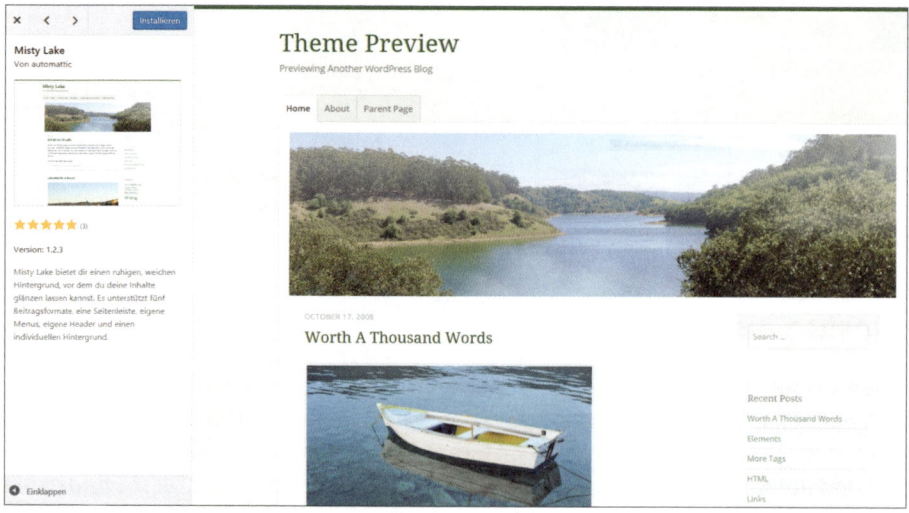

Eine Vorschau auf das Design.

Design aussuchen

Klicken Sie auf den Button *Installieren* in der linken Leiste oben rechts. Das Theme wird nun in der Auswahlliste der Themes mit dem Vermerk *Installiert* und einem Häkchen davor versehen. Wenn Sie den Mauszeiger auf das Theme bewegen, werden Ihnen die Buttons *Aktivieren* und *Live-Vorschau* angezeigt.

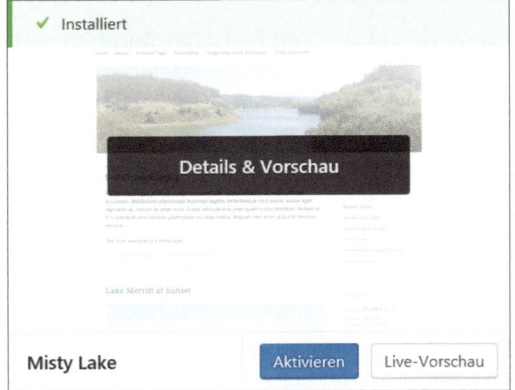

Das Theme ist installiert.

Über *Live-Vorschau* können Sie sich nun das Theme nochmals anschauen, so wie es später nach der Veröffentlichung im Netz aussehen wird.

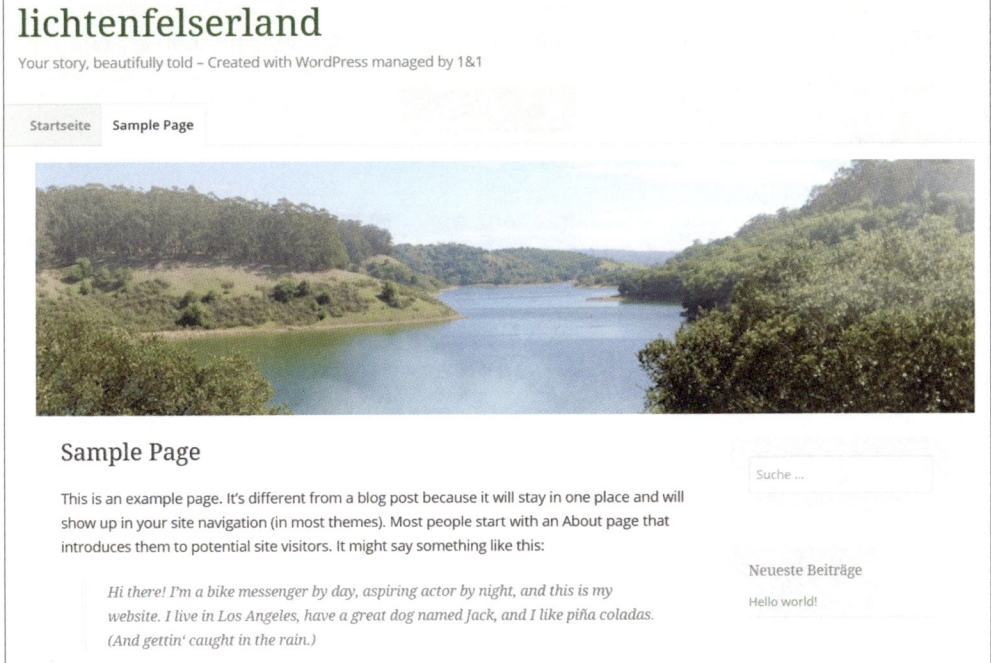

Die Live-Vorschau zeigt Ihnen, wie Ihre Seite aussehen wird.

Links in der Vorschau ist ein Menü eingeblendet, mit dem Sie jetzt noch Änderungen an dem Theme vornehmen können, z. B. die Farben des Header-Bildes oder des Hintergrundbildes ändern oder Menüs hinzufügen. Aber darauf gehe ich im nächsten Kapitel genauer ein.

4. WordPress einrichten

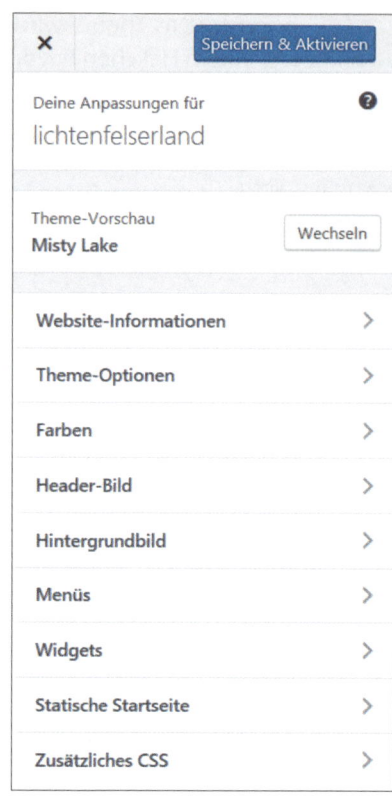

Hier sind noch Änderungen des Themes möglich.

Über das Menü am unteren Bildschirmrand können Sie das Theme ausblenden oder zweimal verkleinern.

Blenden Sie das Theme aus oder verkleinern Sie es.

Endgültig in die Seite übernommen wird das Theme durch Drücken der Schaltfläche *Speichern & Aktivieren* am oberen rechten Rand dieser Leiste. Das ausgewählte Theme ist nun in Ihren Blog integriert. Über den Link *lichtenfelserland* oben links können Sie direkt in den Arbeitsbereich Ihres Blogs wechseln und sich das ausgewählte Design anzeigen lassen.

Der Link zu Ihrem Blog.

Um alle momentan vorhandenen Themes anzuzeigen, klicken Sie in der linken Leiste auf das Menü *Design* und dann auf *Themes*. Hier sehen Sie auch als Erstes in der Auswahl Ihr vorher ausgewähltes Theme mit dem Hinweis, dass es aktiv ist.

Der Weg zu den Themes.

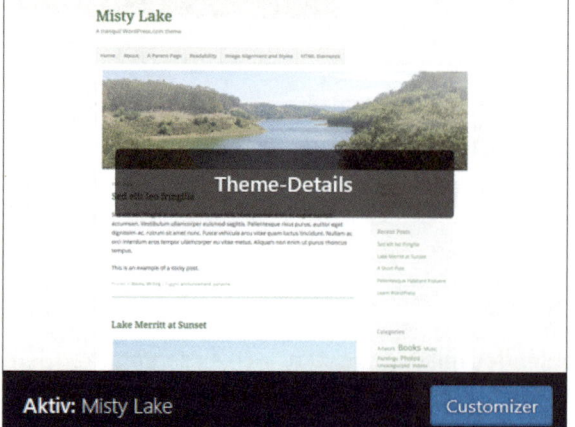

Das Theme ist aktiv.

Nachdem nun die Domain und das Theme angelegt sind, beschäftigen wir uns im nächsten Kapitel etwas genauer mit den Themes.

5. Die Themes von WordPress

5.1 Was sind eigentlich Themes?

Themes sind Designvorlagen, und die Auswahl an Themes in WordPress ist unendlich. Es gibt wohl kein anderes CMS-Tool, für das mehr Templates zur Verfügung stehen. Mit einem Theme bestimmen Sie das Aussehen Ihrer Webseite. Für jeden Bereich gibt es eine Lösung, egal ob für die private Urlaubsreise, den Autoverkäufer oder den Rechtsanwalt.

5.2 Ohne großen Aufwand: fertige Themes

Die Auswahl an Themes ist riesig. Nach jeder Installation von WordPress ist bereits ein standardisiertes Theme vorgegeben, das Sie jederzeit austauschen können, die Daten Ihrer Seite bleiben bei einem Wechsel des Themes bestehen. Themes außerhalb von WordPress sollten Sie meiden, denn diese könnten versuchen, einen Virus auf Ihren Computer zu übertragen. Sicherer sind da kostenpflichtige Themes.

Wobei wir bereits beim nächsten Punkt sind: Themes, die Geld kosten. Diese haben wesentlich mehr Funktionen als die kostenlosen Themes. Sie werden leichter von Suchmaschinen gefunden und lassen sich auf allen möglichen Geräten wie z. B. dem Tablet oder dem Smartphone darstellen. Außerdem ist die Wahrscheinlichkeit geringer, das gleiche Theme auf einer anderen Webseite zu sehen, als bei den kostenlosen Themes.

5.3 Die Auswahl eines Themes

Es ist schwierig, das richtige Theme zu finden, und wenn man es dann nach langer Suche endlich hat, gefällt es einem vielleicht hinterher doch nicht. Das ist aber nicht so schlimm. Denn bei WordPress können Sie ein Theme austauschen, ohne dass die anderen Einstellungen verloren gehen. Suchen Sie also in Ruhe das für Ihre Seite passende Theme aus, schauen Sie es sich in einer Vorschau an und installieren Sie es erst, wenn Sie der Meinung sind, dass es wirklich das richtige ist. Eine Seite zum Thema Reisen benötigt sicherlich ein anderes Theme als eine Seite zum Thema Sport. Wenn Sie ein Theme anklicken, sehen Sie es in einer vergrößerten Ansicht. Wenn Sie das passende Theme gefunden haben, können Sie es mit Inhalten füllen.

An dem ausgewählten Theme sollten Sie allerdings erst mal keine Änderungen vornehmen. Je mehr Sie ändern, umso größer ist die Gefahr, dass Sie hinterher nicht mehr wissen, was Sie eigentlich geändert haben. Widerstehen Sie der Versuchung, an Ihrem Theme stundenlang herumzubasteln.

5. Die Themes von WordPress

Auch wenn Sie ein Theme jederzeit umstellen können, sollten Sie sich für ein bestimmtes entscheiden, denn der Tausch eines Themes bedeutet hinterher viel Zeitaufwand, um alles neu zu platzieren. Auf der anderen Seite bringt die Wahl eines neuen Themas vielleicht auch neue Kreativität, weil das neue Design besondere Funktionen eingebaut hat, wie z. B. eine Slideshow.

Das Layout

Die meisten neuen Blogger verwenden ein Standard-Theme von WordPress und machen sich über das Layout ihres Blogs keine großen Gedanken. Da genau das aber sehr viele Blogger tun, sieht ihr Blog dann genauso aus wie viele andere. Wenn Sie diese Themes verwenden, sollten Sie diese zumindest entsprechend anpassen. Dafür gibt es gute Plug-ins oder Sie wechseln in WordPress die Hintergrundfarbe oder das Logo. Es gibt aber auch massenweise Themes im Internet zum Download. Die Nachteile dabei sind, dass sie vielleicht Viren enthalten, keinen Support haben und nicht weiterentwickelt werden, aber trotzdem jahrelang im Netz herumschwirren.

Dann sind da noch die profimäßigen Themes, die allerdings Geld kosten und manche sind sogar sehr teuer. Diese werden aber meist weiterentwickelt, und ab und zu gibt es auch ein Sonderangebot. Am besten, Sie starten mit kostenlosen Themes von WordPress, die Sie anpassen, und greifen mit zunehmender Erfahrung auf Profi-Themes zurück.

Wo finde ich kostenlose Themes?

Der erste Anlaufpunkt für kostenlose Themes ist über die WordPress-Seite. Tausende von Themes werden hier angeboten, gute und leider auch weniger gute. Außerhalb von WordPress sollten Sie nur auf namhafte Anbieter von Themes zurückgreifen. Auch von diesen bekommen Sie ab und zu kostenlos hochwertige Themes mit einem hohen Funktionsumfang, die den generell kostenlosen Themes überlegen sind. Bei einem derartigen Theme sollten Sie nicht mehr viele Änderungen vornehmen, weil eigentlich fast alles schon perfekt ist. Auch Ihr Budget spielt natürlich bei der Auswahl des Themes eine wichtige Rolle. Sollten Sie ein paar Euro mehr zur Verfügung haben, greifen Sie auf jeden Fall auf ein professionelles Premium-Theme zurück.

5.4 Themes installieren

Direkt nach der Installation von WordPress stehen erst mal nur einige Themes zur Verfügung. Die standardmäßig vorhandenen Designs reichen fürs Erste aus. Die Auswahl können Sie aber über den Link *Neues Theme hinzufügen* am Seitenende der Themes erweitern.

Erweitern Sie den Umfang der Themes.

Über die Auswahlleiste für die verschiedenen Arten von Themes können Sie sich die Themes des jeweiligen Bereichs anzeigen lassen. Wenn Sie auf *Populär* klicken, sehen Sie eine Zahl, die Ihnen anzeigt, wie viele Themes zu diesem Bereich vorhanden sind, in diesem Fall 2.561. Der Menüpunkt *Neueste* bietet Ihnen fast die doppelte Menge zur Auswahl an.

Die Auswahl »Populär« enthält Tausende von Themes.

Der Menüpunkt *Nach Funktionen filtern* ist hilfreich, um die riesige Auswahl einzugrenzen. Sie können nach Layout oder Funktionen und nach einem bestimmten Thema filtern. Die Liste dieser Filter ist auf Deutsch und es sind viele sinnvolle Begriffe vorgegeben, die Ihnen bei der Suche helfen. Diese müssen Sie nur mit einem Häkchen versehen, damit sie aktiv werden. Mit dem Button *Filter anwenden* am Ende der Liste wird die Suche gestartet. Die für die Suche ausgewählten Begriffe erscheinen dann auch oben im Suchfeld auf Englisch.

Noch viel mehr Themes stehen hier zur Auswahl.

In meinem Beispiel habe ich unter *Layout* die Option *Zwei Spalten* angehakt, unter *Funktionen* die Auswahl *Eigener Header* und unter *Thema* die *Fotografie*.

Grenzen Sie die Suche nach einem Theme ein.

Nach einem Klick auf *Filter anwenden* erhalte ich daraufhin 156 Treffer. Jeder dieser Treffer besteht aus einem Vorschaubild und einer kurzen Beschreibung – leider nur in Englisch. Über den Themes werden Ihnen in einer Leiste nochmals die Filterkriterien angezeigt.

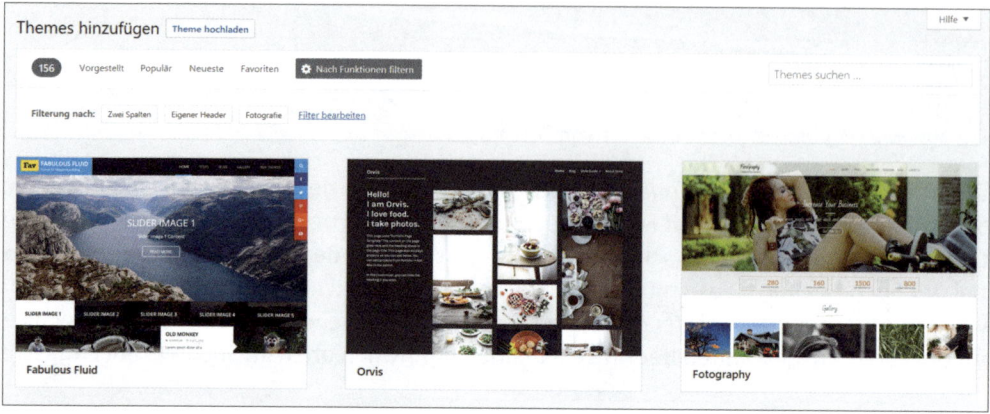

Die Filterung hat eine übersichtliche Auswahl an Themes ergeben.

Über den Link *Filter bearbeiten* können Sie weitere Filter hinzufügen, um die Auswahl weiter einzugrenzen.

Die verwendeten Filterkriterien werden nochmals angezeigt.

Die Auswahl können Sie allerdings auch einschränken, indem Sie im Feld *Themes suchen* einen Suchbegriff eingeben. Dies ist zwar nicht immer erfolgreich, manchmal müssen Sie auch englische Begriffe eingeben. Zum Beispiel erzielt der Begriff *schwarz* keinen Treffer, der englische Begriff *black* aber schon.

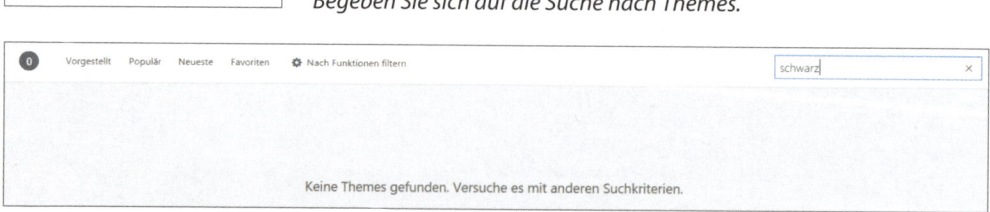

Die Suche war leider nicht erfolgreich.

Themes installieren

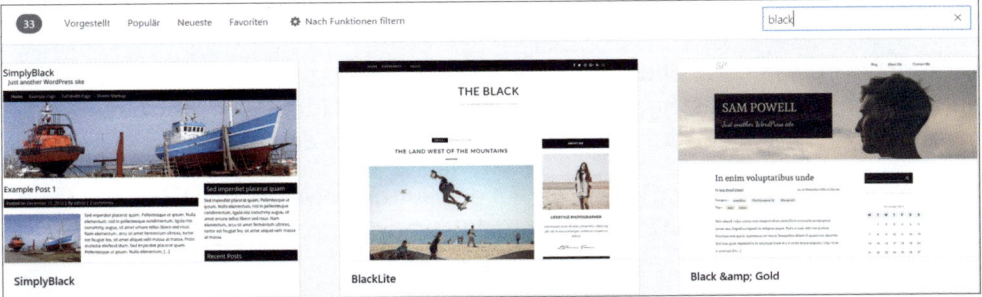

In diesem Fall wurden einige Themes gefunden.

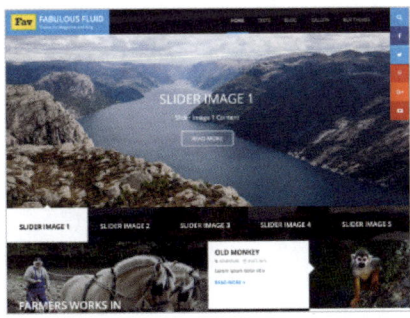

Wenn Sie ein Theme mit dem Mauszeiger berühren, zeigen sich wieder die bereits bekannten Buttons *Details* und *Vorschau*. Ein Klick darauf öffnet die Angaben zum betreffenden Theme. Sie sehen am linken Bildschirmrand die Version, den Namen des Autors und eine Bewertungsskala von 0 bis 5 Sternen. Außerdem noch eine genaue Beschreibung in englischer Sprache.

Diese Vorschau soll Ihnen einen Anhaltspunkt darüber geben, wie das Theme später auf Ihrer Seite aussehen wird.

Ein Klick auf den Button *Installieren* startet die Installation, und nach einigen Sekunden ändert sich der Button auf *Aktivieren*. Ein weiterer Klick auf diesen Button übernimmt das Theme auf Ihre Seite.

Es gibt viele Anbieter für WordPress-Themes: kostenlose und kostenpflichtige. Während die Themes von WordPress vollautomatisch ablaufen, funktioniert das bei allen Themes außerhalb von WordPress nur halb automatisch, was wiederum bedeutet, dass Sie mehr Arbeit bei deren Verwendung haben.

Verschaffen Sie sich einen Überblick über ein Theme.

51

Themes downloaden

Auch unter *wordpress.org* finden Sie jede Menge Themes zum Downloaden. Wenn Sie ein Theme mit dem Mauszeiger berühren, erscheint ein Button mit dem Eintrag *Weitere Informationen*. Ein Klick darauf führt Sie in eine Übersicht zu diesem Theme.

Falls Ihnen das Theme zusagt, klicken Sie auf den Button *Download* und laden das Theme direkt auf Ihren PC in ein von Ihnen ausgesuchtes Verzeichnis.

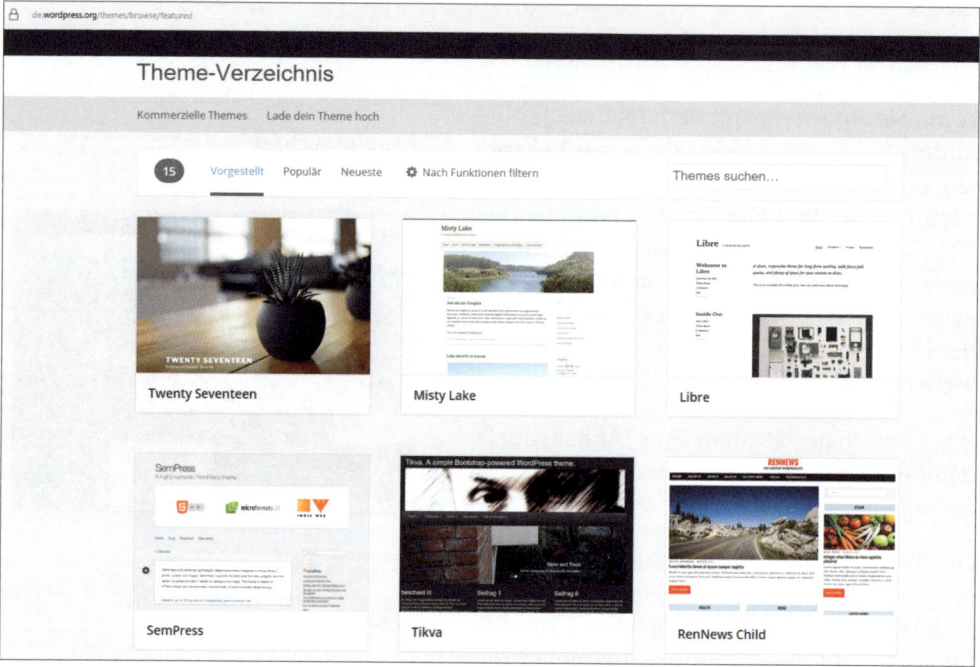

Themes zum Downloaden.

Der Weg zu weiteren Infos über das Theme.

Themes ändern

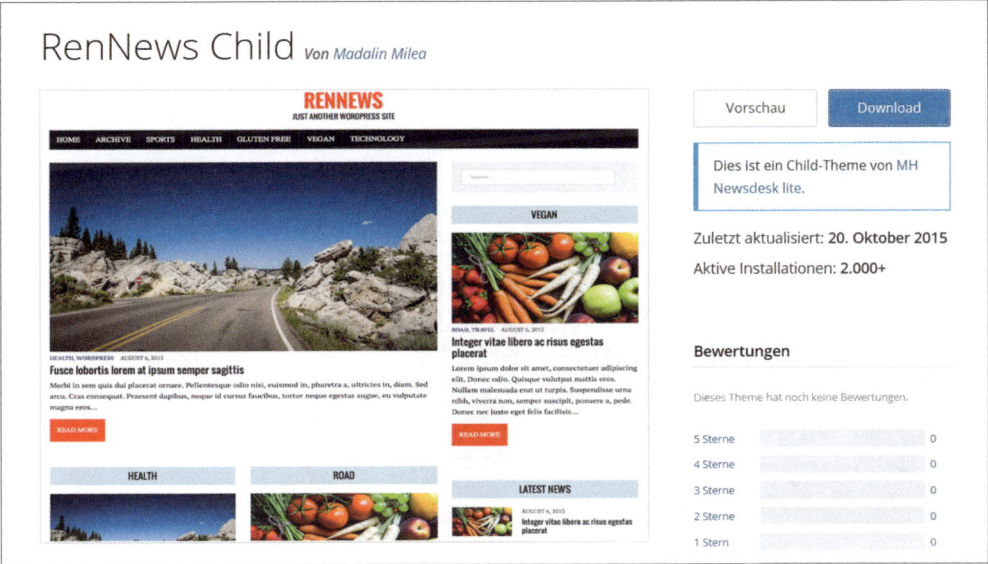

Eine ausführliche Übersicht zu einem ausgewählten Theme.

Nachdem Sie das Theme gespeichert haben, können Sie es im Arbeitsbereich über den Button *Theme hochladen* in Ihre Domain einfügen.

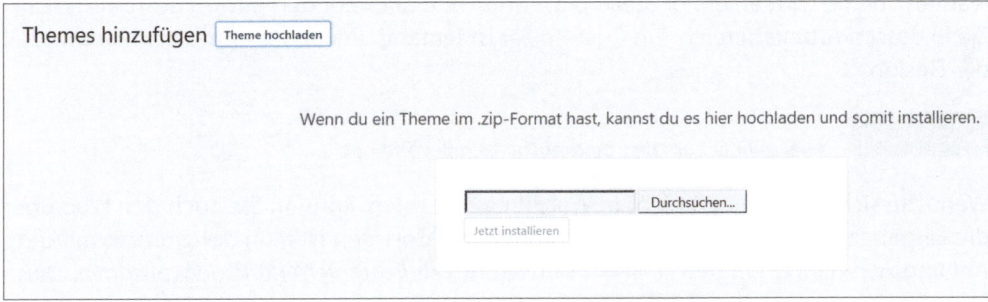

Über diesen Weg suchen Sie nach einem vorhandenen Theme auf Ihrem PC.

5.5 Themes ändern

Mit zunehmender Erfahrung in WordPress werden Ihnen neue Ideen einfallen, und daraus ergeben sich wiederum andere Ansprüche an Ihr Design. Dann ist es an der Zeit, versuchsweise Ihr Design zu ändern. Öffnen Sie für diesen Versuch über das Menü *Design/ Themes* die Auswahl der Themes. Wählen Sie das neue Theme durch Mausbewegung an und klicken Sie dann auf den eingeblendeten Button *Aktivieren*. Das neue Theme wird in Ihre Domain übernommen und steht nun an der ersten Stelle der Theme-Auswahl.

Wir wollen aber bei unserem zuerst ausgewählten Design bleiben. Daher ändern Sie nun zur Übung das Theme wieder auf *Misty Lake* um.

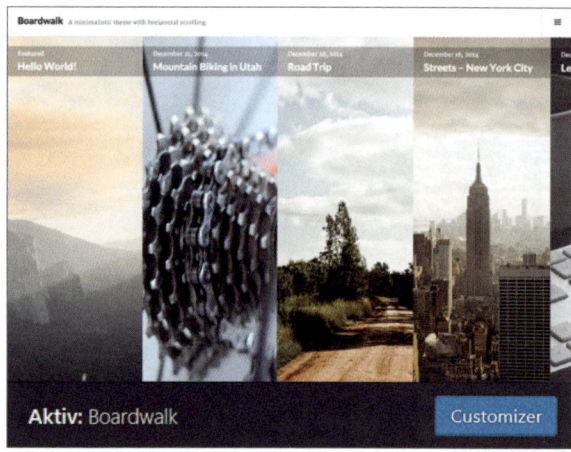

Ein neues Theme wurde aktiviert.

5.6 Themes bearbeiten

Um ein Theme zu bearbeiten, klicken Sie im linken Menü auf *Design/Themes*. Ihr ausgewähltes Theme wird an erster Stelle präsentiert. Ein Klick auf den Button *Customizer* führt Sie in dessen Arbeitsbereich. Ein Customizer ist jemand, der etwas anpasst, in diesem Fall das Design.

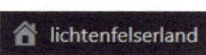 *Hier geht es zum Bearbeitungsbereich des Themes.*

Wenn Sie sich aktuell noch nicht in WordPress befinden, können Sie auch den Weg über die Eingabezeile Ihres Browsers gehen, indem Sie dort den Namen der Domain mit dem Anhang */wp-admin* eingeben, also in unserem Fall *lichtenfelserland.de/wp-admin*. Dann kommen Sie direkt in den Arbeitsbereich von WordPress.

Ein Klick auf den Button *lichtenfelserland* am oberen linken Rand des WordPress-Bildschirms führt Sie direkt in die Domain, und das vorher ausgewählte Theme wird angezeigt. Klicken Sie in diesem Bereich auf den Button *Customizer* und die Leiste für Anpassungen des Themes wird am linken Bildschirmrand eingeblendet.

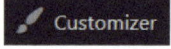 *Der Weg zum Theme ...*

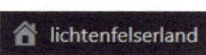 *... und zu den Anpassungen.*

Themes bearbeiten

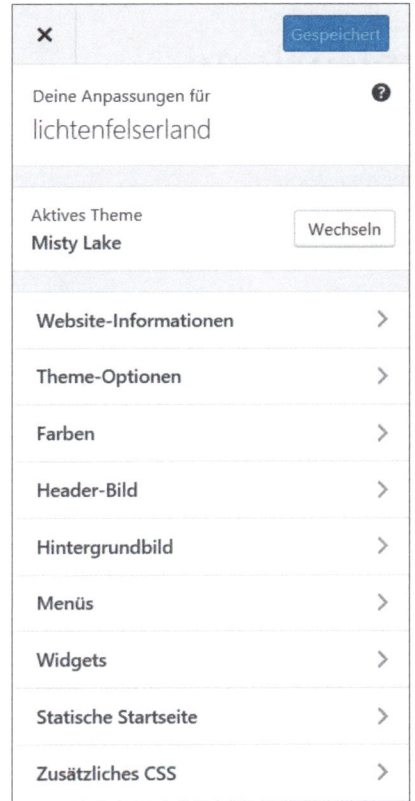

Hier finden Sie einige Menüs zur Anpassung der Seite.

Die Leiste enthält etliche Menüs, von denen wir uns nun einige genauer ansehen wollen. Beginnen wir mit dem Theme.

Das aktive Theme wird momentan angezeigt. Über den Button *Wechseln* können Sie ein anderes Theme zuweisen. Darauf verzichten wir in diesem Fall und behalten das ausgewählte bei.

Das ausgewählte Thema.

Untertitel vergeben

Ein Klick auf das Menü *Website-Informationen* führt zu einer Leiste, die den Namen der Domain anzeigt und die Möglichkeit bietet, einen Untertitel einzufügen. Wenn dieser Untertitel eingetippt ist, wird er im Theme unter dem Namen der Domain angezeigt. Dafür muss aber das Kontrollkästchen unter dem Eingabefenster mit einem Häkchen versehen sein.

Fügen Sie einen Untertitel oder ein Icon hinzu.

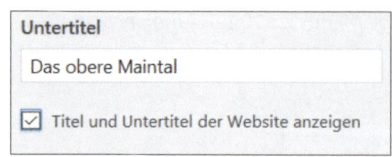 

Ein Untertitel wurde vergeben ... *... und wird im Theme angezeigt.*

Icon hinzufügen

Unter dem Bereich *Website-Icon* können Sie einen kleinen sinnvollen Zusatz für Ihre Webseite einfügen. Dieses Icon zeigt dem User in den Tabs des Browsers an, was er gerade geöffnet hat. Dieses Icon können sich die Surfer auch als Gedankenstütze unter den Favoriten als Lesezeichen abspeichern. Als Icon benutzen Sie am besten Ihr eigenes Logo, das schafft einen hohen Wiedererkennungswert bei den Usern. Ein Beispiel für ein derartiges Icon ist das von Google oder das von Markt+Technik, das im Register des Browsers vor dem Namen der Suchmaschine bzw. des Verlags angezeigt wird.

Ein Icon besitzt einen bestimmten Wiedererkennungswert.

Im Zeitalter der Smartphones gibt es noch ein weiteres Plus für Sie. Die Nutzer dieser Geräte können das Icon auch auf ihrem Bildschirm speichern. Das schaut dort gut aus und der Nutzer kann schnell auf Ihre Seite zugreifen. Um das Icon jetzt einzufügen, klicken Sie auf den Button *Bild auswählen*.

Ein Icon muss eine bestimmte Größe haben.

Sie kommen in ein Fenster, in dem Sie ein Bild uploaden können. Dieses muss mindestens eine Größe von 512 x 512 Pixeln haben, größer darf es sein, aber auf keinen Fall kleiner.

Das Bild können Sie auf drei verschiedenen Wegen hochladen: entweder aus der Mediathek, per Drag-and-drop in das Fenster ziehen oder über den Button *Dateien auswählen*. In unserem Beispiel wählen wir den zuletzt genannten Weg, da sich das Icon auf dem Desktop befindet. Ich habe es dort abgespeichert, damit ich es jederzeit auf Anhieb wiederfinde. Sie können natürlich auch einen anderen Speicherort wählen.

Themes bearbeiten

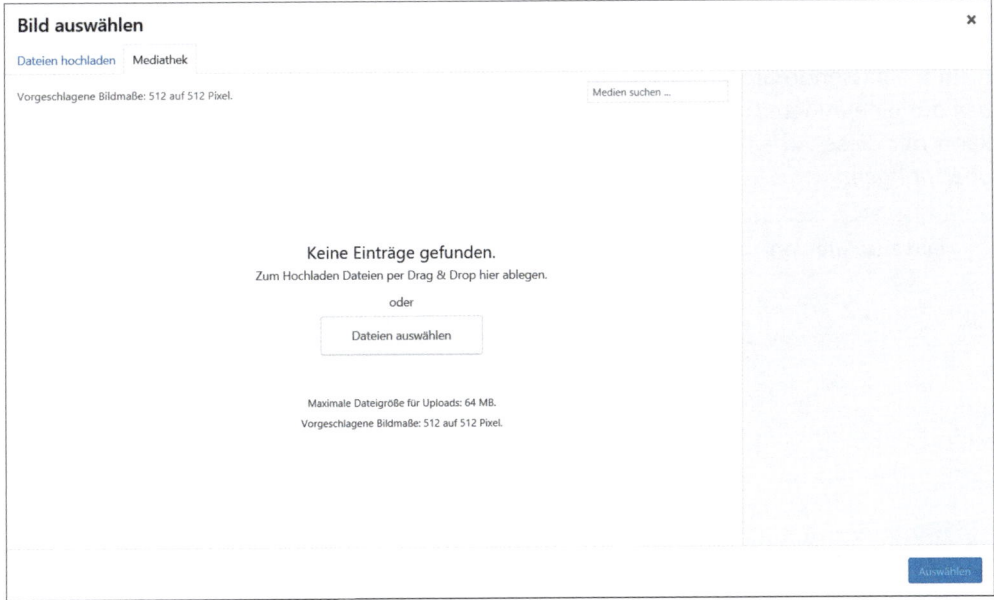

Wählen Sie zwischen drei Möglichkeiten, ein Bild hochzuladen.

Klicken Sie auf den Button *Dateien auswählen* und laden Sie das Bild in das Fenster. Das Icon wird auf der Seite angezeigt. Am rechten Bildschirmrand sehen Sie eine Leiste mit Details zum Anhang.

Das Icon ist geladen.

Genauere Infos über das Icon.

Falls das Icon nicht die entsprechende Größe hat, klicken Sie auf den Button *Auswählen*. Hier wird Ihnen das Icon nochmals als Browser- und als App-Icon angezeigt. Falls das Bild nicht die passende Größe hat, können Sie es nun durch Klick auf den Button *Bild zuschneiden* auf eine andere Größe ändern. Bei meinem Icon passt allerdings die Größe und ich kann mir diese Arbeit sparen. Deswegen geht es weiter über den Button *Zuschneiden überspringen*.

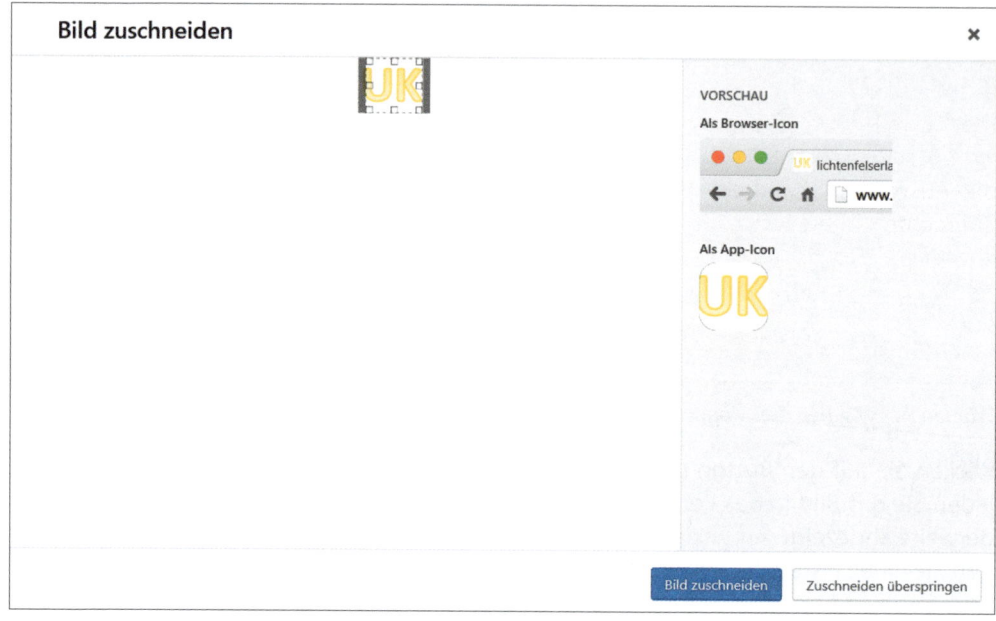

Hier kann das Bild auf die gewünschte Größe gebracht werden.

Sie gelangen wieder in die Leiste mit den Website-Informationen. Das Icon wird nochmals so angezeigt, wie es im Browser und als App-Icon aussieht. Über den Button *Entfernen* lassen Sie es wieder verschwinden, über den Button *Bild wechseln* können Sie es austauschen. Über den Button *Speichern & Publizieren* am oberen Bildschirmrand müssen Sie es jetzt noch Ihrer Domain zuweisen.

Das Icon ist bereit für die Veröffentlichung …

… und kann veröffentlicht werden.

Der Button *Speichern & Publizieren* ändert sich auf *Gespeichert*. Dies zeigt Ihnen an, dass alles okay ist.

Farben ändern

Mit dem Pfeil neben dem Eintrag *Website-Informationen* können Sie wieder zu der Leiste mit den Anpassungen zurückkehren. *Theme-Optionen* gibt es im Moment keine, deswegen gehe ich auf dieses Menü auch nicht näher ein. Über das Menü *Farben* können Sie die Textfarbe des Headers und die Hintergrundfarbe des Themes ändern. Wenn Sie das Menü öffnen, sehen Sie die Auswahl für diese beiden Dinge. Ein Klick auf den Button *Farbe wählen* unter dem Bereich *Textfarbe* im Header öffnet die Auswahl der Farben. Mit dem Schieberegler am rechten Rand können Sie die Stärke der Farbe einstellen. Wenn Sie die Farbe ändern, wird sie im Header angezeigt. Aktiv wird sie erst durch Betätigen des Buttons *Speichern & Publizieren*. Über den Button *Standard* wird die vorherige Farbeinstellung wieder aktiv.

Im nächsten Schritt wählen Sie eine Farbe für den Hintergrund aus. Wenn Sie ein Farbsymbol aus der Auswahl anklicken, wird dies auf der Seite angezeigt. Mit dem Schieberegler am rechten Rand können Sie wieder die Stärke der Farbe einstellen. Mit dem Button *Speichern & Publizieren* übernehmen Sie die Einstellungen. Über den Button *Leeren* können Sie den Hintergrund wieder in den ursprünglichen Zustand zurückversetzen.

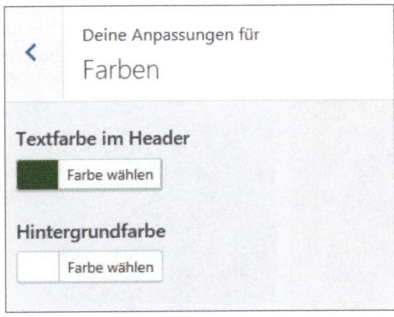

Passen Sie hier Ihre Farben an.

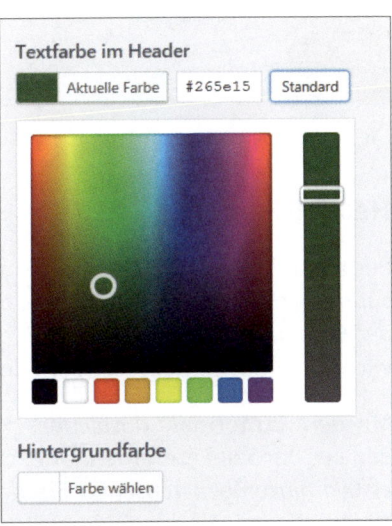

Wählen Sie eine Textfarbe aus.

Suchen Sie eine Hintergrundfarbe.

5. Die Themes von WordPress

Die neu aktivierte Hintergrundfarbe gibt der Seite ein anspruchsvolleres Aussehen.

Header-Bild ändern

Begeben Sie sich wieder zurück zu den Anpassungen und wenden Sie sich nun dem Menü *Header-Bild* zu. Wenn Sie dieses Menü geöffnet haben, wird Ihnen das aktuelle Header-Bild angezeigt.

Mit dem Button *Bild ausblenden* können Sie das Bild aus der Seite entfernen. Über den Button *Neues Bild hinzufügen* tauschen Sie das aktuelle Bild gegen ein anderes aus. Den restlichen Menüpunkten wenden wir uns später zu.

5.7 Alternative Themes

In WordPress gibt es Tausende von Themes. Ich habe hier noch einige ausgesucht, die nach meiner Meinung auch gut zu einem privaten Blog passen, und stelle sie Ihnen hier vor.

Hier tauschen Sie das Header-Bild aus.

Die Suche nach Themes

WordPress bietet Ihnen eine praktische Suchfunktion nach Themes an. Wenn Sie über das Menü *Design/Themes* die Auswahl der Themes aufgerufen haben, klicken Sie auf den Button *Hinzufügen*, um die verschiedenen Auswahlbereiche der Themes angezeigt zu bekommen. Sehen Sie sich erst mal die im Bereich *Vorgestellt* an. Wenn Sie das passende gefunden haben und mit dem Mauszeiger berühren, sehen Sie den Button *Theme-Details*. Ein Klick darauf führt Sie direkt in die Beschreibung zu diesem Theme.

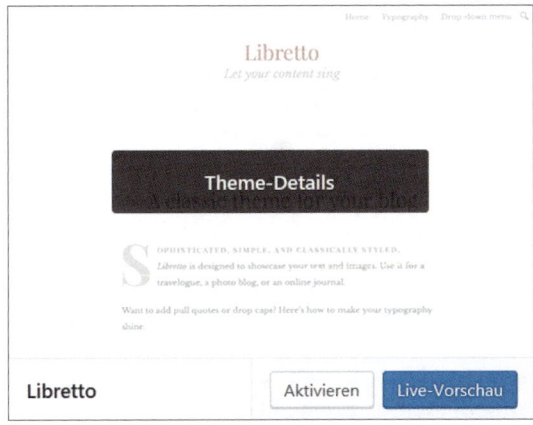

Ein passendes Theme wurde ausgesucht.

Ein weiterer Klick auf *Live-Vorschau* zeigt das Theme so, wie es auf Ihrer Seite dargestellt wird. Dies hat den Vorteil, dass Sie bereits vor der Aktivierung sehen, ob das Theme passend ist. Auch bei einem Theme-Wechsel ist die Vorschau natürlich praktisch. Mit den Pfeilen am oberen Rand können Sie sich in der Theme-Auswahl hin- und herbewegen.

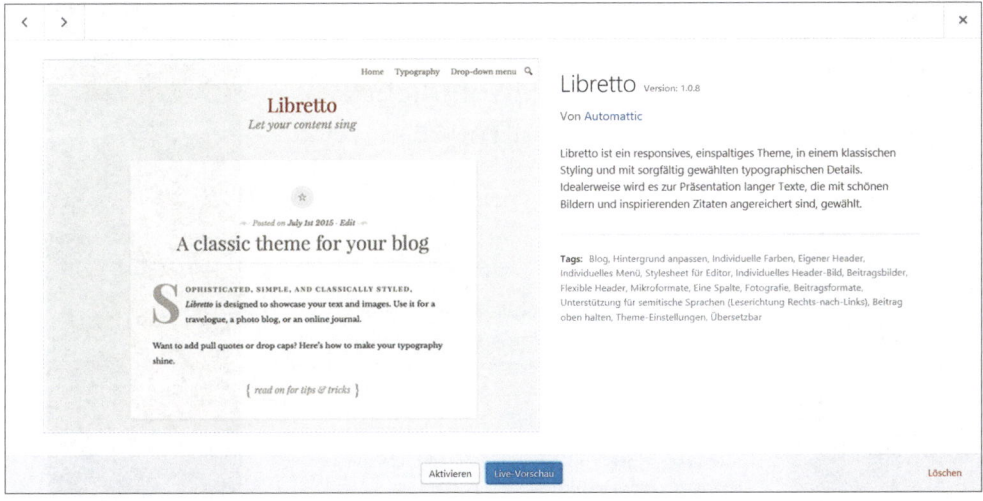

Das Theme mit der Beschreibung.

Der Customizer-Bereich des Themes wird Ihnen auch gleich mit angezeigt, damit Sie sehen, welche Möglichkeiten der Einstellung dieses Theme bietet.

Die Vorschau mit dem Customizer-Bereich.

Am unteren Rand des Customizer-Bereichs können Sie zwischen verschiedenen Ansichten wechseln. Aktuell sehen Sie die Ansicht auf dem PC. Das zweite Symbol zeigt die Ansicht auf einem Tablet und die dritte auf dem Smartphone. Mit dem Pfeil unten links können Sie den Customizer-Bereich ausblenden, um nur die Seitenansicht allein in der Vorschau zu sehen, und durch nochmaligen Klick auf den Pfeil auch wieder einblenden. Ein Klick auf *Speichern & Aktivieren* übernimmt das Theme in den Blog.

So wird die Seite auf einem Tablet angezeigt.

Die Ansicht auf dem Smartphone.

Ebenfalls interessant für einen persönlichen Blog ist das Theme *Courage*, einfach zu nutzen und auf jedem Gerät gut ausschauend. Ein Slider für die Beitragsanzeige rundet das positive Gesamtbild ab.

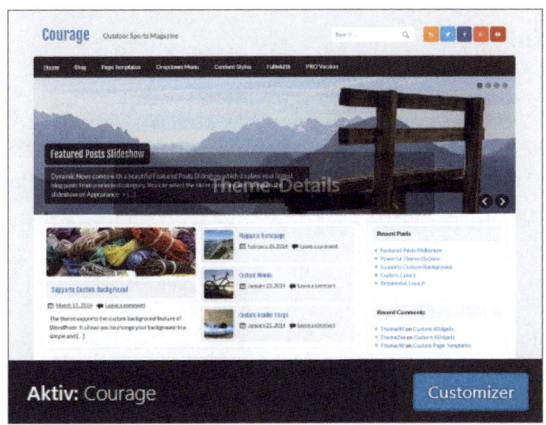

Ein weiteres interessantes Theme für den privaten Bereich.

Sie können übrigens bei jedem Theme bereits in der Live-Vorschau Einstellungen vornehmen, und zwar vor dem Speichern, um zu sehen, wie bestimmte Funktionen wirken, oder fehlende Dinge zu ergänzen.

Bei diesem Theme wollen wir einige Widgets in die Sidebar einfügen. Klicken Sie dazu im Customizer-Bereich auf *Widgets* und dann auf *Sidebar*.

Bei diesem Theme muss die Sidebar noch gestaltet werden.

Ein weiterer Klick auf *Widgets hinzufügen* führt Sie direkt in die Auswahl der Widgets. Zuerst fügen wir das Widget *Archive* durch Klick darauf in die Sidebar ein. Weiter geht es mit dem Widget *Kalender* sowie dem Widget *Suche*.

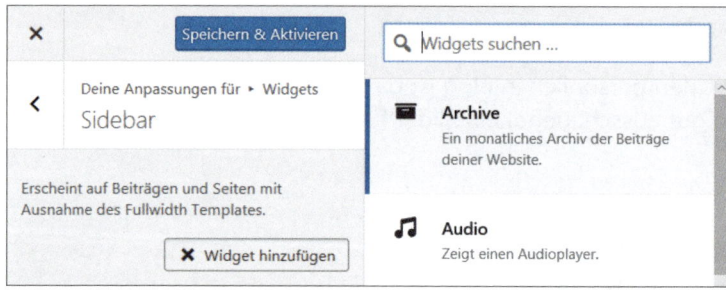

Ein Widget wurde ausgewählt.

Die Reihenfolge der Widgets können Sie nun noch über den Link *Umordnen* mithilfe der Pfeile in alle Richtungen ändern.

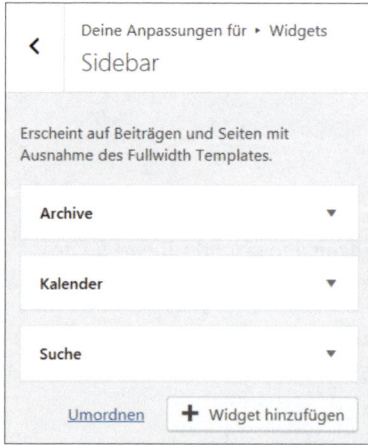

Die ausgewählten Widgets werden angezeigt.

Die Platzierung der Widgets wurde geändert.

Alternative Themes

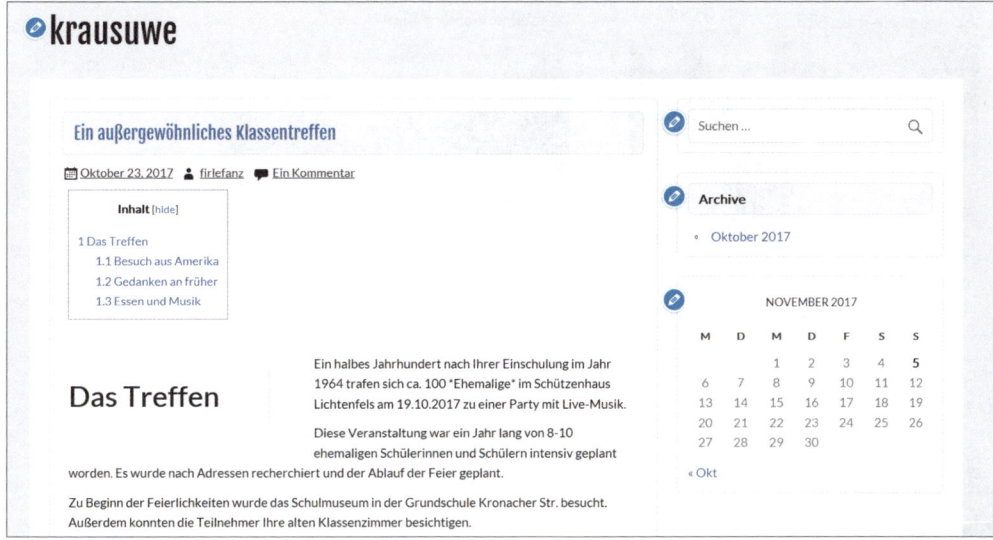

Einige Widgets wurden in die Sidebar eingefügt.

Ein weiteres interessantes Theme ist *Twenty Seventeen*. Bei unserer Seite empfiehlt sich ein Austausch des Header-Bildes. Klicken Sie dazu im Customizer-Bereich auf *Header-medien* und im Bereich *Aktuelles Header-Bild* auf *Neues Bild hinzufügen*. Suchen Sie das entsprechende Bild in der Mediathek oder auf Ihrem PC aus und kopieren Sie es hinein.

Ein weiteres Theme als Alternative

Das alte Bild wird durch das neue ersetzt und auch auf der Seite angezeigt. Mit einem Klick auf *Speichern & Publizieren* wird es endgültig in die Seite übernommen.

5. Die Themes von WordPress

Das ursprüngliche Header-Bild.   *Das aktuelle Header-Bild.*

Das Header-Bild in der Ansicht auf der Seite.

Dies war ein Überblick über alternative Themes für private Blogs. Nachdem Sie nun etwas genauer über Themes informiert sind, wenden wir uns im nächsten Kapitel dem Aufbau von WordPress zu, also wieder etwas Theorie.

6. Der Aufbau von WordPress

In diesem Kapitel beschäftigen wir uns mit der Programmoberfläche von WordPress, da dieses Wissen unentbehrlich für die weitere Arbeit mit dem Programm ist. Diese Kenntnisse werden Sie zu guten Ergebnissen führen.

6.1 Das Dashboard – die Kommandozentrale

Das Dashboard ist die Kommandozentrale von WordPress und sehr übersichtlich gestaltet. Von hier aus steuern Sie alle Funktionen von WordPress. Sie können es nach Ihren eigenen Wünschen einrichten. Über das Menü *Optionen* können Sie Felder ein- oder ausblenden. Das Dashboard wird Ihnen bei jedem neuen Start von WordPress angezeigt.

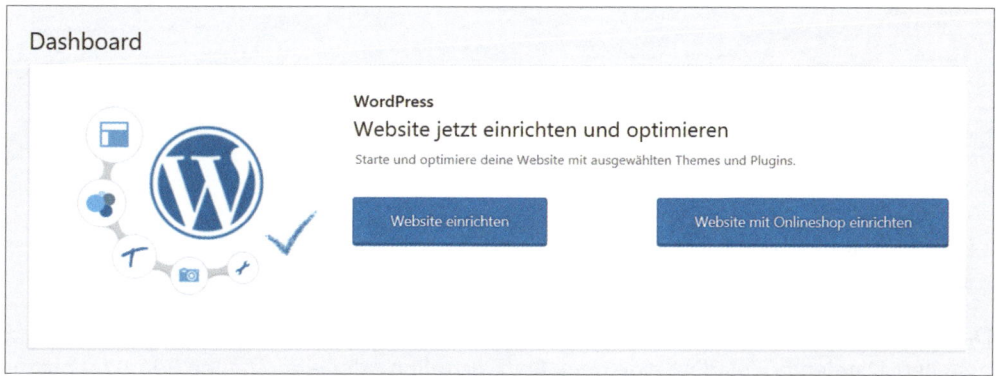

Über das Dashboard werden neue Seiten angelegt.

Ganz oben im Dashboard ist die Kopfleiste sichtbar, die einen schnellen Zugriff auf die wichtigsten Funktionen ermöglicht. Momentan werden vier verschiedene Menüs angezeigt.

 *Die Menüs im linken Bereich der Kopfleiste.*

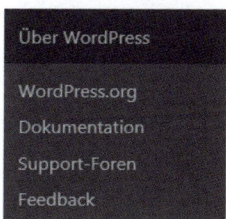 Das Menü *Über WordPress* bietet allgemeine Infos zum Programm. Welche das sind, ersehen Sie aus den verschiedenen Menüpunkten. Hier wird Ihnen zu den unterschiedlichen Themenbereichen und Problemen weitergeholfen. Dafür gibt es auch spezielle Foren, die Ihnen sicherlich wertvolle Information liefern.

Wichtige Links zu WordPress.

6. Der Aufbau von WordPress

Wenn Sie das Menü *lichtenfelserland* berühren, wird ein Untermenü mit der Bezeichnung *Zur Website* angezeigt. Im Grunde führt Sie beides zum selben Ziel – zu Ihrem Blog. Haben Sie für Ihren Blog bereits einen Namen vergeben, dann wird er hier wie in unserem Beispiel angezeigt. Existiert noch kein Name, wird das Menü mit *Webseite* betitelt sein.

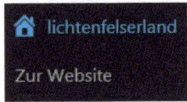

Der direkte Weg zu Ihrer Seite.

Das Menü *Kommentare* zeigt Ihnen neue Kommentare sowie diejenigen an, die noch nicht beantwortet sind. Im Moment ist die Zahl 0 zu sehen, da es noch keine Kommentare gibt.

Die Zahl 0 ...

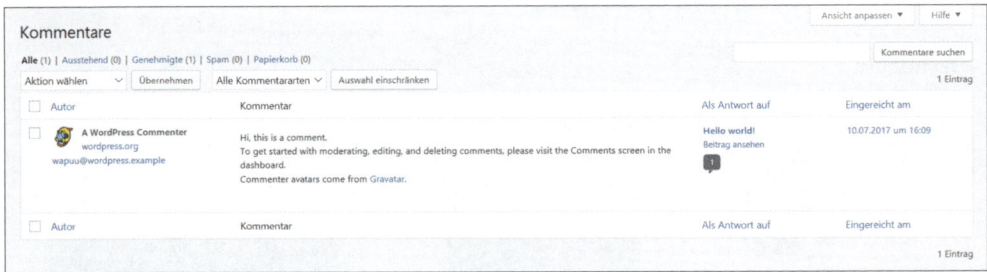

... gibt an, dass noch keine Kommentare vorhanden sind.

Das Menü *Neu* enthält die Links, um neue Dinge zu erstellen. Ob Sie einen neuen Beitrag erstellen, Dateien hochladen, eine neue Seite erstellen oder einen neuen Benutzer hinzufügen, das ist alles über dieses Menü durchführbar.

Am rechten Rand der Kopfleiste finden Sie das Menü *Willkommen*, das Ihren Administratornamen anzeigt und über das Sie dieses Profil anzeigen lassen, wenn Sie auf den Benutzernamen klicken. Der Button *Profil bearbeiten* führt Sie ebenfalls in den Profilbereich. Hier lassen sich Änderungen am Profil vornehmen. Über den Button *Abmelden* schließen Sie WordPress.

Legen Sie hier neue Dinge an.   *Der Weg zum Profil oder zur Abmeldung.*

Das Dashboard – die Kommandozentrale

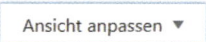

Anpassen der Ansicht ...

Über den Button *Ansicht anpassen* werden Ihnen Boxen angezeigt, die Sie durch das Setzen eines Häkchens im Kontrollkästchen vor dem Namen der Box aktivieren oder durch Entfernen des Häkchens deaktivieren können. Ein weiterer Klick auf den Button *Ansicht anpassen* entfernt die Ansicht der Boxen wieder.

... über die verschiedenen Boxen.

Außerdem steht noch der Button *Hilfe* zur Verfügung. Wenn Sie diesen anklicken, sehen Sie auf der rechten Seite des Bildschirms einen Link, der zur Dokumentation des Dashboards führt, allerdings nur auf Englisch.

 *Der Hilfe-Button.*

Auf der linken Seite des Bildschirms sehen Sie eine Übersicht über bereits enthaltene Infos zu den Themen *Navigation, Layout* und *Inhalt*. Durch Klick auf den jeweiligen Eintrag wird Ihnen rechts daneben die Beschreibung dazu eingeblendet.

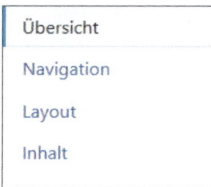

Diese Punkte sind bereits vorhanden.

Der Link *Support-Foren* öffnet den Support-Bereich. Hier können Sie entweder eine Frage eingeben oder zu allen möglichen Themen rund um WordPress nach einer Antwort in unterschiedlichen Foren suchen.

Hier öffnen Sie den Supportbereich.

Zusätzlich finden Sie zu allen Bereichen von WordPress Hilfe in den unterschiedlichen Foren. Sie können allgemeine Fragen stellen oder welche zur Installation und Sie werden über Veranstaltungen informiert. Über Themes, Plug-ins und WooCommerce (Plug-in, das einen Onlineshop ergänzt) lassen sich Infos finden, und es gibt ein Diskussionsforum und ein FAQ zu häufig gestellten Fragen.

6. Der Aufbau von WordPress

Auf dieser Seite finden Sie wertvolle Unterstützung bei Fragen oder Problemen bezüglich WordPress.

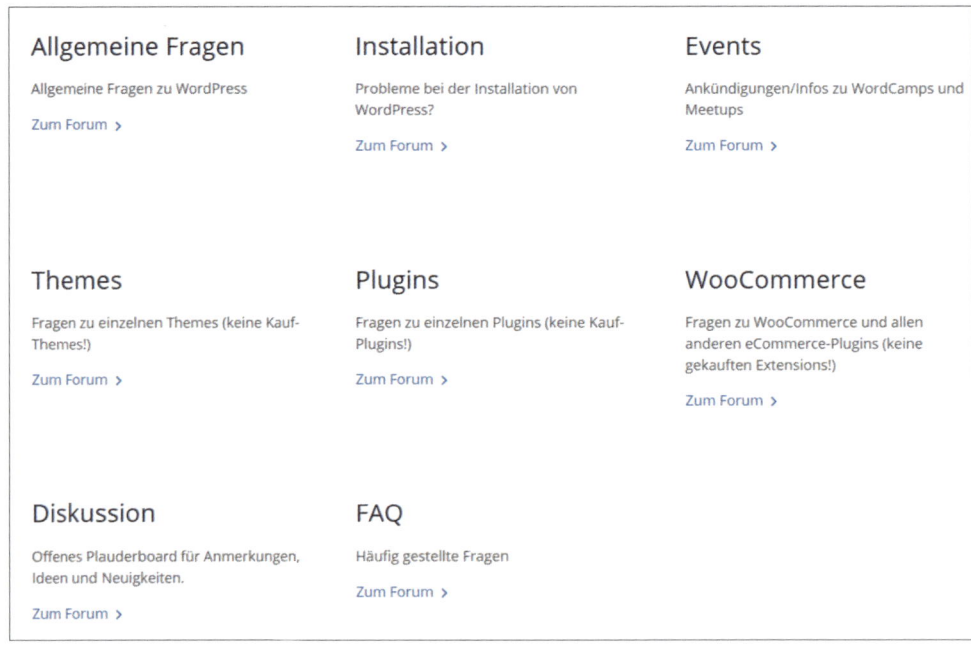

Ein sehr umfangreiches Informationsangebot zu WordPress finden Sie unter all diesen Bereichen.

Links im Dashboard sehen Sie die Sidebar. Sie ist in jedem Theme enthalten und kann mit Inhalten gefüllt werden. Sie zeigt die Kategorien, wichtige Artikel und Neuigkeiten an. Hier finden Sie die Menüs mit den dazugehörenden Einträgen. Über diese Einträge gelangen Sie in die verschiedenen Arbeitsbereiche.

Die nachfolgend kurz beschriebenen Menüs sind standardmäßig in der Sidebar enthalten.

- Es beginnt mit dem Menü *Startseite*. Über dieses Menü steigen Sie in den Arbeitsbereich einer Seite ein, legen eine neue Seite an oder bearbeiten eine vorhandene.
- Über das Menü *Beiträge* sehen Sie Ihre Blogs und Ihre Besucher sowie die Kategorien und Schlagwörter.
- Das Menü *Medien* enthält Ihre Bilder, Downloads und PDF-Dateien.
- Das Menü *Seiten* zeigt die von Ihnen erstellten Internetseiten an.
- Über *Kommentare* finden Sie die Kommentare von Besuchern zu den einzelnen Beiträgen.
- Der Bereich *Formulare* zeigt das Formular für das Senden einer E-Mail.
- Das Menü *Design* bietet die Anpassung eines Designs an oder das Hinzufügen von Menüeinträgen.
- Im Bereich *Plugins* lassen sich zusätzliche Plug-ins installieren und Sie sehen die bereits vorhandenen.
- Im Menü *Benutzer* lassen sich Benutzer erstellen oder entfernen. Hier können Sie auch Berechtigungen vergeben.
- Im Bereich *Werkzeuge* werden alle installierten Werkzeuge angezeigt.
- Im Menü *Einstellungen* finden Sie alle Einstellungen, die Ihre gesamte Seite betreffen.

Die Dashboard-Sidebar.

Sie können natürlich auch neue Menüpunkte erstellen. Auf diese ganzen Dinge werde ich im Verlauf des Buches noch näher eingehen. Schauen Sie sich am besten erst einmal in aller Ruhe die Untermenüs der Sidebar an. Ein Klick auf den jeweiligen Eintrag öffnet das Untermenü.

6.2 Frontend und Backend

Diese beiden Begriffe könnte man auch als Vorder- und Rückseite bezeichnen. Als Frontend wird der Bereich einer Webseite bezeichnet, den jeder sehen kann, der die Webseite aufruft. Das Backend sehen nur Sie, denn in das Backend kommen nur Sie mit einem Benutzernamen und einem Passwort, für Dritte ist dieser Bereich also nicht zugänglich.

6. Der Aufbau von WordPress

Im Backend wird die Seite bearbeitet und verwaltet. Alle Änderungen, die Sie im Backend vornehmen, sind bei einem Neustart Ihrer Seite sichtbar. Das Backend enthält viele Menüpunkte, von denen Sie aber erst mal nur einige benötigen. Mit den anderen werden Sie im Laufe der Zeit vertraut werden. Das Dashboard, die Sidebar und die Kopfleiste gehören zum Backend.

7. Erste Schritte mit WordPress

Mit WordPress lässt sich relativ leicht und schnell eine einfache Seite erzeugen. Dafür sind nur einige wenige Schritte notwendig. WordPress ist zwar ziemlich problemlos zu bedienen, aber nicht jeder kommt gleich mit dem Aufbau klar, vor allem nicht, wenn er noch nie einen Blog oder eine Webseite erstellt hat. Alle Neueinsteiger in WordPress sollten sich zuerst mit einer einfacheren Variante beschäftigen, bevor sie eine fortgeschrittenere Seite gestalten. Sie müssen immer daran denken, dass Ihr Ergebnis einmal weltweit zu sehen ist, daher sollten Sie sich keine Fehler erlauben und sich erst mal eine Übersicht über das Wichtigste verschaffen, bevor Sie tiefer und intensiver einsteigen.

Ihre Domain haben Sie ja bereits angelegt und Ihre Seite gestaltet. Nun ist es an der Zeit, das Ganze mit Inhalten zu füllen. Wir beginnen mit reinem Text und wenden uns dann später Bildern und anderen Dingen zu.

7.1 Beiträge erstellen

Öffnen Sie das Menü *Beiträge* und klicken Sie dann auf den Link *Beiträge erstellen*. Das Eingabefeld für den Titel und den Text erscheint. Sie befinden sich jetzt im Texteditor von WordPress. Standardmäßig ist das Register *Visuell* geöffnet. Nun können Sie Ihren Blog mit Text füllen.

Hier wird nach dem WYSIWYG-Prinzip gearbeitet: »What You See Is What You Get«, auf Deutsch: »Was du siehst, ist das, was du bekommst!« Vergeben Sie eine Überschrift und tippen Sie dann Ihren Text ein. Füllen Sie nun Ihren Blog mit Text.

Beim Eingeben des Textes wird im Hintergrund ein HTML-Code erzeugt, damit der Text im Web dargestellt werden kann. HTML bedeutet **H**yper**T**ext **M**arkup **L**anguage und ist eine Programmiersprache für das Web. Diese Sprache erklärt dem Browser, wie die aufgerufene Seite gezeigt werden soll. Sie müssen sich also um eine Umwandlung Ihres Textes nicht kümmern und können sich voll auf das Schreiben konzentrieren.

Legen Sie über dieses Menü einen neuen Beitrag an.

7. Erste Schritte mit WordPress

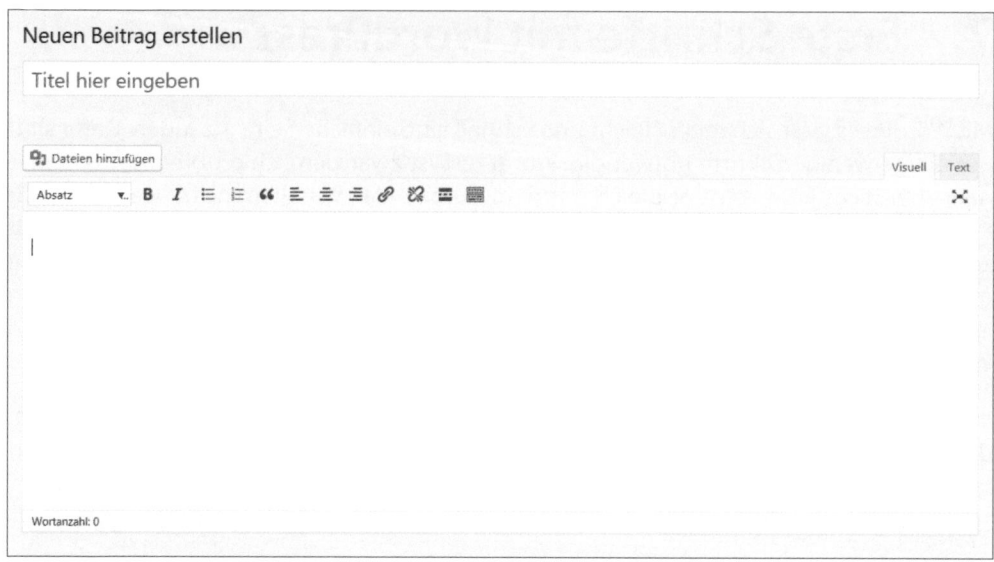

Der Bereich für die Texteingabe und die Textbearbeitung.

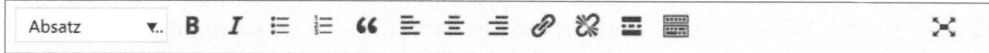

Diese Leiste stellt Ihnen einige nützliche Arbeitshilfen zur Verfügung.

Text eingeben

Die Werkzeugleiste mit den unterschiedlichen Symbolen unter dem Titel bietet Ihnen, ähnlich wie bei Word oder anderen Textverarbeitungsprogrammen, einige Unterstützung beim Gestalten des Textes an. Vergessen Sie nach der Eingabe das Speichern nicht.

Sie können nun z. B. über die Auswahlleiste *Absatz* eine Überschrift oder Unterüberschrift zuweisen. Mit den Symbolen in der Leiste lassen sich eine Überschrift mit Fettdruck versehen oder kursiv darstellen, Formate zuweisen, eine Aufzählung oder Nummerierung erstellen (was sicherlich oft nötig ist), ein Link einfügen oder ein Zitat markieren. Außerdem können Sie den Text linksbündig, zentriert oder rechtsbündig setzen. Ein Link lässt sich einfügen oder ändern und auch wieder entfernen. Ein Tool zum Korrekturlesen ist ebenfalls vorhanden. Wenn Sie ein Symbol anklicken, wird es aktiviert, durch erneutes Anklicken wird es wieder deaktiviert.

Ein Klick auf das letzte Symbol in der Leiste erweitert die Formatleiste um einige Symbole. Mit deren Hilfe lässt sich ein Text durchstreichen, eine horizontale Linie einfügen oder dem Text eine Farbe zuweisen. Ein Text lässt sich als reiner Text einfügen, eine Formatierung kann gelöscht werden, Sonderzeichen lassen sich einfügen, und der Einzug des Textes lässt sich verringern oder erhöhen. Ein Arbeitsschritt kann rückgängig gemacht

Beiträge erstellen

oder wiederholt werden und Tastaturkürzel lassen sich auch anzeigen. Das sind so viele Dinge, dass es keinen Sinn macht, diese jetzt im Einzelnen zu beschreiben. Sie werden sie alle im Verlaufe dieses Buches näher kennenlernen. Geben Sie die Überschrift und den Text ein.

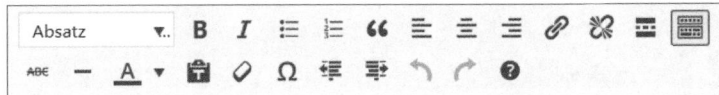

Die erweiterte Formatleiste bietet zusätzliche Arbeitshilfen an.

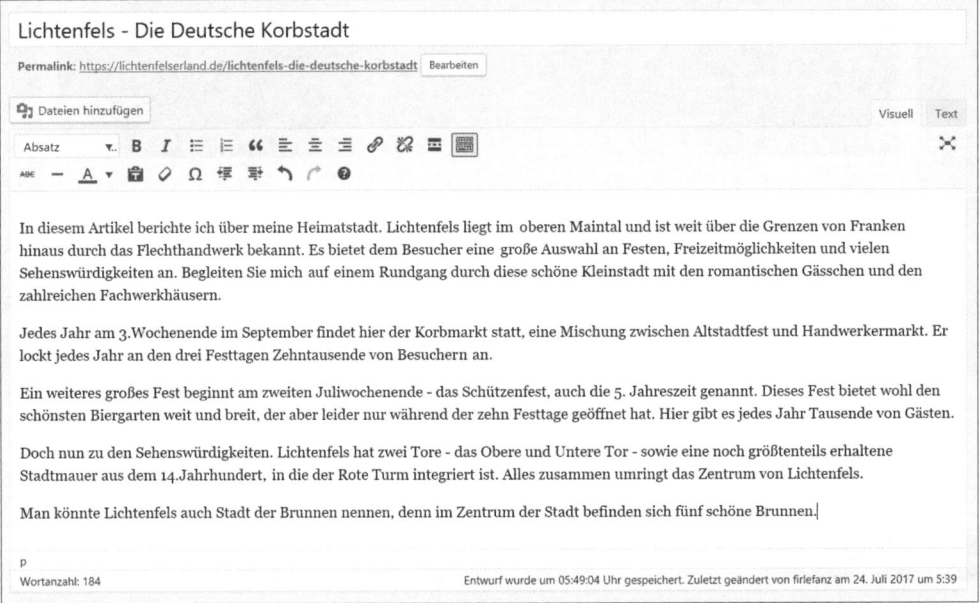

Der erste Text für einen Blog ist eingegeben.

Wenn Sie Ihren eigenen Text eingegeben haben, denn mein Text dient ja nur als Beispiel, sehen Sie am unteren Rand des Texteingabefeldes einen Hinweis darauf, wie viele Wörter der Text hat und wer ihn wann erstellt hat. Bevor Sie sich nun um die Bearbeitung des Textes kümmern, sichern Sie diesen erst einmal über den Button *Speichern*. Sie können über den Link *Beitrags-Vorschau*, der nach dem Speichern in der oberen Leiste angezeigt wird, einen Blick auf Ihr momentanes Ergebnis in der Vorschau werfen. Hier wird alles so angezeigt, wie es nach der Veröffentlichung des Blogs im Web aussieht.

Hier sehen Sie die Anzahl der Wörter des Textes und den letzten Speicherzeitpunkt des Anwenders.

Sichern Sie den Text.

7. Erste Schritte mit WordPress

Dieser Link zeigt das spätere Aussehen im Web.

Ein kurzer Blick auf den bisher erstellten Blogbereich.

Über den Button *Beitrag bearbeiten* im Menü am oberen Bildschirmrand gelangen Sie wieder in den Arbeitsbereich zurück.

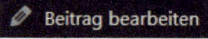 *Zurück zur Beitragsbearbeitung.*

Text gestalten

Wenden wir uns nun der weiteren Bearbeitung des Textes zu. Wir beginnen mit den Überschriften im Textbereich. Erzeugen Sie nach dem ersten Absatz des Textes durch Drücken der ⏎-Taste eine Leerzeile und geben Sie folgenden Text ein: »Korbmarkt«. Markieren Sie den Text, indem Sie den Mauszeiger mit gedrückt gehaltener linker Maustaste über das Wort ziehen. Wählen Sie dann aus der Auswahlleiste *Absatz* den Eintrag *Überschrift 3* durch Mausklick aus. Diese Überschrift wird nun dem Text zugewiesen.

Zuweisung eines Formats.

Geben Sie auf die gleiche Weise die Überschriften »Schützenfest«, »Tore und Stadtmauer« sowie »Brunnen« ein und formatieren Sie auch diese mit dem Format *Überschrift 3*.

> **Korbmarkt**
>
> Jedes Jahr am 3.Wochenende im September findet hier der Korbmarkt statt, eine Mischung zwischen Altstadtfest und Handwerkermarkt. Er lockt jedes Jahr an den drei Festtagen Zehntausende von Besuchern an.
>
> **Schützenfest**
>
> Ein weiteres großes Fest beginnt am zweiten Juliwochenende - das Schützenfest, auch die 5. Jahreszeit genannt. Dieses Fest bietet wohl den schönsten Biergarten weit und breit, der aber leider nur während der zehn Festtage geöffnet hat. Hier gibt es jedes Jahr Tausende von Gästen.
>
> **Tore und Stadtmauer**
>
> Doch nun zu den Sehenswürdigkeiten. Lichtenfels hat zwei Tore - das Obere und Untere Tor - sowie eine noch größtenteils erhaltene Stadtmauer aus dem 14.Jahrhundert, in die der Rote Turm integriert ist. Alles zusammen umringt das Zentrum von Lichtenfels.
>
> **Brunnen**
>
> Man könnte Lichtenfels auch Stadt der Brunnen nennen, denn im Zentrum der Stadt befinden sich fünf schöne Brunnen.

Die Überschriften wurden den einzelnen Absätzen zugewiesen.

Im nächsten Schritt beschäftigen wir uns mit dem Fett- und Kursivdruck und versehen die wichtigsten Schlagwörter damit. Das sind »Lichtenfels«, »Korbmarkt« und »Schützenfest«. Markieren Sie diese und klicken Sie nacheinander das Symbol für Fettdruck und für Kursivschrift an.

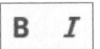 *Fett und kursiv.*

Wenn Sie wissen, wie der bisher eingegebene Text als HTML-Code aussieht, dann wechseln Sie in das Register *Text*. Hier wird der HTML-Code angezeigt, der nicht sehr umfangreich ist und irgendwie an eine altmodische Textverarbeitung erinnert. Der Grund, warum trotzdem diese Sprache verwendet wird, ist schnell erklärt: Sie wird von allen Browsern verstanden.

```
<p style="text-align: left;">In diesem Artikel berichte ich über meine Heimatstadt. <em><strong>Lichtenfels</strong></em> liegt im oberen Maintal und ist weit über die Grenzen von Franken hinaus durch das Flechthandwerk bekannt. Es bietet dem Besucher eine große Auswahl an Festen, Freizeitmöglichkeiten und vielen Sehenswürdigkeiten an. Begleiten Sie mich auf einem Rundgang durch diese schöne Kleinstadt mit den romantischen Gässchen und den zahlreichen Fachwerkhäusern.</p>

<h3>Korbmarkt</h3>
Jedes Jahr am 3.Wochenende im September findet hier der <em><strong>Korbmarkt</strong></em> statt, eine Mischung zwischen Altstadtfest und Handwerkermarkt. Er lockt jedes Jahr an den drei Festtagen Zehntausende von Besuchern an.
<h3>Schützenfest</h3>
Ein weiteres großes Fest beginnt am zweiten Juliwochenende - das <em><strong>Schützenfest</strong></em>, auch die 5. Jahreszeit genannt. Dieses Fest bietet wohl den schönsten Biergarten weit und breit, der aber leider nur während der zehn Festtage geöffnet hat. Hier gibt es jedes Jahr Tausende von Gästen.
<h3>Tore und Stadtmauer</h3>
Doch nun zu den Sehenswürdigkeiten. <em><strong>Lichtenfels</strong> </em>hat zwei Tore - das Obere und Untere Tor - sowie eine noch größtenteils erhaltene Stadtmauer aus dem 14.Jahrhundert, in die der Rote Turm integriert ist. Alles zusammen umringt das Zentrum von <em><strong>Lichtenfels</strong></em>.
<h3>Brunnen</h3>
Man könnte <em><strong>Lichtenfels</strong> </em> auch Stadt der Brunnen nennen, denn im Zentrum der Stadt befinden sich fünf schöne Brunnen.
```

So schaut der Code der Seitenbeschreibungssprache HTML aus.

Weiter geht es mit der Aufzählung. Erzeugen Sie nach dem Text »hat drei Tore« im Absatz über die Tore und die Stadtmauer eine Leerzeile und löschen Sie den Text *das Obere und Untere Tor,*. Klicken Sie das Symbol für Aufzählungen in der Werkzeugleiste an. Der erste Punkt für die Aufzählung wird eingefügt. Geben Sie den Text *Oberes Tor* ein und drücken Sie die ⏎-Taste, um den nächsten Aufzählungspunkt einzufügen. Geben Sie nun *Unteres Tor* ein. Damit ist die Aufzählung für die Tore erstellt.

Klicken Sie nun unter den Absatz über die Brunnen und aktivieren Sie das Symbol für Nummerierungen durch Mausklick. Die Zahl *1.* wird eingefügt. Geben Sie den ersten Brunnennamen ein und bestätigen Sie mit ⏎. In der nächsten Zeile wird die Zahl *2.* angezeigt. Geben Sie den nächsten Namen ein. Fahren Sie so fort, bis alle fünf Namen eingegeben sind.

 Für die Listungen.

> Doch nun zu den Sehenswürdigkeiten. **Lichtenfels** hat zwei Tore:
> - Oberes Tor
> - Unteres Tor
>
> sowie eine noch größtenteils erhaltene Stadtmauer aus dem 14.Jahrhundert, in die der Rote Turm integriert ist. Alles zusammen umringt das Zentrum von Lichtenfels.
>
> **Brunnen**
>
> Man könnte **Lichtenfels** auch Stadt der Brunnen nennen, denn im Zentrum der Stadt befinden sich fünf schöne Brunnen.
>
> 1. Dümpelschöpferbrunnen
> 2. Floriansbrunnen
> 3. Brunnen am Säumarkt
> 4. Brunnen am Bahnhof
> 5. Brunnen in der Badgasse

Eine Auflistung und eine Nummerierung von Sehenswürdigkeiten.

Wenden wir uns nun dem Symbol für Zitate zu. Wenn Sie dieses anklicken, wird der Zeilenbeginn etwas eingerückt und das Zitat wird in der Vorschau in besonderer Form angezeigt.

 Ein Zitat.

> Der Dümpfelschöpferbrunnen steht direkt vor dem Oberen Tor, man könnte auch sagen:
>> „Der Brunnen vor dem Tor"

Das hervorgehobene Aussehen des Zitats im Blog.

Mit den nächsten drei Symbolen können Sie einen Text unterschiedlich auf der Seite platzieren. Vorher müssen Sie den Mauszeiger vor den Text setzen, den Sie platzieren wollen. Das Aktivieren des linken Symbols sorgt dafür, dass Ihr Text am linken Bildschirmrand beginnt, wie man es normalerweise gewohnt ist.

Eine derartige Textplatzierung bezeichnet man als **linksbündig**. Die Aktivierung des mittleren Symbols platziert den Text genau in der Mitte der Seite, was als **zentriert** bezeichnet wird. Das dritte Symbol lässt den Text am rechten Rand der Zeile enden, das wird als **rechtsbündig** bezeichnet.

Drei Textplatzierungen.

Der Floriansbrunnen steht direkt auf dem historischen Marktplatz und zeigt die Figur des Heiligen Florian, dem Schutzpatron der Feuerwehren.

Feuerwehren.

Feuerwehren.

Drei verschiedene Beispiele für Textplatzierungen auf der Seite.

Auf andere Stellen verweisen

Mit den nächsten beiden Symbolen in der Leiste lässt sich ein Link einfügen und auch wieder entfernen. Ein solcher Link ist immer dann hilfreich, wenn man den Besucher auf eine andere Seite leiten will, auf der er nähere und vor allem umfangreichere Informationen bekommt als auf der eigenen. Wenn der Link fest installiert ist, dann führt er durch einen Klick darauf zu der dazugehörigen Seite.

Für die Links.

Korbmarkt

Jedes Jahr am 3.Wochenende im September findet hier der ***Korbmarkt*** statt, eine Mischung zwischen Altstadtfest und Handwerkermarkt. Er lockt jedes Jahr an den drei Festtagen Zehnt[http://www.korbmarkt.de/]

Fügen Sie an einer ausgewählten Stelle einen Link ein.

Korbmarkt

Jedes Jahr am 3.Wochenende im September findet hier der ***Korbmarkt*** http://www.korbmarkt.de/ statt, eine Mischung zwischen Altstadtfest und Handwerkermarkt. Er lockt jedes Jahr an den drei Festtagen [korbmarkt.de] esucher an.

Der Link wird an der vorher ausgesuchten Stelle eingefügt.

Korbmarkt

Jedes Jahr am 3.Wochenende im September findet hier der ***Korbmarkt*** http://www.korbmarkt.de/statt, eine Mischung zwischen Altstadtfest und Handwerkermarkt. Er lockt jedes Jahr an den drei Festtagen Zehntausende von Besucher an.

Der Link ist fest im Text eingebunden.

Nun zum Symbol für das Weiterlesen-Tag. Dieses Tag ist nur sinnvoll bei längeren Artikeln. Um den Leser nicht zu überfordern, können Sie erst einmal den wichtigsten Teil des Artikels

7. Erste Schritte mit WordPress

anzeigen lassen und dann das Weiterlesen-Tag einfügen, damit der Leser den weiteren Text lesen kann. Um dieses Tag zu setzen, platzieren Sie den Mauszeiger an der Stelle, an der kein weiterer Text angezeigt werden soll. Sie entscheiden also mithilfe dieses Tags selbst, wie viel Text der Leser zu sehen bekommt.

Als praktisches Beispiel habe ich das Tag einmal im Abschnitt *Tore und Stadtmauer* am Ende durch dessen Aktivierung eingefügt. Eine gestrichelte Linie zeigt nun an, dass das Tag eingefügt wurde. Den Weiterlesen-Link können Sie sich leider in der Vorschau nicht anzeigen lassen, er ist erst in der Veröffentlichung zu sehen.

Das Tag.

An dieser Stelle wird das Weiterlesen-Tag aktiv.

7.2 Weitere Textgestaltungen

Die Funktion des nächsten Symbols in der Leiste kennen Sie ja bereits. Durch dessen Anklicken entfernen Sie die zweite Reihe der Werkzeugleiste wieder. Am äußeren rechten Rand der Leiste befindet sich noch ein weiteres nützliches Symbol. Dieses aktiviert einen Modus, in dem das Dashboard nicht mehr angezeigt wird und Sie ohne Ablenkung störungsfrei schreiben können.

Modus ...

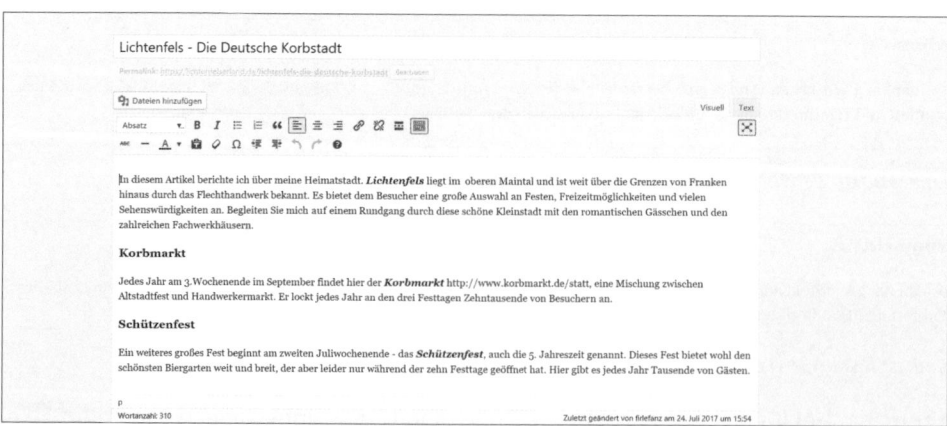

... für das Schreiben ohne störende Elemente.

Weitere Textgestaltungen

Wenden wir uns nun der zweiten Reihe der Werkzeugleiste zu. Diese beginnt mit dem Symbol für *Durchgestrichen*. Wenn Sie einen Text markieren und dieses Symbol anklicken, wird der gesamte markierte Text durchgestrichen. Ein weiterer Klick auf das Symbol bringt den Text in die ursprüngliche Form zurück, dazu muss er aber markiert sein.

~~Der Brunnen am Säumarkt zeigt die Figuren eines ältere Ehepaares und dir von ein paar Schweinen, die es sich gemütlich gemacht haben.~~

Ein bestimmter Textbereich wurde durchgestrichen.

Mit dem zweiten Symbol in dieser Reihe lässt sich eine horizontale Linie zwischen dem Text einfügen. Setzen Sie dazu den Mauszeiger an die Stelle, an der die Linie eingefügt werden soll, und klicken Sie das Symbol an. Daraufhin wird die Linie zwischen Ihrem Text platziert. Eine Linie kann gut dazu genutzt werden, einen bestimmten Textbereich von einem anderen optisch abzugrenzen oder das Ende eines Textes zu markieren.

 *Symbol ...*

In diesem Artikel berichte ich über meine Heimatstadt. **Lichtenfels** liegt im oberen Maintal und ist weit über die Grenzen von Franken hinaus durch das Flechthandwerk bekannt. Es bietet dem Besucher eine große Auswahl an Festen, Freizeitmöglichkeiten und vielen Sehenswürdigkeiten an. Begleiten Sie mich auf einem Rundgang durch diese schöne Kleinstadt mit den romantischen Gässchen und den zahlreichen Fachwerkhäusern.

... für Abtrennungen durch horizontale Linien.

Das Symbol für *Textfarbe* weist einem vorher markierten Text eine Farbe zu. Die Farbe wählen Sie nach Anklicken des Symbols aus einer Liste aus. Markieren Sie den Text, den Sie mit Farbe verschönern wollen, und klicken Sie dann den kleinen Pfeil neben dem Symbol für Textfarbe an. Wählen Sie durch Mausklick die Farbe aus, die Ihnen zusagt. Die ausgewählte Farbe wird dem Text zugewiesen.

Das Symbol, ...

... das zu mehr Farbe im Text verhilft.

Weiter geht es mit dem Symbol für *Text einfügen*. Dieses ermöglicht das Einfügen im reinen Textmodus, ohne dafür den visuellen Bereich verlassen zu müssen. Manche Blogger verfassen ihren Text ja in Word und kopieren diesen dann in den Arbeitsbereich des Blogs. Wenn Sie einen Text aus der Zwischenablage einfügen wollen, klicken Sie vorher auf das Symbol, dann gibt es keine Probleme mit der Formatierung des kopierten Textes.

7. Erste Schritte mit WordPress

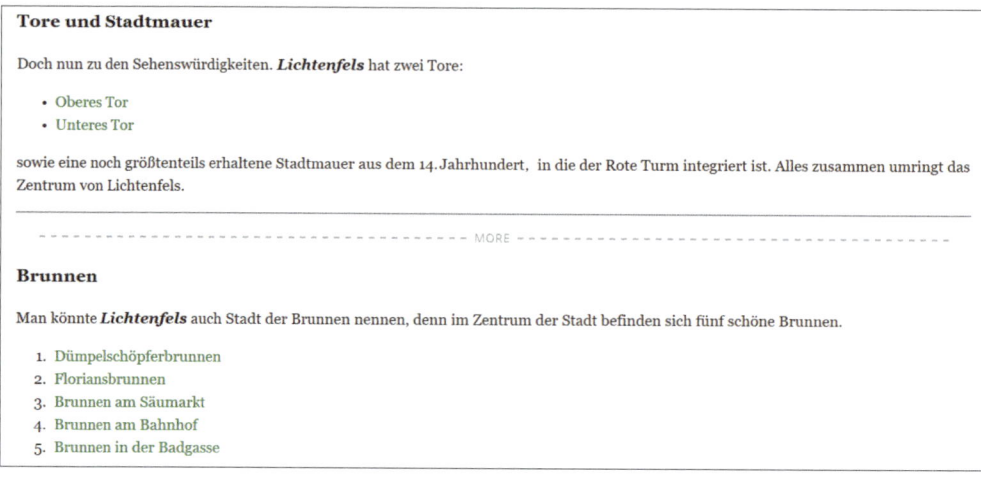

Symbol für das Einfügen von Text aus einer Textverarbeitung.

Mit dem Radiergummi-Symbol löschen Sie eine vorher festgelegte Formatierung wieder. Markieren Sie dazu den Bereich, den Sie formatiert haben, und klicken Sie das Symbol an. Die Formatierung wird dadurch wieder aufgehoben.

   Über dieses Symbol heben Sie Formatierungen wieder auf.

Manchmal kann es nötig sein, in einem Text Sonderzeichen einzufügen. Dafür steht das Symbol für *Sonderzeichen einfügen* bereit. Wenn Sie ihn anklicken, öffnen Sie ein Fenster, aus dem Sie das gewünschte Zeichen auswählen können.

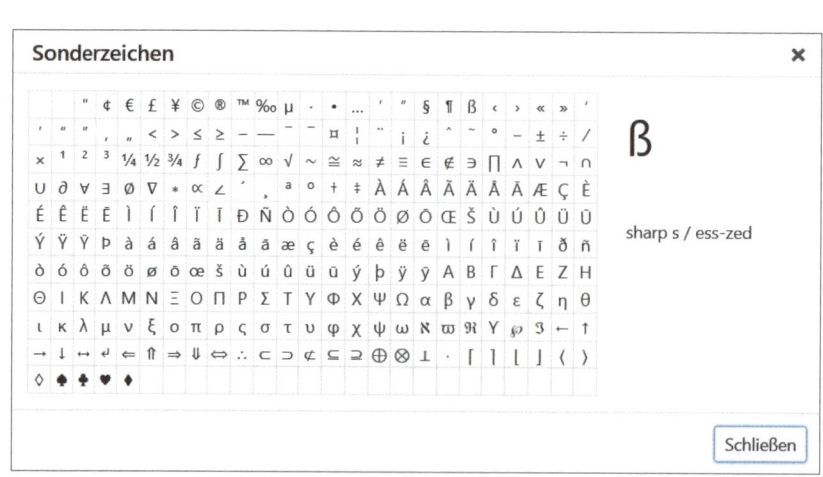

... für die Auswahl der Sonderzeichen.

Mit den Symbolen für *Einzug verringern* und *Einzug erhöhen* schieben Sie einen Text innerhalb einer Zeile zurück oder nach vorne.

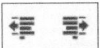 *Einzugssymbole.*

> **Korbmarkt**
>
> Jedes Jahr am 3.Wochenende im September findet hier der **Korbmarkt** http://www.korbmarkt.de/statt, eine Mischung zwischen Altstadtfest und Handwerkermarkt. Er lockt jedes Jahr an den drei Festtagen Zehntausende von Besuchern an.

Der Text wurde nach rechts versetzt ...

> **Korbmarkt**
>
> Jedes Jahr am 3.Wochenende im September findet hier der **Korbmarkt** http://www.korbmarkt.de/statt, eine Mischung zwischen Altstadtfest und Handwerkermarkt. Er lockt jedes Jahr an den drei Festtagen Zehntausende von Besuchern an.

... und wieder zurück an seinen vorherigen Platz.

Die beiden Symbole für *Rückgängig* und *Wiederholen* heben einen Befehl auf oder wiederholen ihn. Als Beispiel soll hier ein zusätzlich eingegebener Text dienen. Nach der Eingabe des Textes können Sie diesen Arbeitsschritt wieder teilweise rückgängig machen, wenn Sie das Symbol für *Rückgängig* anklicken.

Der Text wird allerdings nur teilweise entfernt, nicht komplett. Jeder weitere Klick entfernt die nächsten Teile des Textes, bis er ganz weg ist. Einige Klicks auf das Symbol für *Wiederholen* bringen den Text häppchenweise wieder zum Vorschein.

 *Diese Symbole ...*

| Hier soll ein Text eingefügt werden. | *... machen einen Befehl rückgängig oder wiederholen ihn.*

Über das *Fragezeichen*-Symbol lassen sich die verschiedenen Tastaturkürzel mit der dazugehörenden Beschreibung anzeigen. Diese Kürzel können helfen, Zeit zu sparen.

Auf die wichtigsten Tastaturkürzel werde ich im Laufe des Buches noch eingehen.

 Symbol ...

7. Erste Schritte mit WordPress

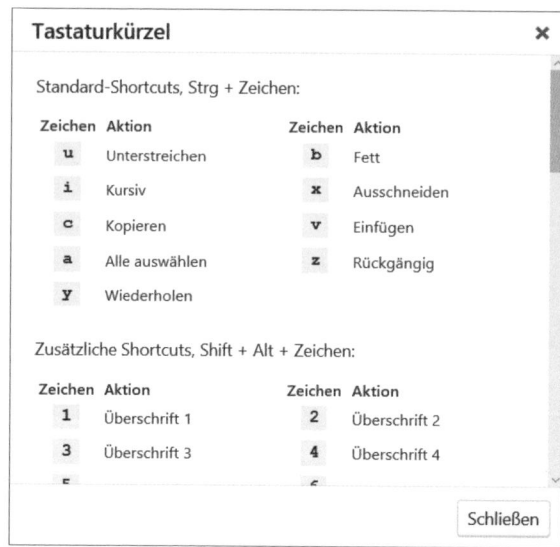

... *für die Auswahl der hilfreichen Shortcuts.*

Vergessen Sie nicht, alles neu Gestaltete in Ihrem Blog abzuspeichern, und melden Sie sich bei WordPress ab.

8. Die Seiten

In diesem Kapitel weichen wir von der Bearbeitung des Blogtextes ab und kümmern uns um die verschiedenen Seiten in einem Blog. In jedem Blog stehen Ihnen eine Startseite, eine Über-mich-Seite und ein Kontaktformular zur Verfügung.

Ein Blog enthält normalerweise Artikel in chronologischer Reihenfolge. Neue Artikel stehen ganz oben, für ältere müssen Sie weiter zurückblättern, in den Kategorien suchen oder die Suchfunktion nutzen.

In der Regel gibt es eigentlich wenig Unterschiede zwischen Beiträgen und Seiten. Um den Blog mit Inhalten zu füllen, wird man meist auf die Funktion *Beiträge* zurückgreifen. Beiträge sind die dynamischen Inhalte des Blogs, Seiten sind statisch, sie werden einmal angelegt und können später bearbeitet und aktualisiert werden.

Seiten werden nicht wie Beiträge immer wieder erweitert. Bestimmte Inhalte sollten jedoch immer sofort zu sehen sein, wie die Über-mich-Seite oder das Impressum. Dafür gibt es die Seiten. Seiten sind immer statisch.

Auf der Startseite können Sie einen Überbegriff eingeben, der darüber informiert, um was es auf dieser Webseite eigentlich geht. Auf der Über-mich-Seite informieren Sie über bestimmte Dinge oder über sich persönlich. Die Kontakt-Seite ist dafür gedacht, Mitteilungen, Fragen und Kommentare über Ihren Blog an Sie zu senden.

Ich zeige Ihnen, wie Sie schnell eine einfache Seite erzeugen. Falls Sie WordPress zwischenzeitlich verlassen haben, müssen Sie sich wieder neu in die Seite einloggen.

Loggen Sie sich wieder bei WordPress ein.

8. Die Seiten

8.1 Die Startseite

Vor dem Anlegen der neuen Seiten wollen wir uns erst noch kurz mit der Startseite beschäftigen. Die Startseite ist praktisch die Blogseite und präsentiert dem Leser Ihre bisher veröffentlichten Beiträge in chronologischer Reihenfolge, wenn Sie irgendwann mehrere haben. Die Blogs stellen wahrscheinlich den Hauptanteil auf Ihrer Seite dar. Momentan ist noch kein Beitrag vorhanden, da noch keiner veröffentlicht wurde.

Ein Suchfeld bietet Ihnen die Möglichkeit, nach bestimmten Begriffen zu suchen, und in einem weiteren Fenster werden irgendwann die ersten Kommentare angezeigt. Ein Archiv sammelt alle Beiträge nach Datum geordnet.

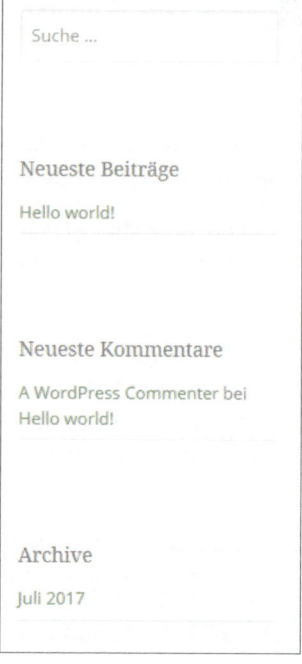

Wichtige Teile des Blogs.

8.2 Eine neue Seite erstellen

Bei der Installation von WordPress wurde bereits eine Beispielseite mit dem Namen *Sample Page* angelegt. Diese Beispielseite nutzen wir dazu, die Über-mich-Seite anzulegen. Klicken Sie in der Sidebar auf das Menü *Seiten/Alle Seiten*. Eine Liste wird angezeigt, auf der Sie die bereits bestehenden Seiten sehen.

Dieses Menü führt zu der Übersicht der Seiten.

Bewegen Sie den Mauszeiger über *Sample Page*, um die Auswahl für diese Seite anzuzeigen. Ein Klick auf *Bearbeiten* öffnet den Arbeitsbereich für diese Seite.

Die Links zu der Beispielseite.

Die Seite wird Ihnen zur Bearbeitung angezeigt und Sie können jetzt ihren Namen ändern und den Beispieltext durch einen anderen ersetzen. Über die Schaltfläche *Aktualisieren* oben rechts sichern Sie Ihre Änderung in der Webseite.

Nachdem Sie die Seite aktualisiert haben, können Sie diese in einer Vorschau anzeigen lassen. Klicken Sie dazu auf den Link in der obersten Zeile des Bearbeitungsfensters.

Eine neue Seite erstellen

Name und Beschreibung der Seite wurden eingetragen.

Sicherung des Textes.   *Hier geht es zur Vorschau auf die neue Seite.*

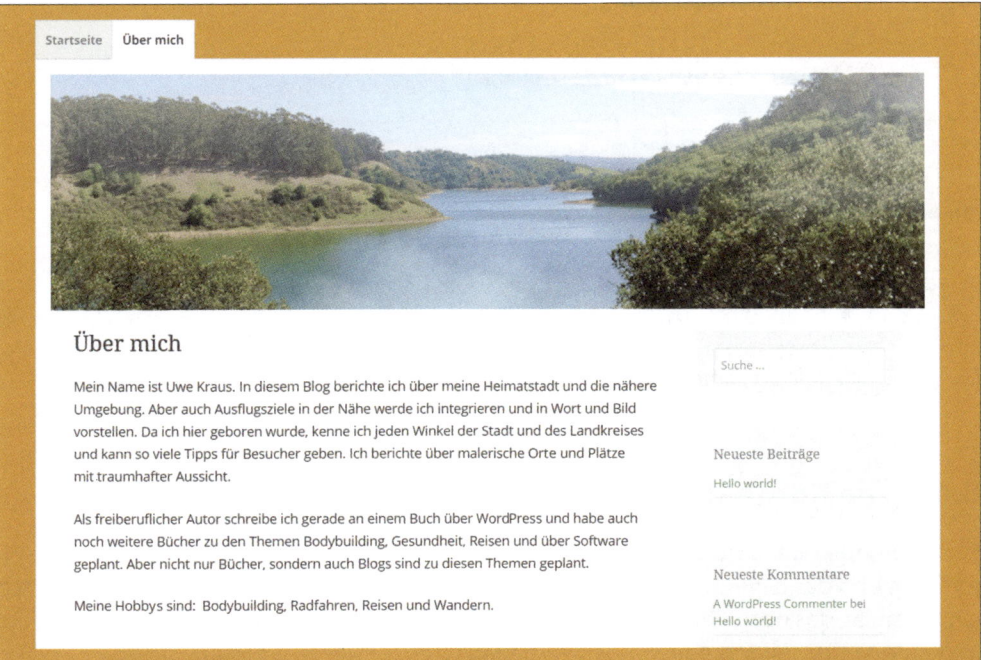

Die Über-mich-Seite in der Vorschau.

8. Die Seiten

8.3 Die Über-mich-Seite

Die Über-mich-Seite ist sehr wichtig, denn sie ist sicherlich eine der am meisten angeklickten Seiten in Ihrem Blog. Sie muss auf den ersten Blick zu sehen sein, also am besten gleich neben dem Link zur Startseite. Diese Seite soll dem Leser hauptsächlich übermitteln, was ihn in dem Blog erwartet, denn sie ist in erster Linie als Information über die Seite gedacht.

Dann erst sollten Sie über sich berichten und das sollte kurz geschrieben sein. Schreiben Sie keinen Lebenslauf, denn das langweilt den Leser. Teilen Sie stattdessen kurz mit, wer Sie sind, was Sie tun und was Sie anbieten. Fügen Sie auf jeden Fall auch ein Foto von sich ein und überarbeiten Sie die Seite regelmäßig. Auf das Einfügen von Fotos komme ich genauer in Kapitel 10 zurück.

Noch ein ganz wichtiger Hinweis: Kommentare haben auf der Über-mich-Seite nichts zu suchen. Deswegen sollten Sie vor der Veröffentlichung der Über-mich-Seite prüfen, ob die Kommentarfunktion ausgeschaltet ist. Wahrscheinlich wollen Sie ja nicht, dass Besucher Ihre Über-mich-Seite kommentieren.

Klicken Sie den Button *Ansicht anpassen* am oberen rechten Bildschirmrand direkt neben dem Button *Hilfe* an. Ein Fenster mit verschiedenen Kontrollkästchen wird geöffnet. Schauen Sie nach, ob in den Kästchen vor den Einträgen *Diskussion* und *Kommentare* kein Häkchen ist. Dann ist alles in Ordnung. Sollte ein Häkchen vorhanden sein, entfernen Sie dies jeweils durch Mausklick darauf.

Hier geht es zu den Optionen.

Die Diskussions- und die Kommentarfunktion sind deaktiviert.

8.4 Die Kontakt-Seite

Für die Kontakt-Seite nutzen Sie am besten ein Plug-in. Plug-ins stelle ich Ihnen in Kapitel 9 vor, und dann werden wir auch diese Seite erstellen. Die Kontakt-Seite ist eigentlich ein Formular, das nach der Veröffentlichung der Seite den Lesern zur Verfügung steht, um Mitteilungen zu senden oder Fragen zu stellen.

8.5 Das Impressum

Als Beispiel für eine neue Seite legen wir jetzt ein Impressum an. Dies ist bei kommerziell genutzten Seiten in Deutschland Pflicht und gesetzlich vorgeschrieben. Wenn Sie z. B. Werbebanner auf Ihre private Seite stellen, ist sie nicht mehr privat und benötigt ein Impressum.

Mit einem Impressum sind Sie immer auf der sicheren Seite. Der Link zum Impressum sollte auch auf jeder Seite sichtbar und nicht in einem Untermenü versteckt sein. Am besten, Sie erzeugen einen Menüpunkt in der Nähe der Startseite.

Klicken Sie auf den Menüpunkt *Seiten* im Hauptmenü und dann auf *Erstellen* oder neben der Überschrift *Seiten* auf das Symbol für *Erstellen*.

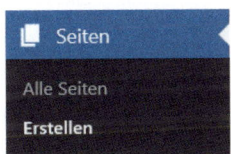
Zwei verschiedene Wege, ...

... eine Seite zu erzeugen.

Das Fenster für die Eingabe des Textes wird eingeblendet. Geben Sie im oberen Textfeld den Titel der Seite ein, in diesem Fall also *Impressum*, und schreiben Sie in das große Feld den Text für das Impressum.

Ein abmahnsicheres Impressum können Sie sich übrigens im Internet mit einem Impressum-Generator kostenlos herunterladen, nachdem Sie bestimmte Daten eingegeben haben.

In der Regel erhalten Sie dann auch einen Quellcode, den Sie in Ihre Seite kopieren können. Dazu müssen Sie das Register *Visuell* im Bearbeitungsfenster öffnen und ihn dort hineinkopieren. Auch die Quelle müssen Sie am Ende des Textes benennen. Nach dem Einfügen des Textes müssen Sie wahrscheinlich noch einige Korrekturen an seinem Aufbau vornehmen.

Beachten Sie bitte auch, dass im Quellcode die Überschrift *Impressum* steht. WordPress erzeugt aber bereits beim Bezeichnen einer neuen Seite eine Überschrift für das Impressum. Sie haben also nach Einfügen des Quellcodes zweimal die Überschrift *Impressum* im Textbereich stehen. Löschen Sie eine davon und speichern Sie dann erst ab.

Wichtig ist jetzt noch, das Impressum zu platzieren. Dies erfolgt über das Fenster *Seiten-Attribute* am rechten unteren Bildschirmrand. Im Bereich *Eltern* und *Template* ändern Sie nichts, nur im Fenster *Reihenfolge*. Hier können Sie die Reihenfolge der Links angeben oder verändern. Geben Sie die Zahl *3* ein, damit ein weiterer Menüpunkt mit dem Namen *Impressum* neben dem Menü zur Startseite und neben dem Menü zur Über-mich-Seite

8. Die Seiten

eingefügt wird, also an dritter Stelle der Menüpunkte. Dies ist notwendig, weil WordPress sonst eine neue Seite, die auf null steht, vor alle anderen setzt, die davor erzeugt wurden. Der Link zum Impressum würde dann vor dem Link zur Über-mich-Seite stehen.

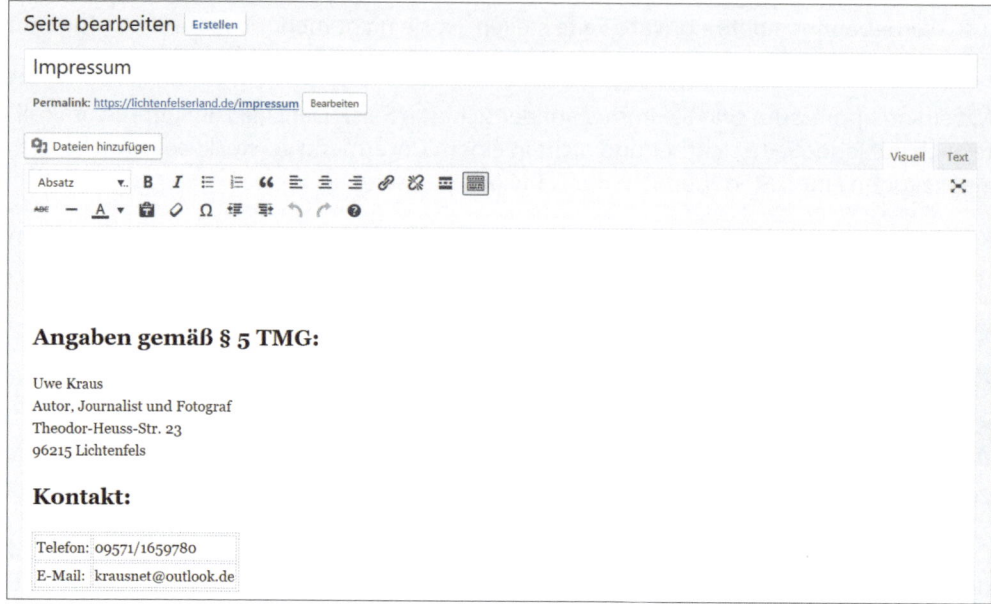

Die Einträge für das Impressum sind erledigt.

Legen Sie die Reihenfolge fest.

Der Link zum Impressum ist gut sichtbar.

Wenn Sie vermeiden wollen, dass zu Ihrer Impressum-Seite Kommentare geschickt werden, müssen Sie diese Funktion wie bei der Über-mich-Seite abschalten. Damit haben Sie alles erledigt und können auf die Schaltfläche *Speichern* im rechten Bereich klicken. Über die Schaltfläche *Vorschau* können Sie sich die neue Seite im Blog ansehen. In unserem

Beispiel wurde diese Seite als Hauptseite eingerichtet, daher erscheint der Link dazu auch ganz normal in der Linkleiste des Blogs.

Die Seite mit dem Impressum in der Vorschau.

8.6 Seiten ändern

Sicherlich wird es auch einmal vorkommen, dass Sie an einer Seite etwas ändern wollen, etwa den Titel. Oder Sie wollen den vorgefertigten Text aus einem ausgewählten Design entfernen, der ja meist in Englisch ist. So ist es auch der Fall beim Design *Misty Lake*.

Um hier die Überschrift und den Text zu ändern, öffnen Sie die Startseite und klicken unter dem eingetragenen Text auf den Link *Bearbeiten*.

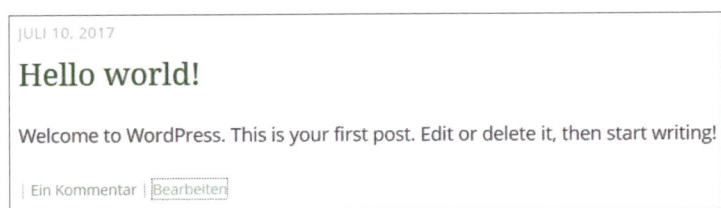

Der vorhandene Text soll ersetzt werden.

Sie gelangen in den Arbeitsbereich und können hier einen anderen Text eingeben. Wenn Sie dies erledigt haben, klicken Sie auf den Button *Aktualisieren* und schauen sich über den Link *Beitrag ansehen* die Änderungen in der Vorschau an.

8. Die Seiten

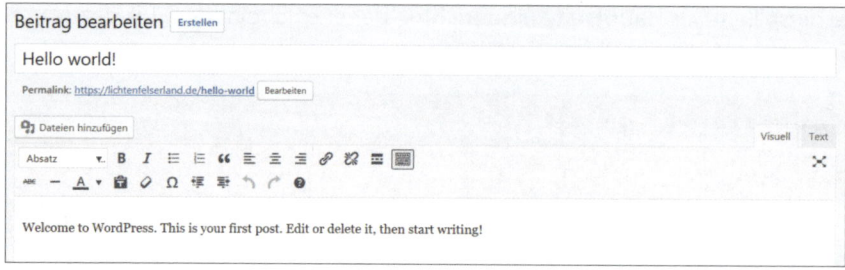

Der alte Text ...

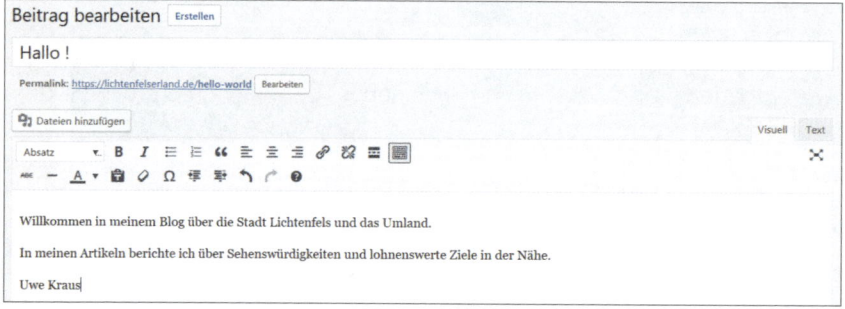

... wird durch den neuen Text ersetzt.

Aktualisieren Sie ...   *... und checken Sie das Ergebnis.*

So sehen die Textänderungen auf der Startseite aus.

9. Plug-ins

Wenn Sie WordPress nutzen, haben Sie in der Regel nur ein Grundgerüst, das sich erweitern lässt. Dies reicht zwar erst mal für die wichtigsten Dinge aus, doch im Laufe der Zeit werden Sie nach Tools Ausschau halten, die Ihnen das Bloggerleben erleichtern.

Eines davon sind Plug-ins. Unter Plug-ins sollten Sie sich zusätzliche Tools für WordPress vorstellen. Es gibt Zehntausende von Plug-ins, und zwar so gut wie für jeden Bereich. Standardmäßig gibt es unter WordPress jedoch nur wenige Plug-ins.

Das ist bewusst so gewählt, damit WordPress schnell arbeitet. Um die wichtigsten Dinge abzudecken, sind diese Plug-ins ausreichend. Doch im Laufe der Zeit werden Sie in Ihrem Blog sicher Dinge einbauen wollen, die die vorhandenen Plug-ins nicht bieten. Außerdem ersparen Ihnen Plug-ins das Programmieren.

Plug-ins gibt es in vielen Variationen, von der Suchmaschinenoptimierung bis hin zum Onlineshop. Man kann getrost behaupten, dass WordPress das CMS-Tool mit den meisten Möglichkeiten zur Erweiterung ist. Die Auswahl geht vom ganz einfachen bis zum professionellen Plug-in.

Das hat aber auch etliche Nachteile: Es ist schwer, nützliche Plug-ins zu finden. Kostenlose Plug-ins außerhalb der WordPress-Seite können Schaden auf Ihrem PC anrichten. Überlegen Sie daher lieber dreimal, ob Sie das Plug-in wirklich benötigen. Jedes Plug-in ist anders und entweder einfach oder schwierig in der Anwendung.

> **Ein wichtiger Tipp vorab**
> Wenn Sie ein Plug-in ausgewählt und installiert haben, testen Sie gleich, ob es läuft, wenn nicht, löschen Sie es wieder. Ein gutes Plug-in zeichnet sich nicht nur durch gute Funktionen, sondern auch durch Benutzerfreundlichkeit aus. Manche besitzen sogar eine grafische Benutzeroberfläche, in der man Einstellungen ausführen kann.

Wenn Sie in der Sidebar das Menü *Plugins/Installierte Plugins* aufrufen, sehen Sie in einer Liste etliche bereits vorinstallierte Plug-ins, die bei einem Fotoblog nützlich sein können. Momentan sind sie alle inaktiv.

Der Weg zu den Plug-ins.

Sie sehen die Version sowie den Programmierer des Plug-ins und Sie können sich die Details dazu ansehen. Ein gutes Plug-in sollte sich einfach installieren lassen und sofort laufen. Es sollte über eine eigene grafische Oberfläche für Einstellungen verfügen und eine einfache Bedienung bieten.

9. Plug-ins

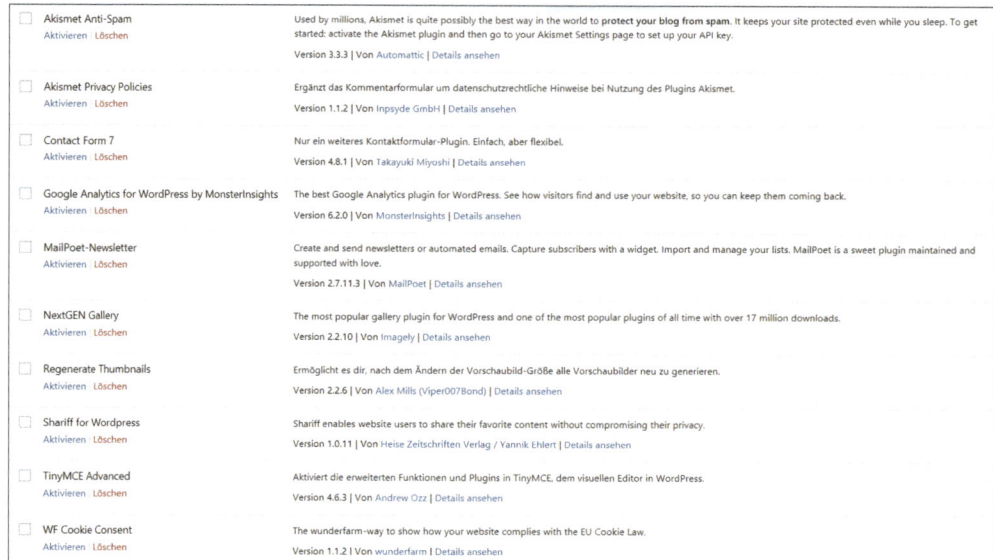

Die Auswahlseite für die Plug-ins.

Nicht unbedingt jedes Plug-in passt vom Design her zu Ihrem Theme. Besonders Plug-ins mit vielen Grafiken oder Buttons weichen meist ziemlich von Ihrem Theme ab. Hier müssen Sie ein wenig suchen und ausprobieren. Ob ein Plug-in zu einem Theme passt oder nicht, das erkennt auch schon ein Laie.

Es gibt einige Plug-ins, die wirklich sinnvoll sind. Dazu gehören *Contact Form 7* für das Kontaktformular und *Regenerate Thumbnails*, das hilfreich ist, wenn Sie ein Theme in einer Seite wechseln oder die Abmessungen für Vorschaubilder geändert haben.

Die Bedienung funktioniert problemlos und bei der Installation erhalten Sie Hilfe. Alle wichtigen Einstellungen lassen sich direkt im Admin-Bereich des Plug-ins ausführen und für Fortgeschrittene enthält das Tool etliche weitere Einstellungsmöglichkeiten.

Was Sie auf jeden Fall auch haben sollten, ist *Yoast SEO* für die Suchmaschinenoptimierung. Diese Tools gibt es seit etlichen Jahren und sie sind ausgereift. Diese Plug-ins sind in unserem ausgewählten Theme *Misty Lake* bereits vorhanden.

9.1 Installation von Plug-ins

Um ein gewünschtes Plug-in unter WordPress auszuwählen, versehen Sie es mit einem Haken. Scrollen Sie dann bis ans Ende der Plug-in-Auswahl und klicken Sie auf die Schaltfläche *Übernehmen*.

Anschließend wird Ihnen eine Zusammenfassung der ausgewählten Plug-ins angezeigt und mitgeteilt, dass diese jetzt aktiviert sind. Von hier aus können Sie einen Beitrag erstellen, zum Dashboard wechseln oder sich die Seite anzeigen lassen.

An einigen Beispielen möchte ich Ihnen zeigen, wie nützlich Plug-ins sind. Beginnen wir mit *Contact Form 7*.

Contact Form 7

Ein sinnvolles Plug-in wurde gewählt.   *Hier geht es zu den Einstellungen.*

Wenn Sie *Contact Form 7* aktiviert haben, wird in die Sidebar ein neues Menü mit dem Namen *Formulare* aufgenommen. Im Untermenü wird der Eintrag *Kontaktformulare* erzeugt.

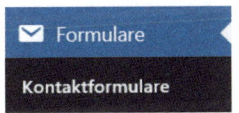   *Die Sidebar wurde erweitert.*

Klicken Sie auf den Eintrag *Einstellungen* und dann auf *Kontaktformular*, um in den Arbeitsbereich zu kommen. Hier sehen Sie einen Shortcode, verschiedene Register, den Formulartag-Generator und HTML-Code. Die Texte im HTML-Code in eckigen Klammern sollten Sie auf keinen Fall verändern. Den Shortcode müssen Sie in Ihre Seite kopieren.

Dieser Code muss in die Seite kopiert werden.

```
<label> Ihr Name (Pflichtfeld)
    [text* your-name] </label>

<label> Ihre E-Mail-Adresse (Pflichtfeld)
    [email* your-email] </label>

<label> Betreff
    [text your-subject] </label>

<label> Ihre Nachricht
    [textarea your-message] </label>

[submit "Senden"]
```

Der HTML-Code des Formulars.

9. Plug-ins

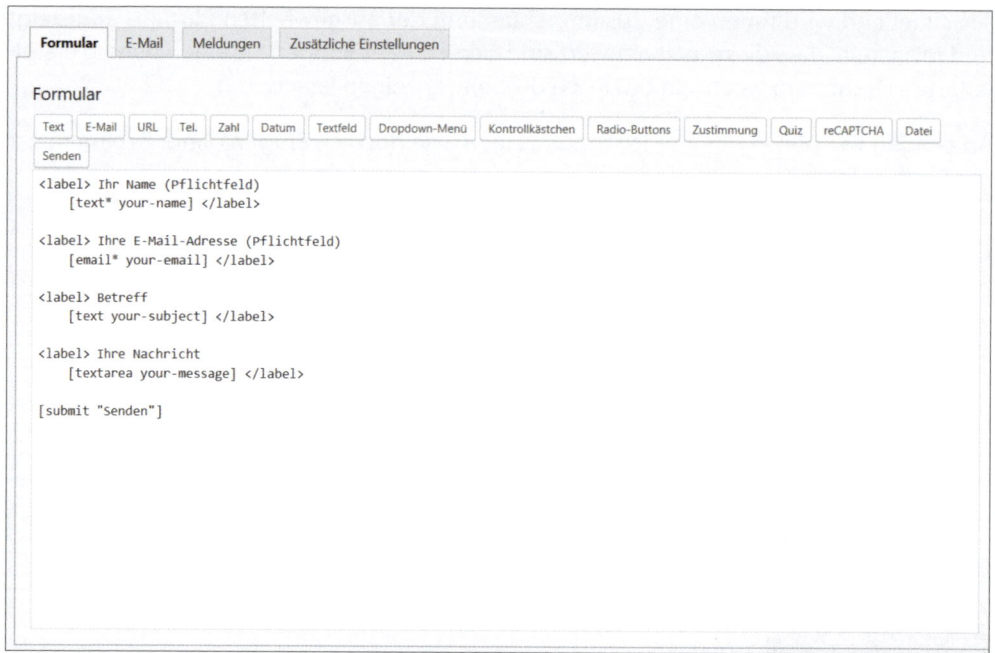

Das Kommentarformular in der Gesamtübersicht.

Klicken Sie dazu mit der linken Maustaste auf den Code. Ein Pop-up-Fenster öffnet sich. Wählen Sie den Eintrag *Kopieren* durch Mausklick aus. Wechseln Sie nun in das Menü *Seiten* und klicken Sie auf den Eintrag *Seiten erstellen*.

Geben Sie als Titel *Kontakt* ein und setzen Sie dann den Mauszeiger in das Textfeld. Betätigen Sie wieder die linke Maustaste und klicken Sie im sich nun zeigenden Pop-up-Menü auf *Einfügen*.

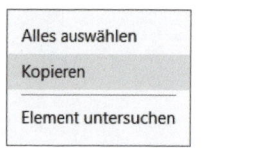

Der Code muss kopiert ...   *... und eingefügt werden.*

Der Shortcode wird in die Seite übernommen. Vergessen Sie auf keinen Fall, die Platzierung anzugeben, geben Sie dazu im Eingabefeld die Zahl *4* ein, damit der Link zu der neuen Seite an vierter Stelle Ihrer Menüs steht, also direkt neben dem Link zum Impressum.

Angabe der Platzierung.

Installation von Plug-ins

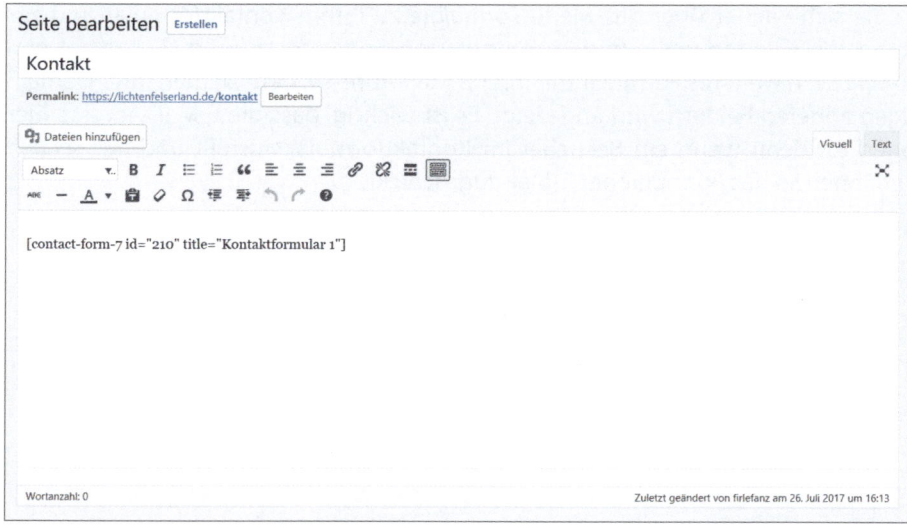

Der Code für das Kontaktformular wurde eingefügt ...

Speichern und veröffentlichen Sie die Seite und schauen Sie sich Ihr Gesamtwerk über die Vorschau an. Wie Sie sehen, wurde der Link zum Kontaktformular an der gewünschten Stelle eingefügt, und das Kontaktformular ist auch vorhanden.

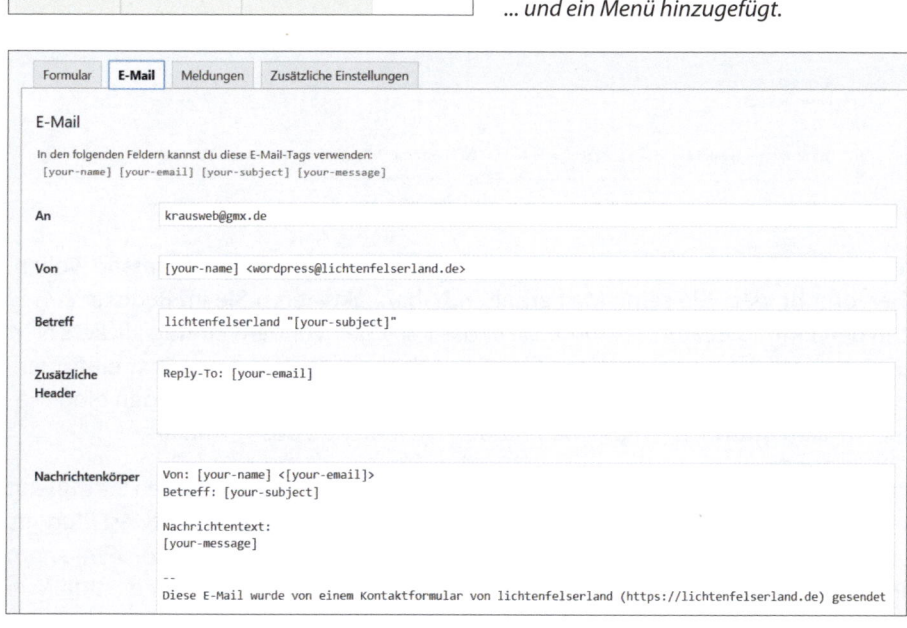

... und ein Menü hinzugefügt.

Das leere Kontaktformular steht für Eingaben bereit.

9. Plug-ins

Begeben Sie sich wieder über das Menü *Formulare* zu Ihrem Kontaktformular und zur Bearbeitung. Wir wenden uns nun dem Formulartag-Generator zu und klicken auf den Button *E-Mail2*. Ein weiteres Formular mit Ihrer E-Mail-Adresse, dem Namen Ihrer Domain und einigen anderen Feldern wird angezeigt. Es ist wichtig, dass die E-Mail-Adresse hier eingetragen ist, denn wenn ein Besucher Ihr Kontaktformular ausfüllt und auf *Senden* klickt, wird Ihnen so das Formular per E-Mail zugeschickt.

Die E-Mail-Adresse muss hier eingetragen sein.

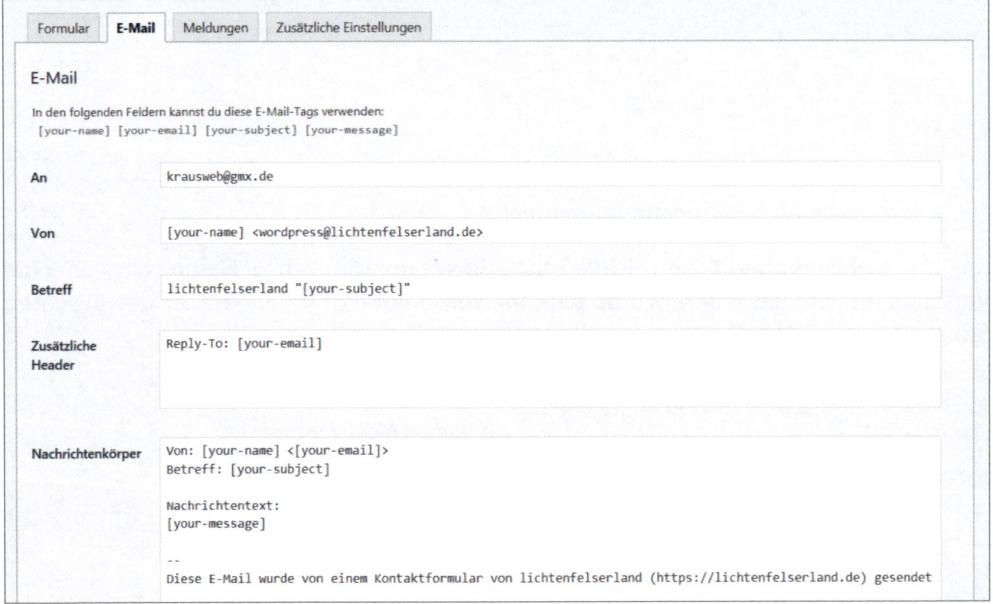

Der Bereich für die Bearbeitung von E-Mails in der Gesamtübersicht.

Falls Sie dem E-Mail-Versender eine automatische Rückantwort zukommen lassen wollen, aus der hervorgeht, dass Sie seine Mail erhalten haben, aktivieren Sie im Register *E-Mail* ganz unten den Eintrag *E-Mail (2)*, indem Sie in das Kästchen vor dem Eintrag klicken. Nun werden weitere Felder angezeigt. Wenn Sie in das Nachrichtenfeld einen Text eintippen, wird dieser Text als Bestätigung an den Versender geschickt. Speichern Sie den eingegebenen Text ab. Den Button zum Speichern finden Sie am Ende des Formulars.

Bedenken Sie bitte nochmals: Mit der Menge an Plug-ins auf Ihrer Seite sollten Sie äußerst sparsam sein, da zu viele davon die Geschwindigkeit bremsen. Und noch etwas: Plug-ins können nur auf einer gehosteten WordPress-Seite verwendet werden, bei WordPress.com funktioniert dies nicht. Wechseln Sie über den Button *Zum Dashboard* wieder dorthin. Von hier aus können Sie jetzt die weiteren Arbeitsgänge bewältigen.

Installation von Plug-ins

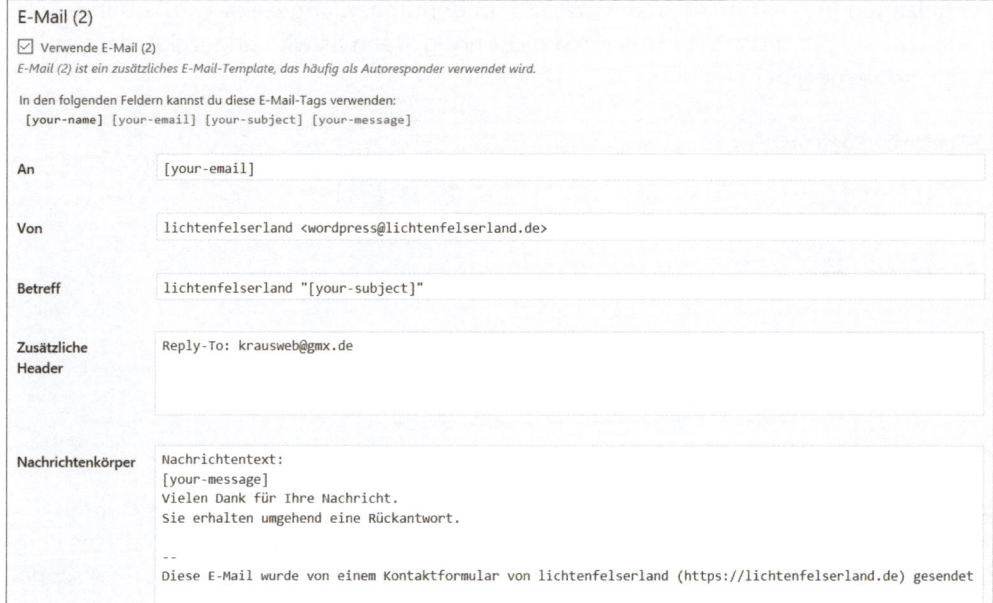

Eine automatische Rückmeldung wird erstellt.

Yoast SEO

Öffnen Sie wieder das Menü *Plugins* und aktivieren Sie nun *Regenerate Thumbnails* und anschließend *Yoast SEO*.

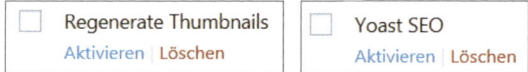

Ein Plug-in für die Bildbearbeitung wird aktiviert – und eines für die Suchmaschinenoptimierung.

Nachdem Sie *Yoast* aktiviert haben, wird im Dashboard ein neues Menü mit dem Namen *SEO* eingefügt. Hinter der Bezeichnung steht eine 1 in einem Kreis. Dies bedeutet, dass Sie bisher eine Aktion mit *Yoast SEO* ausgeführt haben – die Aktivierung.

Klicken Sie auf das Menü *SEO* und ein Untermenü wird geöffnet. Klicken Sie auf *Dashboard*, um in den Arbeitsbereich von *Yoast SEO* zu kommen.

Dieser Menüpunkt ...

... führt zum Untermenü.

9. Plug-ins

Sie gelangen ins Dashboard von *Yoast SEO*, in dem Ihnen angezeigt wird, ob Ihre Seite optimiert werden muss. Dies ist jedoch nicht nötig, denn es wird angezeigt, dass es keinerlei Probleme gibt.

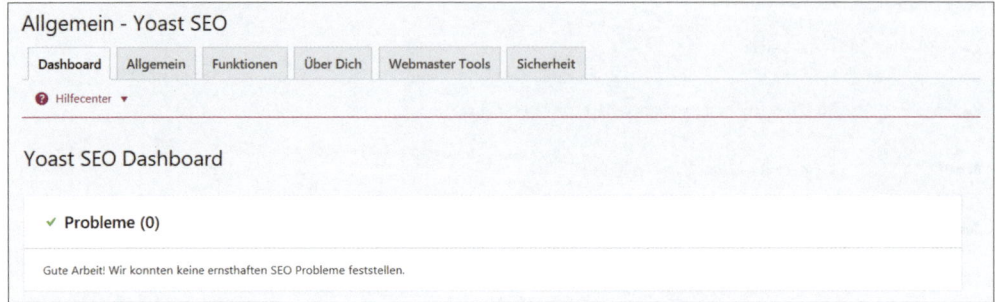

Momentan ist alles in Ordnung.

Wenn Sie das Register *Allgemein* öffnen, können Sie den Konfigurationsassistenten von *Yoast SEO* nutzen. Er begleitet Sie in zwölf Etappen durch die Konfiguration dieses Plug-ins. Weitere Einstellungen haben Sie sich dadurch erspart. Die Konfiguration ist schnell erledigt.

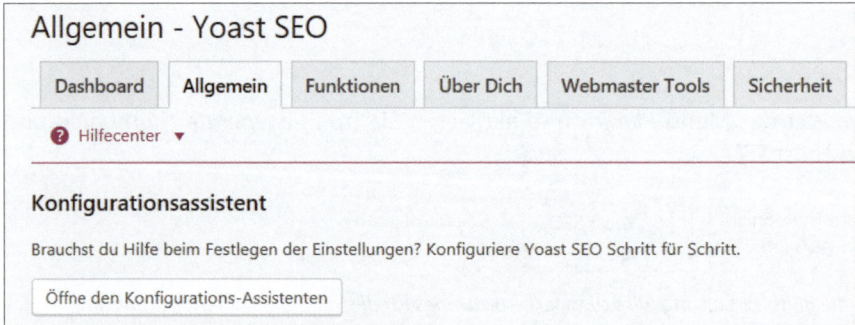

Hier geht es zum Konfigurationsassistenten.

Starten Sie über den Button *Öffnen* den Konfigurationsassistenten und klicken Sie dann auf den Button *Konfiguriere Yoast SEO*. In jedem neuen Bereich müssen Sie etwas eingeben, anklicken oder bestätigen oder einfach den Button *Weiter* anklicken.

Beginnen Sie mit der Umgebung. Hier haben Sie drei Dinge zur Auswahl: Idealerweise wählen Sie hier die Option *Produktion*, da ja die Seite irgendwann veröffentlicht wird und dann sicherlich auch Datenverkehr generiert.

Nun ist es an der Zeit, den Seitentyp auszuwählen. Hier ist die Option *Blog* ideal, da es sich hier ja um keinen Webshop und auch keine Newsseite handelt, sondern um einen Fotoblog.

Installation von Plug-ins

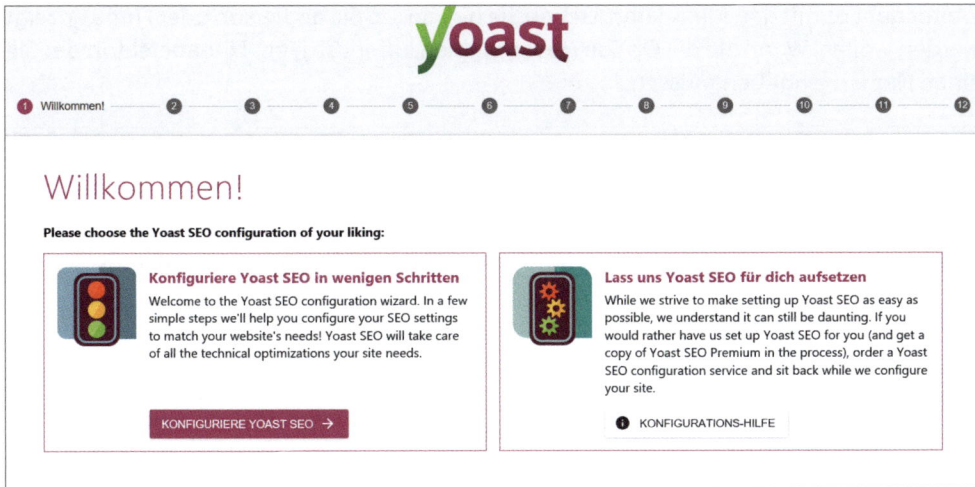

Nutzen Sie die schnelle und einfache Konfiguration von Yoast SEO.

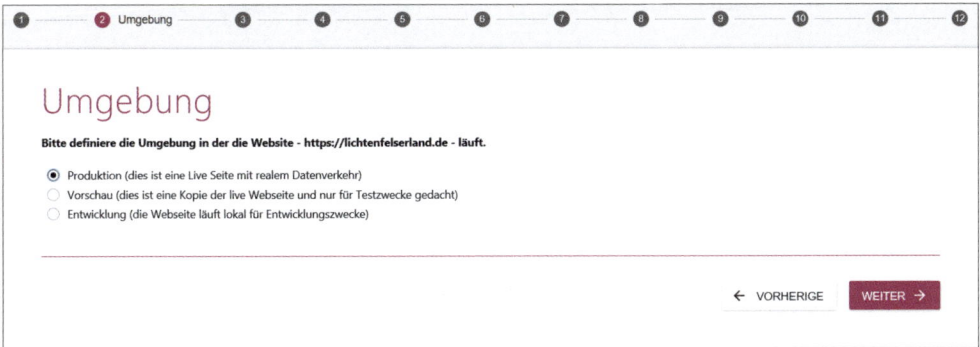

Wählen Sie die richtige Umgebung für Ihre Webseite aus.

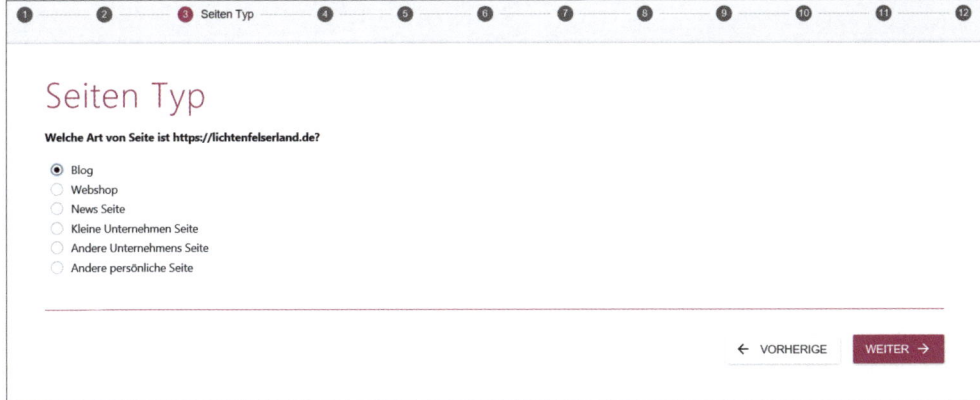

Wählen Sie aus, welche Art von Seite Ihre Domain darstellt.

9. Plug-ins

Weiter geht es mit den Metadaten. Geben Sie hier an, ob Sie als Person oder Firma gezeigt werden wollen. Wenn Sie die Option *Person* wählen, öffnet sich ein Eingabefeld, in das Sie einen Namen eingeben müssen.

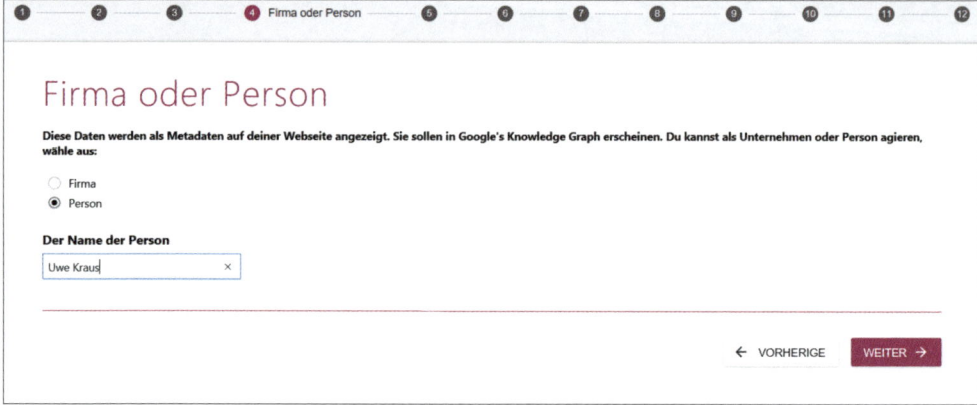

Firma oder Person – das ist hier die Frage.

Im nächsten Schritt werden Ihre sozialen Profile abgefragt. Falls noch keine bestehen, kann hier einfach der Button *Weiter* angeklickt werden. Sollten Sie welche haben, ist es empfehlenswert, diese auch einzugeben.

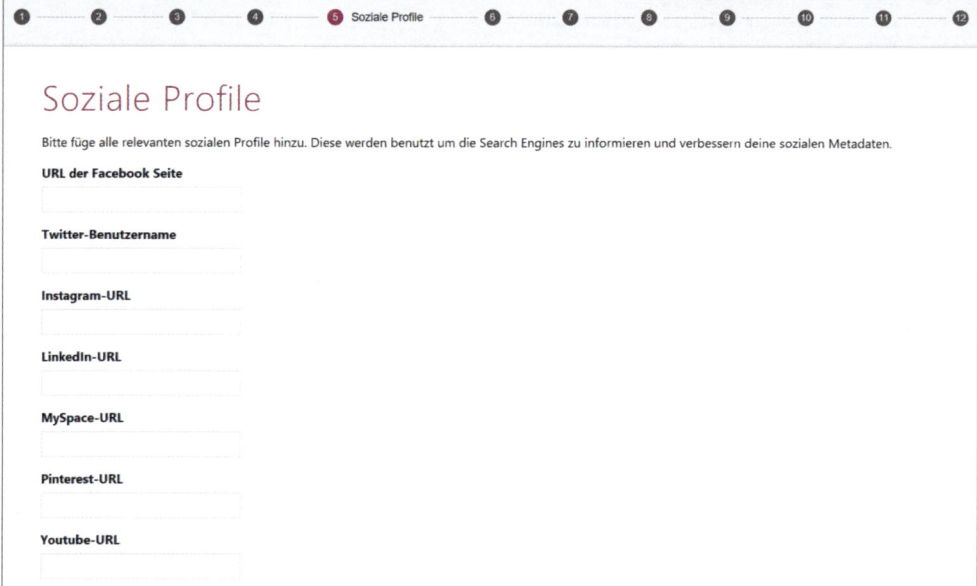

Etliche Daten werden abgefragt und sollten eingegeben werden, falls vorhanden.

Installation von Plug-ins

Weiter geht es mit dem Abschnitt *Sichtbarkeit*. Hier will man von Ihnen wissen, ob Ihre Beiträge, Seiten und Medien sichtbar sein sollen. *Beiträge* und *Seiten* sollten sichtbar sein, *Medien* eher nicht.

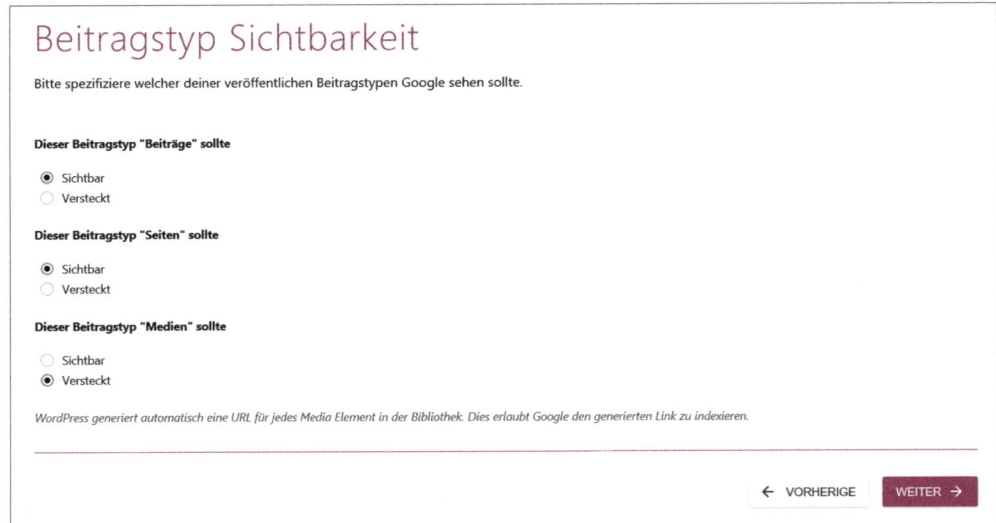

Wählen Sie hier aus, welcher Beitragstyp sichtbar sein soll.

Nun wird Ihnen noch die Frage gestellt, ob Ihre Seite einen oder mehrere Autoren hat. In der Regel wird das nur einer sein – und das sind Sie. Klicken Sie also *Nein* an und bestätigen Sie mit *Weiter*.

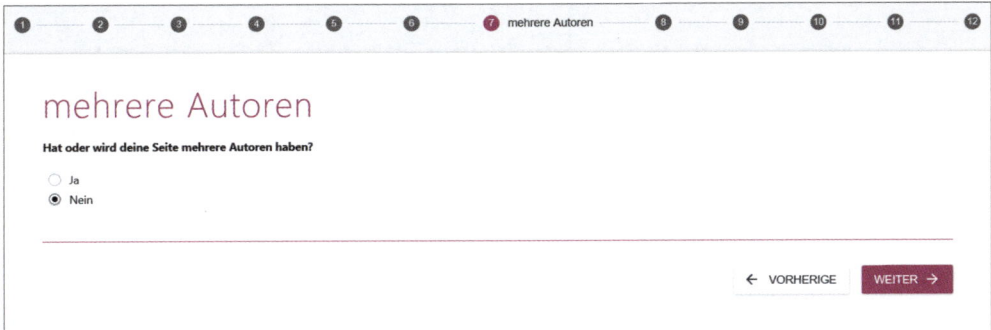

Teilen Sie mit, ob Ihre Seite einen oder mehrere Autoren hat.

Weiter geht es mit der Autorisierung bei Google. Rufen Sie den Autorisierungscode ab und geben Sie diesen in das leere Feld ein. Dieser Vorgang ist eigentlich selbsterklärend, daher verzichte ich hier auf die genauere Beschreibung. Klicken Sie danach auf den Button *Authentifizieren*. Wenn die Authentifizierung bestätigt wurde, klicken Sie auf *Weiter*.

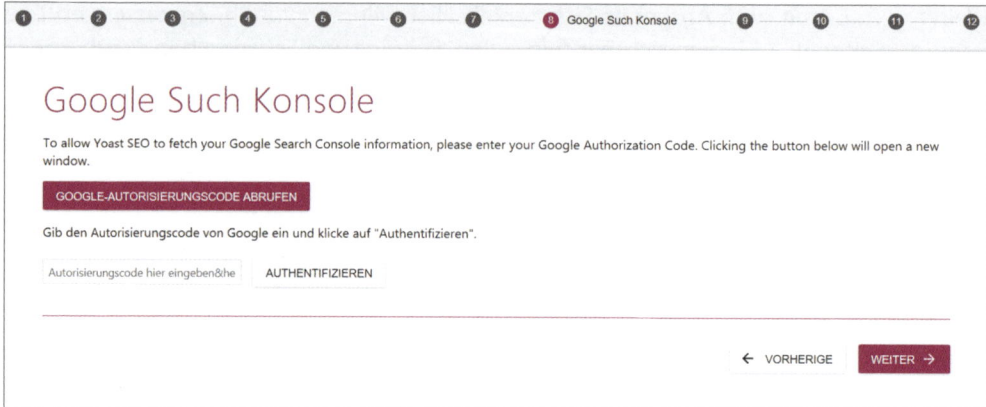

Der Autorisierungscode wird verlangt.

Im nächsten Schritt geht es um die Einstellungen für den Titel Ihrer Seite. Sie müssen hier eines der Trennzeichen auswählen, das dann später zwischen Beitragstitel und dem Seitennamen erscheint und auch in den Suchergebnissen angezeigt wird.

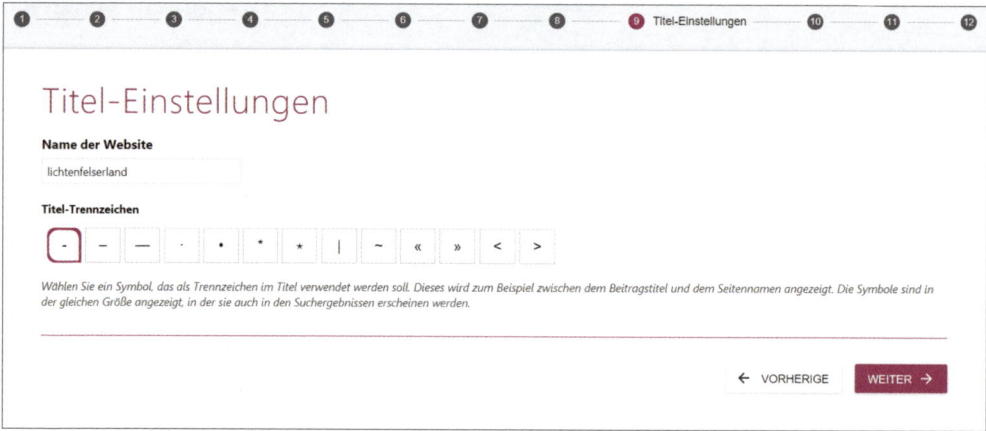

Wählen Sie ein Trennzeichen aus der Liste aus.

Weiter geht es mit dem Bereich *Newsletter*. Falls Sie regelmäßig neue Infos über *Yoast SEO* wünschen, müssen Sie sich hier anmelden. Aber in der Regel ist das nicht nötig. Klicken Sie auf *Weiter*.

Im nächsten Abschnitt können Sie auf das kostenpflichtige Plug-in *Yoast SEO Premium* upgraden. Für unsere Zwecke benötigen wir dieses Upgrade allerdings nicht. Ansonsten werden Ihnen noch zwei Links zum Training für *Yoast SEO* angeboten, allerdings auf Englisch.

Installation von Plug-ins

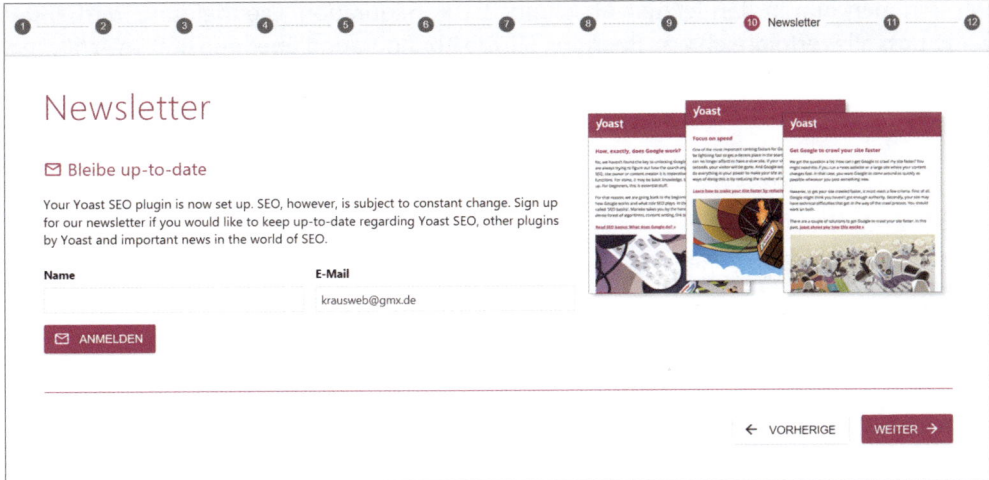

Hier können Sie die Newsletter abonnieren.

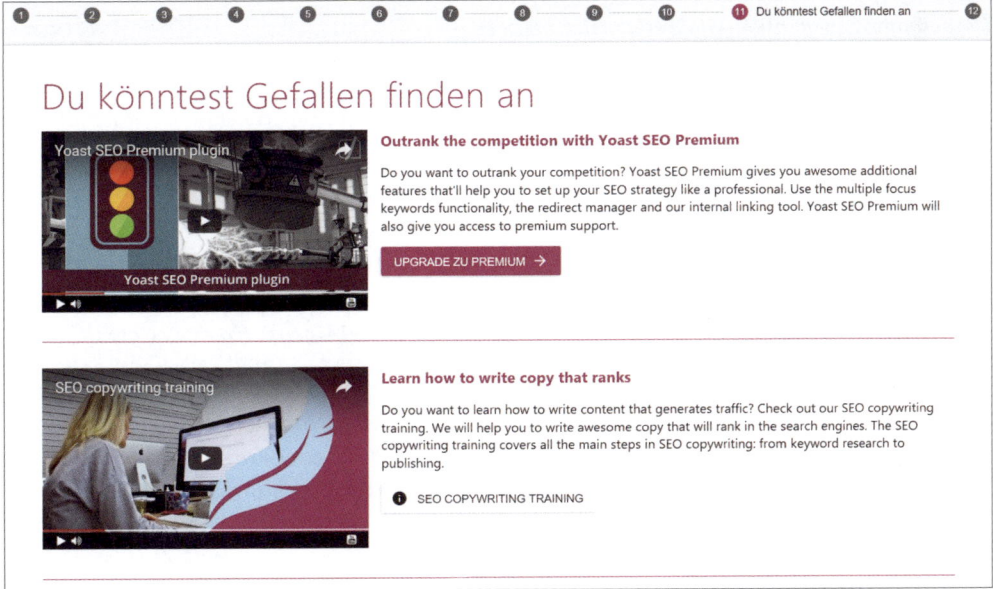

Hier können Sie upgraden oder ein Training absolvieren.

Falls Sie gute Englischkenntnisse haben, schauen Sie sich die zwei Trainingsbeispiele an, aber in der Regel genügen die Beschreibungen in diesem Buch, um das Wichtigste über dieses Plug-in zu erfahren.

Wir kommen nun in den letzten Abschnitt der Konfiguration. Die Meldung wird angezeigt, dass alles erfolgreich war. Beenden Sie die Konfiguration über den Button *Schließen*. Sie kommen nun automatisch wieder ins Dashboard von *Yoast SEO* zurück.

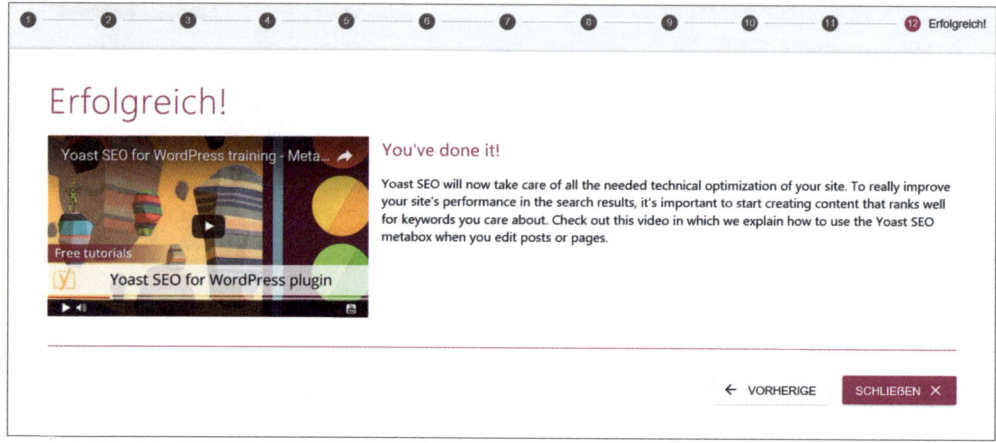

Die gesamte Konfiguration wurde erfolgreich beendet.

Falls es Sie interessiert, wer an diesem Plug-in mitwirkt und welche Funktion es hat, wechseln Sie wieder zum Register *Allgemein* und klicken auf den Button *Zeige Mitwirkende*. Wie Sie sehen, sind das ziemlich viele.

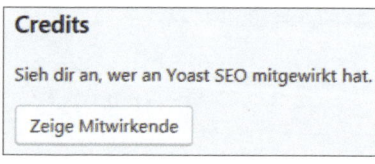

Hinter diesem Button verbergen sich die Beteiligten.

In *Yoast SEO* können Sie vorher durchgeführte Einstellungen auch wieder rückgängig machen, indem Sie auf den Button *Standard-Einstellungen wiederherstellen* klicken. Es erfolgt noch kurz eine Sicherheitsabfrage, die Sie bestätigen müssen, dann ist alles wieder wie vorher. Falls Sie das nicht wollen, klicken Sie auf den Button *Änderungen speichern*.

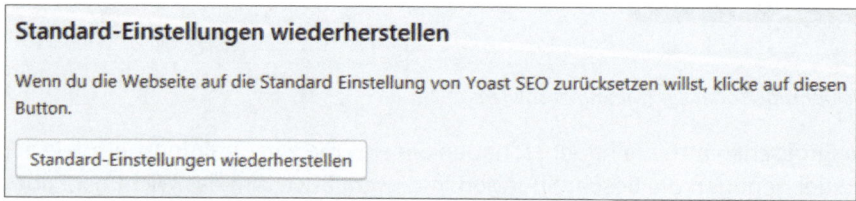

Hier versetzen Sie alles in den ursprünglichen Zustand.

Die Schaltfläche zum Speichern.

Installation von Plug-ins

Im Register *Funktionen* lassen sich Funktionen aktivieren oder deaktivieren. Sie können entscheiden, ob Sie die erweiterten Einstellungen von *Yoast SEO* wollen oder nicht, den Dienst *OnPage.org* aktivieren oder deaktivieren, falls Sie diesen Dienst nicht nutzen wollen, oder die Yoast-SEO-Administrationsleiste deaktivieren, falls Sie diese nicht verwenden. Sie steht im oberen Bereich der WordPress-Seite.

Wenn Sie Ihre Entscheidungen getroffen und etwas geändert haben, klicken Sie auf den Button *Änderungen speichern*. Wenn Sie keine Änderungen vorgenommen haben, brauchen Sie natürlich auch nichts zu speichern.

Hier können Sie Eigenschaften aktivieren oder deaktivieren.

Wenden wir uns nun dem Bereich *Über Dich* zu. Hier können Sie die Daten Ihrer Webseite eintragen. Üblicherweise werden hier die bereits vorhandenen Daten verwendet. Sie können diese aber auch anpassen oder erweitern.

Im Register *Webmaster Tools* können Sie Ihre Seite dreimal verifizieren lassen. Dafür müssen Sie die jeweilige Auswahl anklicken und sich dann jeweils anmelden, um einen Autorisierungscode zu erhalten. Diesen Code geben Sie dann in das entsprechende Eingabefeld ein.

9. Plug-ins

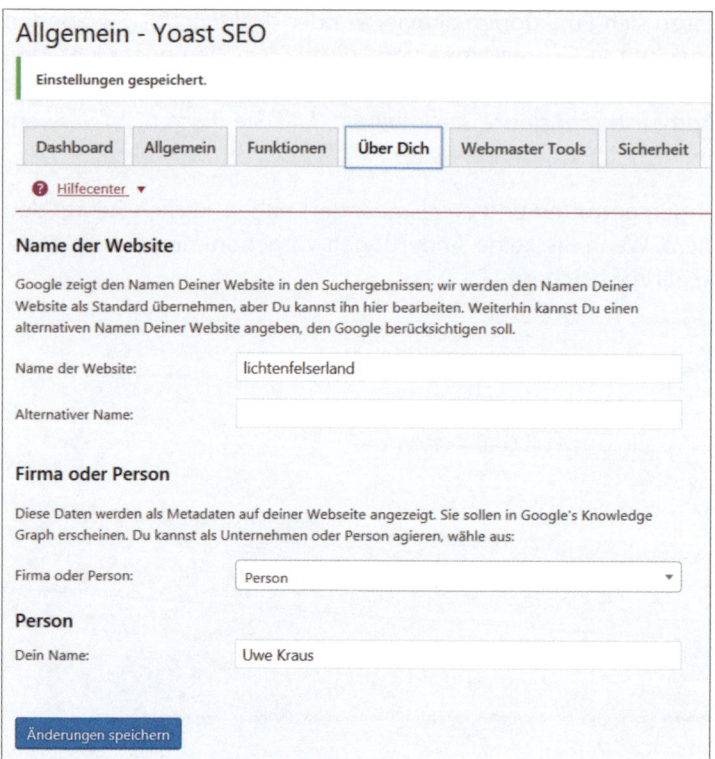

Vergeben Sie einen alternativen Namen.

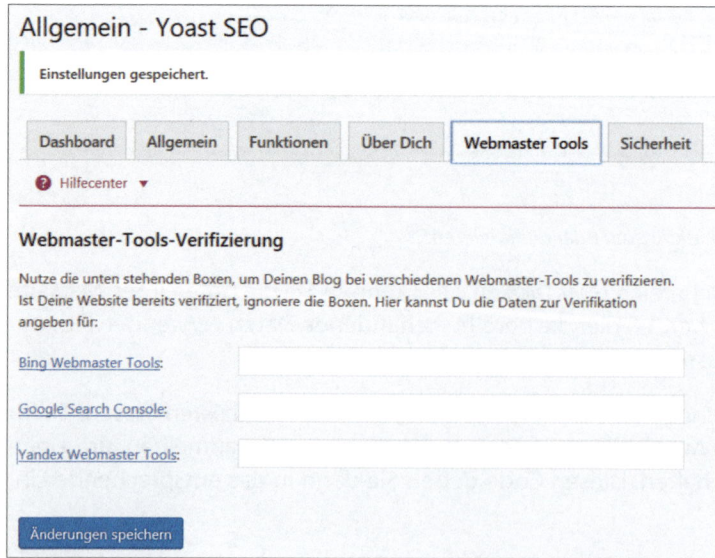

Melden Sie sich bei einer oder bei mehreren Suchmaschinen an.

Das Register *Sicherheit* beinhaltet Sicherheitseinstellungen. Sie können hier den erweiterten Bereich der *Yoast SEO Metabox* aktivieren, wenn Sie der einzige Benutzer sind. Falls es mehrere Autoren gibt, lassen Sie es lieber, denn dann kann jeder der Autoren Änderungen vornehmen.

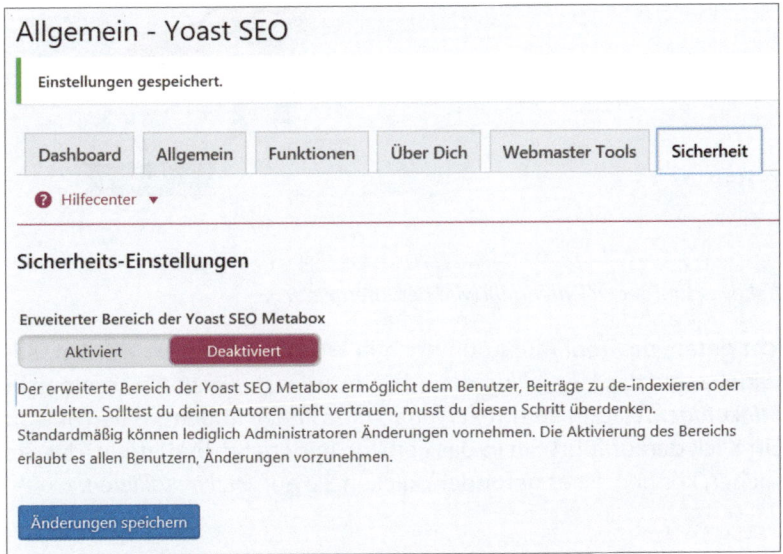

Bei Aktivierung dieses Bereichs hat jeder Benutzer Zugriff auf Beiträge.

9.2 Plug-ins downloaden

Zwei Plug-ins, die Sie haben sollten, sind nicht standardmäßig in WordPress enthalten. Am Beispiel eines sehr nützlichen Tools zur Vermeidung von Spamkommentaren werde ich Ihnen zeigen, wie Sie Plug-ins von Drittanbietern in WordPress einbinden können.

Antispam Bee

Sie benötigen unbedingt ein Plug-in für die Vermeidung von Spam in den Kommentaren. Ohne ein derartiges Plug-in wird Ihre Seite schnell mit Datenmüll gefüllt sein. Hier sollten Sie auf *Antispam Bee* zurückgreifen.

Dieses Tool ist in deutscher Sprache und sorgt dafür, dass Spamkommentare automatisch im Spam-Ordner landen. Laden Sie dieses Tool von der Webseite von Antispam Bee auf Ihren PC herunter, indem Sie auf den Button *Herunterladen* klicken und es auf Ihrem PC abspeichern.

9. Plug-ins

Ein kleines, aber sehr effektives Tool gegen Datenmüll wird heruntergeladen.

Damit ist es aber nicht getan, das Tool muss nun noch in WordPress kopiert werden. Klicken Sie dazu in der Sidebar auf das Menü *Plugins* und dann auf *Installieren*. Sie kommen in den Bereich *Plugins hinzufügen*. Neben dem Text *Plugins hinzufügen* finden Sie den Button *Plugins hochladen*. Ein Klick darauf führt Sie in das Fenster, in dem Sie Ihr Plug-in, das Sie hochladen wollen, suchen können. Ist es gefunden, klicken Sie auf *Jetzt installieren*.

Laden Sie Ihr Plug-in hoch.   *Der Pfad zum Plug-in.*

Sie gelangen wieder in WordPress und müssen das Tool jetzt noch aktivieren, und zwar über die Schaltfläche *Aktiviere dieses Plugin*.

Ein Plug-in wird aktiviert.

Das Tool wird in die Liste der installierten Plug-ins aufgenommen. Über den Link *Einstellungen* kommen Sie zu den verschiedenen Optionen dieses Plug-ins. Am wichtigsten sind die zwei ersten Spalten.

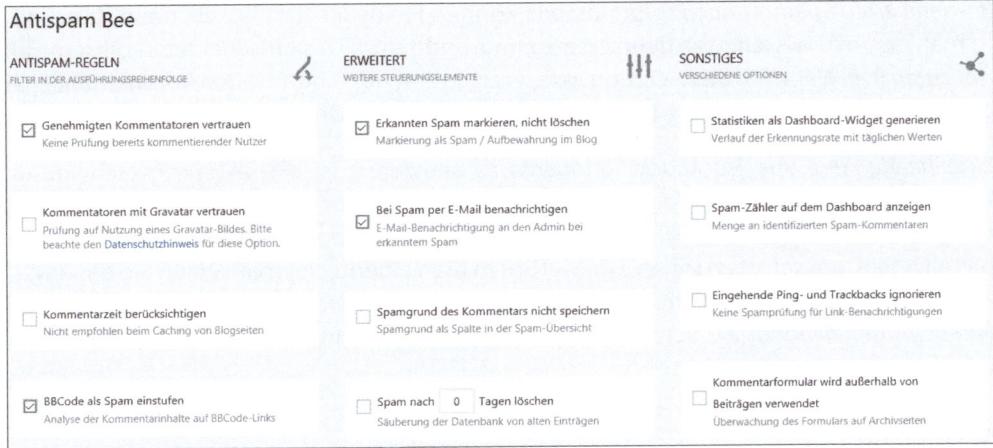

Die vielen Auswahloptionen von Antispam Bee.

Die Option *Genehmigten Kommentatoren vertrauen* können Sie akzeptieren. *Kommentatoren mit Gravatar vertrauen* sollten Sie deaktiviert lassen. *Kommentarzeit berücksichtigen* sollten Sie ebenfalls nicht aktivieren, denn diese Option sieht zu schnell abgeschickte Kommentare als Spam an. *BBCode als Spam einstufen* sollte aktiviert sein.

Die *Option IP-Adresse des Kommentators validieren* sollten Sie deaktivieren, denn hier kann es zu Problemen mit der IP-Adresse kommen. Dagegen sollte die Option *Reguläre Ausdrücke anwenden* auf jeden Fall aktiviert sein. *Lokale Spamdatenbank einbeziehen* sollte auch aktiviert werden, damit der erkannte Spam nicht gelöscht wird.

Öffentliche Spamdatenbanken berücksichtigen wird nicht benötigt, da diese in Deutschland nicht genutzt werden können, denn sonst gibt es Probleme mit dem Datenschutzgesetz. *Kommentare aus bestimmten Ländern blockieren* müssen Sie nicht aktivieren. Diese werden anhand der IP-Adresse erkannt. Die Whitelist sperrt alle Länder bis auf die in der Liste aus. *Kommentare in nur einer bestimmten Sprache zulassen* prüft, ob der Kommentar in einer festgelegten Sprache verfasst wurde. Nur diese werden zugelassen, alle anderssprachigen Kommentare werden abgelehnt. Es ist nicht nötig, diese Option zu aktivieren.

Erkannten Spam markieren, nicht löschen sollte dagegen aktiviert sein, damit die vorhandene Spamdatenbank mit Spam gefüllt wird. *Bei Spam per E-Mail benachrichtigen* zu aktivieren ist sinnvoll, wenn Sie sich nicht regelmäßig im Admin-Bereich bewegen. *Spamgrund des Kommentars nicht speichern* sollte deaktiviert bleiben. Das ist sinnvoll, damit man weiß, welcher Spamfilter etwas bringt.

Spam nach 0 Tagen löschen sollte mit einer Zahl gefüllt werden. 90 Tage sind hier ein angemessener Zeitraum, um die Datenbank wieder zu bereinigen. *Aufbewahrung gilt nur für* sollten Sie auf Kommentare beschränken, falls Sie keinen Wert auf Pingbacks legen. Diese werden dann sofort gelöscht. Pingbacks sind ein Hinweis dafür, dass ein Blogartikel in einen anderen Blog verlinkt wurde.

Bei definierten Spamgründen sofort löschen können Sie deaktiviert lassen, denn dazu sollte man erst mal wissen, was definierte Spamgründe sind. Das entscheidet in diesem Fall *Antispam Bee*. Wenn Sie diese Option aktivieren, löscht das Plug-in jeden Kommentar, egal ob mit oder ohne Inhalt. *Statistiken als Dashboard-Widget generieren* ist überflüssig.

Eingehende Ping- und Trackbacks ignorieren zu aktivieren, ist Ihre eigene Entscheidung, falls Sie über diese Dinge informiert werden wollen. Trackbacks informieren Sie darüber, dass Sie in einem Artikel erwähnt wurden. *Spamzähler auf dem Dashboard anzeigen* kann hilfreich sein, um sofort zu sehen, wie viel Spam man eigentlich erhält. Wenn Sie das angezeigt haben wollen, dann aktivieren Sie diese Option. *Kommentarformular wird außerhalb von Beiträgen benötigt* ist nicht sinnvoll für eine Aktivierung, wenn Sie nur zu Beiträgen Kommentare erhalten wollen.

Scroll to Top

Ein weiteres empfehlenswertes Plug-in, *WP Scroll to Top*, ist eines, das einen Button auf Ihrer Seite zeigt, mit dem nach oben gescrollt werden kann, also zum Anfang der Seite.

Um das Tool zu finden, starten Sie das Menü *Plugins/Installieren* und geben im Suchfeld, das Sie rechts oben finden, den Suchbegriff ein.

 *Hier können Sie nach einem Plug-in suchen.*

Verschiedene Plug-ins werden Ihnen zur Auswahl angezeigt. Verwenden Sie das von *umarbajwa* und klicken Sie auf *Jetzt installieren*, um das Plug-in herunterzuladen.

Ein weiteres hilfreiches Plug-in wird installiert.

Im *Scroll To Top*-Fenster ändert sich der Button auf *Aktualisieren*. Klicken Sie auf den Button und der Vorgang ist beendet. Sie kommen wieder in den Bereich mit der Liste der Plug-ins. Das Plug-in *Scroll To Top* ist integriert.

In der Sidebar ist nun ein neues Menü eingefügt worden. Daran sehen Sie, dass das Plug-in bereits läuft. Das neue Menü finden Sie unterhalb der Menüs *Einstellungen* und *SEO* am Ende der Sidebar. Starten Sie das Plug-in durch Klick auf das Menü und den folgenden Link.

Ein neues Menü ist da ...   *... und kann gestartet werden.*

Sie kommen in den Konfigurationsbereich von *Scroll To Top* und können hier Einstellungen vornehmen. Besonders bei langen Artikeln ist es von Vorteil, einen Button *Zurück nach oben* zu integrieren, damit der Besucher nicht so viel scrollen muss. Der Button ist schnell integriert. Sie müssen nur ein Icon aus der Liste der Icons auswählen und angeben, welche Breite und Höhe in Pixeln der Button haben soll. Geben Sie dann noch an, wo der Button platziert werden soll: links, in der Mitte oder rechts. Durch Klick auf den Button *Änderungen übernehmen* wird der Button in Ihre Seite eingebunden.

Wenn Sie nun auf Ihrer Seite auf ein beliebiges Menü gehen und nach unten scrollen, wird der Button ab einer bestimmten Stelle auf der linken Seite angezeigt, und ein Klick darauf bringt Sie wieder nach oben zum Beginn des Textes. Dann verschwindet der Button wieder aus dem Blickfeld.

Wählen Sie ein Icon aus ...

   *Der Button nach oben.*

... und legen Sie die Größe fest.

9.3 Plug-ins entfernen

Im Plug-in-Bereich werden Ihnen die aktiven und die inaktiven Plug-ins angezeigt. Gelöscht werden können aber nur inaktive. Wenn Sie also Plug-ins loswerden wollen, entfernen Sie auch gleich diejenigen, die nie genutzt werden. Markieren Sie jedes Plug-in, das verschwinden soll, mit einem Haken, und wenn Sie alle gekennzeichnet haben, die Sie entfernen wollen, klicken Sie auf die Option *Löschen* und anschließend auf den Button *Überneh-*

Positionieren Sie den Button.

men links daneben. Es erfolgt noch eine Sicherheitsabfrage, ob Sie auch wirklich löschen wollen. Bestätigen Sie diese mit *Ja*.

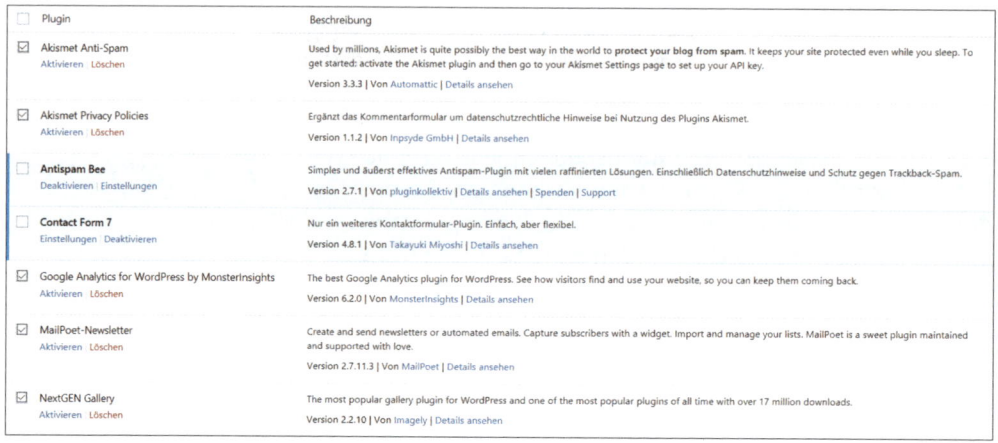

Etliche Plug-ins sollen entfernt werden.

Hier wird gelöscht, aber nicht ohne Bestätigung.

In der Liste der Plug-ins wird Ihnen nach dem Löschvorgang angezeigt, welche Plug-ins gelöscht wurden. Sie haben die Liste um etliche Plug-ins reduziert.

WordPress zeigt Ihnen die gelöschten Plug-ins in einer Übersicht an.

10. Der Umgang mit Bildern

Ein wichtiger Bestandteil eines Blogs sind Bilder. Eine Möglichkeit, Ihren Blog attraktiver und interessanter zu gestalten ist die, verstärkt Bilder einzusetzen. Bauen Sie in Ihre Artikel die Bilder ein, die zum Thema passen, so steigern Sie die Aufmerksamkeit der Leser. Ein Artikel, der bereits in der Artikelvorschau mit einem Bild versehen ist, wird meist eher angeklickt. Wenn das Bild dann auch noch zum Artikel passt, sind Sie sich der Aufmerksamkeit des Lesers sicher. Bilder wie Screenshots oder Diagramme helfen dem Leser dabei, die von Ihnen geschriebenen Texte besser zu verstehen. Aber nicht nur das, auch der Besucher Ihrer Seite ist zufrieden, wenn er zusätzlich durch Bilder informiert wird. Manche Artikel sind sogar komplett auf Bildern aufgebaut. Diese Art der Inhalte lassen sich die wenigsten Leser entgehen.

Immer mehr Leser kommen über die Google-Bildersuche auf einen Blog. Daher sind Bilder auch gut für die Suchmaschinenoptimierung geeignet.

Welche Bilder Sie in Ihrem Blog nutzen, sollten Sie sich jedoch gut überlegen. Verwenden Sie am besten nur eigene Fotos oder greifen Sie auf Bildagenturen zurück, die allerdings Geld von Ihnen verlangen. Wenn Sie Fotos aus dem Web klauen, ist eine Abmahnung schon garantiert. Das ist nicht nur unnötig und ärgerlich, sondern auch teuer. Denken Sie deshalb gut darüber nach, welche Bilder Sie in Ihren Blogs nutzen. Selbst gebaute Bilder sind ebenfalls aufmerksamkeitsstark und vor allem rechtlich unbedenklich.

Für die Beispiele in diesem Kapitel habe ich meine eigenen Fotos verwendet. Sie müssen die Arbeitsschritte entsprechend mit Ihren Fotos nachvollziehen.

10.1 Bilder erstellen

Gehen Sie auf Motivsuche für Ihren Blog und fotografieren Sie am besten jedes Motiv mehrmals. Speichern Sie dann die Bilder auf Ihrem PC im Bereich *Bilder* ab, indem Sie einen Ordner mit einer aussagekräftigen Bezeichnung anlegen und dann die Bilder außerhalb von WordPress bearbeiten.

Wenn Sie die Bilder eingefügt haben, überprüfen Sie diese nochmals und entscheiden Sie, welche davon Sie für Ihren Blog verwenden wollen. Löschen Sie die anderen oder kopieren Sie diese in einen Ordner mit einem anderen Namen, wenn Sie diese außerhalb des Blogs noch nutzen wollen.

Am unteren Bildschirmrand eines geöffneten Ordners finden Sie zwei Symbole, mit denen Sie die Ansicht der Bilder wechseln können, einmal als Miniaturansicht und einmal als Textbeschreibung.

10. Der Umgang mit Bildern

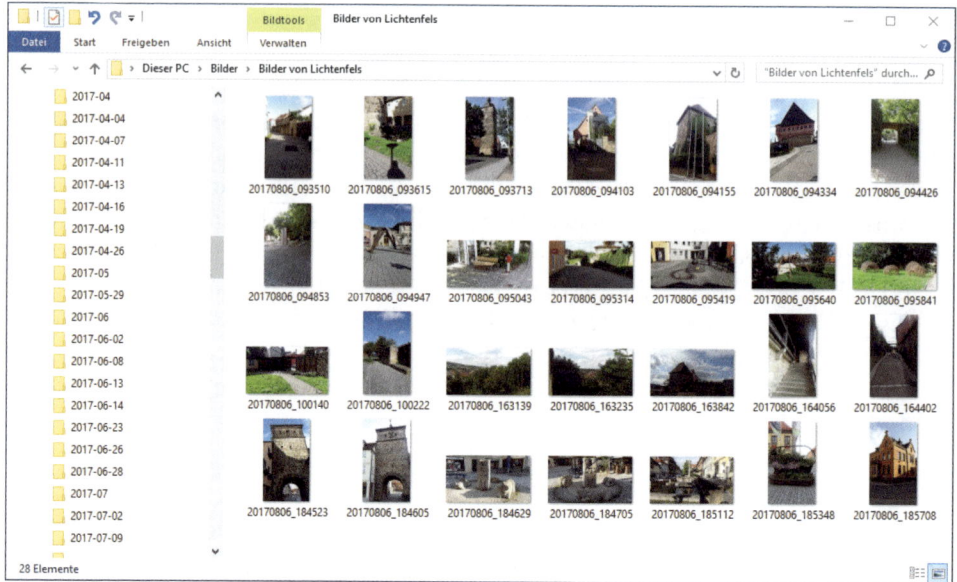

Die Bilder in der Miniaturansicht ...

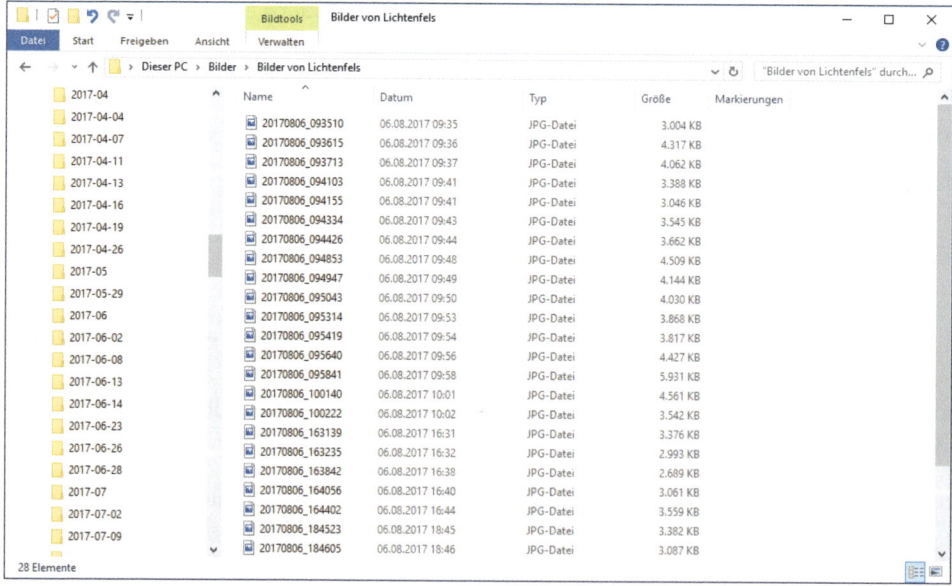

... und in einer Listenübersicht.

Genaue Angaben zu einem Foto finden Sie übrigens, wenn Sie das Bild mit der rechten Maustaste anklicken und dann im Kontextmenü den Eintrag *Eigenschaften* wählen. Das Fenster *Eigenschaften* wird angezeigt und Sie sehen, welchen Dateityp Ihr Foto hat und welche Größe. Weitere Infos zum Bild sehen Sie unter dem Register *Details*, Bereich *Bild*.

Bilder erstellen

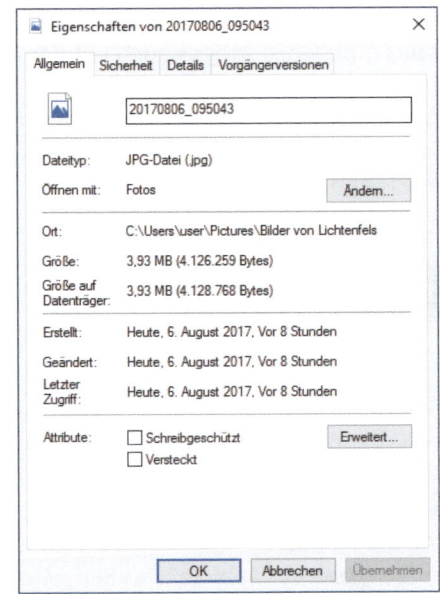 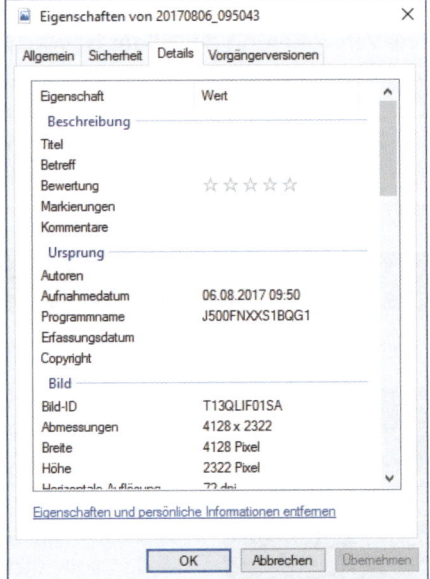

Hier sehen Sie ausführlich die Bildeigenschaften.

Bilder am PC bearbeiten

Nehmen wir uns nun zur Bearbeitung eines Bildes als Muster das Bild mit der Bank in der Windows-10-Bildbearbeitung vor. Die momentane Ansicht mit dem Telefonhäuschen und dem Hydranten ist nicht gerade besonders attraktiv. Das soll geändert werden.

Dieses Bild muss verbessert werden.

10. Der Umgang mit Bildern

Führen Sie einen Doppelklick auf das Bild aus. Die Ansicht zum Bearbeiten wird Ihnen angezeigt. Eine Vergrößerung des Bildes ist von hier aus möglich, übrigens auch mit dem Mausrad. Durch Drehen des Rades lässt sich das Bild vergrößern oder verkleinern. Sie können das Bild auch drehen – das ist praktisch, wenn das Bild gekippt ist oder auf dem Kopf steht. Das Bild kann auch zugeschnitten oder mit einem Filter versehen werden. Oben rechts über dem Bild finden Sie die Bearbeitungsleiste. Hier haben Sie verschiedene Bearbeitungsmöglichkeiten zur Auswahl.

Die Bearbeitungsleiste für die auf dem PC abgespeicherten Fotos.

Klicken Sie auf das Symbol *Bearbeiten*. Im nun erscheinenden Fenster können Sie das Bild zuschneiden und drehen, die Qualität verbessern oder einen Filter für das Bild auswählen. Wir entscheiden uns zuerst für die Verwendung von *Zuschneiden und drehen*, da das Bild zugeschnitten werden soll. Klicken Sie diese Auswahl an. Das Bild wird nun etwas verkleinert und von sechs Kreisen umrahmt. Durch Ziehen an einem der Punkte mit gedrückt gehaltener linker Maustaste können Sie das Bild jetzt entsprechend zuschneiden.

Außerdem können Sie jetzt noch ein Seitenverhältnis für das Bild festlegen oder es spiegeln oder drehen. Das macht aber bei diesem Bild alles keinen Sinn. Deswegen belassen wir es beim Zuschneiden.

Wenn Sie den passenden Bildausschnitt erzeugt haben, beenden Sie den Vorgang mit einem Klick auf *Fertig*.

Sie springen wieder zurück in den vorhergehenden Arbeitsbereich und müssen nun nur noch speichern. Dabei haben Sie zwei Möglichkeiten: Entweder Sie speichern die Änderungen über den Button *Speichern* ab, dann wird ein neues Bild mit den Änderungen erzeugt, oder Sie klicken auf *Kopie speichern*, dann bleibt das alte Bild erhalten und das neue geänderte wird ebenfalls gesichert.

Die Bearbeitung des Bildes.

Bilder einfügen

In diesem Bereich kann das Bild noch weiterbearbeitet werden.

So schaut das Bild schon wesentlich besser aus.

10.2 Bilder einfügen

Starten Sie über die Sidebar das Menü *Beiträge/Alle Beiträge* und wählen Sie aus der nun angezeigten Liste den Beitrag aus, in den Sie Bilder einfügen wollen.

 *Begeben Sie sich zu den Beiträgen ...*

10. Der Umgang mit Bildern

... und wählen Sie den betreffenden Beitrag aus.

Um ein Bild einzufügen, setzen Sie den Cursor an die Stelle im Text, an der das Bild platziert werden soll. Dann klicken Sie oben auf der Seite auf den Button *Dateien hinzufügen*. Sie gelangen in die Mediathek und alle bisher eingefügten Bilder werden angezeigt. Momentan ist das nur das Logo, das wir erstellt haben.

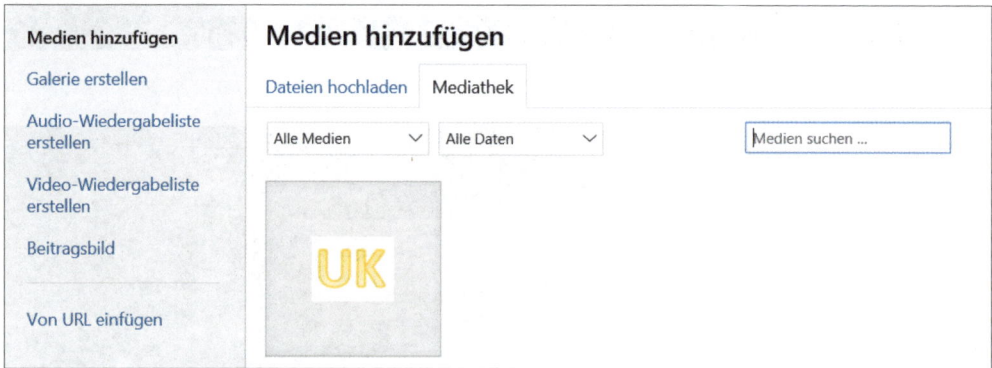

Die Mediathek sammelt alle Bilder.

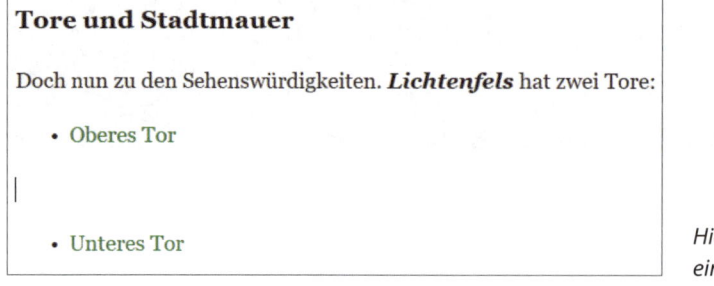

Hier soll das Bild eingefügt werden.

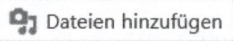 *Der Weg zu den Bildern.*

Sie werden nun gebeten, Ihre Bilder auszuwählen. Klicken Sie dazu auf den Button *Dateien auswählen* und suchen Sie den Ordner mit den abgespeicherten Bildern auf Ihrem PC. Klicken Sie das erste Bild an, das Sie in den Beitrag kopieren wollen, und transportieren Sie es über den Button *Öffnen* in die Mediathek von WordPress.

Bilder einfügen

Begeben Sie sich zu den Dateien mit den Bildern.

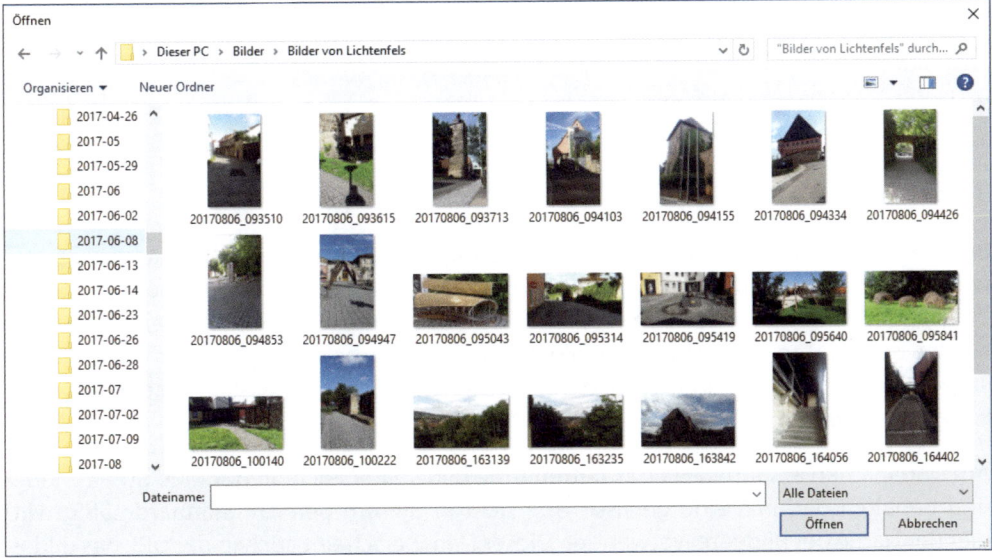

Einige Bilder sind bereits für den Beitrag vorhanden.

Ein Ausschnitt des Bildes wird in die Mediathek eingefügt. Aber dadurch ist es noch nicht in Ihrem Beitrag. Bevor wir es nun darin einfügen, möchte ich erst noch auf ein paar wichtige Dinge eingehen, die das Bild betreffen.

Ein neues Bild ist in der Mediathek.

121

10. Der Umgang mit Bildern

Im Bereich *Anhang-Details* am rechten Bildschirmrand können Sie das Bild vor dem Einfügen noch bearbeiten. In dieser Leiste werden Ihnen weitere Infos zum Bild wie der Dateiname, der Dateityp, das Upload-Datum, die Speichergröße und die Bildgröße in Pixeln (Breite mal Höhe) angezeigt.

Die wichtigsten Daten zum Bild.

10.3 Bilder in WordPress bearbeiten

Bevor Sie das Bild bearbeiten, sollten Sie einen sinnvollen Dateinamen vergeben, der das wichtigste Keyword enthält. Das ist für die Suchmaschinen nötig, denn diese verstehen bei einem Bild mit einer undefinierbaren Bezeichnung nicht, wonach sie denn eigentlich suchen sollen, und wenn Sie viele Bilder in der Mediathek haben, finden Sie es wahrscheinlich auch selbst nicht mehr. Ein aussagekräftiger Dateiname ist dagegen relativ einfach wiederzufinden.

Am Dateinamen erkennen Sie das betreffende Bild später leicht in der Mediathek wieder und behalten dadurch eine gewisse Übersicht in diesem Bereich. Standardmäßig wird hier der Name der Bilddatei verwendet. Dieser Name erscheint auch in der URL des Bildes. Falls der Name nicht gut gewählt wurde, sollten Sie ihn jetzt ändern.

Auch dieser Titel ist für die Suchmaschinen wichtig, denn wenn Ihr Bild wie in unserem Beispiel nur eine Nummer hat, kann die Suchmaschine damit nichts anfangen. Vergeben Sie also auf jeden Fall hier einen Namen für das Bild.

Im Eingabefeld *Beschriftung* können Sie das Bild mit einem Text versehen. Der Text sollte allerdings kurz sein, besonders bei einem schmalen Bild, denn der Text füllt in einer Zeile nur so viel Raum wie die Breite des Bildes.

Das Feld *Alternativtext* ist wichtig für barrierefreie Webseiten, das bedeutet, sehbehinderte Leser bekommen den Text von Screenreadern vorgelesen, und dort, wo sich ein Bild befindet, kann der Alternativtext zum Bild vorgelesen werden. So erhalten diese Besucher zumindest die Information, was für ein Bild sich dort befindet. Der Alternativtext wird auch von Suchmaschinen indexiert.

Im Eingabefeld *Beschreibung* können Sie das Bild näher erklären. Dies ist für interne Zwecke gedacht und soll die Übersicht über die Bilder in der Mediathek erleichtern. Die

Bilder in WordPress bearbeiten

Beschreibung ist auch für Suchmaschinen wichtig, denn wenn Ihr Bild wie in unserem Beispiel nur eine Nummer hat, kann die Suchmaschine damit nichts anfangen. Vergeben Sie also auf jeden Fall hier einen Namen für das Bild.

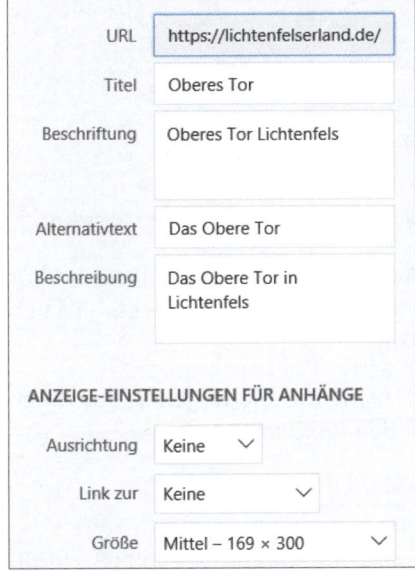

Sie können nun noch im Bereich *Anzeige-Einstellungen für Anhänge* die Ausrichtung des Bildes nach links oder rechts, in der Mitte oder gar nicht festlegen. Wenn die Bilder schmaler sind als der Text, werden sie bei der Auswahl der beiden ersten Varianten vom Text umflossen. Sie sollten bei diesem Bild aber besser die Option *Keine* verwenden, dann bleibt das Bild am Zeilenanfang. Bilder gehören auch immer in eine eigene Zeile, damit es bei mobilen Geräten zu keiner Verzerrung der Bilder kommt.

Es gibt noch die Möglichkeit, einen Link zu einer Mediendatei, einem Anhang oder einer URL zu erzeugen. Und dann gibt es noch die Einstellung für die Größe des Bildes, mit der es in den Beitrag eingefügt werden soll. Hier ist es zu empfehlen, die mittlere Größe zu wählen, das sind dann etwa 90 % der Originalgröße.

Das Bild ist beschriftet und eingestellt.

Klicken Sie dann neben dem Foto im Bereich *Anhang-Details* auf den Link *Bild bearbeiten* und wenden Sie sich der Skalierung zu. Dafür finden Sie am rechten Bildschirmrand eine Leiste mit dem Abschnitt *Bild skalieren*. Über das Fragezeichen neben der Bezeichnung können Sie eine nähere Erklärung zum Skalieren auf- und zuklappen.

Wenn Sie ein Bild skalieren wollen, klicken Sie in das erste Kästchen für die Breite oder in das zweite Kästchen für die Höhe und geben die gewünschte Breite oder Höhe ein. Der jeweils andere Wert passt sich dann automatisch proportional an. Bilder können allerdings nur nach unten und nicht nach oben skaliert werden.

Bei Bildern sollten Sie die Breite auf 800 bis maximal 1.400 Pixel beschränken. Ihr Bild sollte das JPEG- oder PNG-Format haben, denn dann wird es mit über 80-prozentiger Auflösung abgespeichert.

Da wir bei unserem Foto weit über diesem Wert sind und auch die Größe von 2 MByte viel zu groß ist, ist eine Skalierung nötig. Wenn Sie die Größe eines Bildes nach unten ändern, klicken Sie anschließend auf den Button *Skalieren* und das Bild wird neu berechnet.

Aber nicht nur auf die Größe der Skalierung muss geachtet werden, sondern auch auf die Dateigröße. Eine Größe von 200 KByte sollte das Bild nicht überschreiten. Das ist wichtig, damit Ihre Seite schnell geladen wird, denn nicht jeder User hat eine schnelle Daten-

10. Der Umgang mit Bildern

leitung und nichts schreckt den Besucher mehr ab als das langsame Laden einer Seite. Klicken Sie auf den Link *Bild bearbeiten* in den *Anhang-Details*. Sie gelangen in den Arbeitsbereich, in dem Sie das Bild skalieren können.

Bei dieser Größe ist eine Skalierung notwendig.

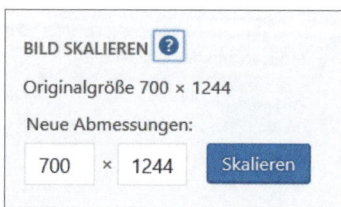

Das Bild soll auf diese Größe skaliert werden.

Geben Sie in das erste Feld die Zahl 700 ein und klicken Sie auf den Button *Skalieren*. Wir liegen hier zwar unter der empfohlenen Mindestbreite, aber bei diesem Wert ergibt sich ein Speicherbedarf von 195 KByte und das ist dann okay.

Weitere Einstellungen nehmen wir in diesem Bereich nicht vor und begeben uns durch Klick auf den Button *Zurück* wieder in den Bereich mit den *Anhang-Details*.

Ein einzelnes Bild einfügen

Klicken Sie jetzt auf den Button *In den Beitrag einfügen* am unteren rechten Bildschirmrand. Sie kommen wieder in den Eingabebereich Ihres Beitrags, und das Bild wird an der Stelle eingefügt, die Sie vorher ausgesucht haben.

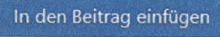 *Fügen Sie das Bild in den Text ein.*

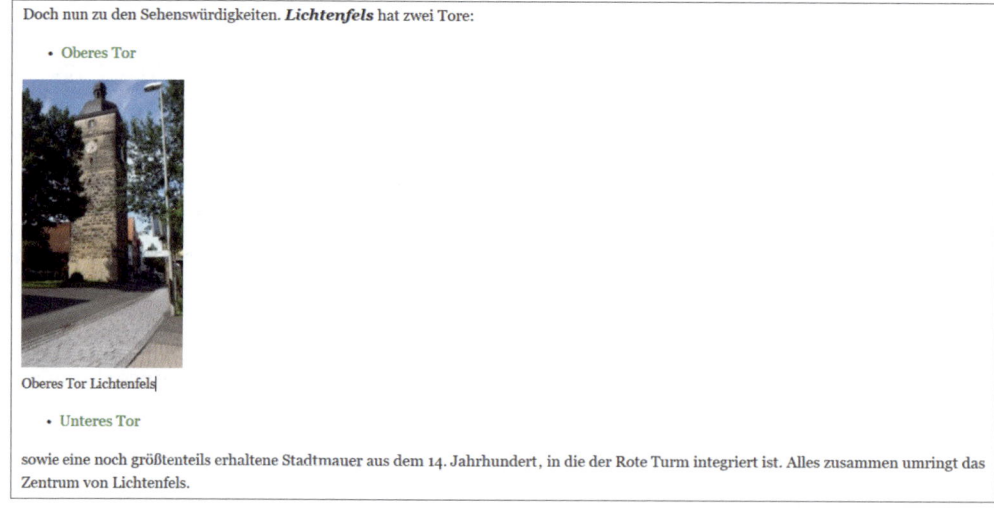

Das Bild wurde in den Beitrag integriert.

Bilder in WordPress bearbeiten

Wenn Sie das Bild anklicken, wird es von vier Quadraten eingerahmt und Sie sehen über dem Bild eine Leiste mit verschiedenen Symbolen. Hinter diesen Symbolen verbergen sich weitere Funktionen für die Bearbeitung.

Sie können das Bild linksbündig, zentriert oder rechtsbündig platzieren. Bei der Verwendung des Symbols *Keine Ausrichtung* bleibt das Bild an der Stelle, an der es momentan steht. Über das Symbol mit dem Kreuz können Sie das Bild entfernen. Das Symbol *Bearbeiten* führt Sie in einen anderen Bildschirmbereich. Hier sehen Sie nochmals alle Details zu dem Bild.

Bild mit Symbolleiste.

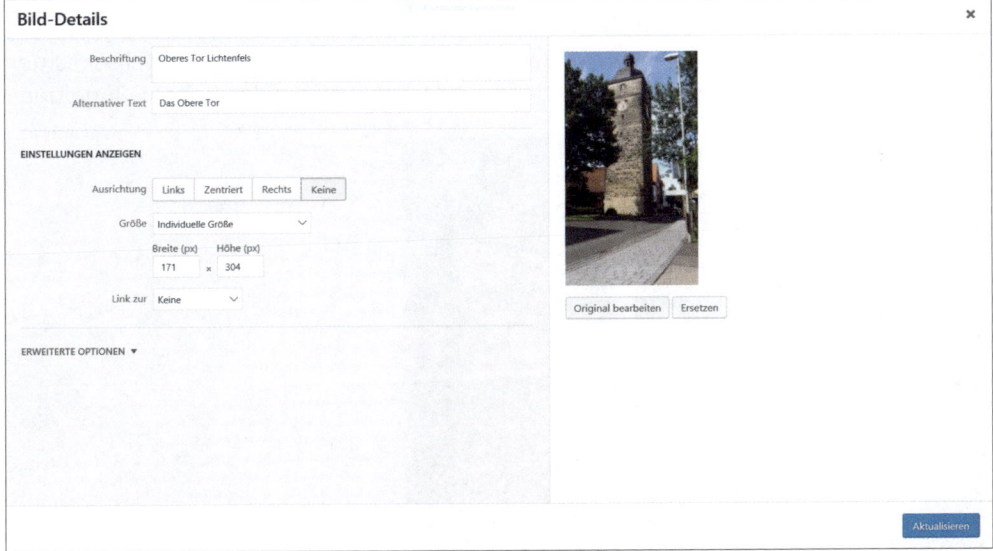

Die gesamten Daten zu dem Bild werden angezeigt.

Klicken Sie auf den Button *Original bearbeiten* unter dem Bild. Sie kommen in den Bildbearbeitungsbereich. Hier sehen Sie über dem Bild sieben verschiedene Symbole.

125

Das Bild richtig ausrichten

 *Die sieben Icons zur Bearbeitung.*

Beginnen wir bei den Erklärungen dafür mit der Funktion *Ausschneiden*. Dieses Symbol ist momentan nicht aktiv. Damit Sie einen Ausschnitt Ihres Bildes sehen können, bei unserem Bild vielleicht mehr von dem Turm, klicken Sie in das Bild.

Das Bild wird verdunkelt und in seiner Mitte erscheint eine dünne weiße Linie mit einem kleinen weißen Quadrat in der Mitte. Wenn Sie auf das Quadrat klicken und mit gedrückt gehaltener Maustaste in eine Richtung ziehen, bildet sich ein Rahmen und Sie können diesen Rahmen auf die passende Größe für Ihren Bildausschnitt aufziehen.

Wenn Sie die Maustaste loslassen, ist die Fläche in dem Rechteck wieder heller. Klicken Sie erneut auf das Symbol *Ausschnitt*, um den vorher festgelegten Ausschnitt zu übernehmen. Ein weiterer Klick auf den Button *Speichern* unterhalb des Bildes sichert die neue Variante. Falls Sie mit dem Aussehen dieses Ausschnitts noch nicht zufrieden sind, können Sie es nochmals auf die gleiche Weise verändern.

Sie kommen wieder in den Bereich *Bild-Details*, sehen hier aber noch die alte Version des Bildes. Die neue wird erst aktiv, wenn Sie auf den Button *Aktualisieren* am unteren rechten Bildschirmrand klicken. Das Bild wird in der geänderten Größe in den Beitrag eingefügt.

Die große Version des Bildes und die kleine Version.

Änderungen zuweisen.

Bilder in WordPress bearbeiten

Wenden wir uns nun dem zweiten und dritten Symbol zu mit der Bezeichnung *Gegen den Uhrzeigersinn drehen/Mit dem Uhrzeigersinn drehen*. Wie der Name schon sagt, wird das Bild hier um 90 Grad gegen den Uhrzeigersinn oder mit dem Uhrzeigersinn gedreht, also nach links oder nach rechts gekippt. Falls Sie ein zweites Mal klicken, dreht sich das Bild um 90 Grad in die entgegengesetzte Richtung, also wieder zurück. Das Bild nach links oder rechts drehen würde bei diesem Bild keinen Sinn ergeben.

Mithilfe des Symbols mit dem Doppelpfeil, der nach oben und unten zeigt, können Sie das Bild auf den Kopf stellen, aber auch das würde in diesem Fall keinen Sinn ergeben. Das Symbol mit dem Doppelpfeil, der nach links und rechts zeigt, kippt den Inhalt des Bildes nach links oder rechts.

Mit den beiden Pfeilen am Ende der Symbolleiste haben Sie die Möglichkeit, einen Arbeitsschritt rückgängig zu machen oder zu wiederholen. Über das Symbol *Rückgängig machen* machen Sie den letzten Arbeitsschritt wieder rückgängig. Das geht natürlich nur, wenn vorher etwas an dem Bild geändert wurde. Das letzte Symbol mit der Bezeichnung *Wiederholen* lässt Sie wieder einen Schritt nach vorne gehen. Aber erst nachdem ein Schritt rückgängig gemacht wurde.

Das neue Bild im Text.

Nun haben Sie nochmals die Möglichkeit, das Bild zu bearbeiten. Wenn Sie das Bild anklicken, bildet sich wieder der bereits bekannte Rahmen mit den vier Quadraten um das Bild und Sie können, indem Sie mit gedrückt gehaltener linker Maustaste auf eines der Quadrate klicken, das Bild verkleinern oder vergrößern, je nachdem ob Sie die Maus nach innen oder außen ziehen.

Einblendung der Größe – das Schriftbild passt noch.

In unserem Fall kann das Bild noch etwas verkleinert werden. Beim Ändern der Bildgröße wird Ihnen die Pixelgröße des Bildes, die Sie jeweils erreicht haben, angezeigt. Achten Sie beim Verkleinern darauf, dass Ihr Text nicht so weit verändert wird, dass ganze Wörter geteilt werden, verkleinern Sie also nur so weit, bis alle Wörter noch im Ganzen zu sehen sind.

Nach dem Anklicken des Bildes bekommen Sie über dem Bild auch wieder die Bildbearbeitungsleiste angezeigt. Mit den Symbolen in dieser Leiste können Sie das Bild jetzt noch links- oder rechtsbündig oder mittig platzieren oder so lassen, wie es ist.

Über das Symbol mit dem Stift können Sie nochmals die Bilddetails überprüfen. Das Kreuz entfernt das Bild wieder aus dem Beitrag.

Sie können jedes Foto einzeln in die Mediathek kopieren, Sie können aber auch alle Fotos gleichzeitig dorthin transportieren.

Mehrere Bilder gleichzeitig einfügen

Übertragen Sie die abgespeicherten Bilder Ihrer Wahl, indem Sie die ⇧-Taste gedrückt halten, ein Foto nach dem anderen anklicken und dadurch markieren. Fügen Sie dann im nächsten Schritt alle markierten Fotos über den Button *Öffnen* in die Mediathek von WordPress ein.

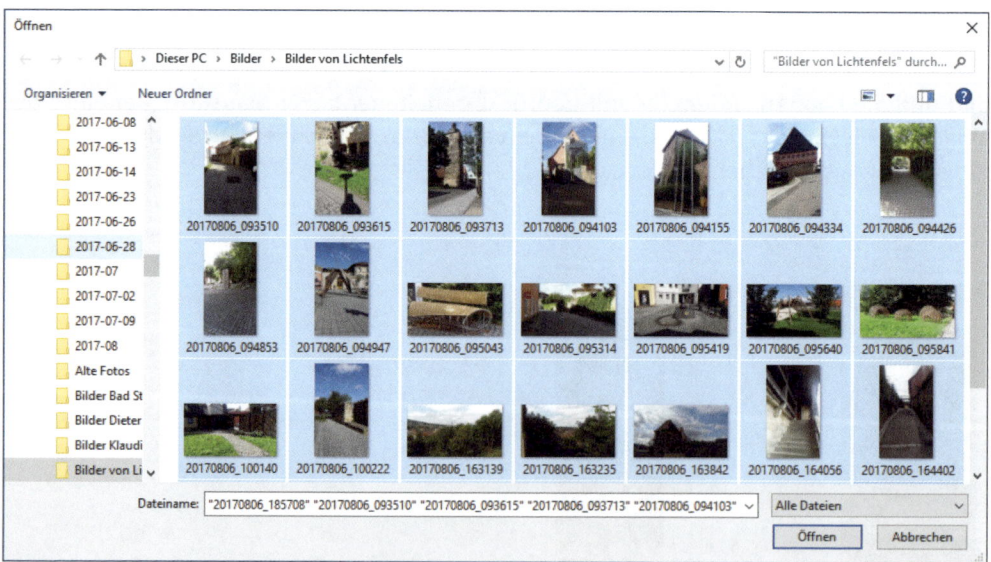

Alle Bilder sind für die Übernahme in die Mediathek markiert.

Die Bilder werden in die Mediathek kopiert. Alle neuen Bilder sind mit einem Haken gekennzeichnet. Am Ende der Bilderserie sehen Sie zwei Fotos ohne Haken, das Bild mit dem

Oberen Tor und die Ansicht von Lichtenfels. Diese beiden Bilder sind nun zweimal in der Mediathek vorhanden.

Alle Bilder wurden in die Mediathek kopiert.

Löschen Sie die beiden mit dem Haken, indem Sie diese jeweils einzeln anklicken und dann mit einem Klick auf den Link *Unwiderruflich löschen*, den Sie am rechten Rand des Bildschirms unter dem Bereich *Anhang-Details* finden, entfernen.

Es erfolgt noch eine Sicherheitsabfrage, ob Sie auch wirklich löschen wollen. Bestätigen Sie mit *OK* und löschen Sie dann bei Bedarf weitere Bilder.

Ein Bild soll aus der Mediathek entfernt werden.

Am unteren Bildschirmrand werden Ihnen alle neuen Bilder nochmals im Miniaturformat in einer Leiste angezeigt, also all diejenigen, die bis jetzt noch nicht von Ihnen bearbeitet wurden.

Die Liste der neuen Bilder im Miniformat.

Über den Link *Auswahl bearbeiten* kommen Sie in einen Bereich, in dem Sie die Bilder per Drag-and-drop umsortieren können. Drag-and-drop bedeutet, dass Sie das Bild anklicken

10. Der Umgang mit Bildern

und mit gedrückt gehaltener Maustaste an einen anderen Platz ziehen und dort einrasten lassen. Über den Button *Zurück zur Bibliothek* kehren Sie wieder in den vorherigen Bereich zurück. Von der Mediathek aus kommen Sie durch Drücken der [Esc]-Taste schnell in den Bearbeitungsmodus und können die Fotos an der von Ihnen gewünschten Stelle einfügen.

Klicken Sie dazu auf die Stelle in Ihrem Blog, an der ein bestimmtes Foto eingefügt werden soll. Klicken Sie dann auf den Button *Dateien hinzufügen*, um die Bildauswahl zu öffnen. Wählen Sie per Mausklick das einzufügende Bild aus, bearbeiten Sie es, indem Sie es mit Text versehen und die Einstellungen vornehmen, und übernehmen Sie dann alles mit dem Button *In den Beitrag einfügen*.

Das Bild wird in Ihren Blog übernommen, aber natürlich viel zu groß. Es muss also etwas zugeschnitten werden. Begeben Sie sich also wieder in den Bearbeitungsbereich und erledigen Sie dies.

Zunächst ist die Ansicht zu klein – jetzt passt sie.

Wenden Sie sich dann den nächsten Bildern zu und fügen Sie alle nacheinander in den Beitrag ein. Dabei gehen wir allerdings anders vor, denn bei diesen Bildern habe ich keine Beschriftung eingegeben. Jetzt fügen wir zuerst die Bilder in den Beitrag ein und bearbeiten diese dann hinterher. Setzen Sie den Cursor unter die Auflistung der Brunnen und fügen Sie das erste Bild ein.

Erzeugen Sie einen Zwischenraum mit der Leertaste und fügen Sie das zweite Bild ein. Wiederholen Sie den Vorgang noch dreimal mit anderen Bildern. Wie Sie sehen, sind nun alle Bilder eingefügt, aber relativ groß. Die Bilder sollen alle in eine Zeile. Verkleinern Sie daher jedes Bild, bis alle etwa die gleiche Größe haben und in einer Zeile stehen.

Bilder in WordPress bearbeiten

Die Bilder sind zu groß für eine Zeile.

Jetzt schaut es schon viel besser aus.

Wenn Sie sich jetzt in die Beitragsvorschau begeben, werden Sie feststellen, dass die Bilder hier nicht in einer Reihe stehen, sondern in zwei. Sie müssen die Bilder also noch weiter verkleinern. Begeben Sie sich wieder zurück in die Beitragsbearbeitung und verkleinern Sie jedes Bild um etwa die Hälfte. Speichern Sie ab und schauen Sie sich die Vorschau nochmals an.

Wenn Sie jetzt versuchen, ein Bild zu betiteln, würden die anderen Bilder dadurch in die nächste Zeile verschoben werden. Wenn Sie also alle fünf Bilder betiteln, dann würden sich die Bilder auf fünf Zeilen verteilen. Wie Sie dieses Problem lösen können, also Bilder zu betiteln, ohne dass diese in die nächste Zeile verrutschen, das erkläre ich jetzt.

10. Der Umgang mit Bildern

1. Dümpelschöpferbrunnen
2. Floriansbrunnen
3. Brunnen am Säumarkt
4. Brunnen am Bahnhof
5. Brunnen in der Badgasse

Die Bilder sind in der Vorschau immer noch zu groß.

1. Dümpelschöpferbrunnen
2. Floriansbrunnen
3. Brunnen am Säumarkt
4. Brunnen am Bahnhof
5. Brunnen in der Badgasse

Nun schaut die Aufteilung in der Vorschau schon wesentlich besser aus.

10.4 Eine Bildergalerie erstellen

Mit WordPress lassen sich Inhalte verschiedener Art veröffentlichen. Egal ob Texte, Bilder, Dokumente, Videos oder Audio, dies alles können Sie mit wenigen Klicks in einen Beitrag oder in eine Seite einfügen.

In diesem Abschnitt erfahren Sie, wie das mit einer Bildergalerie funktioniert. Um eine große Anzahl von Bildern in einem Beitrag oder auf einer Seite anzuzeigen, sollten Sie eine Galerie verwenden. In WordPress lassen sich solche Galerien einfach und schnell erstellen. Aber wie geht das nun eigentlich? Ganz einfach. Öffnen Sie zuerst den Beitrag, in den die Galerie eingefügt werden soll. Setzen Sie dann im Eingabefeld den Cursor an die Stelle, an der die Galerie erscheinen soll. Nun klicken Sie auf den Button *Dateien hinzufügen* am linken oberen Bildschirmrand.

Es zeigt sich die Oberfläche, die Sie bereits aus dem Vorgang kennen, ein einzelnes Bild einzufügen. Jetzt geht es aber erst einmal darum, die Bilder auszuwählen, die in die Galerie kommen. Klicken Sie dazu in der linken Leiste auf *Galerie erstellen*. Optisch ändert sich nicht viel. Sie können aber jetzt mit ein paar Klicks die gewünschten Bilder aussuchen.

Klicken Sie dann auf *Neue Galerie erstellen* unten rechts. In dem folgenden Fenster können Sie allgemeine Einstellungen der Galerie bearbeiten. Sie können die Reihenfolge der Bilder per Drag-and-drop verändern, die Bilder verlinken und die Spaltenanzahl der Galerie sowie die Größe der Bilder einstellen.

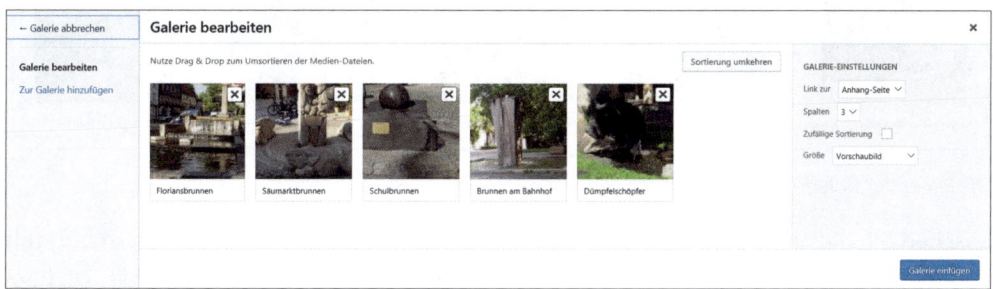

Die Bilder für die Galerie wurden ausgewählt.

Tippen Sie die einzelnen Namen unter den Bildern ein und geben Sie noch an, in wie vielen Spalten die Bilder der Galerie angezeigt werden sollen. Damit alle fünf Brunnen in einer Reihe stehen, habe ich fünf Spalten ausgewählt.

Damit die Reihenfolge mit der Auflistung der Brunnen im Beitrag übereinstimmt, habe ich die Abbildungen vor dem Einfügen in den Beitrag noch kurz umsortiert. Klicken Sie auf den Button *Galerie einfügen* am rechten unteren Bildschirmrand. Die Bilder werden in den Beitrag übernommen.

Die Anzahl der Spalten wurde gewählt.

10. Der Umgang mit Bildern

Die alten und die neuen Bilder im Vergleich.

Für dieses Beispiel habe ich bewusst nochmals die Bilder mit den Brunnen verwendet, damit Sie den Unterschied einer Galerie zu den einzeln eingefügten Bildern sehen. Wie Sie sehen, ist es hier möglich, die Bilder zu betiteln, ohne dass diese in eine andere Zeile rutschen. Wenn Sie eines der Galerie-Bilder anklicken, bildet sich ein Rahmen um alle Bilder und Sie können über die beiden Symbole über dem Rahmen die Galerie bearbeiten oder entfernen.

Die Bilder der Galerie in einer Reihe mit Namen versehen.

Löschen Sie die alten Bilder aus dem Beitrag, indem Sie jedes einzeln anklicken und mit einem Klick auf das Kreuz in der Symbolleiste über dem Bild entfernen. Klicken Sie jetzt auf den Button *Aktualisieren*, den Sie im Bereich *Veröffentlichen* ganz unten finden, und schauen Sie sich das Ergebnis in der Vorschau nochmals an.

Die Galerie nutze ich auch, um die Fotos der beiden Türme nebeneinanderzustellen. Zuerst entferne ich die alten Fotos von den Türmen, wie bereits bei den Brunnen beschrieben. Dann erstelle ich die Galerie mit den Türmen und den Fotos von der Stadtmauer und füge diese dann in den Beitrag ein. Einen dritten Turm füge ich auch noch hinzu. Von der Stadtmauer habe ich zwei Fotos ausgesucht. Ich erstelle fünf Spalten, damit alle Fotos in einer Reihe stehen, erst die Fotos der Türme, dann die von der Mauer.

Vorher habe ich die Bilder natürlich entsprechend skaliert und betitelt und füge sie nun in den Beitrag ein. Sie werden an dem vorher ausgesuchten Platz präsentiert. Mit dem Button *Galerie einfügen* befördere ich sie jetzt in den Beitrag hinein. Über den Button *Ak-*

Eine Bildergalerie erstellen

tualisieren weise ich die neue Galerie dem Beitrag zu und sehe mir dann das Ergebnis über den Link *Beitrag ansehen* als Vorschau an.

Die Bilder der Galerie in der Vorschauansicht des Beitrags.

Die vorbereiteten Bilder von den Türmen und der Mauer in der Galerie.

Die Galerie wurde in den Beitrag integriert.

So sehen die Bilder in der Vorschau vor der Veröffentlichung aus.

10.5 Große Bilder einfügen

Wenn Sie ein größeres breites Bild in Ihren Beitrag einfügen, sollten Sie es zentriert platzieren. Ich will Ihnen das am Beispiel eines Bildes von einer geflochtenen Mauer demonstrieren. Einen kurzen Text über geflochtene Objekte habe ich bereits in den Beitrag eingefügt, und ich möchte jetzt unter dem Text das Bild platzieren.

Setzen Sie dazu den Cursor an die Stelle, an die das Bild gestellt werden soll, und fügen Sie es aus der Mediathek ein. Das Bild wird linksbündig platziert.

Das Bild steht nicht an der richtigen Stelle.

Klicken Sie das Bild an und wählen Sie aus der Symbolleiste über dem Bild das Symbol *Zentrieren* durch Mausklick aus.

Wählen Sie eine passende Platzierung aus.

Nun schaut das Ganze schon anspruchsvoller aus. Aktualisieren Sie die Änderung und schauen Sie sich dann den Beitrag in der Originalvorschau an.

Das Bild wurde mittig platziert.

Das Bild in der Ansicht vor der Veröffentlichung zusammen mit dem Text.

10.6 Bilder ersetzen

Ich habe Ihnen nun verschiedene Möglichkeiten der Bildbearbeitung beschrieben. Ein kleiner Teil fehlt noch: Wie können Sie ein Bild austauschen? Sie kennen den Vorgang ja. Sie müssen das alte Bild entfernen und das neue an der nun freien Stelle einfügen. Das kann bei vielen Bildern ziemlich mühsam und zeitaufwendig werden.

Einfacher geht es mit dem Plug-in *Enable Media Replace*. Wenn dieses Tool installiert ist, können Sie es direkt bei der Bearbeitung eines Bildes nutzen, direkt im Arbeitsbereich ein neues Bild hochladen und gleichzeitig das alte Bild entfernen.

Laden Sie dieses Plug-in auf Ihren PC und befördern Sie es dann per Download in Ihre Plug-in-Sammlung. Installieren und aktivieren Sie es und klicken Sie anschließend im Arbeitsbereich auf das Bild, das Sie ersetzen wollen, und dann auf den Button *Dateien hinzufügen*.

Dieses Bild soll durch ein anderes ersetzt werden.

Suchen Sie aus der Mediathek das Bild aus, das Sie stattdessen verwenden wollen, und klicken Sie auf den Button *In den Beitrag einfügen* am unteren rechten Bildschirmrand. Das alte Bild wird durch das neue ersetzt. Allerdings ist das Bild jetzt nicht mehr mittig, sondern linksbündig platziert. Stellen Sie es über das Symbol *Zentrieren* in die Mitte der Seite.

Das neue Bild ist an der gleichen Stelle wie das alte platziert.

10.7 Ein Beitragsbild einfügen

Beitragsbilder können Sie jedem Beitrag oder jeder statischen Seite einmal zuordnen, solange das ausgesuchte Theme dies unterstützt. Aber normalerweise tun das fast alle Themes. Das Theme legt fest, in welcher Größe und in welchem Format das Beitragsbild erscheint, an welcher Stelle es platziert wird und in welchen Teilen des Blogs. Dies kann also bei jedem Theme unterschiedlich sein. Das Beitragsbild ist mit dem Text des Beitrags verknüpft, wird aber in einem veröffentlichten Beitrag nicht sichtbar angezeigt. Man sieht es nur in der Bearbeitungsseite des Beitrags.

Im Bearbeitungsbereich Ihres Beitrags finden Sie auf der rechten Seite ganz unten den Link *Beitragsbild festlegen*. Ein Klick darauf öffnet die Mediathek. Laden Sie das Bild hoch, das Sie als Beitragsbild verwenden wollen.

Ein Beitragsbild einfügen

Hier geht es zum Beitragsbild.

Nachdem Sie das Bild hochgeladen haben, wird es in die Mediathek übernommen. Geben Sie die Texte zu dem Beitragsbild ein und weisen Sie es dann mit einem Klick auf den Button *Beitragsbild festlegen*, den Sie in der rechten unteren Ecke sehen, dem Beitrag zu.

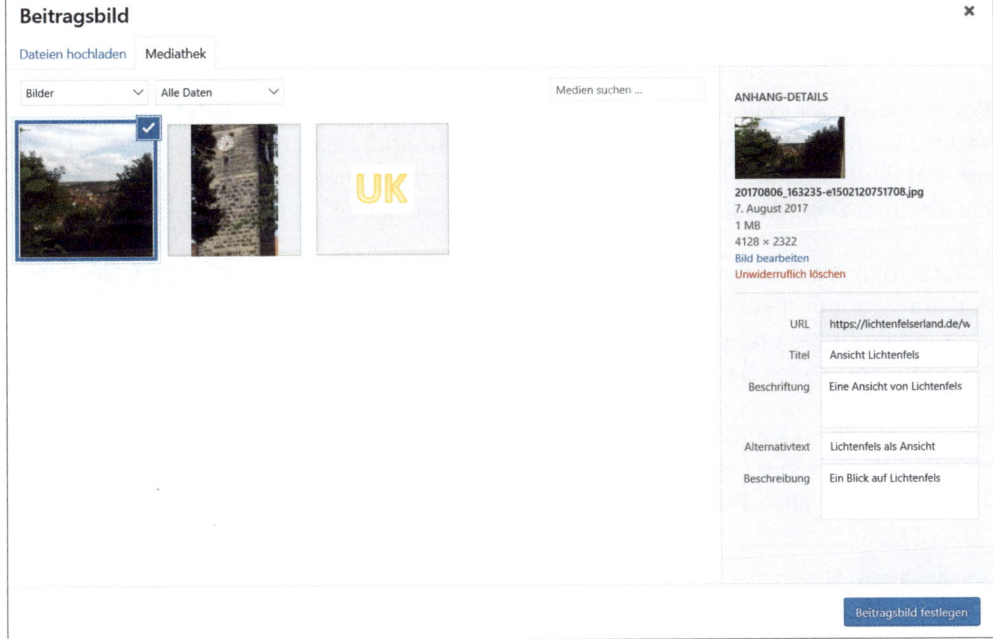

Dem Beitragsbild wurde der Text zugewiesen.

Das ausgesuchte Bild wird in der Beitragsbild-Box, die Sie am rechten Bildschirmrand ganz unten finden, angezeigt. Speichern Sie das Bild ab. Ein Klick auf *Beitragsbild entfernen* lässt das Bild wieder verschwinden. In der Mediathek bleibt es allerdings erhalten, es wurde nur die Zuweisung als Beitragsbild entfernt. Wenn Sie direkt auf das Bild klicken, kommen Sie wieder in den Bearbeitungsbereich des Beitragsbildes.

Bild zum Bearbeiten oder Ändern anklicken.

Das Beitragsbild.

10. Der Umgang mit Bildern

Sie haben nun also ein Beitragsbild in Ihren Text eingefügt, das aber nirgends zu sehen ist. Aber was soll das Ganze? Ganz einfach – Sie können damit neue Artikel anzeigen lassen oder Artikel aus einer bestimmten Kategorie auf der Startseite zeigen.

Das Beitragsbild weist also nur auf einen Artikel hin und zeigt ihn zuerst nicht. Erst wenn Sie auf das Bild klicken, wird der Artikel angezeigt. Das Beitragsbild ist ein wichtiger Blickfang für den Besucher und sollte nachträglich immer eingebaut werden, denn es ist nicht Bestandteil von WordPress.

10.8 Bilder für die Vorschau neu erstellen

Bisher haben wir nur einige Bilder in einen Beitrag eingefügt. Wenn Sie ein Bild in WordPress hochladen, das sehr groß ist, dann erzeugt WordPress drei kleinere Bilder davon nach den Angaben, die Sie unter *Einstellungen/Mediathek* vorgenommen haben.

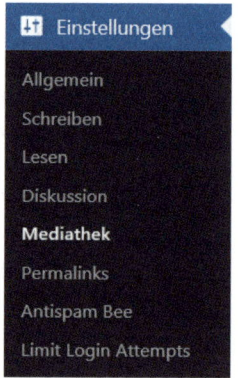

Daraus folgt, dass Ihnen drei verschiedene Größen von diesem Bild zur Verfügung stehen: das originale Bild im Miniaturformat, die mittlere Größe und die maximale Größe. Standardmäßig sind für diese drei Größen bereits Werte eingestellt.

Ein Thumbnail ist übrigens ein kleines Bild. Dieses Bild wird als Vorschau für ein größeres Bild genutzt. Normalerweise werden Thumbnails von allen Themes unterstützt.

Zu den Einstellungen.

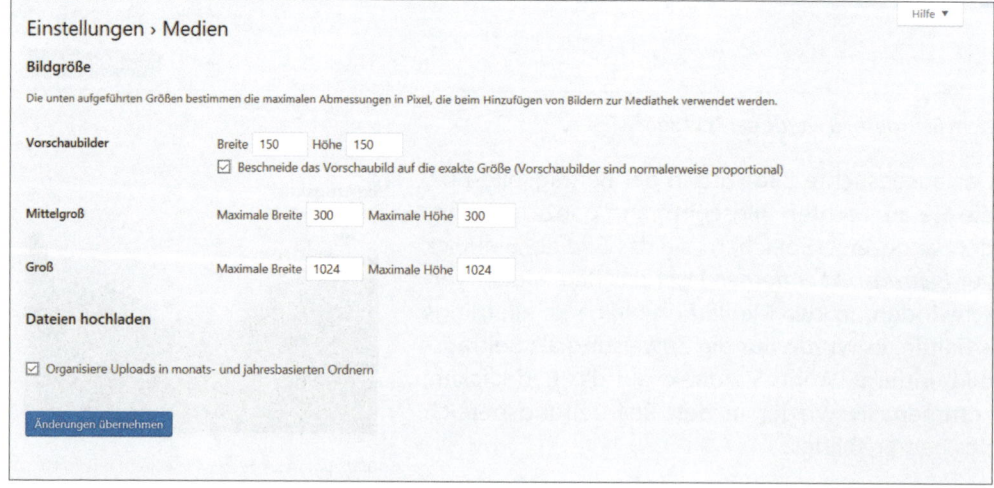

Hier wird die Größe der Bilder festgelegt.

Bilder für die Vorschau neu erstellen

Es kann nun jederzeit aus irgendeinem erdenklichen Grund passieren, dass Sie die Maße an allen Vorschaubildern ändern müssen, weil sie einfach zu groß sind. Vorschaubilder zeigen immer nur einen Ausschnitt des Originals an.

Wenn Sie ein Theme in Ihrem Beitrag ändern, kann es vorkommen, dass die Größen der Bilder nicht mehr passen. Sie können entweder zu groß oder zu klein sein. Sind sie zu groß, wirkt das Theme nicht mehr so wie bei der passenden Größe, sind sie zu klein, sehen sie verpixelt aus und sind nicht mehr schön.

Um nun nicht jedes Bild einzeln ändern zu müssen, haben wir das Plug-in *Regenerate Thumbnails* aktiviert. Bevor Sie es einsetzen, sollten Sie die neuen Maße über das Menü *Einstellungen/Mediathek* einstellen.

Gehen wir das Ganze an einem ausführlichen Beispiel durch. Ich lade alle Bilder zu dem Beitrag in die Mediathek, bearbeite sie entsprechend und füge dann von mir ausgesuchte Bilder in verschiedenen Galerien in den Beitrag ein, speichere alles ab, schaue es mir in der Vorschau an und entscheide mich nun für ein anderes Theme.

Ich ändere in den Einstellungen der Mediathek die Größe der Vorschaubilder auf 100 x 100 und klicke auf den Button *Änderungen übernehmen*.

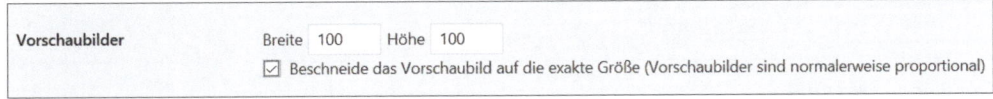

Die Größe der Vorschaubilder wurde geändert.

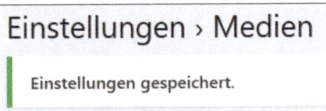   *Der Button zum Übernehmen.*

Am oberen Rand des Bildschirms wird dies mit dem Eintrag *Einstellungen gespeichert* angezeigt.

   *Die Bestätigung der Speicherung.*

Im nächsten Schritt klicke ich das Menü *Werkzeuge* an und dort das Untermenü *Vorschaubilder regen*. *Regenerate Thumbnails* zeigt noch mal den Hinweis an, dass alte Vorschaubilder erhalten bleiben. Über den Button *Regeneriere alle Vorschaubilder* starte ich den Vorgang.

Auf zu Regenerate Thumbnails.

10. Der Umgang mit Bildern

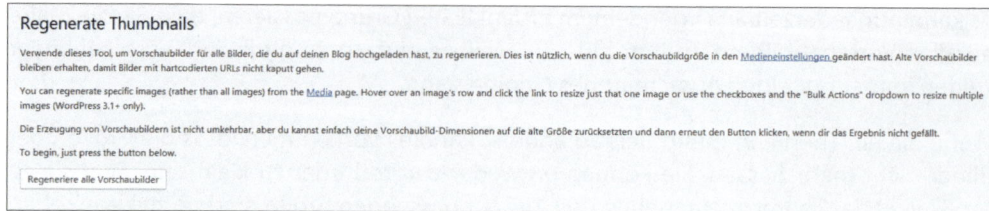

Der Regenerierungsvorgang kann beginnen.

Regenerate Thumbnails arbeitet nun alle Bilder in der Mediathek ab.

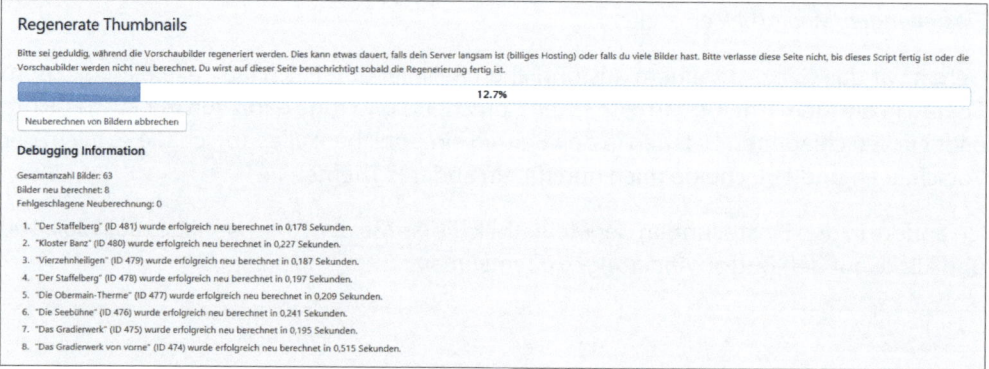

Das Plug-in wird tätig.

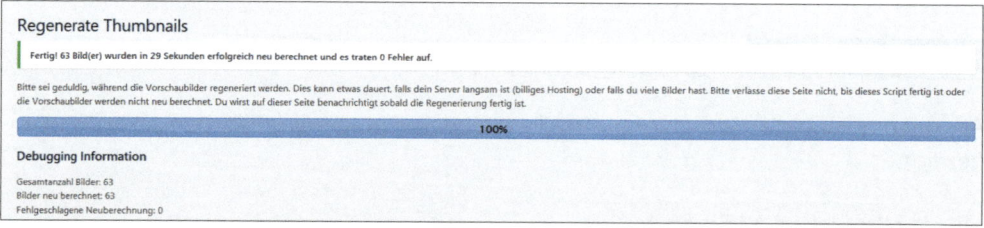

Das Ergebnis der Regenerierung wird angezeigt.

Dieser Vorgang erzeugt die neuen Vorschaubilder, die alten bleiben aber erhalten. Das ist von Vorteil, wenn diese Bilder bereits in einen anderen Artikel eingebunden wurden, in dem aber die Vorschaugröße nicht geändert werden soll. Diese alten Bilder müssten Sie dann selbst einzeln auf die gewünschte Größe ändern.

Aber auch dieses Problem lässt sich lösen, indem Sie ein weiteres Plug-in installieren mit dem Namen *Force Regenerate Thumbnails*. Dieses Tool löscht auch die alten Bilder und befreit Ihre Mediathek von unnötigem Datenmüll.

Wenn das Plug-in installiert und aktiviert ist, wird es in das Menü *Werkzeuge* aufgenommen. Von hier aus kann es dann gestartet werden.

Das neue Plug-in ist da.

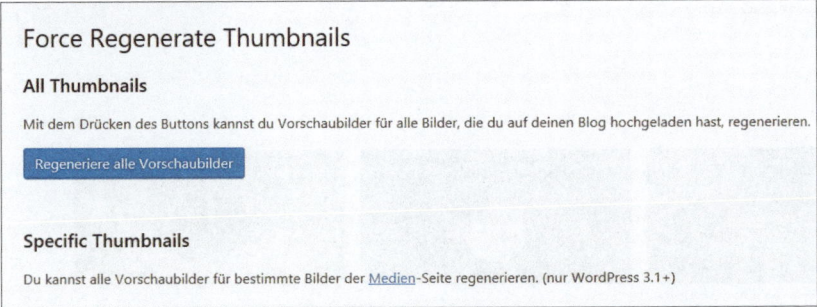
Von hier aus werden die Vorschaubilder neu regeneriert und gleichzeitig die alten entfernt.

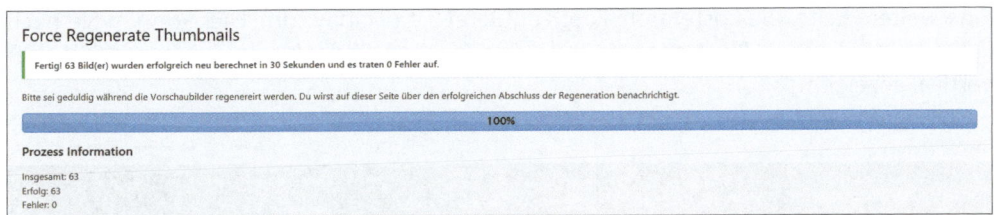
Der Regenerierungsvorgang für die Bilder ist abgeschlossen.

10.9 Kostenlose Bilder

Bilder sind ein wichtiger Bestandteil von Blogs. Die beste Methode, Bilder kostenlos zu bekommen, ist, sie selbst zu schießen. Sie können die Bilder Ihres letzten Urlaubs verwenden oder die über die Teilnahme an einem sportlichen Wettkampf. Es gibt aber auch noch andere Methoden, zu kostenlosen Bildern zu kommen.

Bildarchive

Im Netz gibt es zahlreiche Bildarchive, von denen Sie Bilder kostenlos herunterladen und ohne Nennung des Fotografen veröffentlichen dürfen. Ein gutes Beispiel für derartige Seiten ist unsplash.com.

10. Der Umgang mit Bildern

Hier werden regelmäßig neue Fotos in bester Auflösung zur Verfügung gestellt. Diese Bilder sind frei in der Verwendung. Sie können sie kopieren und weitergeben, nicht nur im privaten Bereich, sondern auch im geschäftlichen. Dabei können Sie aus zwölf verschiedenen Bereichen auswählen sowie zwischen trendigen und neuen Bildern.

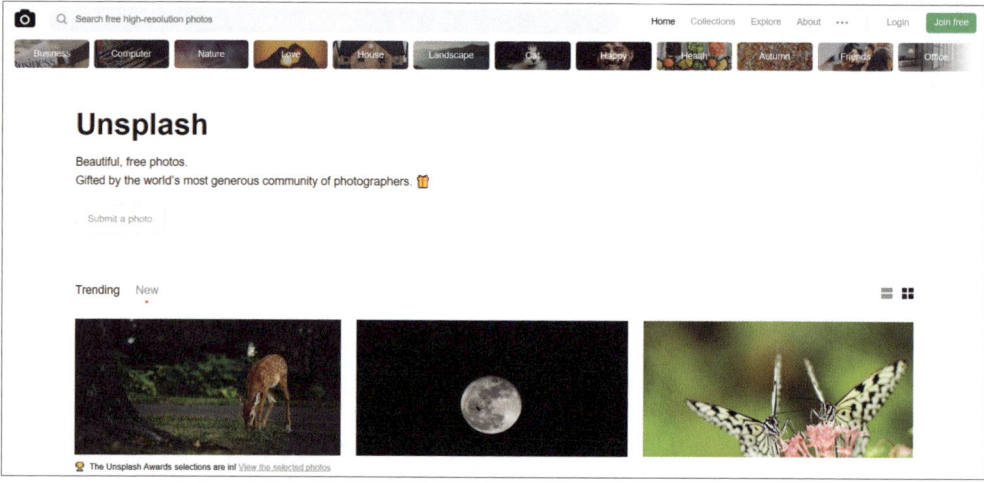

Eine Sammlung anspruchsvoller, kostenloser Fotos finden Sie hier.

Eine weitere Seite, die kostenfreie Fotos anbietet, ist pixabay.com. Hier können Sie nach Fotos, Vektorgrafiken, Illustrationen und Videos suchen. Bilder lassen sich horizontal oder vertikal anzeigen.

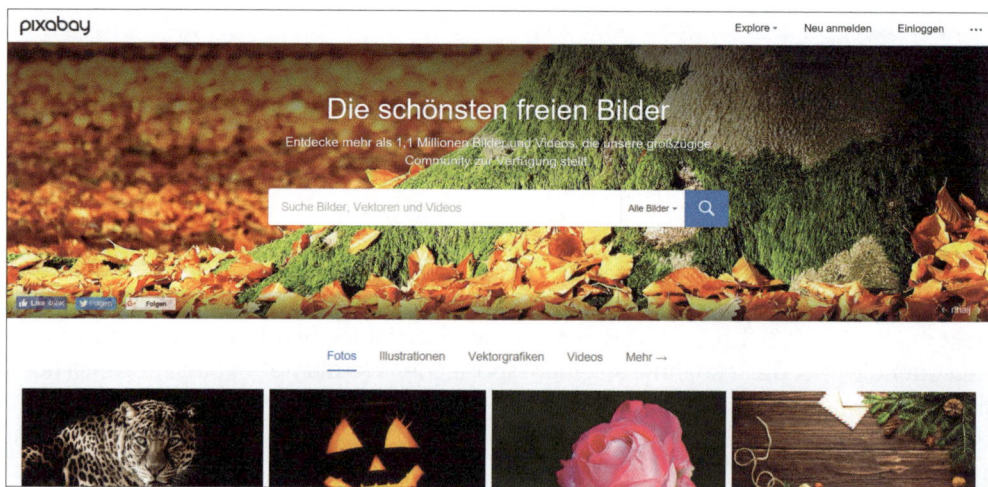

Hier gibt es außer Bildern auch andere kostenfreie Medien.

Import von Bildern

Die Bilder sind zwar kostenlos, aber es ist doch ein Riesenaufwand, diese erst herunterzuladen und dann wieder in die WordPress-Seite zu kopieren. Hilfreich ist hierbei ein Plug-in, das die Bilder direkt in WordPress überträgt: *free-images.cc Importer*.

Wenn Sie das Plug-in installiert und aktiviert haben und in der Mediathek oder in einem Beitrag auf *Dateien hinzufügen* klicken, werden Sie bemerken, dass ein neuer Link mit dem Namen *Free Images* vorhanden ist.

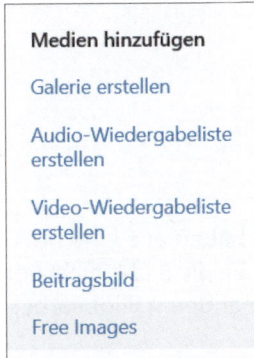

Ein neues Menü ist dazugekommen.

Wenn Sie diesen Link anklicken, öffnet sich eine Auswahl an kostenlosen Bildern, die nach dem Zufallsprinzip ausgesucht wurden. All diese Bilder sind frei verwendbar.

Hier finden Sie eine riesige Bildersammlung aus dem Internet.

10. Der Umgang mit Bildern

Mit einer integrierten Suchfunktion können Sie nach bestimmten Begriffen suchen. Diese Begriffe müssen Sie allerdings in englischer Sprache eingeben.

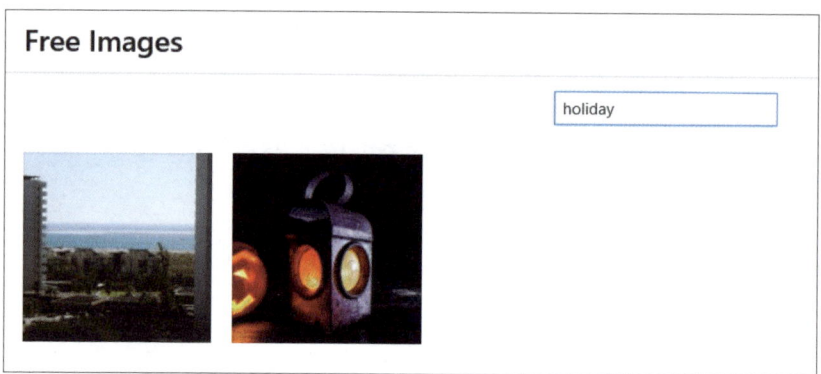

Die Suche nach Bildern zu einem bestimmten Thema war erfolgreich.

Einen kleinen Wermutstropfen gibt es aber dann doch. Die Bilder haben alle eine hohe Auflösung. Das verschlechtert die Ladezeit Ihrer Seite enorm, wenn Sie die Bilder nicht vor der Veröffentlichung mit der WordPress-Bildbearbeitung oder einer anderen Bildbearbeitung verkleinern.

11. Die Artikel

Wenn Sie das erste Mal mit WordPress arbeiten, werden Sie der Verlockung nicht widerstehen können, so schnell wie möglich Artikel zu schreiben. Bevor Sie das tun, sollten Sie aber erst ein paar grundlegende Dinge beachten.

11.1 Von der Idee bis zum Text

Artikelideen

Neue Artikelideen sind schnell gefunden, aber Sie werden relativ schnell an den Punkt gelangen, an dem Ihnen die Ideen ausgehen. Dies ist nach der ersten Euphorie auch ganz normal.

Weitere Ideen sind aber leicht zu finden, wenn Sie mal darüber nachdenken, was die Wünsche und Probleme Ihrer Leser sind. Diese ersehen Sie aus ihren Kommentaren oder Fragen.

Es ist manchmal nicht schlecht, andere Blogs zu lesen, dadurch bekommen Sie viele Infos. Auch die Kontakte zu Mitmenschen wie Freunden, Schulkollegen oder Vereinskollegen kann Sie auf neue Ideen bringen. Oder denken Sie einfach mal darüber nach, worüber Sie gern selbst lesen möchten, was aber auf anderen Blogs nicht zu finden ist.

Schreiben Sie Artikelideen, die Ihnen spontan einfallen, sofort auf. Legen Sie dafür eine Liste an, in die Sie Stichpunkte oder Schlagwörter eintragen. Wenn Sie genügend Material gesammelt und überarbeitet haben, schreiben Sie einen neuen Blog. Mit der Zeit werden Sie feststellen, dass Sie alles, was Sie hören oder sehen, daraufhin überdenken, ob es sich für einen neuen Artikel eignet.

Aber auch ein Statistik-Tool wie Google Analytics kann helfen, auf neue Ideen zu kommen. Wenn Sie Ihren Blog mit einem solchen Tool kontrollieren, sehen Sie, welche Suchbegriffe die Leser eingegeben haben, und können daraus neue Ideen entwickeln. Oder schauen Sie sich die Top-Suchbegriffe an und gewinnen Sie daraus neue Artikel. Sie können in Ihrem eigenen Blog auch mithilfe einer Suchfunktion, die Ihr Blog haben sollte, sehen, welche Suchbegriffe die Leser eingegeben haben und wie oft diese eingegeben wurden.

Auch auf Social-News-Seiten findet man meist gute Artikelideen. Hier sollten Sie sich aber an die Liste der beliebtesten Artikel halten, da dies diejenigen sind, die in Ihrem Blog am meisten Erfolg versprechen. Es gibt für bestimmte Branchen solche News-Seiten wie seoigg.de. Twitter ist ebenfalls von Nutzen für Blogger – durch die Link-Tipps, die von Bloggern oder Experten gegeben werden.

11. Die Artikel

Die Anmeldung in einem Forum, in dem es um ein bestimmtes Thema geht, kann durch das Lesen der Infos von Forumsmitgliedern neue Ideen liefern. Sie können sich natürlich auch an Diskussionen beteiligen und sich so im Laufe der Zeit einen Ruf als Experte erwerben und dadurch Zugriffe auf Ihren Blog bekommen.

Schauen Sie sich auf jeden Fall Blogs an, die sich mit gleichen oder ähnlichen Themen beschäftigen, und die Kommentare in diesen Blogs.

Falls Ihnen an dem Ort, an dem Sie sich meistens befinden – das wird bei Bloggern in der Regel der Computer sein –, nichts mehr einfällt, wechseln Sie den Ort. Machen Sie einen Spaziergang oder gehen Sie in die Stadt. Die frische Luft oder die andere Umgebung kann Ihnen vielleicht zu neuen Ideen verhelfen. Oder schreiben Sie über eigene Erfahrungen und erzählen Sie Storys aus Ihrem Leben. Das ist keine graue Theorie und immer interessant. Die Leser stehen Ihnen bei solchen Geschichten näher.

Lesen Sie viele Fachzeitschriften und Zeitungen, auch das bringt in der Regel neue Ideen. Meist inspiriert schon das Lesen der Artikelüberschriften zu neuen Themen.

Das Recherchieren

Für jeden Blog ist es meist unumgänglich, eine Recherche zu dem Thema, das man beschreiben will, durchzuführen. Wenn Sie nur über eigene Erlebnisse berichten, dann müssen Sie wahrscheinlich nicht recherchieren.

Da es aber in den meisten Fällen um fachliche Themen wie Fitness, Gesundheit oder Reisen geht, sollten Sie auf diesen Gebieten auf jeden Fall gut recherchieren. Checken Sie dazu alle Infos, die Sie zu einem bestimmten Thema finden, auf ihren Wahrheitsgehalt. Suchen Sie dazu im Netz nach ähnlichen Berichten über ein Thema. Bestimmte Dinge wie die Reise in einen Urlaubsort oder eine bestimmte Untersuchung an Ihrem Körper können Sie ja selbst testen. Sammeln Sie so viel Material wie möglich. Suchen Sie vertrauenswürdige Quellen für Ihre Recherchen wie Wikipedia oder Expertenseiten auf.

Aber übertreiben Sie es nicht bei der Suche im Web. Suchen Sie nicht tagelang nach bestimmten Dingen. Es muss nicht alles superperfekt sein.

Die Motivation

Als neuer Blogger sind Sie sicherlich hoch motiviert und schreiben Artikel wie am Fließband. Aber irgendwann wird eine Zeit kommen, in der Sie nicht mehr so motiviert sind. Es gibt verschiedene Motivationsgründe. Entweder erwartet man gute Einnahmen durch seinen Blog oder man möchte als Blogger berühmt werden. Meist ist es auch die Leidenschaft für ein bestimmtes Thema, über das man schreibt.

Viele Blogger geben nach einigen Monaten wieder auf, wenn sie keine Erfolge sehen, aber das ist zu früh. Bloggen braucht viel Geduld und es kann ein halbes Jahr bis zu mehreren Jahren dauern, bis sich ein Erfolg darstellt. Setzen Sie sich regelmäßig neue Ziele, das hält die Motivation hoch. Kündigen Sie neue Artikel auf Ihrem Blog an, dann werden Sie diese auch schreiben.

Treten Sie auch irgendwann mal etwas kürzer, machen Sie Urlaub oder schreiben Sie einfach mal ein paar Tage gar nichts. Irgendwann bekommen Sie dann automatisch wieder Lust auf das Schreiben.

Setzen Sie sich in Zeiten hoher Motivation auch mal selbst unter Druck. Wenn Sie sonst in einer Woche einen Artikel geschrieben haben, schreiben Sie jetzt drei in der Woche, oder wenn Sie sonst nur kurze Artikel verfasst haben, schreiben Sie jetzt mal eine Zeit lang nur lange.

Die richtige Einstellung zum Leser

Ein sehr wichtiger Faktor für eine erfolgreiche Bloggerkarriere ist die Einstellung, jemandem mit seinen Artikeln zu helfen. Dazu muss man überlegen, was Leser für Hilfen suchen. Sicherlich an oberster Stelle stehen da Themen wie Abnehmen oder Gesundheit und Reisen. Zu diesen und anderen Themen sind die Surfer immer auf der Suche nach Neuigkeiten und Infos. Wenn Sie den Lesern Hilfe anbieten, gewinnen Sie ihr Vertrauen und dadurch steigern Sie die Besucherzahlen, denn Sie werden ja auch weiterempfohlen. Beantworten Sie immer die Fragen der Leser, denn das zeugt von Ihrer Professionalität als Blogger.

Gute Qualität

Ganz wichtig ist die Qualität in einem Blog. Hier ist an erster Stelle die korrekte Information des Lesers zu nennen. Dann ist es wichtig, dass der Text gut lesbar sowie fehlerfrei ist und die Grammatik stimmt. Bieten Sie viele Artikel mit gutem Inhalt an.

Das Schreiben selbst

Bevor wir nun einen kompletten Artikel erstellen, noch kurz ein paar Worte über das Schreiben selbst. Die meiste Zeit als Blogger werden Sie mit Schreiben verbringen. In der Regel ist es einfach zu schreiben, Änderungen und Korrekturen können Sie hinterher ja immer noch vornehmen. Wie überall im Leben hilft hier die Übung.

Wer viel schreibt, wird mit der Zeit auch schneller schreiben und seine Artikel schneller fertigstellen. Schreiben allein genügt aber nicht, nach dem Verfassen des Textes sollten Sie alles noch einmal überarbeiten mit der Prüfung der Rechtschreibung und der Grammatik und natürlich auch mit Blick auf die Verständlichkeit. Idealerweise lassen Sie den Artikel von einer Person Ihres Vertrauens lesen. Dann erst geht es an die Veröffentlichung.

11.2 Einen Artikel erstellen

Wir haben zwar bis jetzt schon ein wenig Text verfasst, aber dies stellt noch lange keinen Artikel dar. Um Ihren ersten richtigen Artikel zu verfassen, müssen Sie sich wieder bei Ihrem Provider mit Benutzernamen und dem dazugehörigen Passwort einloggen. Achten Sie dabei auf die Groß- und Kleinschreibung. Nach dem Einloggen sehen Sie das folgende Fenster vor sich. Links steht die bereits bekannte Sidebar, die im Dashboard integriert ist. Durch einen Klick auf den Menüpunkt *Beiträge/Beiträge erstellen* wird der Eingabebereich geöffnet. Geben Sie die Überschrift für diesen Artikel sowie den Text ein.

Der Link zu einem neuen Beitrag.

Für die weiteren Erklärungen habe ich einen neuen Artikel über die Kurstadt Bad Staffelstein geschrieben. Anhand dieses Artikels erkläre ich weitere Arbeitsschritte. Neue Artikel werden Ihnen übrigens mit der Bezeichnung *Entwurf* im Menü *Beiträge* in der Liste *Alle Beiträge* angezeigt.

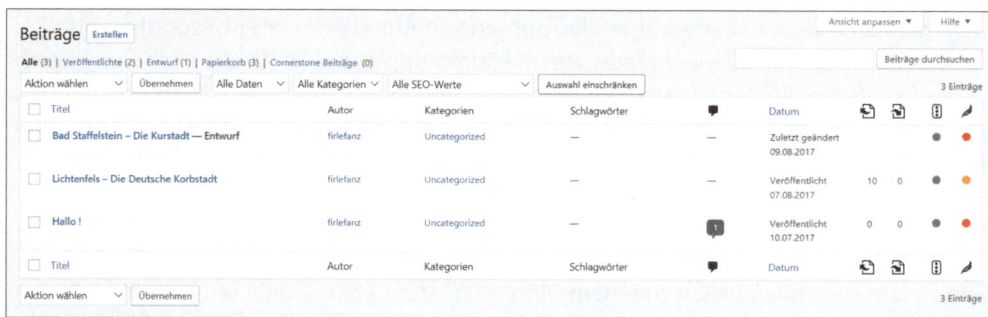

Ein neuer Beitrag ist hinzugekommen.

Meinen Artikel habe ich im Fließtext eingegeben. Das schaut in der Vorschau nicht besonders anspruchsvoll aus.

Bad Staffelstein – Die Kurstadt

Bad Staffelstein liegt mitten im Herzen von Oberfranken. Die Kurstadt ist bekannt durch ihr Thermalbad und ihre fünf Seen. In unmittelbarer Nähe der Stadt findet sich das berühmte Dreigestirn: das Kloster Banz, die Basilika Vierzehnheiligen und der Staffelberg. Kloster Banz liegt auf einem Berg und ist schon von Weitem sichtbar. Im Gebäude befindet sich die Hanns-Seidel-Stiftung, ein Museum mit einer Petrefaktensammlung, die Formen des Lebens vor ungefähr 200 Millionen Jahren zeigt, und eine orientalische Sammlung sowie eine Gaststätte mit herrlichem schattigem Biergarten. In der Stiftung finden regelmäßig Schulungen für Erwachsenenbildung statt. Nicht weit entfernt vom Kloster geht es direkt in den Wald, in dem

Ein Fließtext ist nicht gerade übersichtlich.

Schalten Sie in den Vollbildmodus, um Ihren Text besser zu sehen. Bearbeiten können Sie ihn im Vollbildmodus auch. Diesen Modus rufen Sie über das Symbol auf, das Sie unter dem Register *Text* am rechten Rand der Symbolleiste finden.

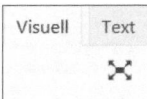

Der Weg zum Vollbildmodus.

Die Symbole für die Bearbeitung des Textes sind in diesem Modus zwar erst mal nicht zu sehen, aber durch eine Bewegung der Maus an die Oberkante des Fensters werden sie sichtbar.

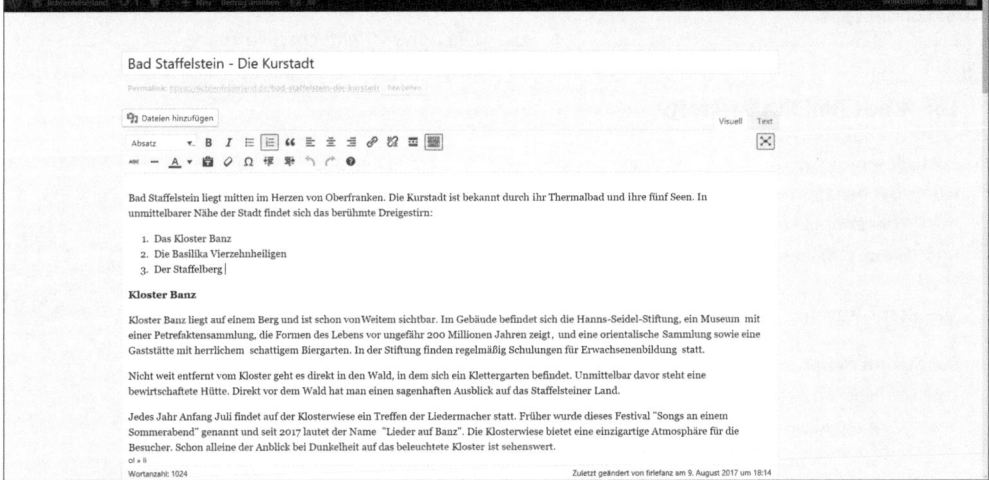

Der Vollbildmodus ohne ablenkende Seitenleisten.

11.3 Die Gestaltung eines Artikels

Mit dem Schreiben eines Artikels ist Ihre Pflicht als Blogger allerdings noch nicht erfüllt. Der Artikel muss natürlich vom Aufbau her auch ansprechend wirken. Für die nachfolgend beschriebenen Tipps zur Seitengestaltung greifen wir wieder auf den neuen Artikel zurück.

Der gesamte Artikel muss zuerst durch Absätze strukturiert und formatiert werden. Dazu nutzen wir wieder die Leiste mit den Symbolen über dem Text.

Ich habe etliche Absätze erzeugt und den Überschriften das Format *Überschrift 2* aus der Formatleiste zugewiesen. Dann habe ich noch einige Unterüberschriften mit dem Format *Überschrift 3* erzeugt.

11. Die Artikel

Die unterschiedlichen Formate.

Die Stadt Bad Staffelstein

Nach diesem kleinen Ausflug in die Umgebung nun wieder zurück in das Städtchen. Hier wurde der berühmte Rechenmeister Adam Riese geboren. In der historischen Altstadt findet man Sehenswürdigkeiten wie das Rathaus aus Fachwerk, ein Stadtmuseum, einen Stadtturm und Teile der früheren Stadtmauer.

Das Stadtmuseum

Das Stadtmuseum wurde in einem ehemaligen Schulhaus eingerichtet. Hier werden Funde vom Staffelberg gezeigt und Mineralien und Fossilien sowie die Entstehung der Obermain-Therme. Adam Riese und Victor von Scheffel ist jeweils eine ganze Abteilung gewidmet.

Der Stadtturm

Der Stadtturm, auch Bamberger Tor genannt, ist der einzige der noch erhaltenen früheren vier Stadttürme.

Das Thermalbad

Zu den neueren Sehenswürdigkeiten zählt das Thermalbad, das sich auf einem riesigen Areal erstreckt und jährlich Massen von Besuchern anlockt. Es bietet Tausende Quadratmeter Wasserfläche, die sich auf Dutzende Becken verteilen. Das Saunaland hat rund die fünffache Größe der Wasserfläche. Die Saunalandschaft kann man als exklusiv bezeichnen, denn sie wurde vom Deutschen Saunabund mit fünf Sternen ausgezeichnet. Das Heilwasser der Therme übertrifft bei Weitem die Mindestwerte, die gefordert sind.

Der Artikel wurde formmäßig überarbeitet.

Ich füge am Anfang des Textes noch eine nummerierte Liste ein und weiter unten im Text eine Aufzählung, um das Ganze etwas aufzulockern.

Die Gestaltung eines Artikels

> **Bad Staffelstein – Die Kurstadt**
>
> Bad Staffelstein liegt mitten im Herzen von Oberfranken. Die Kurstadt ist bekannt durch ihr Thermalbad und ihre fünf Seen. In unmittelbarer Nähe der Stadt findet sich das berühmte Dreigestirn:
>
> 1. Das Kloster Banz
> 2. Die Basilika Vierzehnheiligen
> 3. Der Staffelberg

Die Sehenswürdigkeiten wurden nummeriert.

> **Die Stadt Bad Staffelstein**
>
> Nach diesem kleinen Ausflug in die Umgebung nun wieder zurück in das Städtchen. Hier wurde der berühmte Rechenmeister Adam Riese geboren. In der historischen Altstadt findet man Sehenswürdigkeiten wie
>
> - das Rathaus aus Fachwerk
> - ein Stadtmuseum
> - einen Stadtturm
> - Teile der früheren Stadtmauer

Weitere Sehenswürdigkeiten als Aufzählung.

Wenden wir uns nun der Schriftgröße zu. Diese sollte gut gewählt sein. Nutzen Sie für Überschriften immer die gleiche Schriftgröße und für Unterüberschriften auch. Verwenden Sie auch für den Text in einem Artikel immer die gleiche Schriftgröße. Zu viele Schriftgrößen wirken auf den Leser chaotisch und es sieht nicht professionell aus.

> **Kloster Banz**
>
> Kloster Banz liegt auf einem Berg und ist schon von Weitem sichtbar. Im Gebäude befindet sich die Hanns-Seidel-Stiftung, ein Museum mit einer Petrefaktensammlung, die Formen des Lebens vor ungefähr 200 Millionen Jahren zeigt, und eine orientalische Sammlung sowie eine Gaststätte mit herrlichem schattigem Biergarten. In der Stiftung finden regelmäßig Schulungen für Erwachsenenbildung statt.
>
> Nicht weit entfernt vom Kloster geht es direkt in den Wald, in dem sich ein Klettergarten befindet. Unmittelbar davor steht eine bewirtschaftete Hütte. Direkt vor dem Wald hat man einen sagenhaften Ausblick auf das Staffelsteiner Land.
>
> Jedes Jahr Anfang Juli findet auf der Klosterwiese ein Treffen der Liedermacher statt. Früher wurde dieses Festival „Songs an einem Sommerabend" genannt und seit 2017 lautet der Name „Lieder auf Banz". Die Klosterwiese bietet eine einzigartige Atmosphäre für die Besucher. Schon alleine der Anblick bei Dunkelheit auf das beleuchtete Kloster ist sehenswert.

Ein Beispiel, wie der Text nicht formatiert sein sollte.

11. Die Artikel

Auch bei der Auswahl der Farben sollten Sie es nicht zu bunt treiben. Verwenden Sie also nicht zu viele verschiedene Farben im Text, am besten gar keine, denn dadurch würden auch Bilder nicht mehr so gut auffallen.

11.4 Kurze oder lange Artikel

Ob Sie in Ihrem Blog kurze oder lange Artikel veröffentlichen, kommt auf das jeweilige Thema an. Dabei haben beide Artikellängen Vor- und Nachteile. Diese sollten Ihnen bekannt sein, bevor Sie eine Entscheidung treffen.

Kurze Artikel sind wohl die beliebtesten und in vielen Blogs zu finden. Der Vorteil von kurzen Artikeln liegt klar auf der Hand: Sie lassen sich schnell erstellen und man kann innerhalb kürzester Zeit viele davon veröffentlichen. Dies ist vor allem ideal, wenn man wenig Zeit zur Verfügung hat. Das Zeitproblem kann aber genauso gut die Leser betreffen, die nicht bereit sind, lange Artikel zu lesen. Sie möchten kurz und knapp über Wichtiges informiert werden.

Die Nachteile von kurzen Artikeln beginnen bei der Suchmaschine. Bei Google werden sie nicht weit im Ranking steigen, da sich wiederholende Begriffe nicht so oft vorhanden sein werden wie in langen Artikeln. Für den Aufbau von Stammkunden sind kurze Artikel nicht geeignet, denn diese wollen ausführlich informiert werden.

> **Kurze Artikel**
> Als Faustregel für einen kurzen Artikel gilt: mindestens 300 Wörter schreiben.

Lange Artikel sind meistens Fachartikel. Hier wird ausführlich über ein Thema geschrieben. Sie sind in der Regel zeitlos, also immer aktuell. Dadurch werden solche Artikel öfter besucht, auch nach Jahren noch. Durch die Besuche über Jahre hinweg haben diese Artikel auch ein gutes Ranking bei Google. Wenn Sie ein Archiv mit langen Artikeln besitzen, ist das also immer von Vorteil. Außerdem macht viel Text einen seriösen Eindruck auf den Leser.

> **Lange Artikel**
> Meine Faustregel für einen langen Artikel: mindestens 1.000 Wörter schreiben.

Die Anzahl der enthaltenen Wörter in einem Text wird Ihnen übrigens am unteren Rand des Arbeitsbereichs angezeigt.

`Wortanzahl: 1024` *Über 1.000 Wörter im Text.*

Übertreiben Sie aber nicht, versuchen Sie nicht, unter allen Umständen einen langen Artikel zu schaffen, der nur mit Wiederholungen und nichtssagenden Aussagen gespickt ist.

Der Nachteil von langen Artikeln ist, dass sie enorm zeitaufwendig sind und auch viel Recherche dafür notwendig ist, denn Sie wollen ja einen inhaltlich korrekten Artikel anbieten. Viele lange Artikel sind also in einem kurzen Zeitraum nicht möglich. Außerdem liest nicht jeder gern lange Artikel. Auf Smartphones kann es sehr anstrengend sein, diese langen Texte zu lesen.

Was ist aber nun die beste Lösung? Nach meiner Meinung eine Mischung aus beidem, also kurze und lange Artikel, so sprechen Sie beide Lesergruppen an. Zu jedem Thema passt auch nicht eine bestimmte Artikellänge. Das sollten Sie beachten und die Länge des Artikels passend zum jeweiligen Thema wählen. Neuigkeiten sollten Sie nicht nur abschreiben, sondern einen Artikel mit Ihrem selbst geschriebenen Text dazu verfassen.

Ihr Blog sollte also kurze Artikel, z. B. über Neuigkeiten enthalten, aber auch lange Artikel, die in der Regel Fachartikel sein sollten. Falls Sie bereits Artikel geschrieben haben, aber nur kurze, dann wagen Sie sich ruhig einmal an einen langen Artikel heran. Das wird Ihr Selbstbewusstsein stärken und Sie werden dann auch öfter mal lange Texte schreiben.

Einen langen Artikel schreiben

Zuerst sollten Sie bedenken, dass lange Artikel nicht immer gut sind. Viele Dinge haben Einfluss darauf, ob Sie mit längeren Artikeln erfolgreich sind oder nicht. Wenn Sie gern viel schreiben, dann gehen Sie Ihren Weg mit langen Artikeln. Die Vor- und Nachteile von langen Artikeln will ich Ihnen nachstehend beschreiben.

Zu den Vorteilen zählt sicherlich der Umstand, dass lange Artikel seltener zu finden sind als kurze. Kurzmitteilungen sind in der Überzahl, und schon allein dadurch können Sie sich mit einem langen Artikel von der Konkurrenz abheben.

Ein langer Artikel wirkt auf den Leser meist seriöser, weil er umfangreicher und ausführlicher und somit genauer ist. Bei der Auswahl zwischen dem gleichen Thema in kurzer oder langer Form wird meist auf die längere Form zugegriffen.

In einem langen Artikel können Sie ein Thema viel besser beschreiben, dadurch werden den Lesern offene Fragen erspart, nach deren Antworten sie dann vielleicht erst mühsam in einem anderen Blog suchen müssen. Lange Texte werden auch eher von den Suchmaschinen gefunden, da bestimmte Begriffe öfter eingesetzt werden können als in kurzen Texten.

Lange und gut geschriebene Texte können Ihnen einen guten Namen als Experte auf einem bestimmten Gebiet verschaffen. In Fachblogs sind lange Artikel gern gesehen.

Nun zu den Nachteilen. Ein langer Text bedeutet viel Zeitaufwand. Sie müssen recherchieren, schreiben und bearbeiten. Es gibt auch Leser, die lange Texte grundsätzlich nicht

11. Die Artikel

beachten. In der Zeit, in der Sie einen Artikel schreiben, schaffen andere vielleicht drei oder vier oder sogar fünf.

Einen langen Artikel sollten Sie nach einem bestimmten Schema aufbauen. Beginnen Sie mit der Einleitung und schildern Sie danach, warum Sie diesen Artikel geschrieben haben. Dann geben Sie mindestens ein konkretes Beispiel zu dem Thema an. Fahren Sie fort mit Tipps und Empfehlungen für den Leser und schließen Sie mit einem Fazit ab, in dem Sie den gesamten Artikel nochmals kurz zusammenfassen.

So schreibt man lange Artikel

Wenn Sie Probleme damit haben, aus einer Idee zu einem Artikel Hunderte von Wörtern zu schreiben, dann beachten Sie bitte die folgenden Hinweise für das Schreiben von langen Artikeln.

An erster Stelle steht natürlich immer die Idee. Entweder ich weiß selbst über ein bestimmtes Thema gut Bescheid oder ich recherchiere im Internet nach interessanten Themen. Notieren Sie sich erst mal einige Ideen.

Da aber leider die Idee allein für einen Artikel nicht reicht, müssen Sie im nächsten Schritt ausführlich darüber nachdenken. Zu einem Thema gibt es unterschiedliche Meinungen, das Thema kann sich während des Schreibens anders entwickeln und es gibt sicherlich auch ein Für und Wider zu diesem Thema.

Dies alles führt wiederum dazu, dass Sie gründlich recherchieren müssen. Suchen Sie nach Infos zu Ihrem Thema in Büchern und im Netz. Vor allem, wenn Sie sich mit dem Thema nicht so gut auskennen, sollten Sie sich eine umfangreiche Stoffsammlung dazu anlegen.

Im nächsten Schritt erstellen Sie wie ein Programmierer eine Struktur für den Artikel, etwa in der Art einer Gliederung. Diese Gliederung könnte aus einem Vorwort, einer Beschreibung, dem Pro und Kontra für dieses Thema und zu guter Letzt aus Tipps bestehen. Dies ist natürlich erst mal eine recht einfache Gliederung, aber im Laufe des Schreibens wird diese sicherlich ausführlicher.

In der Einleitung sollten Sie das Thema kurz umreißen und mitteilen, um was es in dem Artikel eigentlich geht. Teilen Sie eventuell auch mit, warum Sie diesen Artikel geschrieben haben.

Der Teil mit Pro und Kontra berichtet über die Vor- und Nachteile des ausgewählten Themas und stellt gleichzeitig den Teil Ihres Artikels mi dem meisten Umfang dar.

Für das Thema, über das Sie schreiben, sollten Sie offen sein und nicht nur Ihre eigene Meinung kundtun. Gehen Sie Ihr Thema aus allen möglichen Sichtweisen an, dann werden Sie auch kein Problem damit haben, längere Artikel zu schreiben. Bleiben Sie immer bei dem Thema und schweifen Sie nicht ab.

Zum Schluss sollten Sie noch Tipps und Empfehlungen weitergeben und ein kurzes Fazit bringen, das den Artikel nochmals in Kürze zusammenfasst.

Aber nicht nur der Inhalt, sondern auch der Aufbau des Artikels ist wichtig. Ich würde Ihnen empfehlen, erst die Zwischenüberschriften einzugeben, denn es ist viel leichter, diese Absätze mit Text zu füllen und dann noch etwas nachzuschieben, als den gesamten langen Text in einem Rutsch zu schreiben.

Und noch ganz wichtig: Schreiben Sie nicht in Word und kopieren dann den Text in WordPress. Das gibt ein heilloses Durcheinander bei der Darstellung des Textes. Das Aussehen des gesamten Artikels wird zerstört.

Es gibt zwar den Button, über den Sie Text einfügen können, aber wenn Sie sicher sein wollen, dass alles so dargestellt wird, wie Sie es eintippen, dann schreiben Sie am besten direkt im WordPress-Editor. Hier können Sie ja jederzeit zwischenspeichern.

11.5 Den Beitrag veröffentlichen

Bevor Sie einen Artikel veröffentlichen, sollten Sie ihn nochmals genau prüfen. Dies gilt besonders für lange Artikel. Wenn alles in Ordnung ist, schicken Sie den Artikel über den Button *Veröffentlichen* ins Web. Nach der Veröffentlichung ändert sich der Button in *Aktualisieren*. Über diesen Button können Sie ab jetzt Änderungen speichern.

Vergessen Sie nach jeder Änderung in einem Artikel vor dem Aktualisieren nicht das Speichern. Wenn Sie nicht speichern, sind Ihre neuen Daten nach dem Schließen von WordPress nicht mehr vorhanden, und wenn Sie nicht aktualisieren, wird das neu Hinzugekommene auf Ihrem Blog nicht angezeigt.

   *Erst veröffentlichen, später aktualisieren.*

Artikelserien

Zum Schluss dieses Kapitels möchte ich noch eine Möglichkeit vorstellen, mit der Sie Leser für Ihren Blog gewinnen können: Artikel mit mehreren Teilen. Wenn die Besucher an einem Thema interessiert sind, dann werden sie auch die folgenden Teile zu dem Artikel lesen.

Außerdem haben Sie bei der Aufteilung eines Artikels auf drei Folgen dreimal so viele Besucher und viele schauen sich auch die ersten Folgen des Artikels nochmals an. Und noch ein weiterer Vorteil von Serien: Beim Schreiben des ersten Teils fällt Ihnen vielleicht zu den folgenden Teilen noch etwas Neues ein.

11. Die Artikel

Beschreiben Sie in jedem einzelnen Teil der Serie einen Teil des Hauptthemas genau und umfassend und schließen Sie es in diesem Teil auch ab. Wichtig ist zudem, die Teile mit einer gewissen Regelmäßigkeit zu veröffentlichen, etwa alle zwei Wochen einen neuen Teil, also nicht nach einer Woche den zweiten Teil und erst nach sechs Wochen den dritten.

Auch eine Verlinkung der einzelnen Teile untereinander ist empfehlenswert, das wirkt sich auch positiv auf die Suchmaschinen aus. Verlinken Sie dabei jeweils zum vorhergehenden Teil und zum nächsten Teil, wenn es diesen bereits gibt.

Wenn es diesen noch nicht gibt, informieren Sie kurz darüber, um was es im nächsten Teil geht. Jeden Artikel einer Serie sollten Sie auch zur Hauptseite des Artikels verlinken. Das ist entweder der erste Teil des Artikels oder bei längeren Serien ein separater Artikel, der den Leser darauf hinweist, was ihn in dieser Artikelserie erwartet. In der Regel stehen hier die bereits veröffentlichten Teile der Serie. Wenn ein neuer Artikel zu der Serie geschrieben und veröffentlicht wurde, wird der Link dorthin hier nachgetragen.

12. Fachblogs

Fachblogs berichten ausführlich über ein bestimmtes Thema. Es ist unbedingt nötig, hier gründlich zu recherchieren. Die Artikel müssen von hoher Qualität sein und dem Leser muss fachliches Wissen vermittelt werden. Im Text sollten Sie nicht zu viele Fachbegriffe verwenden, aber auch nicht zu einfach schreiben.

Beim Schreiben von Fachartikeln sollten Sie auch über die Keywords nachdenken. Nutzen Sie ein Keyword-Tool, um herauszufinden, welche Schlüsselwörter Ihres Themas am meisten gesucht werden. Unter Keyword versteht man ein Schlüsselwort, das dazu genutzt wird, etwas zu finden, oder dafür, dass man gefunden wird.

Für Fachblogs sind eher längere Artikel geeignet, um alles ausführlich zu erklären. Das Design ist hier zweitrangig, wichtiger ist der Inhalt. Der Artikel sollte übersichtlich aufgebaut und mit Zwischenüberschriften versehen sein. Auch Fotos sind nicht unbedingt nötig, ich verwende für diesen Blog nur Beitragsfotos, also pro Beitrag ein Foto.

Bei Fachblogs kann es länger dauern, bis Sie bekannt werden. Versuchen Sie daher, über die Suchmaschinenoptimierung Stammleser zu gewinnen.

12.1 Fachblog ohne Bilder

Für die weiteren Erklärungen greife ich auf einen neuen Blog von mir namens *krankodergesund.de* zurück. In diesem Blog schreibe ich über Ärzte, Krankenhäuser und Untersuchungen.

Ich habe für diesen Blog eine neue Domain mit diesem Namen bestellt und installiert und der Seite den gleichen Titel gegeben. Danach habe ich den Benutzer angelegt und ein Passwort vergeben. Ich entscheide mich wieder für die Installationsart *Managed WordPress*. Die neue Domain wird nun in die Liste von WordPress-Domains integriert.

Der neue Blog wird installiert.

In der Domainanzeige von *krankodergesund.de* klicke ich auf *Webseite bearbeiten* und werde nach meinem Benutzernamen und Passwort gefragt. Nach der Eingabe der Daten und Klick auf den Button *Anmelden* komme ich ins Dashboard und klicke hier auf den Button

Webseite einrichten. Im nächsten Fenster wähle ich die Form des neuen Blogs aus und bestätige dies über den Button *Auswählen* in dem Blogmuster.

Dies alles nur nochmals zur Wiederholung und auf den nächsten Seiten auch mit einigen Bildern aus diesem Vorgang beschrieben.

Ein neuer Benutzer wird festgelegt.

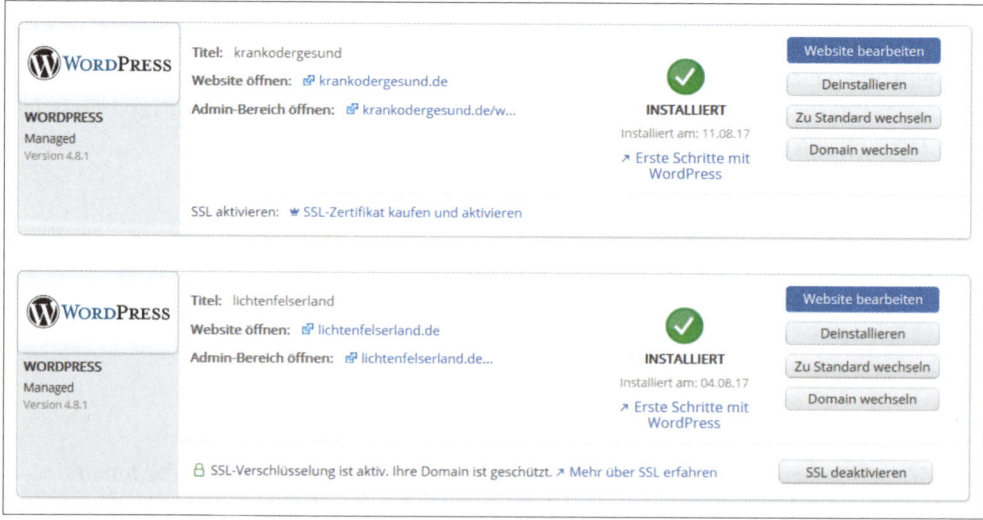

Die neue Domain wird angezeigt und die Bearbeitung kann von hier aus gestartet werden.

Fachblog ohne Bilder

An dieser Stelle können Sie sich ein SSL-Zertifikat einrichten, das allerdings kostenpflichtig ist. Wie das funktioniert, wurde bereits in Kapitel 1 beschrieben.

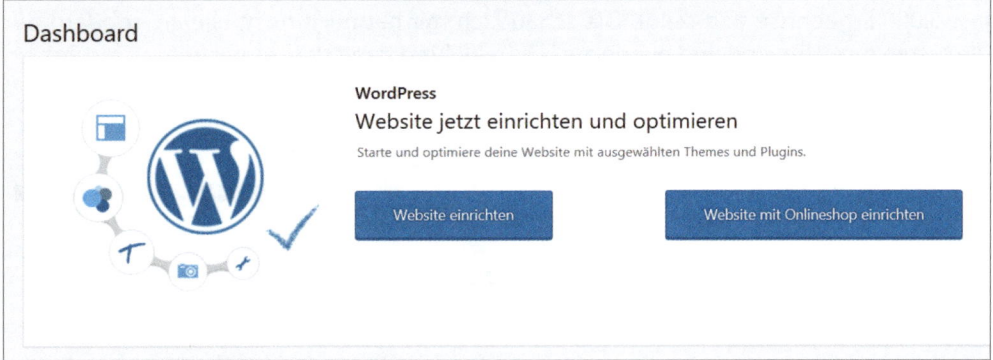

Nun kann die neue Seite eingerichtet werden.

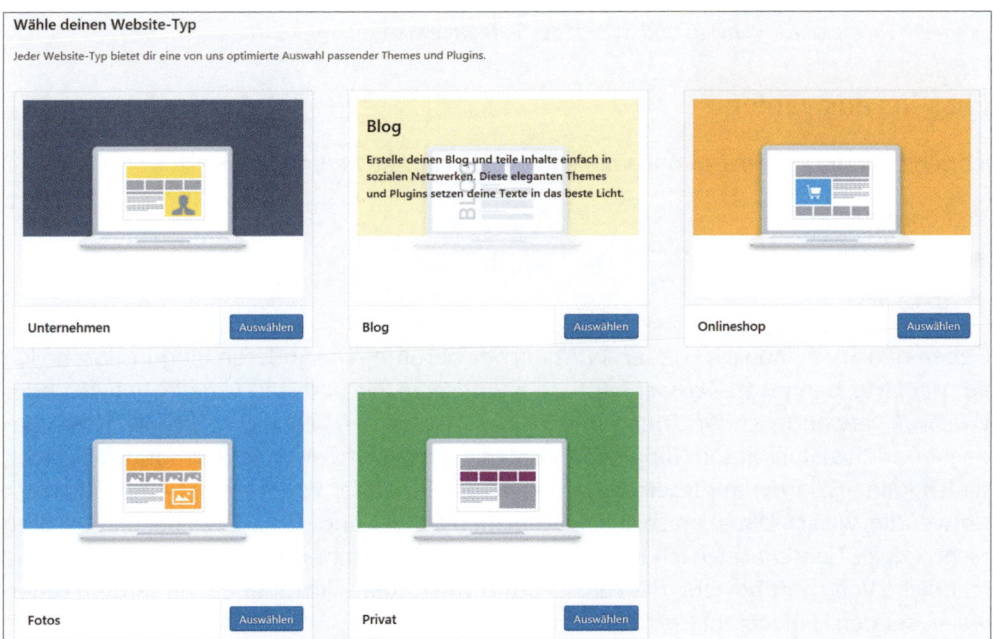

Der Typ des neuen Blogs wurde ausgewählt.

Ein passendes Theme finden

Nach der Wahl der Blogform erscheint das Fenster *WordPress einrichten*. Jetzt muss ein Design ausgesucht werden. Da ich unter den paar angezeigten kein passendes zu dem Thema finde, klicke ich in der Sidebar auf *Design/Themes,* um weitere angezeigt zu bekommen. Aber auch hier ist kein passendes dabei. Über den Button *Hinzufügen* hole ich mir noch weitere Themes in die Sammlung. Die Themes werden nun in verschiedene Bereiche aufgeteilt. Ich entscheide mich für die Auswahl *Neueste* und bekomme immerhin fast 5.000 Ergebnisse angezeigt. Die schaue ich mir natürlich nicht alle an, sondern nur die ersten paar Dutzend und werde auch schnell fündig mit dem einfachen, aber schönen Theme namens *ARIX*. Ich installiere das Theme und aktiviere es.

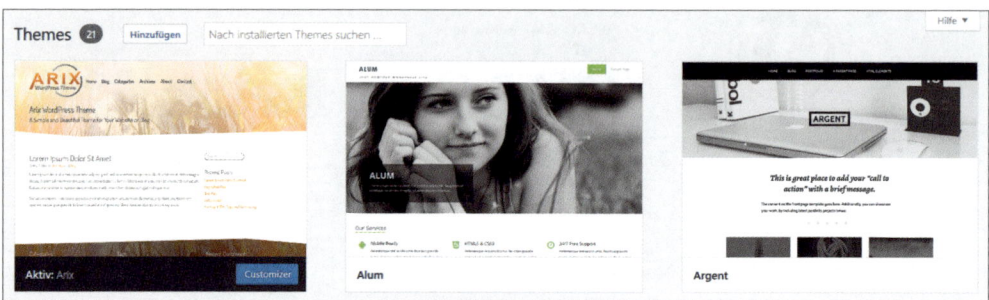

Das neue Theme wurde aktiviert und ist jetzt der Seite zugewiesen.

Plug-ins auswählen

Ich sehe mir die Plug-ins an und wähle folgende zur Aktivierung aus:

- *Contact Form 7*
- *TinyMCE Advanced*
- *Yoast SEO*

Gegen den Spam lade ich wieder *Antispam Bee* herunter. Die anderen Plug-ins lösche ich aus der Liste, denn statt *Akismet* habe ich ja *Antispam Bee* und statt *Google Analytics* oder *WP-Piwik* verwende ich *WP Statistics*. *MailPoet 2* ist für den Versand von Newslettern gedacht und das ist in diesem Blog nicht geplant. Auch *NextGEN Gallery* benötige ich nicht, da ich keine Galerien in diesem Blog verwende. *Shariff for Wordpress* ist ebenfalls nicht notwendig, weil es Daten an soziale Plattformen sendet und das will ich bei diesem Blog nicht. *Cookie Consent* setze ich nicht ein, da ich Google nicht verwende und bisher keine rechtliche Vorschrift besteht, die Verwendung von Cookies anzugeben. Außerdem sehen viele User den Hinweis auf Cookies nicht gern.

Da die Symbolleiste im Bereich des Textes bei WordPress nicht gerade viele Funktionen enthält, habe ich mich entschlossen, das Plug-in *TinyMCE Advanced* zu aktivieren, denn es bietet die Änderung der Schriftgröße oder der Schriftart, die in WordPress standardisiert sind und ohne Hilfsmittel wie dieses Plug-in nicht geändert werden können.

Dieses Plug-in erweitert nach der Aktivierung die Symbolleiste im Bearbeitungsbereich des Textes um ein komplettes Menü und einige neue Symbole. Dieses Menü enthält Dropdown-Listen, aus denen Sie etliche Befehle zur Bearbeitung des Textes auswählen können.

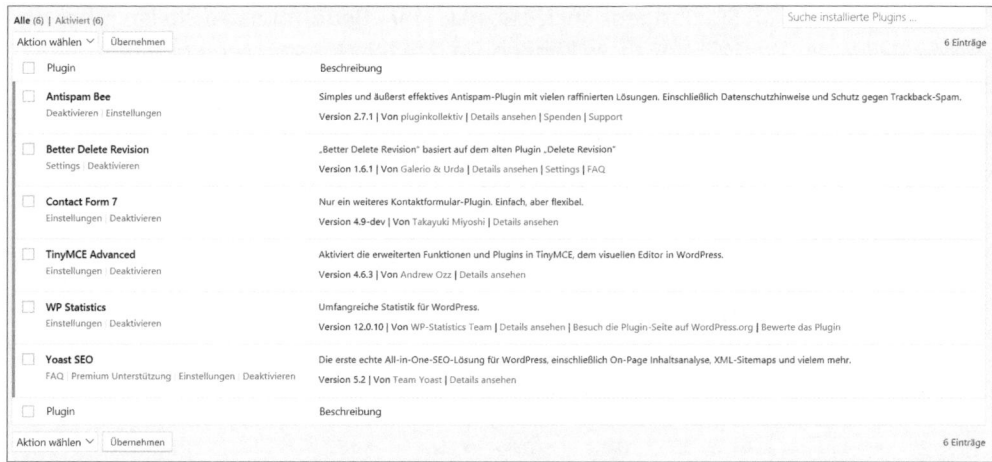

Die Plug-ins zu dem Design ARIX wurden ausgewählt und aktiviert.

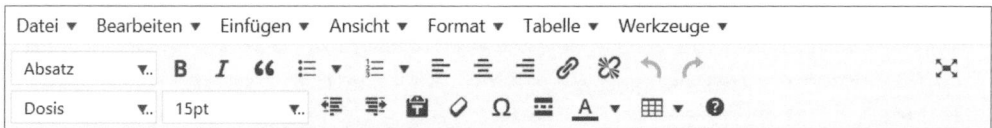

Eine Menüleiste wurde zu der Symbolleiste hinzugefügt.

Über das Menü *Datei* können Sie ein neues Dokument anlegen oder ein Dokument ausdrucken. Das Menü *Bearbeiten* enthält die bereits aus Word bekannten Befehle wie *Ausschneiden*, *Kopieren* und *Einfügen*. Unter der Auswahl *Einfügen* finden Sie auch neue Optionen wie das Einfügen einer Trennlinie oder eines Sprungankers.

Mithilfe des Menüpunkts *Ansicht* können Sie sich Blöcke in Ihrem Text oder unsichtbare Zeichen anzeigen lassen. Der Menüpunkt *Format* enthält bekannte Funktionen, aber auch neue für das Unterstreichen oder das Durchstreichen eines Textes.

Außerdem gibt es auch noch die Möglichkeit, Tabellen einzufügen und zu bearbeiten. Diese Funktion ist auch als Symbol in der Leiste unter dem Menü vorhanden. Über zwei weitere Drop-down-Menüs können Sie die Schriftart und die Schriftgröße ändern.

Sie können die einzelnen Buttons zur Formatierung übrigens per Drag-and-drop beliebig verschieben. Wenn Sie das Häkchen bei der Option *Enable the Menu Editor* entfernen, wird das Menü mit den Drop-down-Listen in Ihrem Arbeitsbereich ausgeblendet.

Wenn Sie sich für das Einfügen von Links Möglichkeiten wünschen, dann sollten Sie vor der entsprechenden Option ein Häkchen setzen. Der WordPress-Editor hat zwar standardmäßig ein paar Funktionen für Links, aber durch Setzen dieses Häkchens werden diese erweitert. Sie können dann einen Link zu einem Ankerlink führen und einige andere Dinge.

12. Fachblogs

Dieses Plug-in können Sie übrigens auch selbst auf Ihre Bedürfnisse einstellen. Über den Link *Einstellungen/TinyMCE Advanced* können Sie sich Ihr eigenes Menü oder Ihre eigene Symbolleiste basteln.

Mit diesem Plug-in ausgerüstet starte ich nun einen neuen Beitrag und gebe die Überschrift und den ersten Text ein.

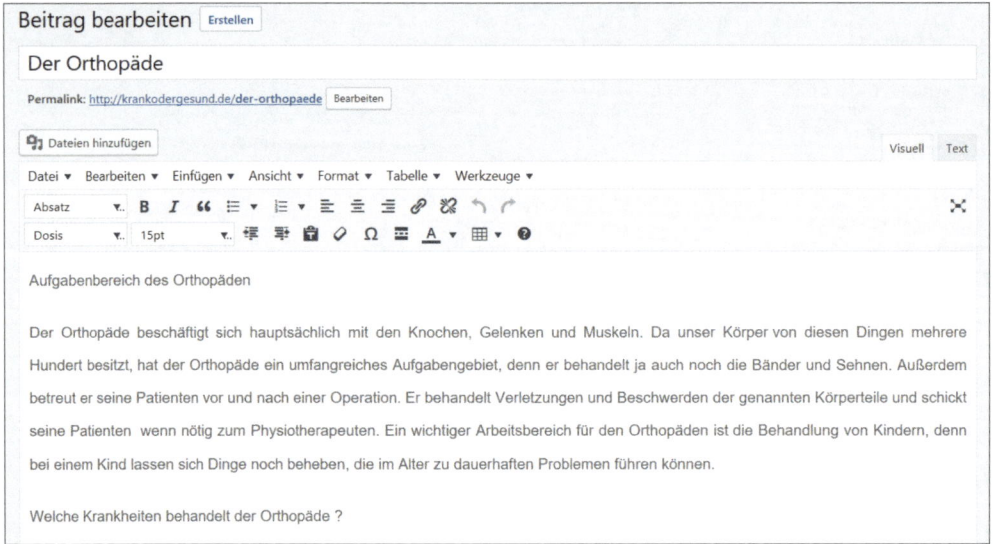

Ausschnitt aus dem unbearbeiteten Text.

12.2 Überschrift und Text eingeben und formatieren

Eine erste gute Idee, die neuen Funktionen zu nutzen, besteht darin, eine Trennlinie zwischen der Überschrift im Text und dem Textbeginn einzufügen. Diese Linie sollten Sie auch am Textende anbringen.

Stellen Sie den Cursor an den Beginn der Zeile unter der Überschrift und klicken Sie auf das Menü *Einfügen*. Wählen Sie aus der Drop-down-Liste die Option *Horizontale Linie* aus. Die Linie wird an der gewünschten Stelle eingefügt. Wiederholen Sie den Vorgang am Ende des Textes und speichern Sie ab. Schauen Sie sich dann das Ergebnis in der Vorschau an.

Eine Linie soll eingebaut werden.

Überschrift und Text eingeben und formatieren

Die Trennlinie passt gut vor den Textbeginn.

Über das Menü *Ansicht* und die Option *Zeige Blöcke* können Sie sich die einzelnen Textblöcke anzeigen lassen. Dies verhilft Ihnen zu einer besseren Übersicht über die Aufteilung Ihres Textes.

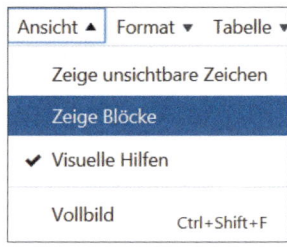

Textblöcke sollen angezeigt werden.

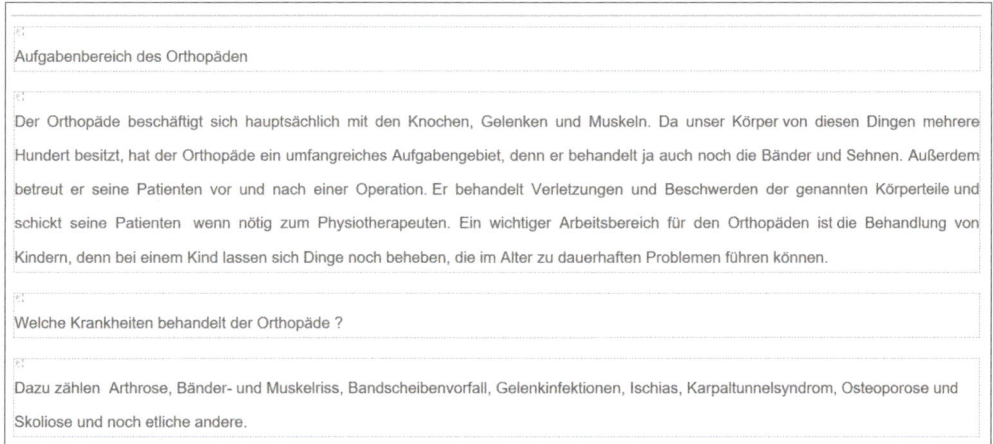

Verschaffen Sie sich einen Überblick über den Text.

Da mir die Schrift des Standardtextformats von WordPress zu blass und zu groß ist, nehme ich hier eine Änderung vor. Ich markiere den gesamten Text und ändere die Schriftart über die gleichnamige Drop-down-Liste auf *Arial*.

Danach ändere ich die Größe der Schrift über die Drop-down-Liste für die Schriftgröße auf *12*.

12. Fachblogs

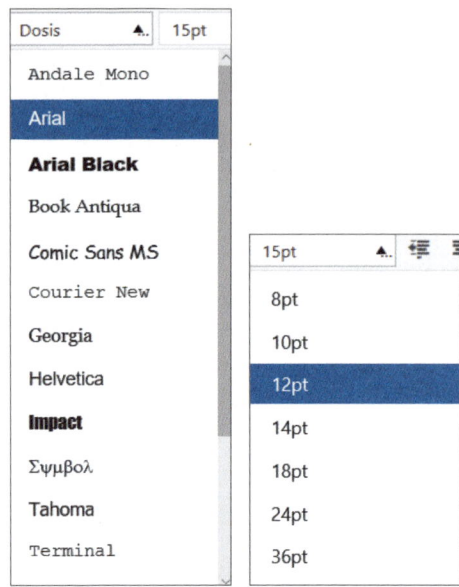

Auswahl der Schriftart und der Schriftgröße.

Im nächsten Schritt formatiere ich über das Menü *Format/Formate/Ausrichtung* den Text in Blocksatz um und schaue mir das Ergebnis an.

Durch die Formatierungen des Textes ergibt sich jetzt ein besseres Bild für den Textaufbau.

12.3 Mehrere Beiträge gleichzeitig bearbeiten

Auf diesem Blog lege ich jetzt etliche weitere Beiträge an, aber nur mit den Überschriften. Diese Beiträge habe ich angelegt, um Ihnen zu demonstrieren, wie man mehrere Beiträge gleichzeitig bearbeiten kann, denn besonders bei Fachblogs kann es ja sein, dass Sie an einem Artikel schreiben und Ihnen plötzlich zu einem anderen Beitrag etwas einfällt, das Sie schnell noch ändern wollen.

Damit dies funktioniert, versehen Sie jeden Beitrag mit einem Häkchen. Den Beitrag *Hello World* können Sie löschen oder umschreiben.

Mehrere Beiträge gleichzeitig bearbeiten

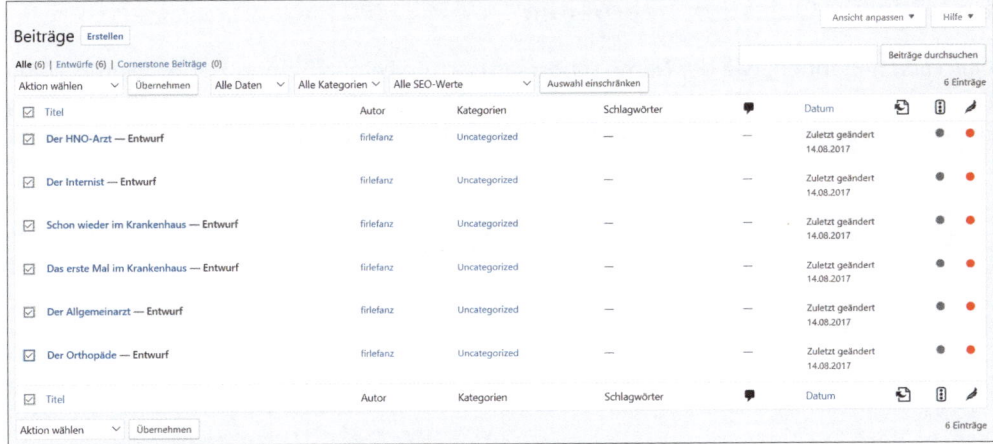

Die Liste mit den Beiträgen, die gleichzeitig bearbeitet werden können.

Klicken Sie dann über der Liste der Beiträge auf das Pop-up-Menü *Aktion wählen* und in der aufklappenden Liste dann auf *Bearbeiten*. Nun erscheint ein Fenster mit dem Titel *Massenbearbeitung*, in dem alle ausgesuchten Beiträge nochmals angezeigt werden.

Zur Bearbeitung der Beiträge und Übernahme der Bearbeitung.

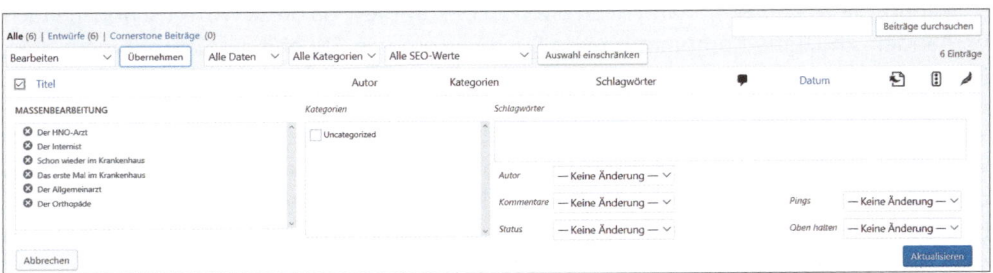

Das Massenbearbeitungsfenster mit den ausgewählten Beiträgen.

Sie können nun Änderungen vornehmen, die allerdings dann für alle ausgewählten Beiträge gültig sind. Für Schlüsselwörter ist das wahrscheinlich nicht so ideal, denn diese weichen sicherlich in jedem Beitrag voneinander ab.

Aber bestens geeignet ist die Massenbearbeitung, um alle Beiträge auf einmal zu veröffentlichen. Änderungen müssen Sie über den Button *Aktualisieren* bestätigen. Wie Sie bereits festgestellt haben werden, bezieht sich die Bearbeitung nicht auf den Inhalt der Beiträge, sondern nur auf die Verwaltung.

Beiträge mit QuickEdit bearbeiten

QuickEdit hilft Ihnen, wie der Name schon sagt, schnell einen Beitrag zu bearbeiten, ohne ihn aufzurufen. Wenn Sie mit der Maus in der Liste der Beiträge auf einen Beitragstitel gehen, wird unter dem Titel ein Menü angezeigt. Klicken Sie auf *QuickEdit* und der gleichnamige Bereich wird aufgerufen. Das Fenster ähnelt dem von der Massenbearbeitung.

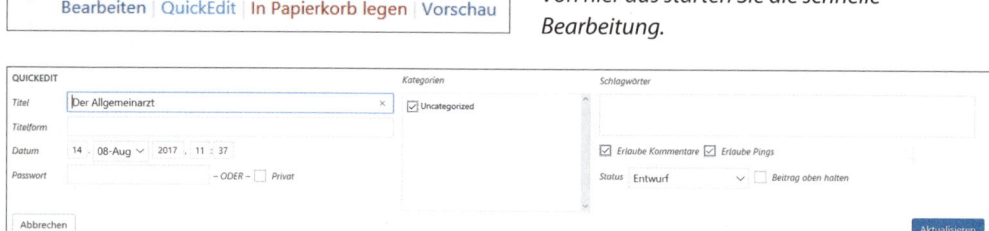

Von hier aus starten Sie die schnelle Bearbeitung.

In diesem Bereich sind schnelle Änderungen möglich.

12.4 Die Keywords

Wenn Sie ein Keyword eingeben, muss dieses Wort natürlich auch in Ihrer Seite enthalten sein und es muss auch genauso heißen, nicht nur ähnlich. Überlegen Sie gut, welche Keywords zu Ihrer Seite passen. Bei manchen Wörtern wie *Abnehmen* oder *Diät* ist es schwierig, die Webseite im Rang nach oben zu bekommen, da diese Wörter schon vielfach vorhanden sind. Eine Kombination von Suchwörtern wie *Abnehmen, Gewicht reduzieren, Fett verlieren* ist hier eine gute Lösung.

Verwenden Sie pro Beitrag nicht mehr als drei bis vier Suchwörter. Gute Plätze für ein Suchwort sind natürlich an erster Stelle die Überschrift, dann die Zwischenüberschrift und auch die Bildunterschriften. Begehen Sie keinesfalls den Fehler, zu viele Suchwörter einzugeben, um so das Suchmaschinenergebnis zu verbessern, das merken die Suchmaschinen schnell und werden Ihre Seite vielleicht nicht mehr beachten.

Die Schlüsselwörter sollten inklusive Ihres Domainnamens nicht mehr als 100 Zeichen enthalten.

Wenn Sie keine Keywords eingeben, macht WordPress das von sich aus. Das ist auch gut, aber trotzdem sollten Sie Ihre Keywords immer manuell eingeben.

Nehmen wir als Beispiel für das Eintragen von Keywords den Beitrag über den Orthopäden. Hier sind sicherlich folgende Keywords sinnvoll: Orthopäde, Bandscheibe, Rücken, Hüfte, Knie. Diese Wörter müssen natürlich auch in Ihrem Text vorkommen.

Geben Sie in dem Feld unter dem Bereich *Schlagwörter* die Wörter ein und bestätigen Sie diese mit einem Klick auf *OK*.

Geben Sie die passenden Wörter ein.

12.5 Revisionen

Nach jeder neuen Änderung oder Ergänzung in Ihrem Beitrag erstellt WordPress nach dem Speichern eine Revision und speichert den aktuellen Stand in einer Datenbank zur Sicherheit ab.

Das hat den Vorteil, dass Sie immer wieder auf die letzte Speicherung zurückzugreifen können, aber auch auf frühere. Wenn Sie einen Text ändern und am nächsten Tag denken, dass der alte Text doch besser war, können Sie über die Revisionen wieder auf diesen zurückgreifen.

Es gibt aber auch Nachteile: Wenn Sie einen ziemlich umfangreichen Blog mit 30 oder 40 Beiträgen haben und auf jeder Seite nur zehnmal Änderungen vornehmen, haben Sie bereits 300 bis 400 Revisionen. Es ist also sinnvoll, regelmäßig die Revisionen bis auf die zwei oder drei neuesten in jedem Beitrag zu löschen, da jeder Provider nur begrenzt Speicherplatz zur Verfügung stellt und Ihr Blog mit vielen Revisionen nur unnötig aufgebläht wird.

Um das Ganze an einem Beispiel zu demonstrieren, gebe ich im Beitrag *Der Orthopäde* neuen Text ein. Wenn Sie sich vor der Texteingabe den Bereich *Veröffentlichen* anschauen, werden Sie feststellen, dass hier der Eintrag *Revisionen* noch nicht vorhanden ist, da es bisher in diesem Beitrag noch keine Änderungen oder Neueingaben gab.

Ich gebe den neuen Text ein und speichere ihn ab. Wenn Sie sich nun den Bereich *Veröffentlichen* anschauen, werden Sie sehen, dass der Eintrag *Revisionen* neu hinzugekommen ist mit der Anzeige der Anzahl der Revisionen. Dies sind im Moment zwei: Die erste war der Eintrag der Überschrift und die zweite der Eintrag des Textes.

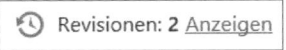
Anzeige der Rezensionen nach dem Speichern.

Die Revisionen sehen Sie, wenn Sie unter dem Bereich *Veröffentlichen* auf den Link *Anzeigen* neben dem Eintrag *Revisionen* klicken.

Jetzt schauen wir uns diese Revisionen einmal genauer an. Zu jeder einzelnen Revision sehen Sie eine Übersicht mit dem Inhalt des ausgesuchten Beitrags. Darunter finden Sie die letzten beiden Revisionen zu diesem Beitrag. Mit dem Schieberegler können Sie sich bis zu den ältesten Versionen zurückbewegen, indem Sie ihn mit gedrückt gehaltener linker Maustaste nach links ziehen. Neuer Text wird mit der Farbe grün hinterlegt angezeigt.

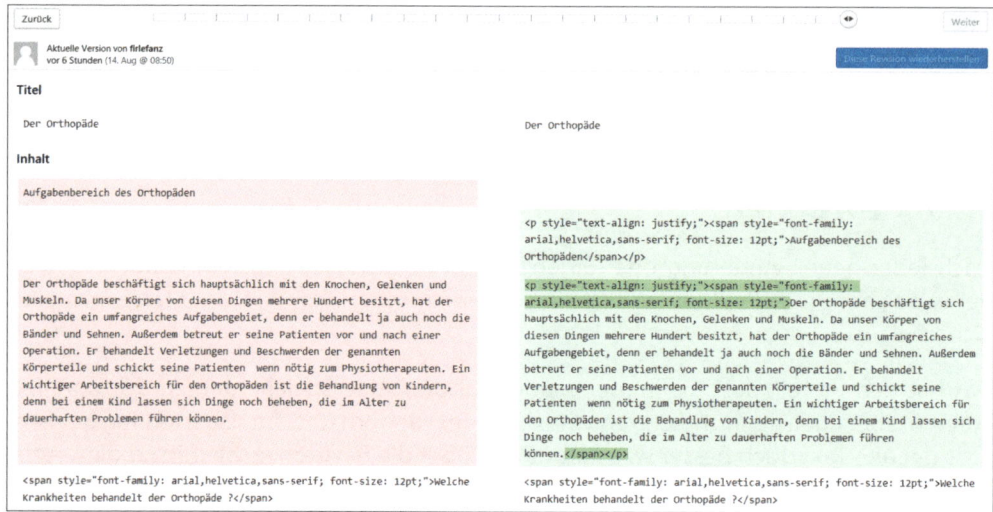

Die letzten beiden Versionen werden gegenübergestellt.

Der Schieberegler führt bis zu den ältesten Versionen.

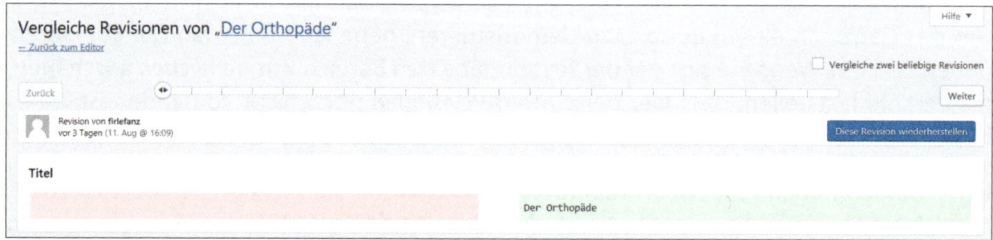

Die ersten beiden Revisionen werden angezeigt.

Sie können auch zwei Revisionen miteinander über die Option *Vergleiche zwei beliebige Revisionen* vergleichen. Dadurch sehen Sie die Änderungen zwischen zwei Revisionen. Bei längeren Artikeln macht dies aber sicher wenig Sinn, da man keinen Überblick mehr hat. Bei kürzeren Texten ist es durchaus sinnvoll. Durch die Einstellung des Schiebereglers können Sie festlegen, welche beiden Versionen Sie vergleichen wollen, die letzte mit der ersten oder die letzte mit der vorletzten und andere Varianten.

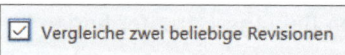 *Stellen Sie einen direkten Vergleich an.*

Revisionen

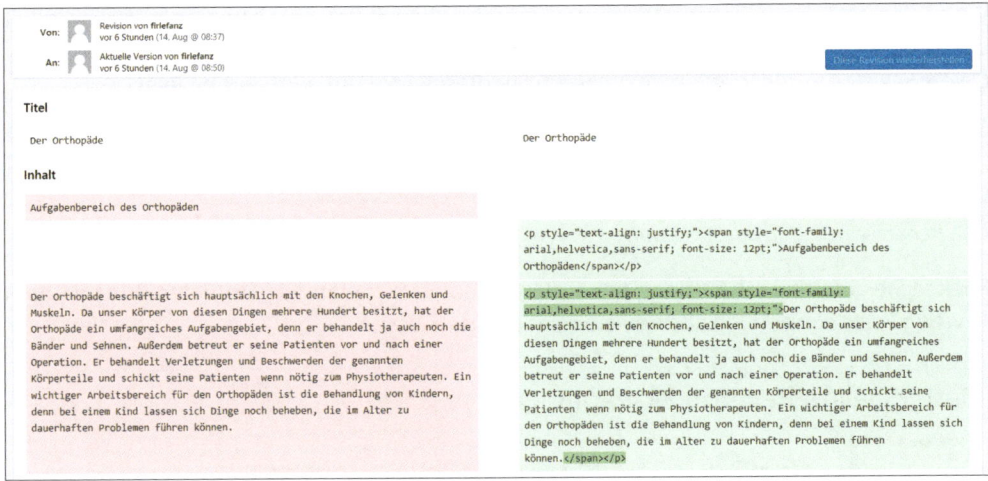

Hier wird die zuletzt erstellte Variante mit der vorletzten verglichen.

Sie können die gewünschte Revision über den Button *Wiederherstellen* neu aktivieren. Der Vergleich zwischen zwei Revisionen darf dabei nicht aktiviert sein. Die gerade geänderte Version des Artikels haben Sie aber trotzdem noch, da davon ja auch wieder eine Revision erzeugt wurde.

Sie können immer nur ab der vorletzten Revision wiederherstellen, die aktuelle natürlich nicht, ist ja logisch, denn diese wird erst als revisionsfähig aktiviert, wenn die ältere Version wiederhergestellt wird.

Der Button zur Wiederherstellung.

Für ein weiteres Beispiel begebe ich mich wieder in den Beitrag *Der Orthopäde* und lösche aus dem zweiten Absatz einen Teil des Textes und speichere die Änderung ab. Dann sehe ich mir die Revisionen an. Der gelöschte Teil ist nun in der alten Version, die links zu sehen ist, rot markiert.

Dieser Teil des Textes soll entfernt werden.

Eine Gegenüberstellung des gelöschten Textes mit der neuen Version ohne den gelöschten Text.

Wenn Sie jetzt überflüssige Revisionen löschen, kann dies die Zugriffsgeschwindigkeit auf Ihren Blog erhöhen. Für das Löschen der Revisionen sollten Sie auf das Plug-in *Better Delete Revision* zurückgreifen. Installieren Sie dieses Tool und aktivieren Sie es.

Nun ist noch ein Plug-in dazugekommen.

Klicken Sie auf den Link *Settings*, um in den Manager zu gelangen. Über den Button *Check Revision Posts* können Sie alle Revisionen anzeigen lassen.

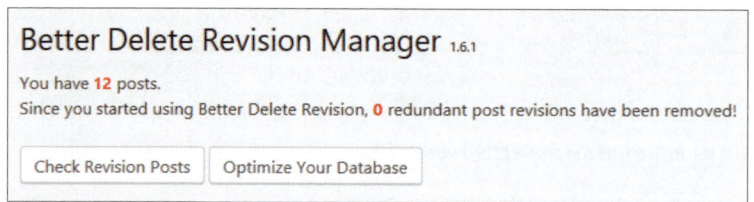

Prüfen Sie über diesen Weg Ihre Revisionen.

Id	Title	Post date	Last modified
222	Der Orthopäde	2017-08-14 15:19:50	2017-08-14 15:19:50
221	Der Orthopäde	2017-08-14 15:02:42	2017-08-14 15:02:42
212	Der HNO-Arzt	2017-08-14 14:04:50	2017-08-14 14:04:50
210	Der Internist	2017-08-14 14:04:39	2017-08-14 14:04:39
208	Schon wieder im Krankenhaus	2017-08-14 14:04:27	2017-08-14 14:04:27
203	Das erste Mal im Krankenhaus	2017-08-14 11:38:56	2017-08-14 11:38:56
201	Der Allgemeinarzt	2017-08-14 11:37:59	2017-08-14 11:37:59
195	Der Orthopäde	2017-08-14 08:50:24	2017-08-14 08:50:24
194	Der Orthopäde	2017-08-14 08:37:19	2017-08-14 08:37:19
193	Der Orthopäde	2017-08-14 08:35:49	2017-08-14 08:35:49
192	Der Orthopäde	2017-08-14 08:34:58	2017-08-14 08:34:58
191	Der Orthopäde	2017-08-14 08:33:31	2017-08-14 08:33:31
190	Der Orthopäde	2017-08-14 08:32:37	2017-08-14 08:32:37
189	Der Orthopäde	2017-08-14 07:56:28	2017-08-14 07:56:28

Die Liste mit den Revisionen und der Anzeige der jeweils letzten Änderung.

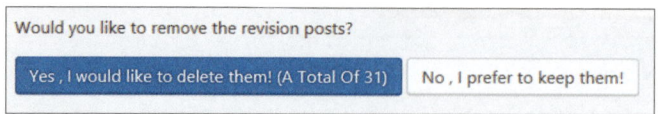

Ein einziger Klick entfernt die ganzen alten Revisionen.

Am unteren Rand der Liste sehen Sie zwei Buttons. Der blau markierte ist für uns wichtig. Wenn Sie diesen anklicken, werden alle alten Revisionen mit den dazugehörigen Angaben aus der Datenbank entfernt.

12.6 Webanalyse mit WP Statistics

Um Ihren Blog zu analysieren, benötigen Sie ein spezielles Tool. Meist wird *Google Analytics* oder *WP-Piwik* verwendet. Auch *Jetpack* wird oft empfohlen, das mir persönlich aber zu viele Funktionen hat. Bei allen genannten Plug-ins müssen Sie sich extra anmelden.

Eine gute Alternative ist das kostenlose *WP Statistics*. Mit einer Spende können Sie die Betreiber dieses Plug-ins unterstützen. Bei diesem Tool ist wenig zu konfigurieren. *WP Statistics* legt ein neues umfangreiches Menü in der Sidebar an.

Wenn Sie auf den Link *Einstellungen* klicken, erwartet Sie ein aufgeräumtes Menü, über das Sie weitere Einstellungen vornehmen können.

Ein umfangreiches Menü.

Das Statistiktool von WordPress ist installiert.

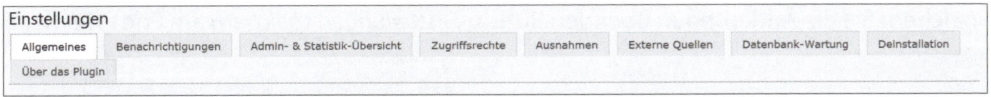

Das Menü für die Einstellungen von WP Statistics.

Mit diesem Plug-in lassen sich einfache, aber umfangreiche Statistiken erstellen. Sie können sehen, über welchen Browser und über welche Version sich die Besucher eingeloggt haben. Es ist auch ersichtlich, über welche Links von welchen Seiten sie gekommen sind und welche Suchbegriffe sie verwendet haben, um Ihre Seite zu finden.

Der Titel Ihrer Seite mit der Besucherzahl wird angezeigt. Sie können entscheiden, ob Sie sich über die IP-Adresse das Herkunftsland der Besucher anzeigen lassen. Wie lange ein Besucher auf Ihrer Seite bleibt, lässt sich jedoch nicht feststellen. Allerdings ist es in Deutschland nicht erlaubt, die IP-Adresse eines Besuchers längere Zeit zu speichern. Sie können diese jedoch über die Einstellungen anonymisieren; wenn Sie die entsprechende Option aktivieren, dann wird die IP-Adresse durch einen Wert ersetzt.

Verschiedene Analysen und Statistiken werden angezeigt.

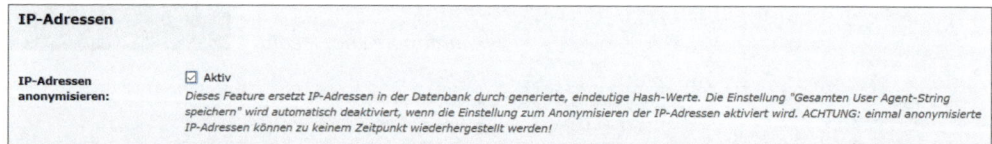

Aktivieren Sie die Anonymisierung von IP-Adressen.

Speichern Sie die Änderungen über den Button *Einstellungen speichern* am Ende der Seite ab.

Sichern Sie Ihre Änderungen.

Leider können an dieser Stelle noch keine gefüllten Statistiken oder Diagramme angezeigt werden, da der Blog ja noch nicht veröffentlicht ist.

12.7 Fachblog mit Bildern

Im Blog *krankodergesund.de* habe ich außer Beitragsbildern keine weiteren verwendet. In meinem Blog *pullandpush.de* ist das anders. Das ist ein Fachblog, mit Bildern aufgelockert, weil es einfach zu dem Thema Training mit Hanteln gut passt. Für diesen Blog habe ich das Theme *Powerclub Lite* gewählt.

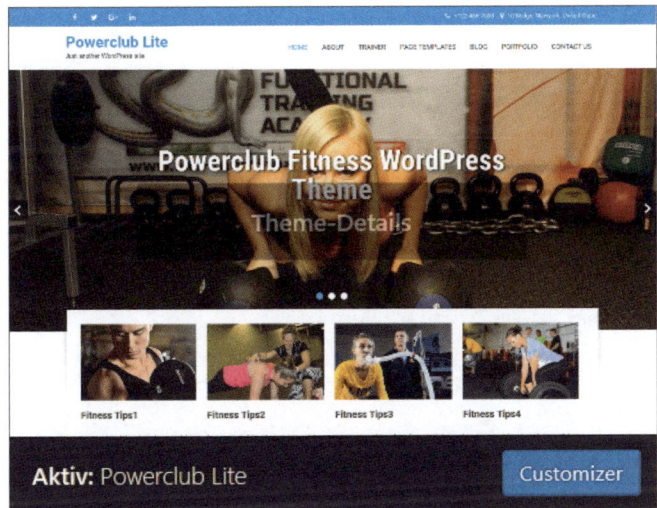

Ein passendes Theme wurde für das Thema ausgesucht.

Ich sehe mir die Plug-ins an und wähle folgende zur Aktivierung aus:

- Contact Form 7
- MailPoet 2
- TinyMCE Advanced
- Yoast SEO

Die anderen Plug-ins lösche ich wieder aus der Liste. Gegen den Spam lade ich mir wieder *Antispam Bee* herunter und für die Statistiken *WP Statistics*.

Qualität des Textes mit Yoast SEO prüfen

Dann lege ich den ersten Beitrag an mit dem Titel *Rückblick auf 35 Jahre Training*, gebe den Text dazu ein und formatiere ihn entsprechend meinen Vorstellungen. Nach der Eingabe nutze ich *Yoast SEO*, um die Qualität meines Textes zu prüfen.

Hinweise, wie Sie Ihren Text noch verbessern können, finden Sie direkt unter dem Editor. Gehen Sie auf jeden Fall auf diese Tipps ein, denn Sie verbessern dadurch die Qualität Ihres Beitrags.

Da Suchmaschinen gern Metatags als Info haben wollen, gebe ich auch ein Metatag ein. Ein Beispiel für ein Metatag ist eine Description, also eine Beschreibung. Sie beschreibt die Seite in zwei bis drei Sätzen. Diese Beschreibung können Sie im Eingabefenster *Untertitel* eintippen, das Sie über die Sidebar und das Menü *Einstellungen/Allgemein* erreichen. Bestätigen Sie die Eingabe durch Klick auf den Button *Änderungen übernehmen* am Ende der Seite.

12. Fachblogs

Der Weg zu den Einstellungen.

Einstellungen › Allgemein	
Titel der Website	pullandpush
Untertitel	Mein Blog berichtet über Training im Fitnessstudio,
	Erkläre in ein paar Worten, worum es auf deiner Website geht.

Das Feld Untertitel wurde mit Text gefüllt.

Änderungen übernehmen   *Bestätigen Sie die Änderungen.*

Ein Bild neben den Textblock stellen

Sicherlich haben Sie sich schon oft gefragt, wenn Sie einen Blog anschauen, wie die Leute das geschafft haben, ein Bild neben mehreren Zeilen Text zu platzieren, ohne dass sich die Textzeilen verschieben, also Leerzeilen zwischen den Texten erscheinen.

Da gibt es einen ganz einfachen Trick: Setzen Sie den Cursor über den Textabschnitt, in dem Sie das Bild haben wollen, und fügen Sie es ein. Sie erinnern sich: Button *Dateien hinzufügen* am oberen linken Rand des Editors anklicken, dann auf *Dateien auswählen*, das gewünschte Bild aus einem Ordner aussuchen und auf *Öffnen* klicken, um das Bild in die Mediathek zu übernehmen. Nun noch in der Mediathek ein Klick auf den Button *In den Beitrag einfügen* und das Bild wird über dem Text angezeigt.

Deutscher Meister im Bankdrücken

Irgendwann dachte ich mir, dass ich auch mal versuchen könnte, einen Titel zu holen, also nahm ich im Jahr 2012 in der Klasse über 55 Jahre und bis 100 kg an einer Deutschen Meisterschaft im Bankdrücken teil und konnte in dieser Klasse gewinnen.

Das Bild ist über dem Text eingefügt worden.

Aber hier soll es ja nicht hin. Deswegen klicken Sie jetzt auf das Bild, sodass die Symbolleiste über dem Bild angezeigt wird. Klicken Sie auf das Symbol für *Rechtsbündig* und das Bild wird wie von Zauberhand neben dem Text, der jetzt noch unter dem Bild steht, platziert. Verkleinern Sie das Bild nun noch proportional, bis es etwa die Größe des Textabsatzes hat. Speichern Sie den Vorgang über den Button *Aktualisieren* ab.

Deutscher Meister im Bankdrücken

Irgendwann dachte ich mir, dass ich auch mal versuchen könnte, einen Titel zu holen, also nahm ich im Jahr 2012 in der Klasse über 55 Jahre und bis 100 kg an einer Deutschen Meisterschaft im Bankdrücken teil und konnte in dieser Klasse gewinnen.

Genau neben diesem Text sollte das Bild platziert sein.

Betiteln Sie das Bild und achten Sie dabei auf eine gute Beschreibung, denn je besser Sie das Bild beschreiben, desto besser wird Ihre Platzierung in den Suchmaschinen. Der Dateiname des Bildes sollte wie der Titel des Bildes lauten. Auch eine gute Beschreibung erhöht die Chance auf einen guten Platz bei den Suchmaschinen. Vergessen Sie das Skalieren nicht.

Verlinkungen eingeben

Fügen Sie am Ende des Artikels noch eine interne Verlinkung zu einem anderen Artikel in Ihrem Blog ein sowie eine weitere Verlinkung zu einer externen Seite, die das gleiche Thema beschreibt. Durch die Verlinkung zu einer externen Seite erkennt Google noch besser, um was es in Ihrer Seite geht.

Nun checken Sie noch über *Yoast SEO* die Lesbarkeit des Textes und das Keyword Ihres Beitrags. Dabei wird das Ergebnis wie bei einer Ampel angezeigt. Bei Grün ist alles prima, die Farbe Rot sollte Sie dazu veranlassen, nochmals nachzuprüfen. Bedenken Sie aber auch, dass nicht immer alles 100-prozentig sein kann.

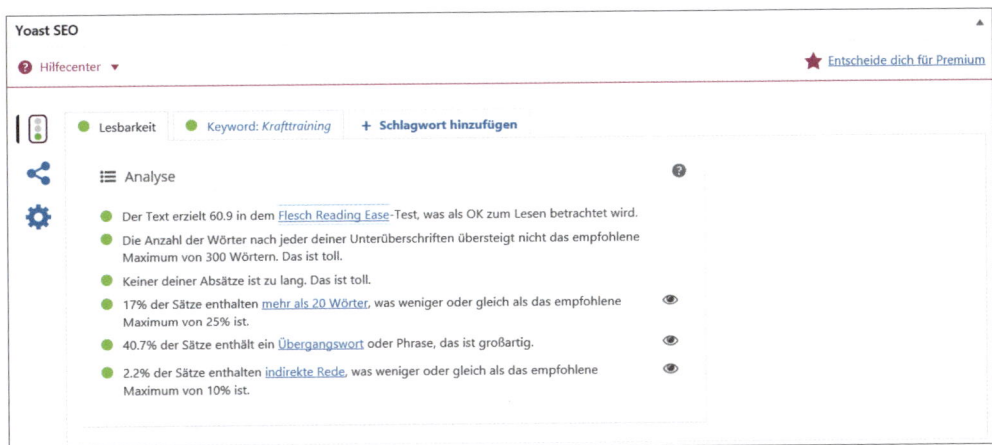

Hier ist alles im grünen Bereich.

Für die Suchmaschinen optimieren

Durch Klick auf den Button *Code-Schnipsel bearbeiten* können Sie jetzt die wichtigen Daten für SEO eingeben.

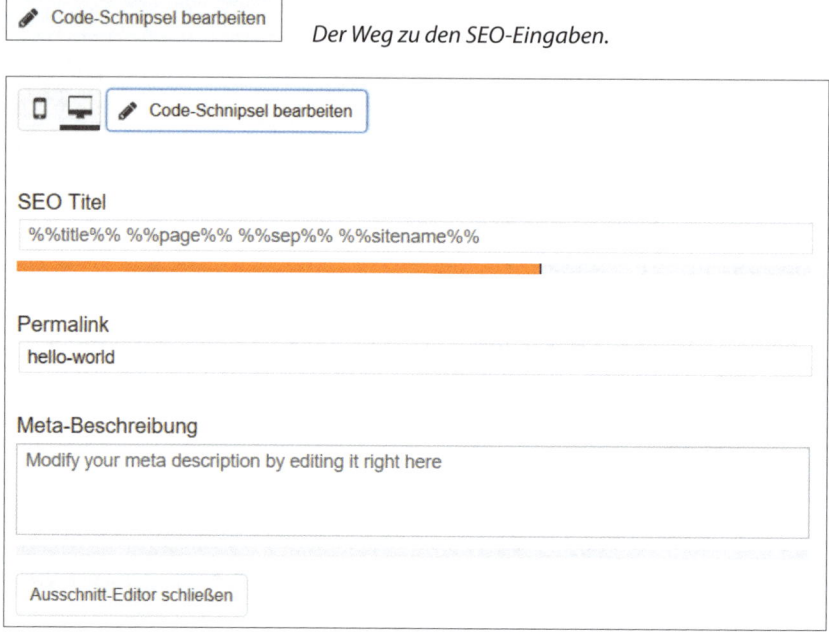

Der Weg zu den SEO-Eingaben.

Die Felder sind mit Mustereingaben gefüllt.

Beginnen wir mit dem *SEO Titel*. Im Eingabefeld hat WordPress bereits automatisch einen Eintrag erzeugt. Diesen überschreiben wir natürlich, denn der Titel ist der wichtigste Teil für Google. Anhand dieses Titels erkennt Google, um was es bei dieser Seite geht. Dieser Titel sollte nicht mehr als 55 Zeichen enthalten, da er sonst abgeschnitten wird. Der Titel sollte für jeden Beitrag Ihres Blogs anders lauten.

Bei der Eingabe wird Ihnen anhand eines Balkens angezeigt, ob der Text zu kurz oder zu lang ist. Solange der Balken die Farbe Orange anzeigt, ist es zu wenig Text. Grün ist ideal und bei Anzeige der Farbe Rot ist es zu viel Text.

Kommen wir nun zum *Permalink*, also einem dauerhaften Link, der nicht verändert wird. Dieser sollte kurz und aussagekräftig sein und nicht mehr als drei bis fünf Wörter enthalten. Geben Sie hier den Titel ein, mit Bindestrichen zwischen den einzelnen Wörtern, keine Unterstriche: *krafttraining-und-fitnessstudio*. Nun müssen Sie in der Einstellung von WordPress noch angeben, wie der Permalink aussehen soll.

Weiter geht es mit der *Meta-Beschreibung*. Schildern Sie hier, um was es auf Ihrer Seite überhaupt geht und aus welchem Grund ein Surfer auf Ihre Seite klicken sollte. Die Beschreibung sollte weniger als 155 Zeichen enthalten. Diese Beschreibung ist zwar nicht ausschlaggebend für die Platzierung Ihrer Seite in den Suchmaschinen, vielmehr soll der Surfer überzeugt werden, Ihre Seite zu besuchen. Am Anfang der Beschreibung sollte das wichtigste Keyword stehen.

Nun zum Fokus-Keyword. Dieses ist eigentlich nur als Gedankenstütze für Sie selbst gedacht. Es ist für die Suchmaschinen nicht maßgebend. Es zeigt an, um was es in der Seite geht. Sie können als Keyword auch eine Kombination aus Wörtern verwenden. Speichern Sie die Eingaben durch Klick auf den Button *Aktualisieren*. Ein weiterer Klick auf den Button *Ausschnitt-Editor schließen* beendet den Vorgang.

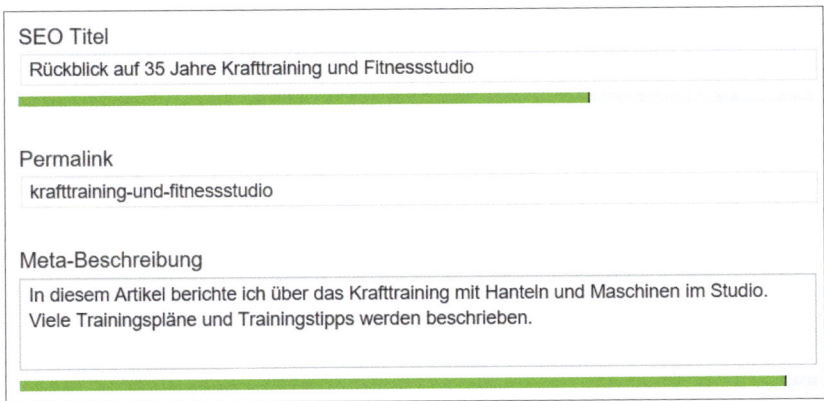

Die aussagekräftigen Texte sind eingegeben.

Interne und externe Links erstellen

Im nächsten Arbeitsgang erstellen wir einen internen und einen externen Link. Intern heißt innerhalb des Blogs von einem Artikel auf einen anderen. Extern heißt, wir erstellen einen Link zu einer anderen Seite mit ähnlichem Inhalt.

Gehen Sie für die interne Verlinkung zuerst zu der Seite, zu der Sie verlinken wollen. Das ist in unserem Fall der Beitrag *Grundlagen des Krafttrainings*. Markieren Sie den Permalink oben im Editor.

Permalink: http://pullandpush.de/grundlagen-des-krafttrainings

Zu dieser Seite soll ein Link erzeugt werden.

Geben Sie für die interne Verlinkung den Namen des Beitrags ein, zu dem Sie verlinken wollen, und markieren Sie den Text. Klicken Sie dann auf das Menü *Einfügen* und im Dropdown-Menü auf *Link einfügen/ändern*. Ein Klick auf den Button *Übernehmen* neben dem Eingabefeld aktiviert den Link.

12. Fachblogs

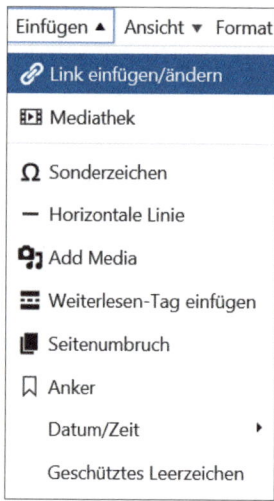

Das Menü zum Einfügen des Links.

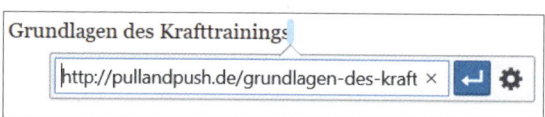

In dieses Feld wird der Permalink kopiert.

Wenden wir uns nun dem externen Link zu. Der Vorgang ist der gleiche wie zuvor beschrieben, nur dass wir jetzt auf eine fremde Seite verlinken.

Verlinkung zu einer bestehenden fremden Seite im Netz.

Schauen Sie sich nach dem Klick auf den Button *Übernehmen* das Ergebnis in der Vorschau an. Wundern Sie sich aber nicht, wenn der Link zu Ihrer eigenen Seite nicht funktioniert, denn diese Seite ist ja noch nicht veröffentlicht.

Zwei Verlinkungen sind im Beitrag enthalten.

Sehen Sie sich nun die SEO-Analyse für den Bereich *Keyword* an. Ein gutes Ergebnis ist erzielt worden. Die Analysebewertungen für *Lesbarkeit* und *SEO* werden Ihnen auch noch mal im Bereich *Veröffentlichen* angezeigt.

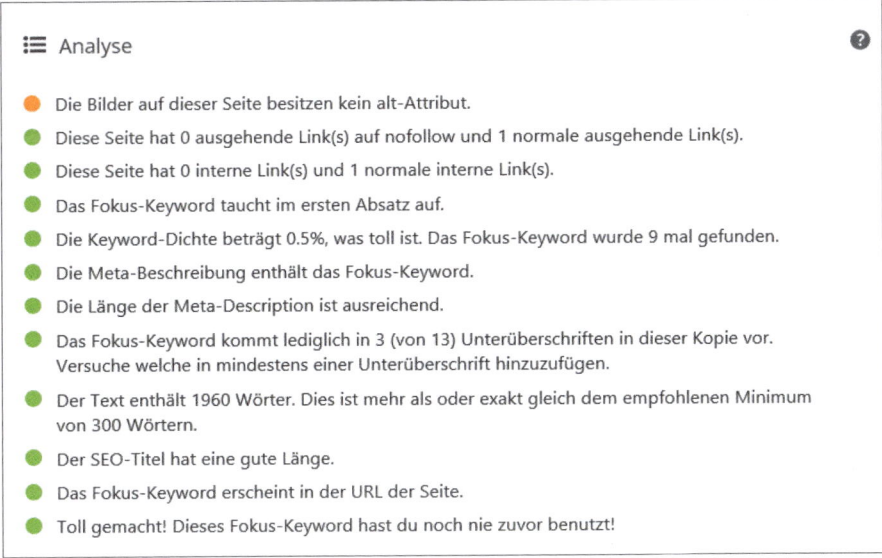

Ein hervorragendes Ergebnis ist der Lohn für die Arbeit.

   *Zwei positive Ergebnisse.*

12.8 Tabellen nutzen

Für meinen Beitrag *Das Drei-Tage-Training* zeigt sich jetzt der Vorteil von *TinyMCE Advanced*, denn wie bereits beschrieben erweitert es ja den Editor von WordPress um ein ganzes Menü. Über dieses Menü lassen sich auch Tabellen erzeugen.

Um eine Tabelle einzufügen, setzen Sie den Cursor im Editor in den Bereich des Textes, an dem die Tabelle platziert werden soll. Klicken Sie dann im Menü auf *Tabelle*. Ein Tabellengitter wird angezeigt.

Klicken Sie in der horizontalen Reihe in das vierte Kästchen, um vier Spalten zu erzeugen, und in der vertikalen Reihe in das achte Kästchen, um acht Reihen zu erzeugen. Die Anzahl der Spalten und Reihen wird Ihnen unter dem Tabellengitter nochmals angezeigt, und eine Tabelle mit vier Spalten und acht Reihen wird im Text eingefügt.

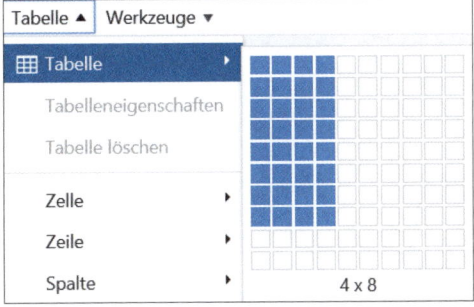

Erzeugen Sie eine neue Tabelle.

12. Fachblogs

Geben Sie jetzt die Texte in die Tabelle ein und speichern Sie alles über den Button *Aktualisieren* ab. Die Tabelle ist allerdings noch viel zu groß.

Übung	Sätze	Wdh.	Pause
Bankdrücken	3	10/8/6	4 min.
Schrägbankdrücken	3	10/8/6	3 min.
Fliegende, flach	3	10/8/6	2 min
Dips	3	15/12/10	2 min.
French-Press, liegend	3	10/8/6	2 min.
Langhantel-Curl	3	10/8/6	2 min.
Kurzhantel-Curl, sitzend	3	15/12/10	2 min.

Die Tabelle muss in diesem Zustand noch bearbeitet werden.

Übung	Sätze	Wdh.	Pause
Bankdrücken	3	10/8/6	4 min.
Schrägbankdrücken	3	10/8/6	3 min.
Fliegende, flach	3	10/8/6	2 min
Dips	3	15/12/10	2 min.
French-Press, liegend	3	10/8/6	2 min.
Langhantel-Curl	3	10/8/6	2 min.
Kurzhantel-Curl, sitzend	3	15/12/10	2 min.

Nun wirkt die Tabelle schon besser auf den Besucher.

Damit ist das Kapitel über Fachblogs abgeschlossen, aber da besonders in Fachblogs die Kommentare äußerst wichtig sind, gehe ich auf dieses Thema im nächsten Kapitel nochmals genauer ein.

13. Die Kommentare

Kommentare konnte man in Blogs schon immer hinterlassen. Dabei ging es meist um persönliche oder private Infos, auch der Blog selbst hatte meist nur private Inhalte. Wichtig war damals eigentlich nur, dass man sich austauschen konnte.

Die Blogs haben sich weiterentwickelt und auch das Internet hat sich verändert. Social Media ist dazugekommen und auch andere Alternativen. Kommentare sind aber trotzdem weiterhin wichtig. Manche Blogs haben zwar die Kommentar-Funktion abgeschafft, aber ich halte das nicht für gut, denn das direkte Feedback zu den Artikelinhalten ist besonders bei Fachblogs sinnvoll. Außerdem können Sie als Blogbetreiber direkt antworten und bekommen vielleicht von den Lesern Ideen für neue Artikel. Die Leser sehen durch Ihre Antworten auch, dass der Blog aktiv ist, und das ist für sie ein gutes Zeichen.

Auch für Google sind viele Kommentare und Antworten gut, denn dann kommt ein bestimmtes Stichwort umso öfter vor und kann das Ranking nach oben treiben. Die Leser werden stärker an den Blog gebunden, weil die Diskussionen direkt dort erfolgen und nicht auf Social-Media-Plattformen, auf denen Sie auch nicht jeder findet.

Alle wichtigen Dinge wie Feedback, Meinungen, Kritik, Fragen und Antworten stehen an einer Stelle. Deswegen sollten Sie auch in Zukunft nicht auf Kommentare verzichten, selbst wenn Sie bei manchen Artikeln nur wenige Kommentare erhalten.

Kommentare machen aber auch nur Sinn, wenn Sie als Blogbetreiber darauf eingehen. Auf Fragen sollten Sie also immer schnell antworten. Daraus kann natürlich schnell eine Diskussion entstehen. Auch daran sollten Sie sich beteiligen, denn durch diese Art der Kommunikation können Ideen für neue Artikel entstehen, weil sich durch Fragen zeigt, was den Leser interessiert. Kritische Kommentare sollten Sie zulassen, falls sie nicht persönlich werden. Wegen all dieser genannten Gründe sollten Sie grundsätzlich die Kommentarfunktion von WordPress nutzen. Sicherheitshalber können Sie ja die Einstellung so vornehmen, dass neue Kommentare vor der Veröffentlichung erst von Ihnen freigegeben werden müssen.

Zugelassene Kommentare werden auf den einzelnen Seiten mit den Beiträgen angezeigt, auf der Startseite des Blogs aber nicht. Um sich die Kommentare zu einem Beitrag anzusehen, müssen Sie auf den jeweiligen Titel des Beitrags klicken.

13.1 Kommentare verwalten

Manchmal ist es aber sinnvoll, die Kommentarfunktion zu deaktivieren. Unter dem Link *Einstellungen/Diskussion* werden alle Einstellungen für Kommentare vorgenommen. In diesem Bereich haben Sie die Möglichkeit, Kommentare von Besuchern zu erlauben oder

13. Die Kommentare

zu verbieten. Dies wird über den Haken vor dem Eintrag *Erlaube Besuchern, neue Beiträge zu kommentieren* geregelt.

Hier werden alle Einstellungen zu Kommentaren festgelegt.

Lassen Sie den Haken stehen, können neue Beiträge kommentiert werden, wenn Sie ihn entfernen, dann nicht.

Verhindern Sie das Kommentieren von Beiträgen.

Diese Einstellung gilt nur für neue Beiträge und Seiten. Auf bereits vorhandene Beiträge oder Seiten hat diese Änderung keinen Einfluss.

Sinnvoll ist es, die Kommentarfunktion beim Impressum, dem Disclaimer und der Datenschutzerklärung zu deaktivieren, denn zu diesen Dingen brauchen und wollen Sie sicherlich keinen Kommentar.

Sie können auch entscheiden, ob jeder oder nur ein registrierter Besucher einen Kommentar abgeben darf und ob er beim Abgeben eines Kommentars seinen Namen und seine E-Mail-Adresse angeben muss, ob auf andere Kommentare eine Antwort möglich ist und ob diese Antworten dann verschachtelt werden sollen. Verschachteln bedeutet, wie oft jemand auf die Antwort eines Kommentars wiederum antworten kann.

Kommentare verwalten

Außerdem können Sie festlegen, dass Kommentare nicht gleich der Öffentlichkeit gezeigt werden. Diese werden dann vorher von Ihnen oder einem Administrator geprüft und dann erst freigeschaltet oder als Spam markiert und eben nicht freigeschaltet. Damit der Besucher Bescheid weiß, bekommt er eine Mitteilung darüber, dass sein Kommentar erst geprüft und innerhalb kurzer Zeit freigeschaltet wird.

Erst den Kommentar prüfen, dann freischalten.

Kommentare lassen sich auch sortieren. Sie können festlegen, ob der neueste oder der älteste Kommentar an oberster Stelle angezeigt werden soll. Normalerweise lässt man den ältesten Kommentar zuerst anzeigen, besonders wenn auf Ihrem Blog viel gefragt wird. Hat Ihr Blog allerdings sehr viele Kommentare, ist es sinnvoll, die neueren Kommentare nach oben zu stellen.

Weitere wichtige Einstellungen für die Kommentare.

Weiterhin können Sie entscheiden, ob ein Kommentar erst manuell bestätigt werden muss oder ob der Autor als Voraussetzung für eine Veröffentlichung bereits einen Kommentar geschrieben haben muss, der genehmigt wurde.

Einstellungen vor der Veröffentlichung eines Kommentars.

Um Spam schon im Voraus zu vermeiden, haben Sie die Möglichkeit festzulegen, dass ein Kommentar, der mehr als zwei Links enthält, automatisch in die Warteschlange verschoben wird. Enthält ein Kommentar mehr als einen Link, ist das meist ein Hinweis darauf, dass er Werbung oder Spam als Link enthält.

Verhindern Sie Datenmüll schon im Voraus.

Sie können noch angeben, dass ältere Kommentare nach einer gewissen Zeit automatisch geschlossen werden, und nach einer bestimmten Anzahl von Kommentaren einen Seitenumbruch festlegen.

185

13. Die Kommentare

Legen Sie fest, wann ältere Beiträge nicht mehr angezeigt werden sollen.

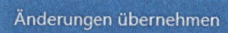

Der Seitenumbruch ist standardmäßig auf 50 Kommentare eingestellt.

Durch Klick auf den Button *Änderungen übernehmen* am Ende der Seite speichern Sie alle Ihre Änderungen ab.

Der Button zum Speichern.

Ein Plug-in, das man auf jeden Fall in Verbindung mit Kommentaren nutzen sollte, ist *Antispam Bee*, das sehr gut für die Bekämpfung von Kommentarspam geeignet ist. Auch *Disqus* ist eine gute Alternative. Mit diesem Tool lassen sich Kommentare einfach verwalten und es hilft auch gut gegen Spam. Denken Sie aber immer daran, nur ein Tool für Kommentarspam zu installieren, denn sonst ist es wie bei Virenscannern, sie blockieren sich gegenseitig, wenn mehr als einer installiert ist.

13.2 Das Avatar-Bild

Ein Avatar ist ein kleines Bild, das jedem Nutzer zugeordnet ist. Avatar-Bilder können Sie kostenlos über den Avatar-Service www.gravatar.com beziehen. Auf dieser Seite haben Sie die Möglichkeit, ein Minibild zu erstellen und es hochzuladen.

Bei jedem, der dieses Angebot nutzt und einen Kommentar veröffentlicht, wird daneben das Avatar-Bild präsentiert. Ein derartiges Bild verschafft Ihren Beiträgen einen persönlicheren Status. Allerdings ist es ziemlich kompliziert, auf dieser Seite einen Avatar zu erzeugen, und die Beschreibungen sind in Englisch. Aber es gibt noch eine andere Alternative: ein Plug-in wie *WP User Avatar*.

Wenn Sie dieses Plug-in heruntergeladen, installiert und aktiviert haben, können Sie auch damit einen Avatar erzeugen. Das Plug-in legt ein neues Menü mit dem Namen *Avatare* in der Sidebar an.

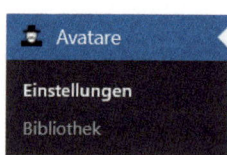

Ein neues Menü wurde erzeugt.

Unter diesem Menü entscheiden Sie im Bereich *Einstellungen*, ob Sie die kleinen Profilbilder anzeigen wollen oder nicht, und legen die Optionen für die Anzeige fest.

Sie entscheiden, ob Ihr Bild jugendfrei sein soll und ob für Besucher, die keinen eigenen Avatar haben, ein Standardlogo angezeigt werden soll oder gar keines oder ob ein Bild generiert werden soll, das als Grundlage die E-Mail-Adresse des Besuchers verwendet.

Hier können Sie die Optionen für das Avatar-Bild festlegen.

Im Bereich *Einstellungen* ist es wichtig, dass die Option *Einen Avatar-Knopf zum visuellen Editor hinzufügen* aktiviert ist, denn dann wird im Editor ein neues Symbol eingefügt, mit dem Sie den Avatar direkt im Beitrag anzeigen lassen können.

In diesem Bereich zeigt WordPress eine Auswahl unter dem Bereich *Standard-Avatar* automatisch an. Es sind noch vier weitere Alternativen zu sehen. Wir wollen aber unser eigenes Bild angezeigt haben.

Klicken Sie dazu auf den Button *Bild wählen*, um Ihren eigenen Avatar einzufügen. Dieses Bild können Sie bereits vorher vom PC in der Mediathek speichern und nun von dort laden. Sie sollten es aber vorher auf die Breite 80 skalieren.

13. Die Kommentare

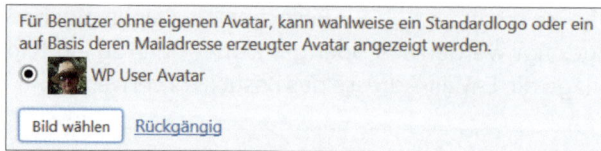

Ein Avatar wurde als Profilbild erzeugt.

Speichern Sie Ihre Einstellungen wieder über den Button *Änderungen übernehmen* ab. Öffnen Sie nun einen Beitrag. Das Symbol für den Avatar wurde in die Symbolleiste eingefügt.

 Das Avatar-Symbol.

Wenn Sie das Symbol anklicken, öffnet sich ein Eingabefenster, in dem Sie die Größe, Ausrichtung und Beschriftung des Avatars festlegen und ihn auch verlinken können.

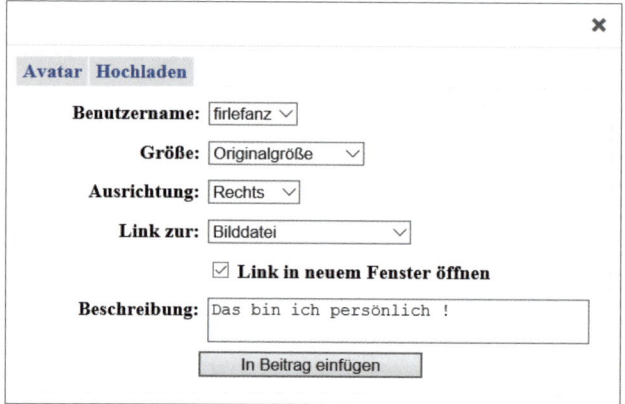

Geben Sie die Daten für den Avatar ein.

Nachdem alle Daten ausgewählt sind, klicken Sie auf den Button *In Beitrag einfügen*. Der Link zum Bild wird in den Beitrag übernommen. Aktualisieren Sie den Beitrag und schauen Sie sich das Bild in der Vorschau an.

Rückblick auf 35 Jahre Krafttraining

August 15, 2017 | 1 Kommentar

Die ersten Trainingsgeräte zum Krafttraining

Seit fast 40 Jahren betreibe ich mittlerweile Krafttraining. Da ich damals ziemlich dünn war, beschloss ich, Muskelmasse aufzubauen. Alles fing Ende der 70er Jahre bei einem Freund auf dem Dachboden der Eltern an. Wir gossen Zement in Eimer und steckten dann ein langes Heizungsrohr hinein. Am anderen Ende des Rohres machten wir es genauso. Als der Zement hart war, entfernten wir die Eimer und hatten eine Langhantelstange zum Trainieren. Zwei Kurzhanteln stellten wir auf die gleiche Weise her, dafür verwendeten wir aber kleinere Eimer und kürzere Stangen.

Das bin ich persönlich !

Das Avatar-Bild wird im Beitrag mit angezeigt.

14. Newsletter und Abonnenten

Für dieses Kapitel habe ich das Plug-in *MailPoet* aktiviert, das es ermöglicht, Newsletter zu versenden und Abonnenten zu bearbeiten. Mit diesem kostenlosen Plug-in, das viele Funktionen enthält und wenig technisches Verständnis erfordert, können Sie auf einfache Weise Formulare für Newsletter und Abonnenten erstellen. Das Tool ist komplett in Deutsch und lässt sich dadurch natürlich leicht konfigurieren.

Für größere Empfängerlisten ist es allerdings nicht geeignet, aber wer kann schon behaupten, dass er Tausende von Empfängern hat? Für kleine Empfängerlisten ist das Tool ideal. *MailPoet* fügt sich in die Sidebar mit einem eigenen Menü ein, das mehrere Untermenüs enthält.

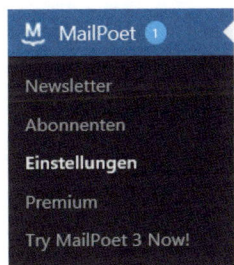

Das Menü von MailPoet.

14.1 Das Plug-in MailPoet

Sie sollten als Erstes die *Einstellungen* öffnen. Hier finden Sie ein Register, mit dem Sie zwischen den einzelnen Bereichen wechseln können. Im Register *Grundlagen* legen Sie Dinge wie die Absenderadresse fest und richten das Impressum ein. Die eingegebene E-Mail-Adresse ist dafür gedacht, dass bei einem Abonnement eines Besuchers eine Bestätigung mit einem Link zur Aktivierung der Anmeldung an diese Adresse gesandt wird.

Es besteht noch die Möglichkeit, die Option *Abonnieren in Kommentaren* zu aktivieren. Dadurch wird es Besuchern, die einen Kommentar abgeben, ermöglicht, einen Newsletter zu abonnieren. Die Option *Über das Registrierungsformular abonnieren* ist deaktiviert, weil Sie noch kein Formular angelegt haben. Sie können noch festlegen, ob ein Link zur Browser-Version erzeugt werden soll, und den Text für das Austragen aus dem Newsletter ändern. Standardmäßig wird *Austragen* angezeigt.

Dann haben Sie noch die Möglichkeit, den Besucher zu einer Seite Ihrer Wahl zu leiten, wenn er sich vom Newsletter abmeldet. Über den Button *Einstellungen speichern* sichern Sie Ihre Eingaben.

14. Newsletter und Abonnenten

Die Links zum Impressum und zum Datenschutz wurden eingegeben.

Ein Formular anlegen

Auch ein Anmelde-Formular lässt sich leicht mit *MailPoet* erstellen. Im Bereich *Anmelde-Formulare* werden Ihnen alle bisher erstellten Formulare angezeigt. Widerstehen Sie der Versuchung, beim Erzeugen des Formulars zu viel über den Nutzer zu erfragen. Fordern Sie nur wenige Daten. In der Regel genügt die E-Mail-Adresse, auch der Vor- und der Nachname sind noch okay. Das Geburtsdatum, die Adresse oder die Telefonnummer sollten Sie auf keinen Fall abfragen. Sie können über den Link *Neues Formular erstellen* ein komplett neues Formular anlegen oder ein bereits bestehendes überarbeiten. Das Formular können Sie mit den am Rand angezeigten Elementen um neue Felder erweitern. Über die Option *Neues Feld hinzufügen* können Sie ein neues Feld erstellen.

Rechts neben dem Formularbereich finden Sie noch ein Menü, mit dessen Hilfe Sie das Formular erweitern können. Wenn Sie die beiden Einträge *Vorname* und *Nachname* per Drag-and-drop in den Newsletter ziehen, dann ist dieser Bereich um zwei weitere Eingabefelder erweitert. Drag-and-drop? Sie erinnern sich? Mit der linken Maustaste auf den Eintrag klicken, Taste gedrückt halten und den Eintrag in den Newsletter ziehen.

In dem Moment, in dem Sie einen Eintrag mit der linken Maustaste berühren, werden im Anmeldebereich des Newsletters mehrere Felder erzeugt. In eines dieser Felder können Sie den Eintrag jetzt verschieben und er wird dort eingeklinkt.

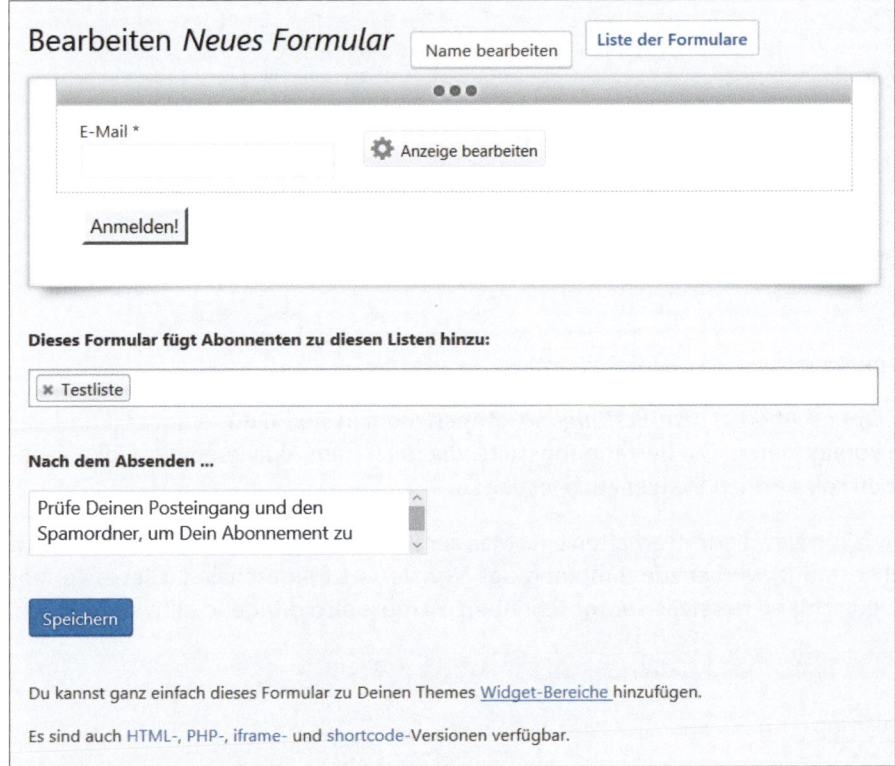

Die Vorlage für die Erstellung eines neuen Formulars.

Schieben Sie auf die gleiche Weise den Eintrag *Nachname* in das Formular, um den Eintrag des kompletten Namens zu ermöglichen. Wenn das neue Formular fertig ist, muss es natürlich über den Button *Speichern* gesichert werden.

Hier finden Sie zusätzliche Bearbeitungsmöglichkeiten.

14. Newsletter und Abonnenten

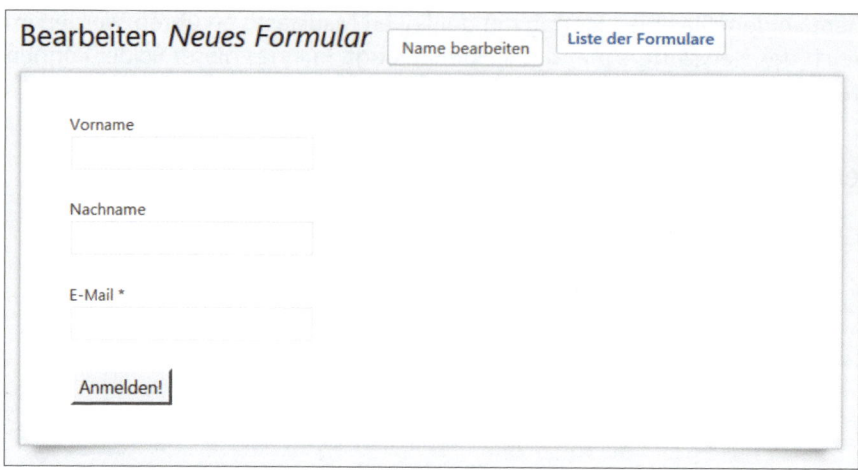

Der komplette Name kann jetzt eingegeben werden.

Unter der Option *Abonnement-Bestätigung* können Sie den Text dafür eingeben und das Verfahren konfigurieren. Die Bestätigungsseite, die nach dem Aktivieren des Links angezeigt werden soll, können Sie hier auch festlegen.

Abonnenten von Newslettern erhalten eine Mail zur Bestätigung. Erst wenn der Abonnent diese Mail bestätigt, wird er zum Empfang des Newsletters freigeschaltet. Dieses Verfahren ist in Deutschland gesetzlich vorgeschrieben. Es muss also dringend aktiviert werden.

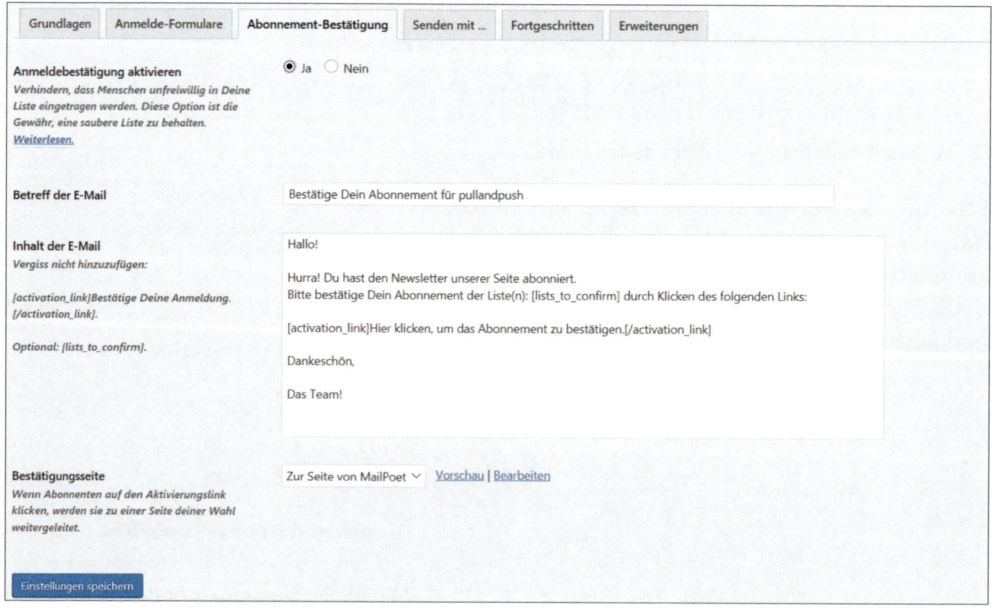

Hier wird die Bestätigung der Anmeldung mit Textinhalt aktiviert.

Newsletter versenden

Für das Versenden von Newslettern hält das Programm verschiedene Optionen bereit. Am besten ist natürlich der Versand über den eigenen Provider. Dies sollte normalerweise problemlos funktionieren, wenn es nicht gerade um Tausende von Newslettern geht. Sie können zwischen den Optionen *Deine eigene Website* oder *Drittanbieter* wählen. Normalerweise reicht die Option *Deine eigene Website* aus. Ob der Versand Ihrer E-Mails funktioniert, lässt sich leicht herausfinden. Verwenden Sie dazu die Funktion *Test method*.

Sie müssen hierbei nur Ihre E-Mail-Adresse eingeben und auf den Eintrag *Sende eine Testmail* klicken. Im Bereich *Senden* wird Ihnen angezeigt, ob Ihr Provider beim E-Mail-Versand ein Limit hat. In dem Drop-down-Menü daneben können Sie festlegen, in welcher Zeit die maximale Zahl der Mails abgerufen werden soll.

Entscheiden Sie, über wen Sie die Newsletter versenden wollen.

Legen Sie fest, wer bei den Newslettern mitwirken darf.

14. Newsletter und Abonnenten

Das Register *Fortgeschritten* können Sie nutzen, falls mehrere Autoren an diesem Blog arbeiten. Hier legen Sie fest, wer Newsletter erstellen und Abonnenten verwalten darf. Ein Klick auf den Link *Alles zeigen* erweitert die Auswahl der Optionen. Das Register *Erweiterungen* ist wichtig, wenn Sie einen Shop betreiben, denn dann können Sie *MailPoet* in den Bestellvorgang mit einbauen.

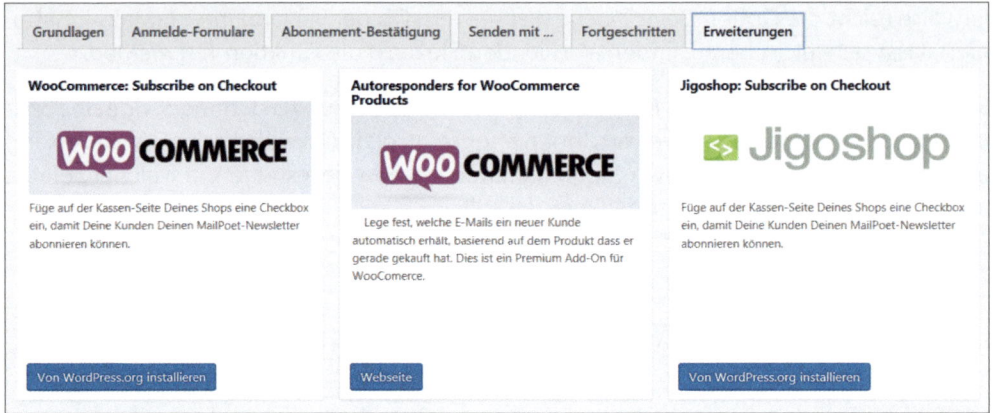

Hier finden Sie praktische Tools für einen Shop.

14.2 Abonnentenlisten

Begeben wir uns jetzt in das Menü *Abonnenten*. Hier verwalten Sie die Abonnenten der Newsletter und verschiedene Listen. In diesen Listen können Sie Abonnenten nach Gruppen einteilen. Über ein separates Menü können Sie einen Abonnenten manuell hinzufügen und auch gleich festlegen, welcher Gruppe er angehören soll. Wenn Sie jemand persönlich ansprechen wollen, müssen Sie seinen Vor- und Nachnamen eintragen. Außerdem lässt sich noch der Status des Abonnenten festlegen: *Eingetragen*, *Unbestätigt* oder *Abgemeldet*.

Das Menü für die Bearbeitung der Listen und Abonnenten.

Im Bereich *Listen und Abonnenten* steht Ihnen wieder ein Menü zur Bearbeitung zur Verfügung. Klicken Sie auf den Menüpunkt *Listen bearbeiten*. Die Seite mit den Listen wird Ihnen angezeigt.

Eine Liste ist bereits standardmäßig vorhanden.

Abonnentenlisten

Wenn Sie mit dem Mauszeiger auf den Eintrag *Meine erste Liste* zeigen, wird unter dem Eintrag ein Menü sichtbar. Klicken Sie auf *Bearbeiten*.

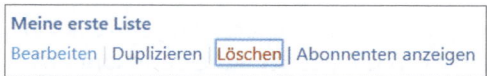 *Begeben Sie sich zur Bearbeitung der Liste.*

Sie gelangen in den Bereich, in dem Sie die Liste bearbeiten können. Das bezieht sich aber nur auf die Änderung des Namens der Liste und auf eine mögliche Beschreibung.

Vergeben Sie einen aussagekräftigen Namen für die Liste und beschreiben Sie kurz, welche Art von Abonnenten in der Liste gespeichert ist. Übernehmen Sie die Änderungen durch Klick auf den Button *Liste aktualisieren*.

Ändern Sie eine vorhandene Liste um.

Sie kommen wieder zurück in die Listenübersicht und werden unübersehbar darauf hingewiesen, dass Sie eine Liste aktualisiert haben. Diese wird Ihnen mit dem neuen Namen in der Übersicht angezeigt.

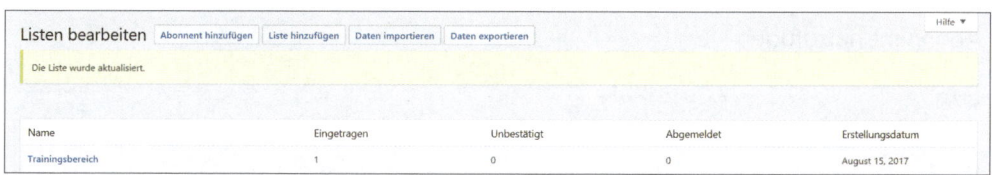

Der Liste wurde ein anderer Name zugewiesen.

Mindestens zwei Listen sind ratsam. Eine zum Testen, in die Sie sich oder mithelfende Autoren selbst eintragen, und natürlich die Liste für die Abonnenten. Wir legen noch eine dritte an, um zu zeigen, wie die einzelnen Abonnenten dann einsortiert werden können.

Sie haben jetzt insgesamt vier Listen. Eine, in der die Nutzer von WordPress automatisch eingetragen werden, eine zum Testen für den Eigenbedarf und zwei zum Einfügen von Abonnenten. Nachdem die neuen Listen angelegt sind, werden sie alle in der Übersicht angezeigt.

14. Newsletter und Abonnenten

Sie können nun neue Abonnenten anlegen und den Seiten zuweisen. Klicken Sie dazu auf den Menüpunkt *Abonnent anlegen*. Eine Eingabemaske wird angezeigt. Geben Sie die gewünschten Daten ein und klicken Sie an, in welche Liste der neue Abonnent aufgenommen werden soll. Bestätigen Sie die Eingaben über den Button *Abonnent hinzufügen*. Prüfen Sie aber zuerst über Ihre Testliste, ob eine E-Mail bei der eingegebenen Adresse ankommt.

Wenn diese Übertragung funktioniert hat, können Sie weitere Abonnenten eintragen und zuweisen. Geben Sie einen neuen Abonnenten ein und weisen Sie ihn der Liste *Trainingsbereich* zu. Klicken Sie auf *Abonnent hinzufügen*.

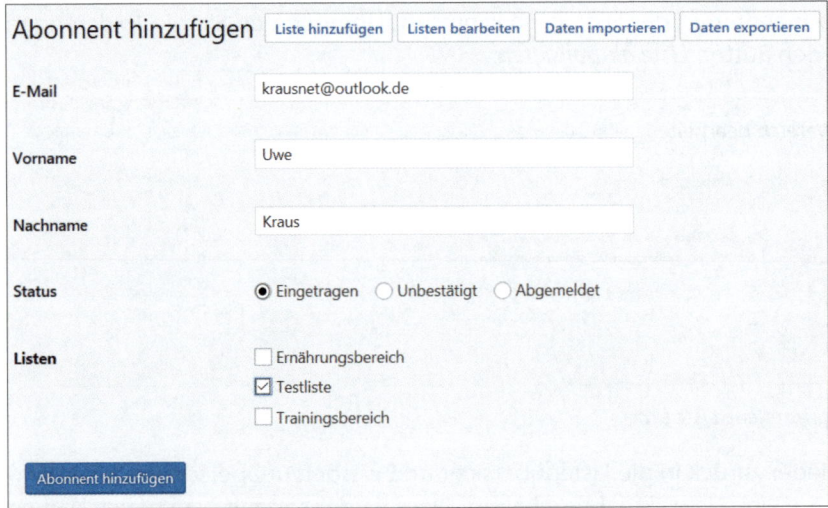

Für einen internen Test wurde die E-Mail-Adresse des Administrators eingegeben.

Legen Sie den ersten richtigen Abonnenten an.

Abonnentenlisten

Nachdem Sie den Abonnenten angelegt haben, können Sie die Liste, in die er eingefügt wurde, über den Menüpunkt *Listen bearbeiten* erreichen. Alle Listen werden Ihnen angezeigt, und wenn Sie die gesuchte Liste mit dem Mauszeiger berühren, öffnet sich das Menü unter dem Listennamen. Wählen Sie den Menüpunkt *Abonnenten anzeigen*.

Die Abonnenten dieser Liste sollen gezeigt werden.

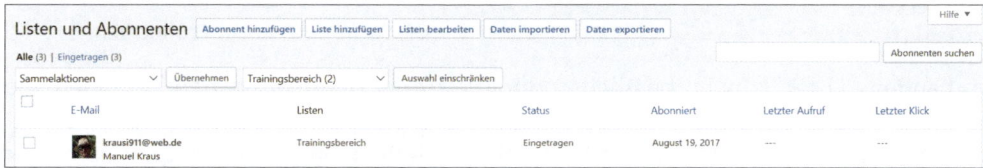

Der erste Abonnent ist in eine Liste eingefügt.

Sie können jetzt weitere Abonnenten anlegen und in die gewünschte Liste einsortieren. Geben Sie noch einen weiteren Abonnenten ein und sortieren Sie ihn in die Liste *Ernährungsbereich*.

Der zweite Abonnent wird angelegt.

Eine weitere Liste hat ihren ersten Abonnenten erhalten.

14. Newsletter und Abonnenten

Tragen Sie weitere neue Abonnenten nach diesem System ein. Wenn nötig, fügen Sie weitere Listen zum Sortieren der Abonnenten hinzu.

Wenn eine Ihrer Listen viele Abonnenten enthält, können Sie über die Suchfunktion einen bestimmten herausfiltern. Geben Sie dazu den Namen des Abonnenten in das Feld neben dem Button *Abonnenten suchen* ein und klicken Sie dann diesen Button an. Der gesuchte Abonnent wird Ihnen angezeigt.

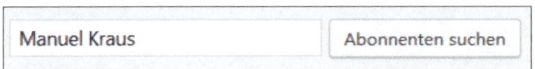
Die Suche nach einem Abonnenten.

Vorhandene Listen können bearbeitet, dupliziert oder gelöscht werden. Personen, die bei WordPress bereits angemeldet sind, werden automatisch in die Liste *WordPress Benutzer* eingetragen. Vorhandene Listen lassen sich auch über eine Textbox importieren oder hochladen. Importieren Sie auf keinen Fall ungeprüfte oder unbekannte Listen.

Der Export von vorhandenen Abonnenten ist in eine CSV-Datei oder in Excel möglich. In eine CSV-Datei lassen sich Tabellen oder Listen kopieren. Beim Export können Sie entscheiden, aus welchen Listen Sie Abonnenten exportieren wollen, ob nur bestätigte Abonnenten und welche Felder exportiert werden sollen. Über den Button *Daten exportieren* schicken Sie die Abonnenten auf die Reise.

Hier werden Abonnenten importiert oder hochgeladen.

Newsletter bearbeiten

Exportieren Sie die Abonnenten in eine CSV-Datei oder zu Excel.

14.3 Newsletter bearbeiten

Nun zum Newsletter, der über das Register *Newsletter* zur Bearbeitung geöffnet wird. Auch hier gibt es wieder ein Muster, das Sie umbauen können. Zum Download werden weitere Themes angeboten.

Sie können aber auch eine Vorlage nutzen, wenn Sie mit der Maus auf den betreffenden Newsletter zeigen und auf den Menüpunkt *Duplizieren* klicken. Aber wir wollen hier selbst etwas leisten. Deswegen erstellen wir den Newsletter über den Button *Eine neue E-Mail erstellen* am linken oberen Bildschirmrand. Sie gelangen in das Bearbeitungsfenster *Haupt-Details*.

Der Weg zum Newsletter.

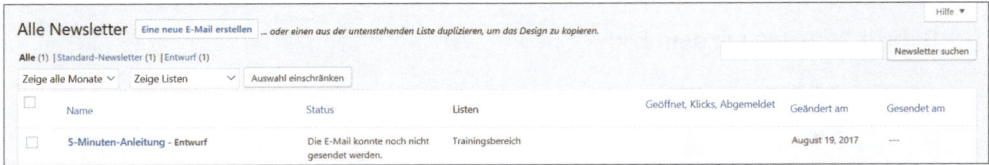

Hier werden Ihnen alle Newsletter angezeigt.

Hier legen Sie fest, ob der Newsletter normal oder automatisch sein soll. Wenn Sie sich für die Normalversion entscheiden, wird der Newsletter sofort nach der Erstellung versandt. Beim automatischen Versand dagegen gelten bestimmte Regeln. Sie können bestimmen, ob der Newsletter sofort nach der Veröffentlichung eines neuen Artikels versendet wer-

14. Newsletter und Abonnenten

den soll mit einem Hinweis auf diesen Artikel. Dann gibt es noch weitere Dinge, wie den Betreff mit Variablen zu versehen, damit der Titel des Beitrags angezeigt wird. Bleiben wir bei der normalen Version. Aktivieren Sie also die Option *Standard Newsletter* und füllen Sie die Betreffzeile mit Text. Wählen Sie dann die betreffende Empfängerliste aus. Nach einem Klick auf den Button *Nächster Schritt* geht es weiter mit dem Inhalt des Newsletters. Sie können jetzt Texte und Bilder direkt in den Newsletter einfügen.

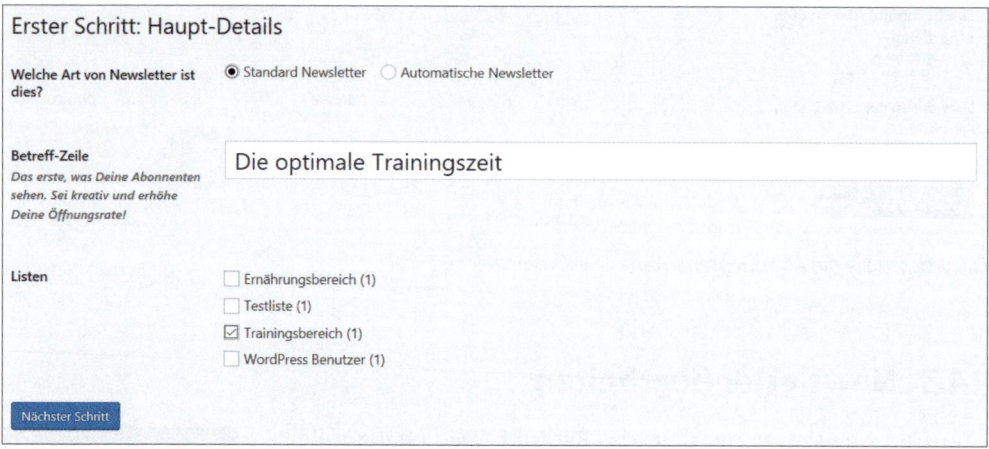

Der Betreff für den Newsletter wurde eingegeben und eine Liste ausgewählt.

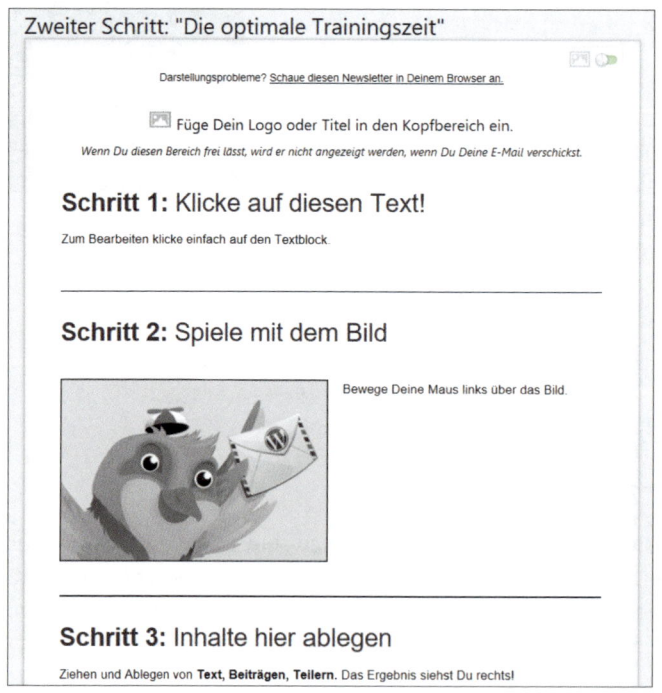

Der Arbeitsbereich für den Newsletter.

Newsletter bearbeiten

Klicken Sie in das Textfeld. Die Symbolleiste für das Bearbeiten von Text wird angezeigt. Löschen Sie den vorhandenen Mustertext und geben Sie Ihren eigenen ein. Nutzen Sie dazu die Funktionen aus der Symbolleiste.

Der Text für den Newsletter wurde eingegeben.

Im nächsten Schritt besteht die Möglichkeit, ein Bild einzufügen. Da aber Empfänger von Newslettern meist Bilder blockieren, lassen wir Bilder weg. Im nächsten Fenster können Sie weitere Texte einfügen, *Trennbalken* oder *Social Bookmarks*. Auch diese Möglichkeit lassen wir weg. Im letzten Fenster geht es um die Fußzeile. Hier können Sie ebenfalls ein Foto einfügen. Aber aus den bereits genannten Gründen lassen wir auch hier das Foto weg.

Ein weiteres Menü auf der rechten Seite des Bildschirms enthält noch zusätzliche Optionen zur Gestaltung des Newsletters. Sie können einen Textblock ohne Weiteres in den Newsletter einfügen. Dafür genügt es, die Option per Drag-and-drop in den Newsletter einzufügen. Trennbalken lassen sich ebenfalls einfügen, damit das Ganze nicht so verkrampft wirkt. Selbst eine Verknüpfung zu sozialen Netzwerken können Sie erzeugen.

Zusätzliche Hilfsmittel zur Gestaltung von Newslettern.

201

14. Newsletter und Abonnenten

Ein ganz besonderes Schmankerl ist die Möglichkeit, einen WordPress-Beitrag in den Newsletter einzubauen. Der ausgewählte Beitrag wird dann als Aufmacher angezeigt und kann auch mit einem Bild geschmückt werden. Dadurch können Sie die Leser regelmäßig auf Ihre neu erschienenen Beiträge aufmerksam machen. Bevor wir den Beitrag einbinden, erzeugen wir erst noch einen Trennbalken, um den Text des Newsletters optisch vom Beitrag abzutrennen. Setzen Sie den Mauszeiger im Beitrag an die Stelle, an der Sie den Trennbalken einfügen wollen. Klicken Sie danach auf das Bearbeitungssymbol für Trennbalken neben dem Eintrag *Trennbalken* und wählen Sie den nach Ihrer Meinung geeigneten Trennbalken aus. Mit einem Klick auf *Fertig* bestätigen Sie die Auswahl. Klicken Sie nun irgendwo in den Text und befördern Sie den Trennbalken per Drag-and-drop in den Newsletter. Sie erinnern sich? Mit der linken Maustaste auf den Balken klicken, Taste gedrückt halten und den Balken in den Newsletter ziehen. Die Linie wird unterhalb Ihres Textes eingefügt.

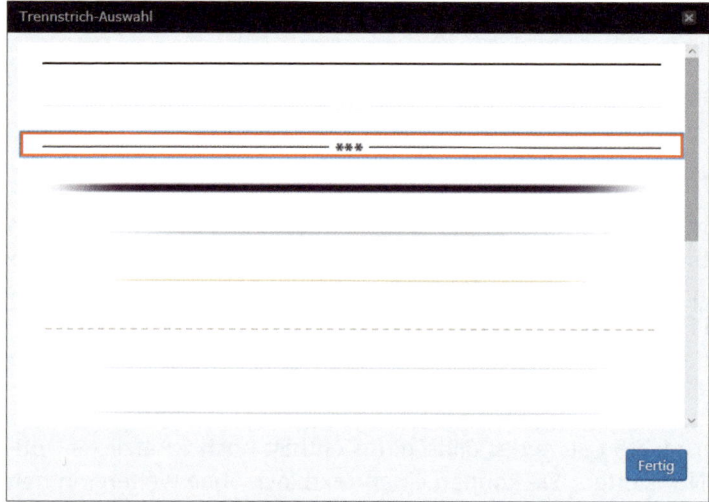

Die Trennlinie verfeinert den Newsletter optisch.

Eine Trennlinie wurde ausgewählt.

Newsletter bearbeiten

Nun aber zum Einfügen des WordPress-Beitrags. Klicken Sie auf den Eintrag *WordPress-Beitrag* und ziehen Sie ihn unter die gerade eingefügte Linie. Das Fenster *Beitragsauswahl* wird angezeigt. Wählen Sie den gewünschten Beitrag aus. Über den Link *Optionen anzeigen und einsetzen* können Sie zusätzliche Bearbeitungsmöglichkeiten für das Einfügen des Beitrags öffnen.

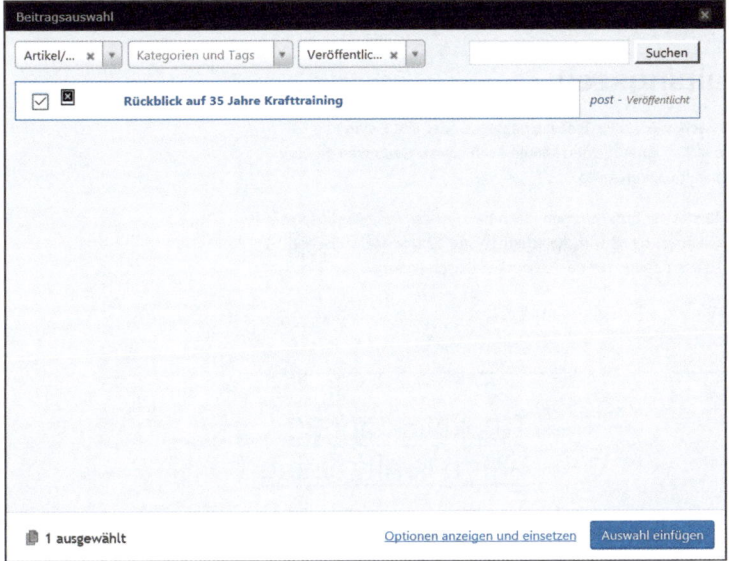

Ein Beitrag wird zur Übernahme ausgewählt.

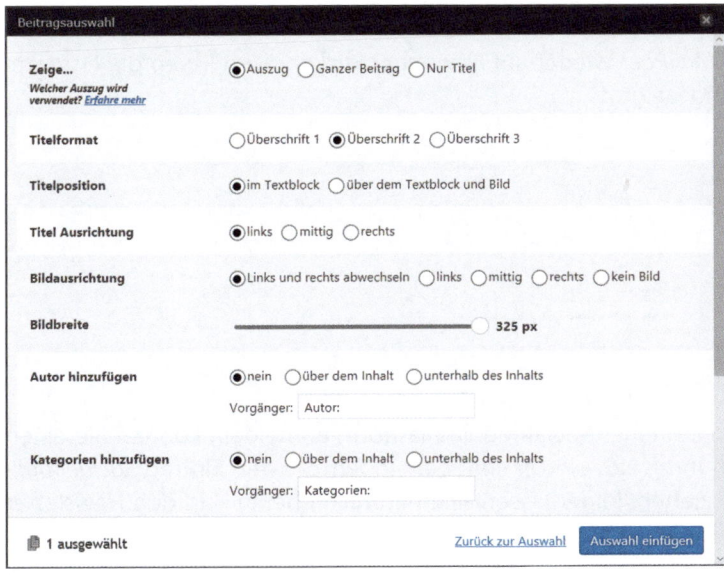

Zusätzliche Bearbeitungsmöglichkeiten.

14. Newsletter und Abonnenten

Der Beitrag wird in den Newsletter eingefügt und unter der Trennlinie angezeigt. Entfernen Sie noch das Fenster *Schritt 2*, *Schritt 3* und *Schritt 4*, indem Sie auf das jeweilige Fenster klicken und dann auf das Kreuz oben rechts im Fenster.

Klicken Sie dann auf *Änderungen speichern* am unteren Ende des Bearbeitungsfensters. Sie können sich nun den Newsletter über den Link *Schaue den Newsletter in Deinem Browser an* am oberen Rand des Fensters, in dem Sie den Text eingegeben haben, anschauen.

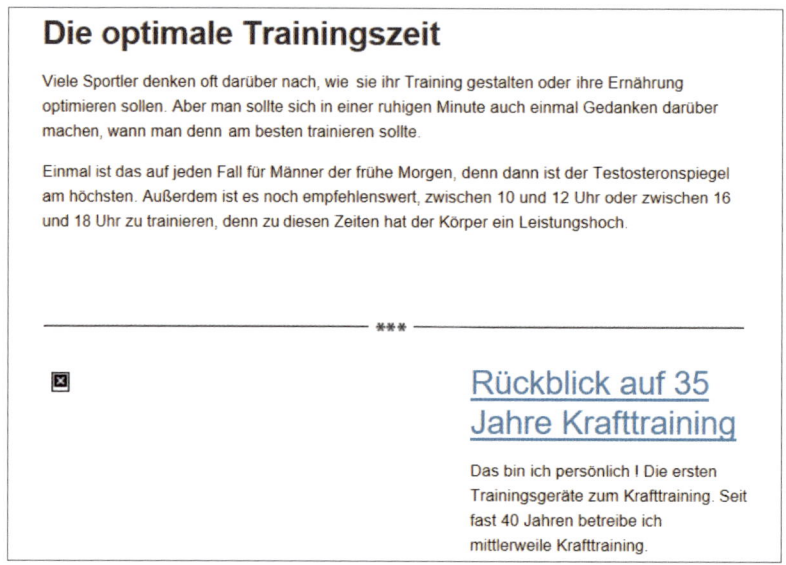

Ein Blick auf die Vorschau im Browser.

Wenn Sie jetzt im Menü *MailPoet* wieder auf *Newsletter* klicken, wird Ihnen die Liste mit dem neuen Newsletter angezeigt.

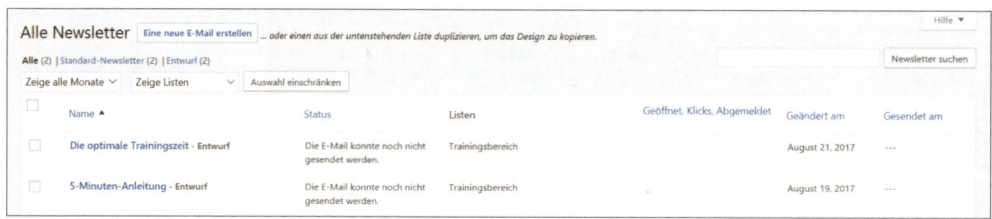

Ein Newsletter wurde in die Liste aufgenommen.

Falls Sie sich irgendwann bei einer Social-Media-Plattform anmelden, können Sie einen Link dazu nachträglich in Ihren Newsletter einfügen, indem Sie den Eintrag *Social Bookmarks* in den Newsletter ziehen. Bilder lassen sich natürlich ebenfalls in den Newsletter einbauen. Diese werden im Bereich *Bilder* in den Newsletter geladen. Aber darauf wollen wir ja aus den bereits genannten Gründen verzichten. Sie können jetzt Ihren Text mithilfe

Newsletter bearbeiten

des Menüs unter dem Menüpunkt *Styles* noch gründlicher bearbeiten, indem Sie ihn mit anderen Schriftarten versehen oder die Schriftgröße ändern und andere Dinge. Selbst Themes lassen sich über dieses Menü in den Newsletter laden.

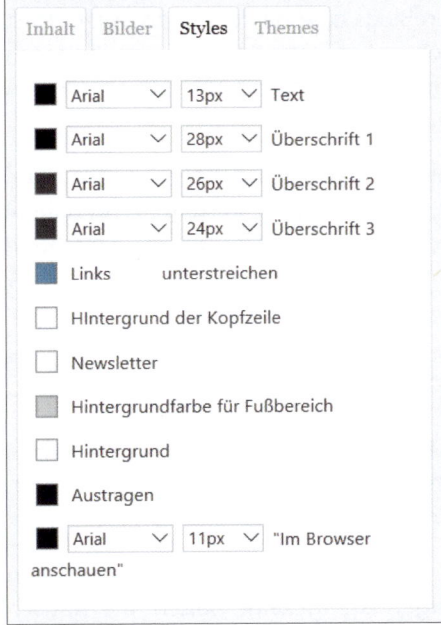

Gestalten Sie Ihren Text hier noch besser.

Am unteren Rand des Eingabefensters wird nochmals zur Kontrolle die E-Mail-Adresse angezeigt, von der aus die Mails versandt werden. Bevor Sie den Newsletter-Versand beginnen, können Sie über den Button *Vorschau versenden* den Versand nochmals testen.

Versenden Sie sicherheitshalber noch eine Testmail.

Weitere wichtige Links wie Impressum und Abmeldung werden von *MailPoet* automatisch eingebaut. Das funktioniert aber nur, wenn vorher in den Einstellungen alles korrekt bearbeitet wurde.

15. Die Kategorien

Mit Kategorien ordnen Sie Artikel einer Überschrift zu. Kategorien sind eigentlich eine Gliederung der Artikel. Damit verschaffen Sie Ihren Blogs eine bessere Ordnung. Dies ist auch für die Besucher wichtig, damit sie sich zurechtfinden. Jede Kategorie besitzt einen Link, unter dem alle Beiträge in dieser Kategorie aufgelistet sind. Eine Kategorie kann man auch als Inhaltsverzeichnis einer Seite bezeichnen.

Eine Kategorie enthält zudem Hinweise zu den enthaltenen Themen. Kategorien werden von den Suchmaschinen beachtet, wenn sie eine aussagekräftige Beschreibung haben. Für den praktischen Teil dieses Kapitels greifen wir wieder auf den Blog *krankodergesund* zurück.

15.1 Eine neue Kategorie anlegen

Eine Kategorie ist bei jeder WordPress-Installation bereits mit dem Namen *Uncategorized* angelegt. Wenn eine Kategorie gelöscht wird, landen die Beiträge dieser Kategorie dort. Die Kategorie *Uncategorized* können Sie nicht löschen.

Allerdings können Sie sie umbenennen. Falls Sie die geänderte Kategorie nicht in Ihren Beiträgen verwenden, wird sie natürlich auch nirgends angezeigt. Seiten, die statisch sind, können übrigens keiner Kategorie zugeordnet werden. Eine neue Kategorie legen Sie über das Menü *Beiträge/Kategorien* an.

Der Weg zu den Kategorien.

Dieser Link führt Sie in den Arbeitsbereich für Kategorien. In diesem Bereich finden Sie alles vor, was für die Erstellung von Kategorien wichtig ist, von der Anordnung bis zur Beschreibung.

Hier geben Sie im Feld *Name* die Bezeichnung für die neue Kategorie ein. In Ihrem Blog wird er später genauso angezeigt, wie Sie ihn geschrieben haben. Ich habe den Namen *Arzttipps* für die neue Kategorie gewählt.

Im Feld *Titelform* kann zusätzlich ein abweichender Name für die URL eingetragen werden. Das macht Sinn, wenn der ursprüngliche Name sehr lang ist, aus vielen Wörtern besteht oder viele Umlaute wie ä, ö oder ü hat. Falls Sie dieses Feld nicht ausfüllen, wird automatisch der im Feld *Name* eingetragene für die URL verwendet und auch umgewandelt, was wiederum bedeutet, dass Großbuchstaben in Kleinbuchstaben umgewandelt und Bindestriche zwischen einzelne Wörter gesetzt werden. Um sicherzustellen, dass der Kategoriename auch in der URL der Kategorie steht, habe ich für die Titelform den Namen *arzttipps* verwendet.

Die Seite für die Erstellung einer Kategorie.

Sie haben auch die Möglichkeit, eine Hierarchie anzulegen. Wenn Sie die Auswahl auf *Keine* belassen, wird die Kategorie in der obersten Ebene angelegt. Sie können im Moment noch keine andere übergeordnete Kategorie festlegen, da Sie ja noch keine weitere angelegt haben.

In dem großen Feld *Beschreibung* können Sie eine Beschreibung der Kategorie eingeben. Ob diese Beschreibung dann im Blog angezeigt wird, ist vom Thema abhängig. Das müssen Sie testen.

15. Die Kategorien

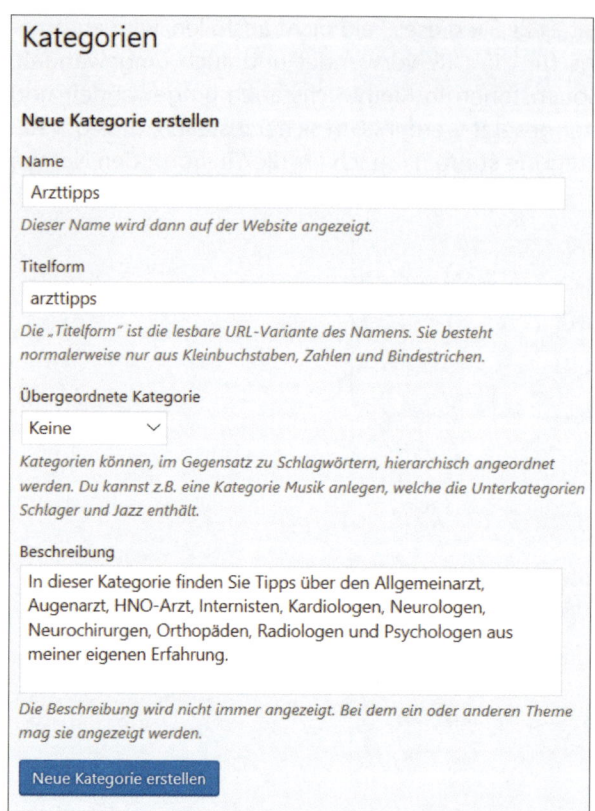

Die neue Kategorie ist mit allen Angaben vorbereitet.

Mit einem Klick auf den Button *Neue Kategorie erstellen* weisen Sie die Kategorie der Kategorieliste zu. Gleichzeitig wird die Maske zur Bearbeitung wieder geleert und Sie können eine weitere Kategorie anlegen. Die neue Kategorie wird in die Liste aufgenommen, die auf der rechten Seite angezeigt wird. In dieser Liste sind alle vorhandenen Kategorien mit Name, Beschreibung, Titelform (Name der URL) und Anzahl der zugeordneten Artikel aufgelistet.

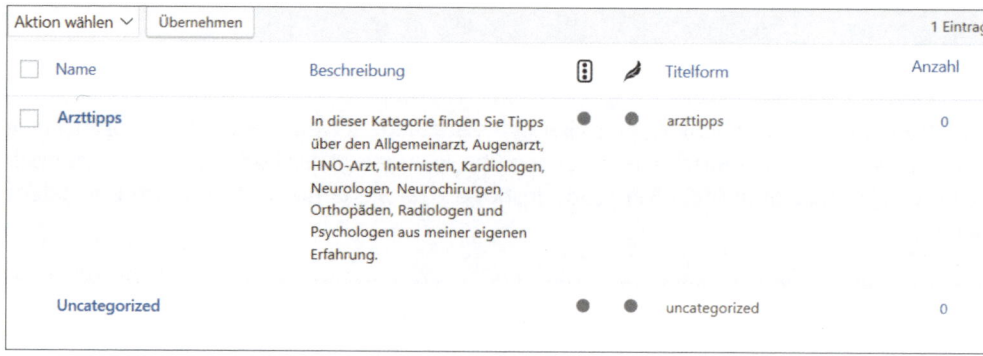

Die Liste mit den bisher vorhandenen Kategorien.

15.2 Kategorien bearbeiten

Wenn Sie den Mauszeiger über oder in die Nähe eines Kategorienamens halten, werden Ihnen verschiedene Optionen wie *Bearbeiten*, *QuickEdit*, *Löschen* und *Anschauen* unter dem Namen angezeigt.

Das Menü zur weiteren Bearbeitung der Kategorie.

Mit einem Klick auf *Bearbeiten* können Sie bestimmte Einträge wie *Name*, *Titelform*, *Übergeordnete Kategorie* und *Beschreibung* ändern. Sie können auch von hier aus die Kategorie *Uncategorized* umbenennen, aber nicht löschen. Über den Button *Aktualisieren* können Sie alle Änderungen übernehmen.

Kategorien ändern

Mit einem Klick auf *QuickEdit* öffnet sich ein Feld, in dem Sie den Namen und die Titelform ändern können. Diese Änderungen müssen Sie anschließend über die Schaltfläche *Kategorie aktualisieren* zuweisen oder den Vorgang über die Schaltfläche *Abbrechen* beenden.

Wenn Sie auf *Löschen* klicken, erscheint eine Sicherheitsabfrage, ob Sie auch wirklich löschen wollen. Mit *OK* bestätigen Sie das Löschen oder Sie brechen den Vorgang über die Schaltfläche *Abbrechen* ab. In diesem Bereich können Sie auch die Kategorie *Uncategorized* umbenennen.

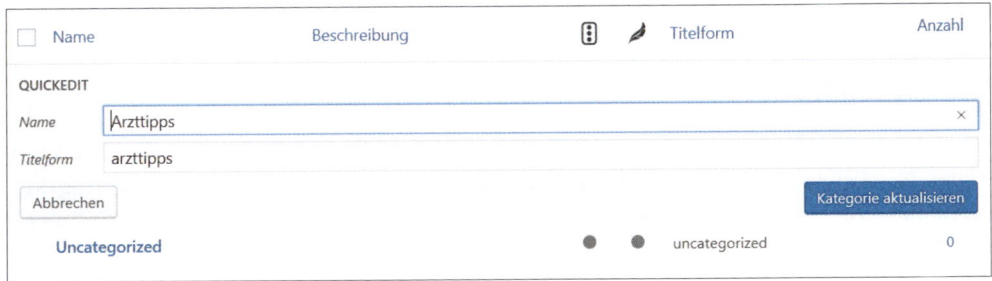

Die Eingabemaske zur schnellen Änderung der Bezeichnung.

Über den Link *Anschauen* kommen Sie direkt zur Vorschau des Blogs, um die Kategorien zu begutachten. Wie Sie sehen, wird hier noch kein Beitrag in der Kategorie angezeigt, da ja bisher noch keiner zugeordnet wurde, die Kategorie wurde lediglich angelegt.

Mithilfe des Menüs, das über der Vorschau angezeigt wird, kommen Sie wieder zurück in den Bearbeitungsmodus für die Kategorie. Klicken Sie dazu auf den Menüpunkt *Kategorie bearbeiten*. Sie können hier die Kategorie weiterbearbeiten. Alternativ kommen Sie über die Menüfolge *krankodergesund/Dashboard* wieder zu WordPress zurück.

15. Die Kategorien

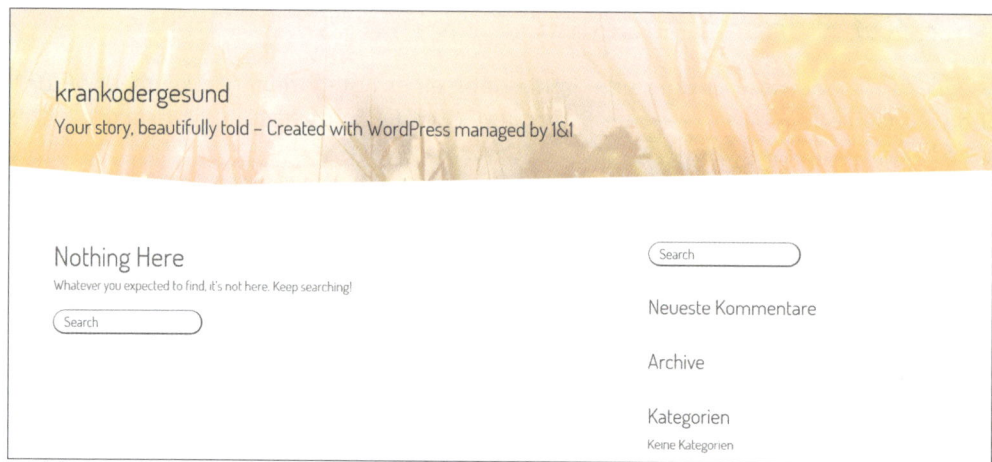

Die Kategorien in der Vorschau, aber noch ohne zugeordnete Beiträge.

Von hier aus geht es zurück zur Bearbeitung der Kategorie.

 *Der Weg zum Dashboard.*

Kategorien löschen

Über der Liste mit den angelegten Kategorien finden Sie kleine Drop-down-Listen wie *Aktion wählen*. In diesem Menü haben Sie aber nur die Option *Löschen* zur Verfügung. Wenn Sie eine Kategorie löschen wollen, müssen Sie allerdings erst vor die zu löschende Kategorie einen Haken setzen und dann auf die Schaltfläche *Übernehmen* klicken.

Eine Sicherheitsabfrage erfolgt bei dieser Art des Löschens nicht mehr. Es wird sofort gelöscht. Diese Art ist praktisch, wenn Sie mehrere Kategorien auf einmal löschen wollen. Dann steht noch ein Suchfeld zur Verfügung, in dem Sie nach vorhandenen Kategorien suchen können.

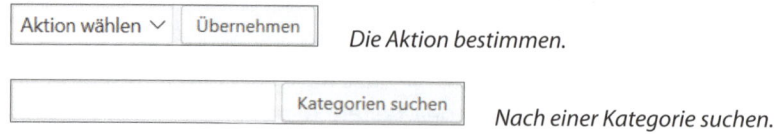

Die Aktion bestimmen.

Nach einer Kategorie suchen.

Kategorien benennen

Wenn es einmal so weit ist, dass Sie viele Artikel in Ihrem Blog haben, ist es an der Zeit, diese in Kategorien einzuteilen. So lassen sich für den Leser Themen schneller finden. Welche Kategorien Sie dabei anlegen, ist eigentlich egal, aber Sie sollten schon sinnvolle Namen vergeben, damit der Leser hinter dem Namen auch den richtigen Inhalt vermutet. Beachten Sie bei der Auswahl des Namens auch, dass die Besucher verstehen, um was es in der Kategorie geht.

Nun wird es etwas komplizierter, denn Sie können die neue Kategorie unter einer bereits bestehenden Kategorie einordnen. Wenn Sie alle Einstellungen belassen, wird die neue Kategorie ganz oben in der Kategorie *Uncategorized* gelistet. Mit einem Klick auf *Neue Kategorie hinzufügen* wird die Kategorie erstellt und in der Kategorieliste angezeigt.

Wenn Sie bereits weitere Kategorien erstellt haben, genügt das Entfernen des Hakens vor der Kategorie *Uncategorized* und der Artikel wird der neu angelegten Kategorie zugeordnet. Sie können den Artikel auch mehreren Kategorien zuordnen, wenn er dazu passt, so wird der Artikel vielleicht auch gelesen, wenn ein Leser nur eine Kategorie durchsucht. Keine Angst, Sie werden dadurch die Übersicht nicht verlieren, denn unter dem Register *Häufig genutzt* werden alle Kategorien angezeigt, denen mindestens ein Artikel zugeordnet ist. Alle neu erstellten Kategorien werden in Ihrem Blog angezeigt – leere Kategorien allerdings nicht – wozu auch?

15.3 Beiträge den Kategorien zuweisen

Eine Kategorie ist jetzt zwar angelegt, aber ohne Inhalt. Die einzelnen Beiträge, die in diese Kategorie sollen, müssen jetzt noch zugewiesen werden. Rufen Sie dazu über das Menü *Beiträge/Alle Beiträge* die Liste mit den Beiträgen auf. Klicken Sie einen vorhandenen Beitrag an und wählen Sie den Link *QuickEdit*, um diesen Modus zu öffnen.

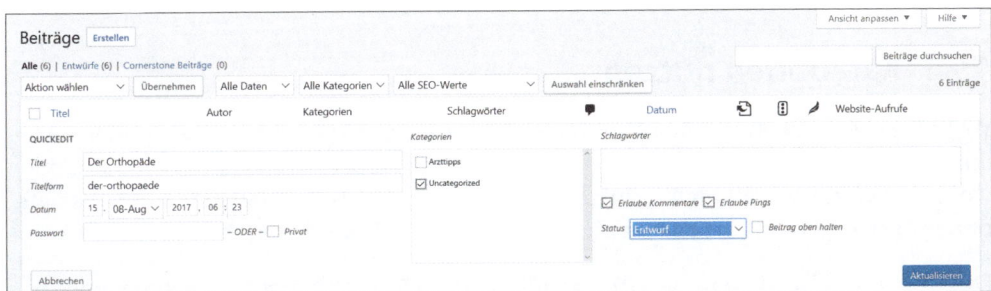

Von hier aus wird der Beitrag einer Kategorie zugeordnet.

Nun können Sie die neu erstellte Kategorie durch Anklicken auswählen. Die automatische Kategorie *Uncategorized* müssen Sie deaktivieren. Mit dem Button *Aktualisieren* werden die neuen Einstellungen übernommen.

15. Die Kategorien

Ein Beitrag wurde einer Kategorie zugewiesen.

Sie können einen Beitrag auch schon während des Schreibens einer Kategorie zuordnen, denn die Kategorien werden Ihnen beim Erstellen eines neuen Beitrags auf der rechten Seite angezeigt.

Auch hier können Sie Beiträge den Kategorien zuweisen.

In WordPress können Sie Beiträge auch standardmäßig zuordnen. Im Menü *Einstellungen/ Schreiben* lässt sich im Drop-down-Menü *Standard Beitrags-Kategorie* eine Kategorie als Standard definieren. Bei jedem neuen Beitrag, den Sie ab jetzt erstellen, ist dann diese Kategorie angekreuzt.

Hier legen Sie eine Standard-Kategorie fest.

15.4 Kategorien nutzen

Wenn Sie viele Artikel schreiben, benötigen Sie eine gute Übersicht. Die Kategorien helfen Ihnen und auch dem Besucher dabei, diese nicht zu verlieren. Die einzelnen Kategorien werden in WordPress als Menüpunkte angezeigt, damit sich die Besucher durch die Kategorien klicken können. Sie sollten aber nie mehr als fünf Oberkategorien erzeugen.

Das ist natürlich auch vom gesamten Umfang des Blogs abhängig, manchmal genügen auch zwei. Sortieren Sie jeden Artikel, den Sie schreiben, nur in eine Kategorie ein, sonst wird Ihre Struktur zu unübersichtlich. Wenn Ihr Blog einmal umfangreicher wird, können Sie zusätzlich Unterkategorien nutzen. Bei der Erstellung von Kategorien sollten Sie immer an erster Stelle an den Besucher denken. Er soll sich zurechtfinden auf Ihrem Blog und natürlich dort möglichst lange verweilen.

16. Der Administrationsbereich

Den Administrationsbereich von WordPress erreichen Sie über das Menü *Benutzer*. Hier stehen drei Untermenüs zur Auswahl: *Alle Benutzer*, *Neu hinzufügen* und *Dein Profil*.

16.1 Die verschiedenen Benutzerarten

Beginnen wir mit dem Untermenü *Alle Benutzer*. Nach Anklicken dieses Menüpunkts kommen Sie in den Bearbeitungsbereich für Benutzer. Hier können Sie aus einer Drop-down-Liste fünf verschiedene Benutzerarten aussuchen: *Abonnent*, *Mitarbeiter*, *Autor*, *Redakteur* und *Administrator*.

Das Benutzer-Menü.

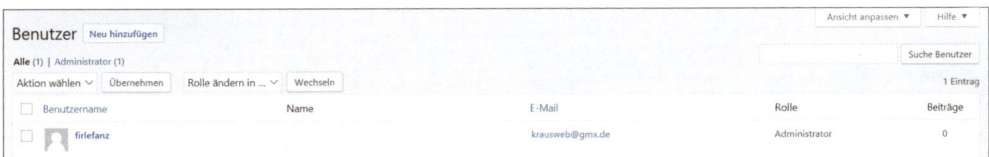

In dieser Liste werden alle angelegten Benutzer angezeigt.

An erster Stelle dieser Auflistung steht der *Administrator*. Er hat die volle Verantwortung und kann alles tun: Seiten bearbeiten, Themes und Einstellungen ändern. Er hat auch den Zugriff auf die Plug-ins. Der *Redakteur* kann ebenfalls Seiten bearbeiten, aber die Zugänge wie dem Administrator sind ihm nicht erlaubt. Der *Autor* kann seine Beiträge selbst veröffentlichen und hat auch Zugriff auf die Mediathek, um Dateien hochzuladen. Der *Mitarbeiter* kann Beiträge schreiben und auch zur Revision vorlegen, veröffentlichen darf sie aber nur der Administrator oder der Redakteur. Der *Abonnent* hat in der Regel nur Zugang zu den Beiträgen und erhält Newsletter.

16.2 Neue Benutzer anlegen

Über den Menüpunkt *Neu hinzufügen* legen Sie neue Benutzer an. Sie können ihnen ihre Aufgabe zuweisen. Dafür benötigen Sie drei Informationen: den Benutzernamen, die E-Mail-Adresse und ein Passwort. Der Benutzername kann nur vom Administrator geändert werden, die E-Mail-Adresse und das Passwort auch vom Benutzer selbst.

16. Der Administrationsbereich

Beim Anlegen eines neuen Benutzers ist es nicht unbedingt notwendig, die Felder *Vorname*, *Nachname* und *Website* auszufüllen. Diese Daten können die Benutzer auch hinterher selbst eintragen.

Mit einem Klick auf den Button *Neuen Benutzer hinzufügen* weisen Sie jemandem die neue Rolle zu. Falls Sie ein Häkchen bei der Option *Passwort senden* gesetzt haben, wird ihm dieses auch gleich zugemailt.

Hier werden zukünftige Benutzer angelegt.

Einen Benutzer löschen

Ein Benutzer kann natürlich auch gelöscht werden. Setzen Sie dazu den Mauszeiger auf den Benutzer, den Sie löschen wollen, und klicken Sie im dann erscheinenden Menü auf *Löschen*. Das Löschen muss dann nochmals von Ihnen bestätigt werden.

 *Der Weg zum Löschen eines Benutzers.*

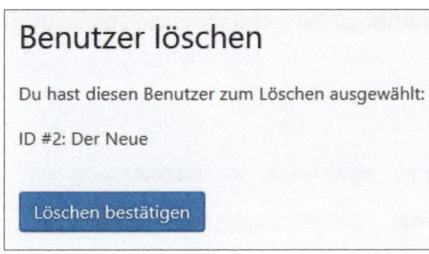

Das Löschen muss noch bestätigt werden.

16.3 Das Profil

Zu Ihren Profileinstellungen gelangen Sie über das Menü *Benutzer/Dein Profil*. Hier finden Sie verschiedene Möglichkeiten, um das Profil anzupassen. Wenn Sie die Option *Visueller Editor* mit einem Haken versehen, wird dieser beim Erstellen von Beiträgen und Seiten nicht mehr angezeigt. Da Sie in diesem Editor aber genau das sehen, was Sie schreiben, sollten Sie ihn lieber nicht deaktivieren. Im Bereich *Farbschema verwalten* können Sie dem Administrationsbereich eine Farbe zuweisen. Dies hat keinerlei Einfluss auf das Aussehen Ihrer Webseite. Wenn Sie eine Farboption anklicken, ändert sich sofort das Aussehen des Administrationsbereichs.

Wenn Sie gern Tastaturkürzel nutzen, sollten Sie die Option *Tastaturkürzel* aktivieren. Mit der Option *Werkzeugleiste* legen Sie fest, ob diese auf Ihrer Webseite angezeigt werden soll. Da Ihnen diese Leiste die Arbeit erleichtert, sollte diese Option aktiviert sein. Mithilfe des Drop-down-Menüs *Sprache* legen Sie die Sprache Deutsch oder Englisch fest oder belassen es auf *Website-Einstellung*, dann wird die Sprache dargestellt, in der Sie geschrieben haben.

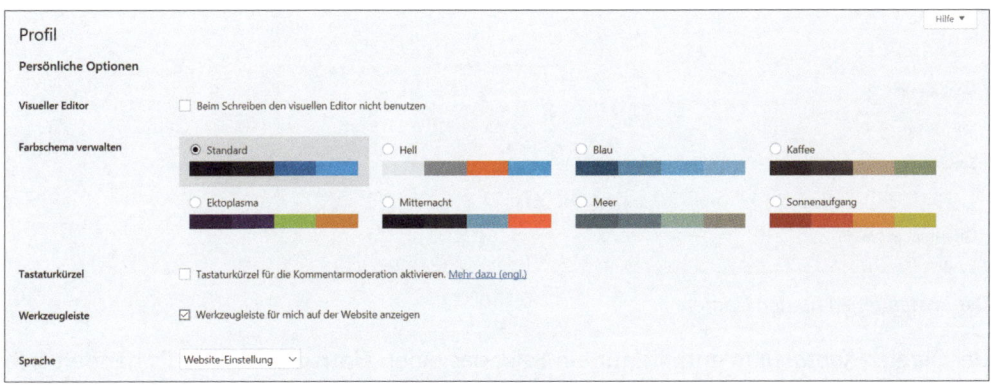

Einige Einstellungsmöglichkeiten für das Profil des Benutzers.

16. Der Administrationsbereich

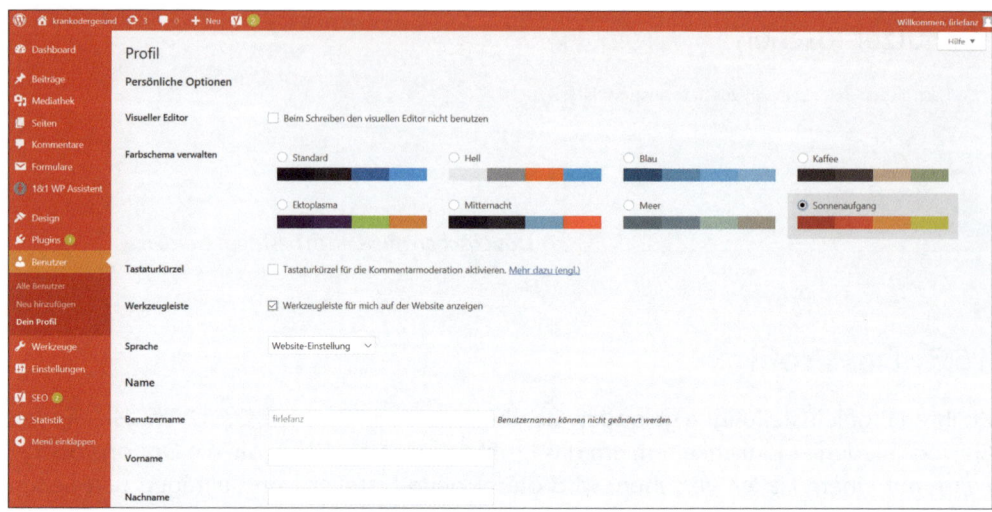

Dem Administrationsbereich wurde eine andere Farbe zugewiesen.

Im Bereich *Name* legen Sie fest, wie Ihr Name bei einem Beitrag angezeigt wird. Verwenden Sie auf keinen Fall den Benutzernamen als Spitznamen, da Sie diesen ja auch zum Einloggen benutzen. Sie müssen also den Eintrag im Feld *Spitzname* ändern. Alle Spitznamen werden im Drop-down-Menü *Öffentlicher Name* angezeigt. Hier können Sie auch den gewünschten auswählen, falls mehrere vorhanden sind.

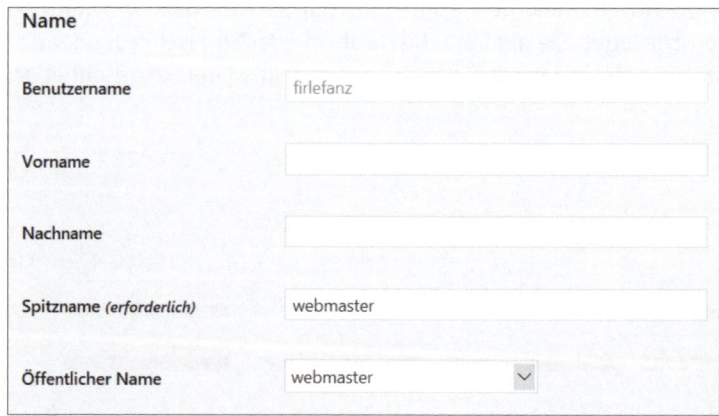

Die Einstellungen für den Namen.

Der Bereich *Kontaktinfo* enthält nur ein Feld, das einen Eintrag erfordert. Es handelt sich um das Feld mit Ihrer E-Mail-Adresse. Für das Ausfüllen der anderen Felder besteht keine Pflicht. Diese Angaben sind nur sinnvoll, falls mehrere Personen an einer Seite arbeiten, da diese Angaben später veröffentlicht werden. Im Bereich *Über Dich* können Sie sich kurz vorstellen und – falls vorhanden – Links zu Ihren Profilen setzen. Ob diese Daten auf jeder Webseite angezeigt werden, ist aber nicht sicher.

Das Profil

In diesem Bereich ist nur ein Eintrag vorgeschrieben.

Hier geht es um die eigene Person des Benutzers.

Das Passwort ändern

Im Bereich *Benutzerkonten-Verwaltung* können Sie Ihr Passwort ändern. Dies sollten Sie aus Gründen der Sicherheit regelmäßig tun. Eine Kombination aus Buchstaben, Zahlen und Zeichen ist hier sicher sinnvoll. Die Anzeige für die Sicherheitsstufe des Passworts sollte im grünen Bereich liegen. Sie können das Passwort auch verdecken lassen. Dazu klicken Sie auf den Button *Verbergen*. Statt des Passworts werden jetzt nur Punkte angezeigt.

Das Passwort muss gut gewählt werden.

16. Der Administrationsbereich

Das Passwort wird verdeckt.

Sie können auch Einstellungen für die Suchmaschinen im Bereich *Einstellungen für Yoast SEO* vornehmen. Hier können Sie einen Titel eingeben, der auf der Autorenseite angezeigt wird, oder Metatags anlegen. Außerdem können Sie mithilfe verschiedener Optionen User von der Autoren-Sitemap ausschließen, die SEO-Analyse oder die Lesbarkeits-Analyse deaktivieren. Über den Button *Profil aktualisieren* speichern Sie alle Eingaben und Änderungen ab.

In diesem Bereich geht es um die Suchmaschinen.

17. Die Einstellungen von WordPress

In diesem Kapitel geht es um die Einstellungen von WordPress. Einiges davon wurde zwar bereits schon einmal erwähnt. Aber auf den nächsten Seiten erkläre ich nochmals alles komplett. Unter dem Menü *Einstellungen* finden Sie alle Bereiche dazu. Ein gewisses Mindestmaß an Einstellungen ist unbedingt notwendig.

Die Einstellungsbereiche.

17.1 Allgemeine Einstellungen

Beginnen wir mit dem Bereich *Allgemein*. Hier ist das Ausfüllen der Zeilen *Titel der Website* und *Untertitel* wichtig, denn diese Einträge sieht man im Fenster des Browsers. Außerdem sind sie in der Ergebnisliste von Google beim Suchen zu sehen.

Die URL für WordPress und für die Webseite wird bereits bei der Installation automatisch festgelegt. Diese sollten Sie auf keinen Fall ändern. Nur in besonderen Fällen, wie etwa bei einem Umzug der URL. Eine Änderung ist immer mit Vorsicht zu genießen, denn es kann passieren, dass Ihre Seite hinterher nicht mehr erreichbar ist.

Die Adresse, die im Feld *E-Mail-Adresse* eingetragen wird, muss auch erreichbar sein, da die Benutzer hier miteinander kommunizieren. Sie ist nur für interne Zwecke gedacht.

Wenn Sie wollen, dass Ihre Webseite für Mitglieder freigegeben werden soll, dann können Sie genehmigen, dass man sich anmelden kann. Wenn Sie das noch nicht entschieden haben, deaktivieren Sie diese Option. Falls Sie sie aktivieren, können Sie dem Benutzer noch eine Rolle zuweisen. Diese Option sollten Sie als Neuling beim Bloggen noch nicht nutzen.

Die Sprache des Blogs ist gleichzeitig auch die Sprache der Webseite. Sie kommt im Backend und im Frontend zum Einsatz. Hier wählen Sie im Normalfall *Deutsch* aus. Die eingestellte Sprache wird aber nur dann funktionieren, wenn das ausgewählte Theme diese unterstützt.

17. Die Einstellungen von WordPress

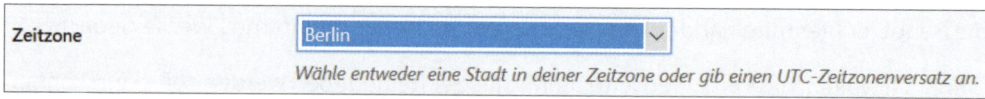

Hier legen Sie wichtige Grundeinstellungen fest.

Bei der *Zeitzone* wählen Sie am besten aus dem Drop-down-Menü *Berlin*, denn falls Sie einen UTC-Wert anklicken, klappt das mit der Umstellung auf Sommer- und Winterzeit nicht.

Wählen Sie die richtige Zeitzone aus.

Sie können noch aussuchen, wie Sie Datum und Zeit darstellen wollen und an welchem Tag die Woche auf Ihrer Seite beginnt. Über den Button *Änderungen übernehmen* speichern Sie alles ab.

Hier stellen Sie ein, wie Datum und Zeit angezeigt werden.

17.2 Einstellungen für das Schreiben

In diesem Bereich geht es um die Einstellungen, die mit dem Text Ihrer Webseite zusammenhängen. Hier legen Sie die Kategorien fest sowie die Beitragsformate, wenn Ihr Theme das ermöglicht.

Wenn Sie wenig zu Hause sind, können Sie unter der Option *Via E-Mail schreiben* die Daten zum Zugang für ein Schreiben Ihrer Beiträge per E-Mail ersehen. Dafür muss ein geheimes E-Mail-Konto mit einem POP3-Zugang erstellt werden.

Jede E-Mail, die nach der Einrichtung des Kontos an diese Adresse geschickt wird, kommt auf Ihrer Webseite zur Veröffentlichung. Wenn diese Adresse nicht geheim bleibt, dann kann praktisch jeder eine E-Mail senden und dadurch etwas auf Ihrer Seite veröffentlichen.

Nach der Veröffentlichung eines Beitrags können Sie WordPress verschiedene Dienste darüber informieren lassen. Diese Option sollten Sie unbedingt nutzen, um Ihre Seite bekannt zu machen.

17. Die Einstellungen von WordPress

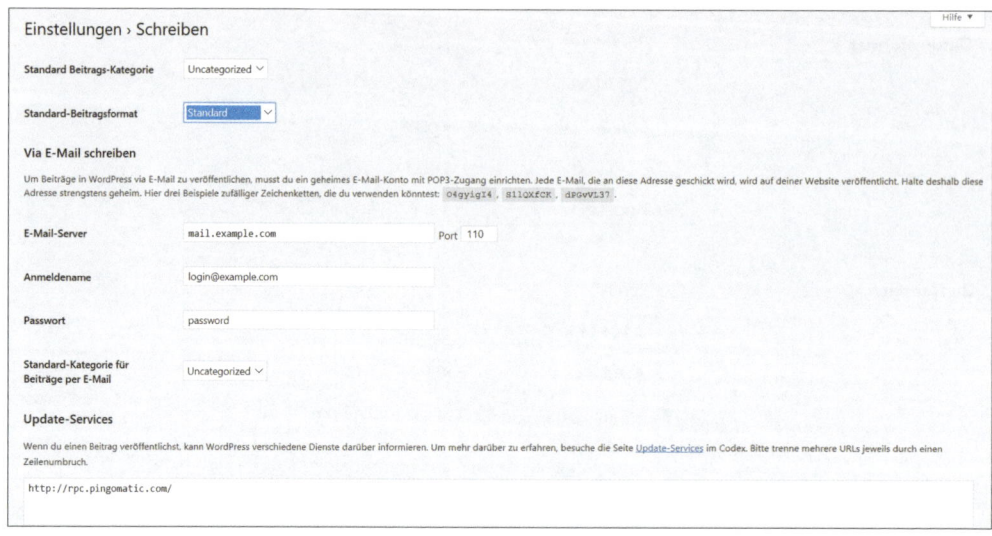

Legen Sie wichtige Dinge in Bezug auf das Schreiben fest.

17.3 Einstellungen für das Lesen

In diesem Einstellungsbereich legen Sie fest, ob die Startseite Ihres Blogs Beiträge anzeigen oder eine statische Seite sein soll. Falls Sie das Theme Ihrer Seite wechseln, kann es allerdings passieren, dass diese Einstellung überschrieben wird. Falls Sie sich für die Anzeige der Beiträge entscheiden, können Sie noch bestimmen, wie viele Beiträge eingeblendet werden sollen.

Dabei sollten Sie aber bedenken, dass sich die Webseite bei vielen Besuchern immer langsamer aufbauen wird. Daher sollten Sie es vermeiden, zu viele Beiträge auf der Startseite anzeigen zu lassen. Mehr als zehn sollten das nicht sein, lieber weniger.

Für *Newsfeed* können Sie festlegen, wie viele Einträge angezeigt werden sollen und ob der ganze Text oder eine Kurzfassung gezeigt werden soll. Über *Newsfeed* können die Besucher Ihrer Seite den Inhalt mit einer Lesesoftware abonnieren.

Über die Option *Sichtbarkeit für Suchmaschinen* legen Sie fest, ob die Suchmaschinen Ihre Webseite indexieren sollen. Falls Sie diese Option aktivieren, ist trotzdem nicht gesichert, ob alle Suchmaschinen das beachten. Wenn Sie wirklich sichergehen wollen, dann laden Sie das Plug-in *network-privacy* herunter. Damit lassen sich alle Suchmaschinen davon abhalten, Ihre Seite zu indexieren.

Wenn Sie allerdings von den Suchmaschinen gefunden werden wollen, was ich stark annehme, dann aktivieren Sie diese Option nicht.

17.4 Einstellungen für Diskussionen

Kommentare sind ein wichtiger Faktor bei bestimmten Themen. Diese Einstellungen wurden bereits in Kapitel 13 ausführlich erläutert. Aber ich gehe trotzdem hier nochmals kurz darauf ein.

Im Bereich *Standardeinstellungen für Beiträge* sollten immer die ersten beiden Optionen aktiviert sein, das wirkt sich dann positiv auf die Suchmaschinen aus. Die Avatare zu aktivieren, ist bei einem Blog mit Diskussion stets empfehlenswert. Die kleinen Profilbilder kommen immer gut an.

17.5 Einstellungen für die Mediathek

Wie Sie bereits in Kapitel 10 erfahren haben, werden von WordPress zu jedem Bild drei Versionen erzeugt. Dadurch ist gesichert, dass Ihre Webseite die Bilder in der richtigen Größe abbildet, um zu große Datenmengen zu vermeiden. Im Einstellungsbereich für die Mediathek sehen Sie die Größenangabe jedes dieser drei Bilder und können diese auch anpassen. Normalerweise müssen Sie hier nichts ändern, das ist alles je nach Theme standardmäßig eingestellt. Sollten Sie trotzdem etwas ändern, gilt das nur für die Bilder, die nach der Änderung hochgeladen werden.

Wenn auch die Bilder, die bereits vorhanden sind, mit der geänderten Größe angezeigt werden, dann müssen Sie auf *Regenerate Thumbnails* zurückgreifen. Mit diesem Tool können Sie dann die alten und die neuen Bilder auf die neue Größe bringen.

17.6 Einstellungen für die Permalinks

Der Permalink ist ein wichtiger Aspekt für Suchmaschinen, denn durch diesen wird ein Beitrag immer gefunden. Daher sollte dafür im Bereich *Gebräuchliche Einstellungen* die Option *Beitragsname* gewählt werden, denn Suchmaschinen sehen kurze Internetadressen gern, denn dann können sie gezielt nach Keywords suchen.

Wenn Sie vorhaben, viele Beiträge zu verfassen, können Sie diese durch Nutzung von Kategorien und Schlagwörtern sortieren. Unter Verwendung der *Kategorie-Basis* und der *Schlagwort-Basis* können Sie die URL beeinflussen, die WordPress für Kategorien und Schlagwörter anzeigt.

Generell werden hier die Kategorie und das Schlagwort eingetragen. Es könnte dann so heißen: *krankodergesund.de/ärzte/orthopäde*. Damit die URL dann auch so erscheint, müssen Sie die beiden Felder *Kategorie-Basis* und *Schlagwort-Basis* ausfüllen. Wenn Sie dies

17. Die Einstellungen von WordPress

nicht tun, werden die Wörter *category* und *tag* im Permalink angezeigt, und das ist sicher nicht sinnvoll. Durch Klick auf den Button *Änderungen übernehmen* speichern Sie alles ab.

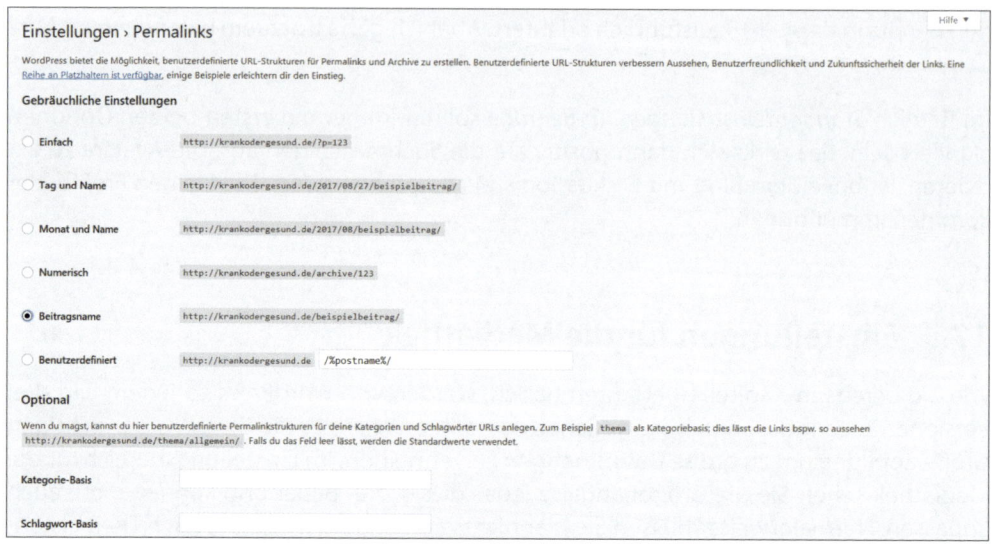

Legen Sie hier die Einstellungen für die Permalinks fest.

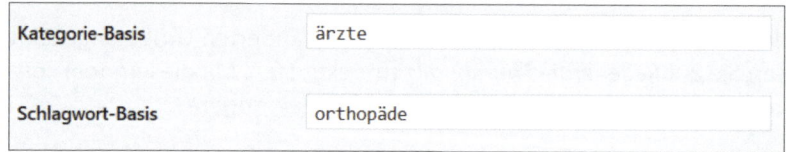

18. Der geschäftliche Blog

Für Freiberufler wie Journalisten oder Handelsvertreter und kleine Unternehmen ist ein Blog ideal, um sich vorzustellen. Größere Firmen können den Blog nutzen, um neue Produkte zu präsentieren. Für die Beschreibung des geschäftlichen Blogs verwende ich meinen Blog *redaktionkraus* als Beispiel. In diesem Blog zeige ich Artikel über mich und Artikel, die ich veröffentlicht habe. Außerdem beschreibe ich die Bücher, die ich veröffentlicht habe. Ich wähle für diesen Blog die Vorlage *Unternehmen* meines Providers.

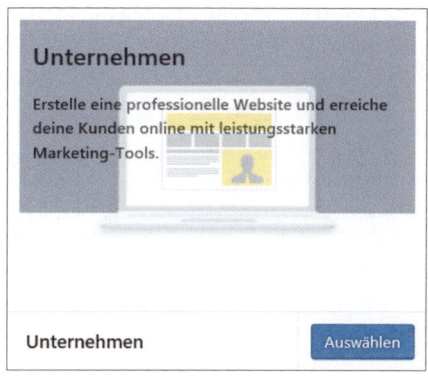

Danach wähle ich ein passendes Theme aus und füge mein Bild in die Kopfzeile der Seite ein. Ich wähle die Plug-ins aus und beginne dann mit der Bearbeitung des Blogs bei den Seiten und füge Artikel und Beiträge ein.

Die Vorlage für den Blog eines Unternehmens. Quelle: 1&1 Internet SE, Montabaur.

18.1 Das passende Design

Für diesen Blog habe ich mir das Design *Wilson* ausgesucht, das bestens zu meiner Tätigkeit passt. Es ist außerdem sehr gut für eine persönliche Seite nutzbar. Bei diesem Design kann man ein eigenes Logo einbinden und die Farben von Links ändern. Zusätzlich sind einige Widgets integriert, auch eines für Videos.

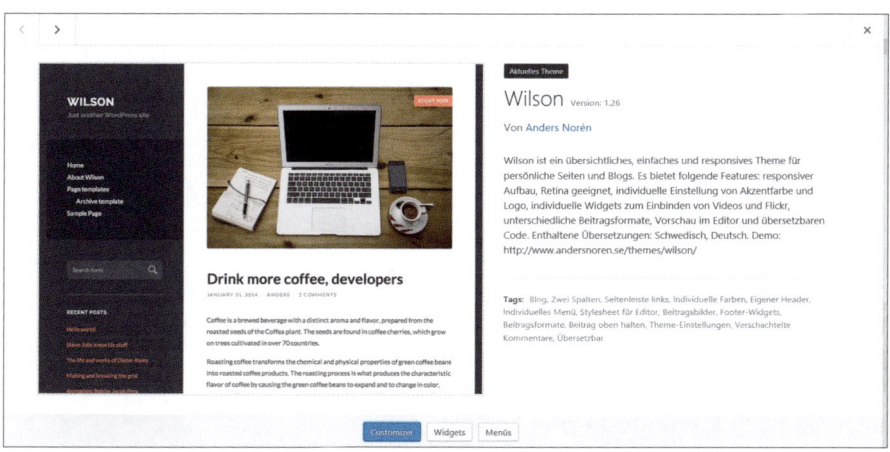

Ein wunderschönes Design für meinen Blog.

18. Der geschäftliche Blog

18.2 Die Plug-ins

Für diesen Blog aktiviere ich die bereits vorhandenen Plug-ins *TinyMCE Advanced* und *Yoast SEO*. Die anderen deaktiviere ich. Zusätzlich installiere ich das bereits bekannte *Antispam Bee* und *Very Simple Contact Form* als einfaches Kontaktformular. Außerdem noch *WP Statistics* für spätere Auswertungen des Blogs.

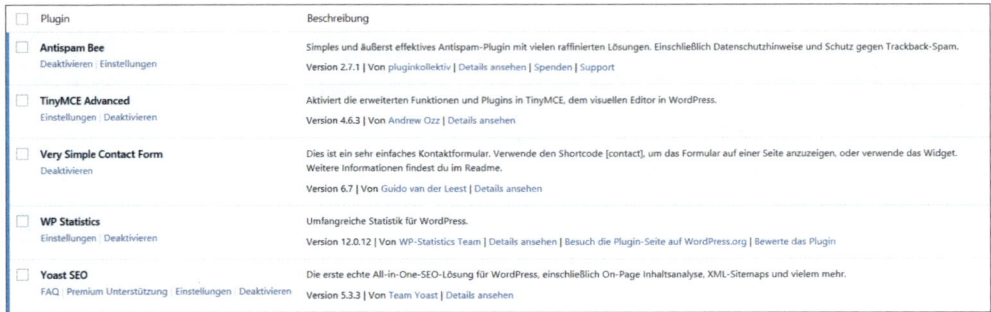

Die ausgewählten Plug-ins in der Übersicht.

Ich beginne diesmal bei der Erstellung der Seiten. Als Erstes ändere ich die *Sample Page* auf *Start* um und gebe Text zur Info ein. Den Permalink ändere ich auch gleich auf *start* um. Mit einem Klick auf *OK* ist die Anpassung erledigt.

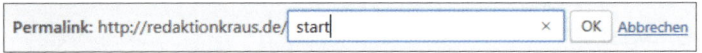

Der Permalink wird auch gleich geändert.

18.3 Foto in Kopfzeile einfügen

Bei einem geschäftlichen Blog ist es empfehlenswert, ein Foto von sich im oberen Bereich der Seite zu platzieren. Dadurch gewinnt Ihre Seite an Seriosität, weil der Leser weiß, mit welcher Person er es zu tun hat.

Die meisten Themes unterstützen das Hochladen eines größeren Bildes in die Kopfzeile. Öffnen Sie dazu über das Menü *Design/Customizer/Logo* den Anpassungsbereich für das Logo und laden Sie das Bild über den Button *Bild auswählen* von Ihrem PC in die Mediathek hoch. Nach dem Hochladen können Sie noch Breite und Höhe ändern und den Bildausschnitt anpassen.

Begeben Sie sich auf die Fotosuche.

Wenn Sie das Bild entsprechend zugeschnitten und die Größe festgelegt haben, speichern Sie es durch Klick auf den Button *Aktualisieren* ab.

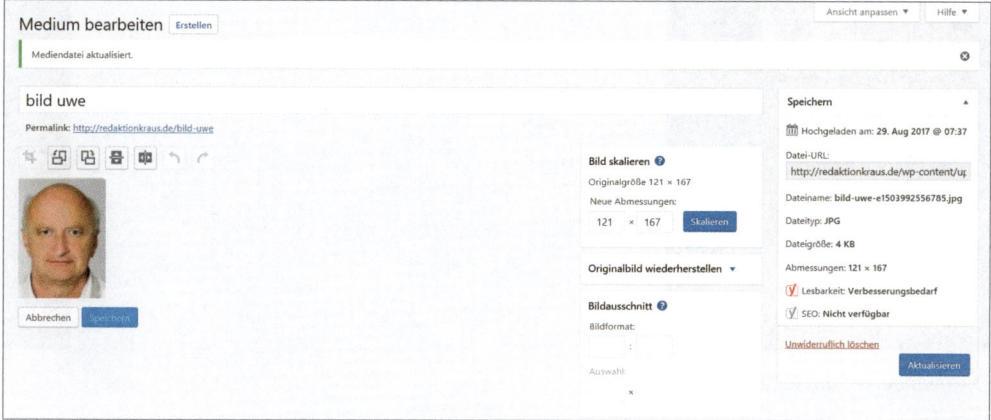

Das Bild ist für die Übernahme in die Kopfzeile vorbereitet.

Laden Sie jetzt das Bild aus der Mediathek über das Menü *Design/Customizer/Logo* in Ihre Seite. Die Seite mit dem eingefügten Bild wird angezeigt. Klicken Sie anschließend auf den Button *Speichern & Publizieren*.

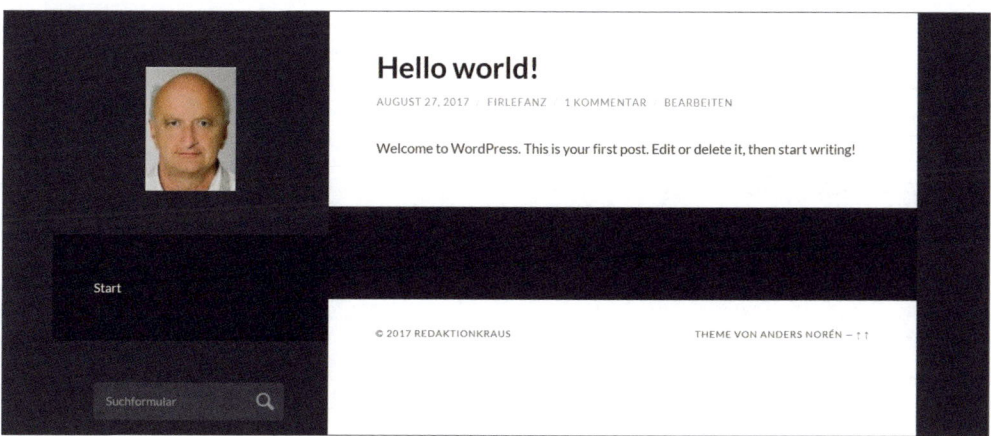

Das Bild ist in die Kopfzeile eingefügt.

18.4 Die Seitengestaltung

Aber nun zur weiteren Bearbeitung der Startseite. Ich entferne erst mal den vorhandenen Text und gebe meinen eigenen ein. Über den Button *Aktualisieren* speichere ich die Änderungen ab und schaue mir dann das Ganze in der Vorschau an.

18. Der geschäftliche Blog

Die geänderte Startseite in der Vorschau.

Im nächsten Schritt vergebe ich noch einen Untertitel für die Seite. Das Eingabefeld für den Untertitel finden Sie über das Menü *Design/Customizer*. Sie gelangen in den Bereich für die Anpassungen. Wählen Sie den Eintrag *Website-Informationen*. Ich ersetze den vorhandenen Text im Feld *Untertitel* durch meinen eigenen und speichere die Änderungen über den Button *Speichern* am oberen Rand dieses Bereichs ab.

Ein Icon könnte jetzt auch noch in der Webseite platziert werden, aber da ja bereits das Foto vorhanden ist, verzichte ich darauf. Ich lege noch eine weitere Seite mit dem Namen *Über mich* an und weise ihr im Bereich *Seiten-Attribute* die Reihenfolge zu, wie sie im Blog stehen soll.

Der Bereich für die Anpassungen.

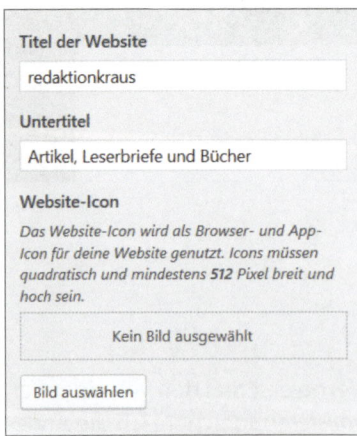

Der Untertitel wurde festgelegt.

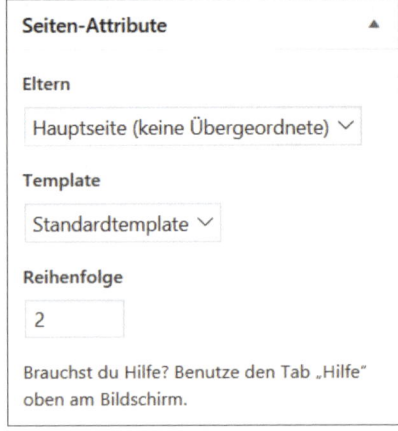

Legen Sie die Reihenfolge Ihrer Seiten fest.

Die Seitengestaltung

Ich gebe Text auf dieser Seite über mich ein und achte dabei darauf, dass der komplette Text beim Aufruf auf einen Blick zu sehen ist, damit der Besucher nicht scrollen muss.

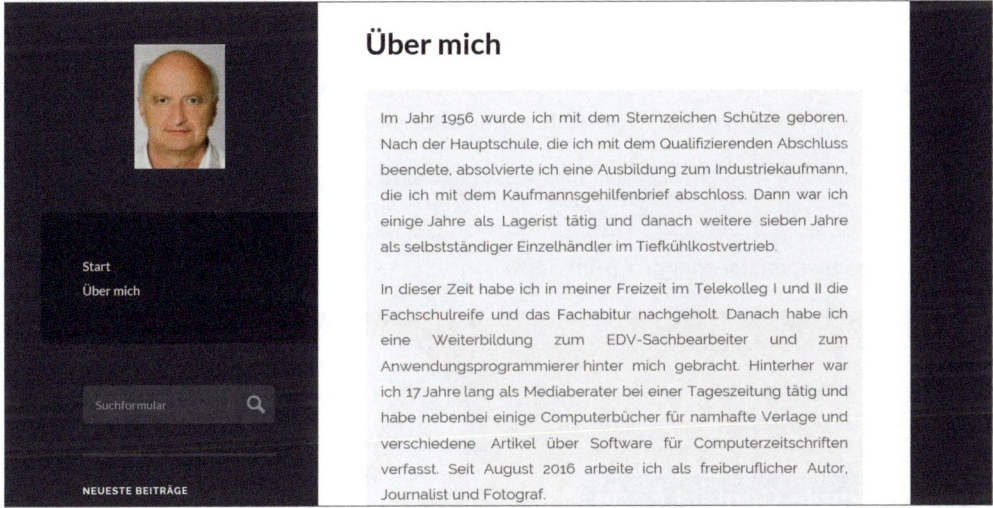

Der Text sollte auf einen Blick zu sehen sein.

Ich lege noch die Seite *Kontakt* sowie die Impressum- und Datenschutzseite an. Der Kontakt-Seite weise ich die dritte Stelle in der Platzierung zu, dem Impressum und dem Datenschutz die vierte und fünfte Seite. Rufen Sie nach dem Anlegen der Seiten die Vorschau auf und testen Sie, ob sich die jeweilige Seite problemlos starten lässt, damit es nach der Veröffentlichung keine Schwierigkeiten gibt.

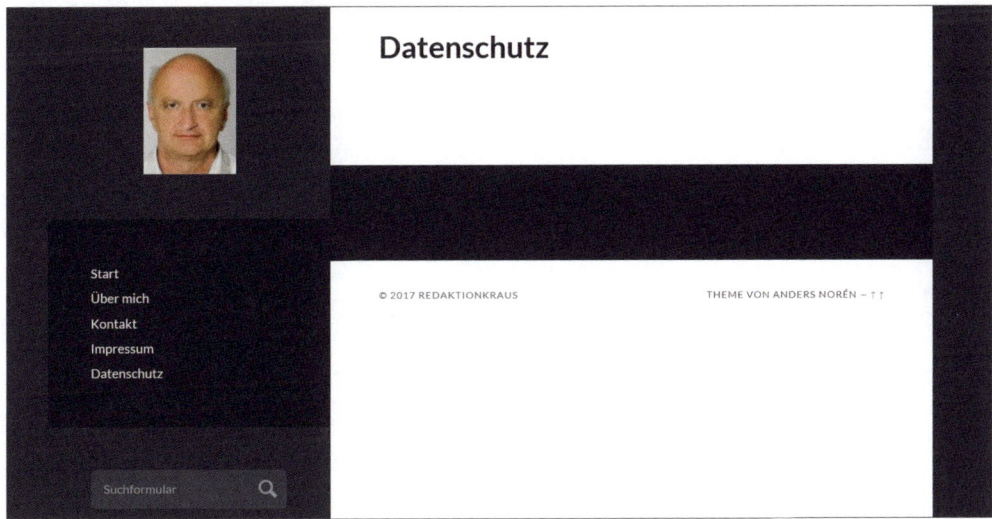

Das Menü mit den Seiten wurde angelegt.

18.5 Das Kontaktformular

Um den Lesern den Kontakt zu mir zu ermöglichen, benötige ich noch ein Kontaktformular. Dafür habe ich ja das Plug-in *Very Simple Contact Form* installiert, das jetzt unter den Plug-ins zu finden ist. Über den Link *Details ansehen* findet man den Shortcode, der in die Seite *Kontakt* kopiert werden muss, um das Formular anzuzeigen. Ich kopiere den Shortcode und füge ihn dann in die neue Seite mit Namen *Kontakt* ein, die ich erstellt habe.

Ein simples Kontaktformular ohne große Ansprüche.

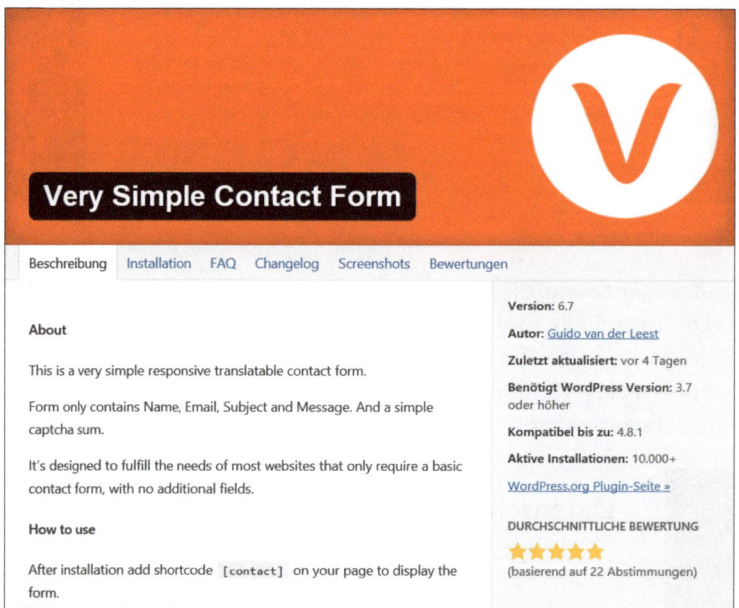

Hier finden Sie den Shortcode und Infos zum Plug-in.

Der Shortcode ist in die Seite integriert.

Dann weise ich noch im Bereich *Seiten-Attribute* die Seite 2 zu, klicke auf den Button *Speichern* und anschließend auf *Veröffentlichen*. Die neue Seite wird unter der Startseite angezeigt, und man kann nun bequem durch Mausklick zwischen Startseite und Kontakt-Seite wechseln.

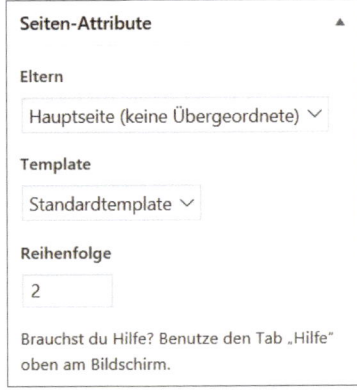

Die Kontakt-Seite soll an die zweite Stelle.

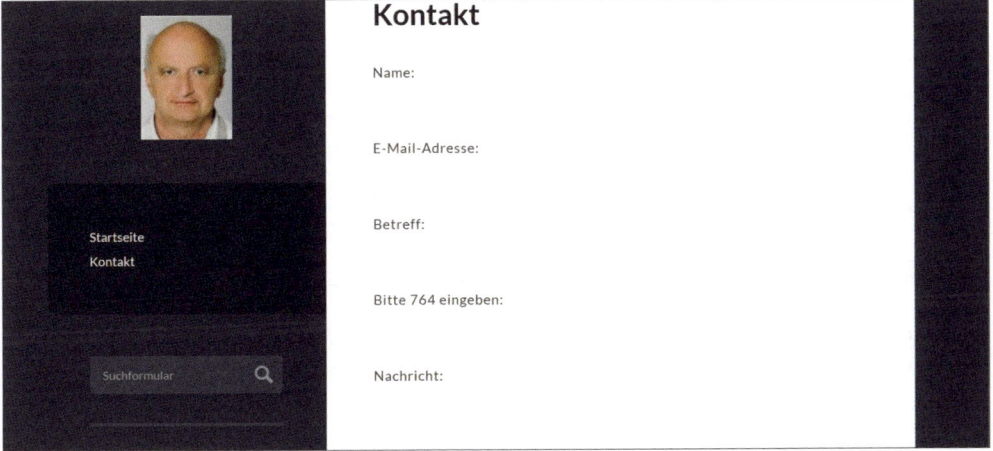

Das Kontaktformular wurde in die Kontakt-Seite eingefügt.

18.6 Die Beiträge

Beschäftigen wir uns nun mit den Beiträgen. Natürlich will ich auf diesem Blog nur Beiträge veröffentlichen, die mit meiner Tätigkeit in Verbindung stehen. Momentan gibt es da nur eine Möglichkeit: einen Beitrag zu diesem Buch. Ich öffne das Menü *Beiträge/Alle Beiträge*. Standardmäßig ist bereits ein Beitrag mit dem Namen *Hello World* vorhanden. Ich öffne den Musterbeitrag über den Link *Bearbeiten*, ändere die Überschrift und gebe den ersten Text ein. Dann füge ich ein Foto des Buches ein und ergänze den Beitrag mit weiterem Text zu dem Buch. Dann füge ich noch einen Link zur Markt+Technik-Seite ein, für diejenigen, die das Buch bestellen wollen. Ich speichere die Eingaben über *Aktualisieren* ab und sehe mir das Ergebnis in der Vorschau an.

Die Vorstellung eines Buches als Beitrag.

Den öffentlichen Namen ändern

Der Name im Beitrag, der in der Vorschau angezeigt wird, wirkt nicht gerade seriös. Hier handelt es sich um den öffentlichen Namen. Dieser lässt sich aber schnell über das Menü *Benutzer/Dein Profil* ändern.

Dieser Name ist nicht gut geeignet für eine Veröffentlichung.

Ich wähle im Arbeitsbereich *Profil* im Drop-down-Menü *Öffentlicher Name* einen passenderen Namen aus – meinen eigenen.

Der öffentliche Name wurde geändert.

Mit diesem Namen wirkt es besser.

19. Widgets

Widgets sind kleine Programme, die ohne eine entsprechende Umgebung nicht eigenständig funktionieren können. Die Umgebung ist in diesem Fall WordPress. Sie besitzen bestimmte Funktionen, die sich gezielt einbauen lassen, und sie zeigen Ihnen bestimmte Inhalte in einem Bereich Ihrer Seite, der vorher festgelegt wurde.

Mit ihnen lässt sich eine Webseite schnell verändern. Wo diese kleinen Tools auf Ihrer Seite gezeigt werden, entscheiden Sie selbst. Es gibt drei Möglichkeiten: in der Seitenleiste oder am unteren linken oder rechten Rand der Seite. Widgets finden Sie im Dashboard im Menü *Design/Widgets*.

Der Weg zu den Widgets.

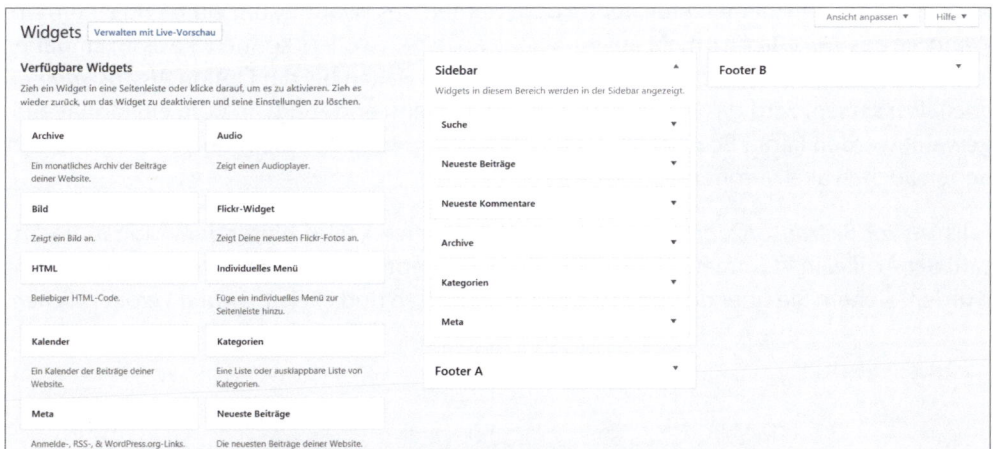

Der Bereich der verfügbaren Widgets und die Sidebar für das Einfügen der Widgets.

Sie können übrigens per Drag-and-drop die Reihenfolge der Widgets auch innerhalb der Sidebar ändern. Mit dem kleinen Pfeil auf der rechten Seite der Widgets können Sie diese öffnen, um Einstellungen vorzunehmen, und auch wieder schließen.

19.1 Widgets in die Sidebar einfügen

Die kleinen Programme können Sie ganz einfach einfügen. Im Bereich *Widgets* finden Sie unter *Verfügbare Widgets* alle Widgets, die standardmäßig in Ihrem ausgewählten Theme vorhanden sind. Von hier aus können Sie das gewünschte Widget an den gewünschten Ort, also in die Sidebar oder in Footer A oder B, schieben (Footer ist der Fußbereich der Seite).

19. Widgets

Das von Ihnen neu aktivierte Widget wird dann im Blog an der betreffenden Stelle angezeigt. Jedes Widget ist mit einer kurzen Beschreibung versehen und erklärt sich normalerweise von selbst. Es gibt natürlich viele dieser Helferlein, die meisten sind sehr nützlich.

Als Beispiel habe ich das Theme *Wilson* ausgewählt, folgende Widgets stehen Ihnen zur Verfügung:

Archive

Dabei handelt es sich um eine Übersicht über die Artikel der einzelnen Monate. Hier werden Ihre Artikel automatisch archiviert und fein säuberlich nach Monaten zusammenfasst. Dabei können Sie für das Archiv unter *Titel* einen individuellen Namen vergeben, der statt des Titels *Archive* angezeigt wird. Dieses Widget ist bereits in der Sidebar vorhanden und dadurch in Ihre Seite integriert. Sie können es aber noch erweitern.

Klicken Sie auf den kleinen Pfeil neben dem Namen des Widgets, um ein Menü zu öffnen. Wenn Sie das Wort *Archive* nicht auf Ihrer Seite anzeigen wollen, können Sie es im Eingabefeld *Titel* durch ein anderes ersetzen. Wenn Sie einen Haken bei der Option *Als Auswahlbox darstellen* setzen, wird das Archiv als Drop-down-Menü angezeigt, in dem ein Monat ausgewählt werden kann. Beachten Sie bitte, sinnvollerweise nur die Monate aufzulisten, in denen auch Artikel veröffentlicht wurden.

Falls Sie vor *Beitragsanzahl anzeigen* einen Haken setzen, wird hinter dem Monat die Anzahl der Artikel in Klammern angezeigt, die in dem entsprechenden Monat veröffentlicht wurden. Sichern Sie über den Button *Speichern* alles ab und klicken Sie auf *Veröffentlichen*.

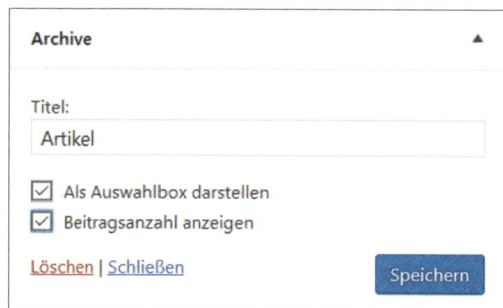

Eine neue Archivvariante wird angelegt.

Das Standardarchiv des Themes Wilson.

Wenn Sie nun einen bestimmten Monat anklicken, werden Ihnen die Artikel, die in diesem Monat erschienen sind, angezeigt. Um dieses Beispiel besser zu zeigen, habe ich für meine weiteren geplanten Bücher auch noch jeweils einen Beitrag nur mit der Überschrift angelegt.

Da das Theme *Wilson* bereits standardmäßig ein Archiv in die Seite integriert hat, verzichte ich auf die Verwendung dieses Widgets und schiebe es in den Bereich *Inaktive Widgets*.

Widgets in die Sidebar einfügen

Ich wollte nur kurz zeigen, wie es installiert wird und nach der Veröffentlichung aussieht. Es kann jederzeit wieder in die Widget-Sidebar zurückgeschoben werden, da die Einstellungen nicht verloren gehen. Das bereits integrierte Widget zeigt ja auch die Monate an, allerdings in anderer Form. Das Archiv ist für die erste Zeit sicher eine elegante Lösung. Wenn Ihr Blog aber länger besteht und immer umfangreicher wird, dann schaut das Ganze nicht mehr übersichtlich aus und bremst außerdem die Geschwindigkeit der Sidebar. Übersichtlicher und professioneller ist dann sicherlich eine Archivseite. Wenden wir uns nun dem nächsten Widget zu.

Das neue Artikelarchiv steht bereit.

Audio

Mithilfe des *Audio*-Widgets lassen sich Songs von Plattformen wie SoundCloud zum Abspielen in Ihre Seite integrieren. Um dieses Widget zu aktivieren, halten Sie den Mauszeiger über das Widget. Er verwandelt sich in ein Kreuz mit vier Pfeilen. Drücken Sie die linke Maustaste und ziehen Sie das Widget mit gedrückt gehaltener Maustaste in die Fläche der Sidebar auf der rechten Seite. Genau an der Stelle, über die Sie das Widget halten, erscheint ein gestricheltes Rechteck, das Ihnen anzeigt, wo das Widget eingefügt wird, wenn Sie die Maustaste wieder loslassen.

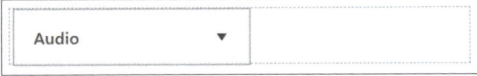

Ein neues Widget wird angelegt.

Wenn Sie das Widget in die Sidebar integriert haben, können Sie es zur Bearbeitung durch einen Klick auf den kleinen Pfeil am Rand öffnen und einen Titel vergeben. Klicken Sie dann auf den Button *Audio hinzufügen*. Der Bereich *Von URL einfügen* wird geöffnet. Im Eingabefeld steht bisher nur *http://*. Dies muss durch einen Code ergänzt werden.

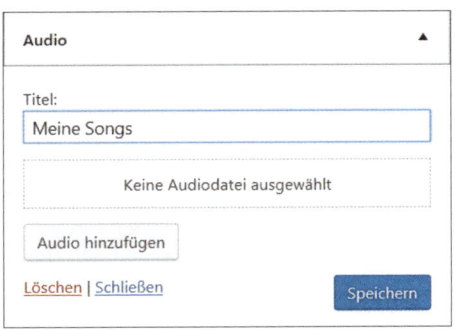

Legen Sie einen Titel für das Widget fest.

In dieses Feld muss der Code des Songs kopiert werden.

19. Widgets

Um diesen Code zu bekommen, müssen Sie den Song, der in Ihre Seite soll und den Sie bei SoundCloud gespeichert haben, aufrufen. Klicken Sie dort neben dem angezeigten Titel das Symbol mit den drei kleinen Punkten mit der linken Maustaste an. Ein Menü öffnet sich. Klicken Sie auf *Teilen*. Ein weiteres Menü öffnet sich. Klicken Sie darin auf *Einbetten*.

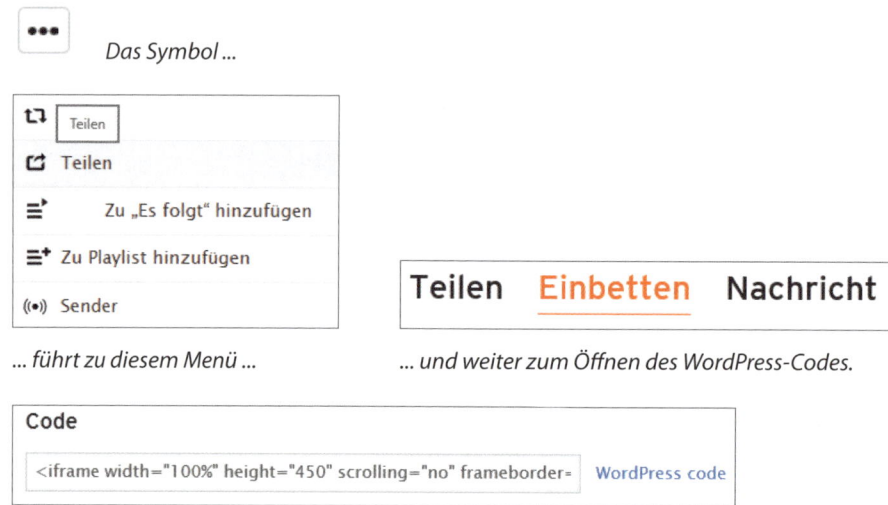

… führt zu diesem Menü …   *… und weiter zum Öffnen des WordPress-Codes.*

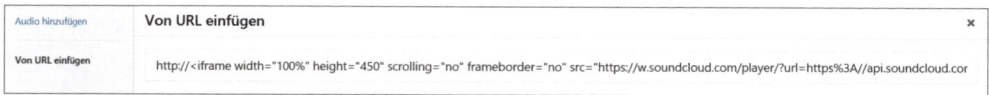

Der WordPress-Code für den Song in der HTML-Sprache.

Markieren Sie nun den Code. Kopieren Sie den Code in das Eingabefeld neben dem Eintrag *http://*. Klicken Sie dann unten rechts auf den Button *Zu Widget hinzufügen* und im Widget dann auf *Speichern*. Auf diese Weise können Sie noch weitere Songs in das Widget kopieren.

Hierhin muss der Code kopiert werden.

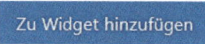   *Das Widget wird erweitert.*

> **Urheberrecht beachten**
>
> Beachten Sie bitte, dass auf Songs ein Urheberrecht existiert, das 70 Jahre besteht. Sie können Lieder nicht einfach veröffentlichen. Downloads, die meist kostenpflichtig sind, sind zum Privatgebrauch erlaubt. Auf der sicheren Seite stehen Sie, wenn Sie jemanden kennen, der selbst Lieder schreibt und komponiert und Ihnen die Genehmigung zur Veröffentlichung auf Ihrer Seite gibt.

Widgets in die Sidebar einfügen

Bild

Für einen Blickfang auf jeder Seite Ihres Blogs können Sie in der Sidebar ein Bild einfügen. Ich verwende dafür das Titelbild meines Buches, damit der Leser auf jeder Seite darauf aufmerksam gemacht wird. Ich füge das Widget dafür in der Sidebar direkt unter der Suche ein, vergebe einen Titel und klicke auf den Button *Bild hinzufügen*.

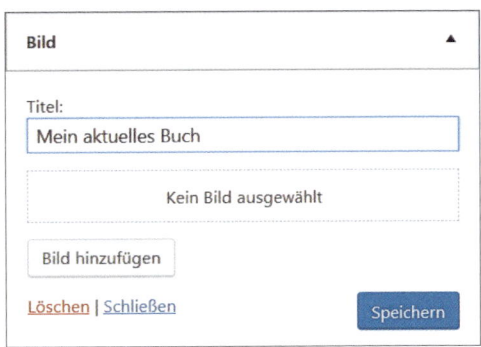

Ein Titel für das Bild wird festgelegt.

Nun wähle ich das Bild auf meinem PC oder aus der Mediathek aus und schicke es über den Button *Zu Widget hinzufügen* zu dem Widget. Das Bild wird im Widget angezeigt. Mit einem Klick auf *Speichern* übernehme ich es in meinen Blog. Danach schaue ich mir das Ergebnis in der Vorschau an. Wie Sie unschwer erkennen können, ist das Bild nun auf jeder Seite des Blogs sichtbar und so ein Hingucker für die Besucher.

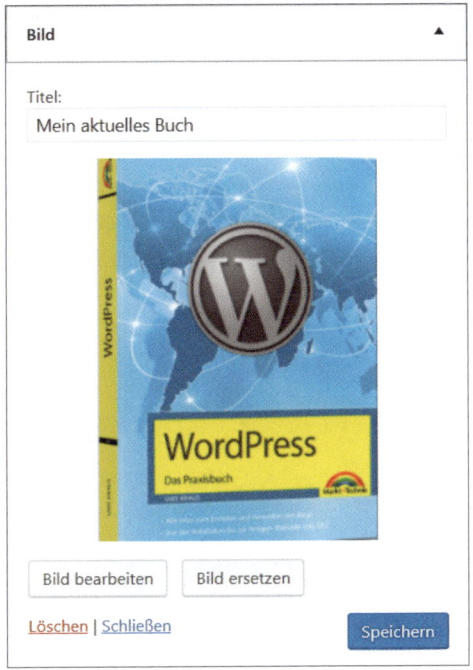

Das Bild wurde in das Widget aufgenommen.

Das Bild ist auf dem Blog.

Flickr-Widget

Auf dieses Widget gehe ich in diesem Buch nicht näher ein. Sie können damit eine Bildersammlung von der Seite www.flickr.com auf Ihrem Blog anzeigen lassen.

HTML

Auch auf dieses Widget gehe ich nicht näher ein, da wir uns in diesem Buch mit HTML-Code nicht weiter auseinandersetzen.

Individuelles Menü

Mit diesem Widget können Sie ein Navigationsmenü erstellen. Vorher müssen Sie aber den Arbeitsbereich über das Menü *Design/Menüs* öffnen und auf den Link *Erstelle ein neues Menü* klicken. Nun können Sie einen Namen für das Menü eingeben.

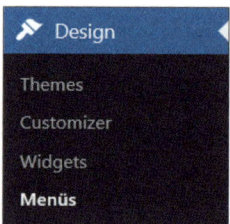

Hier geht es zu den Menüs.

Für das neue Menü wird ein Name festgelegt.

Im Bereich *Seiten* sehen Sie alle bisher erstellten Seiten. Wenn Sie auf den Bereich *Beiträge* klicken, öffnet sich ein weiteres Menü, in dem Ihre bisher erstellten Beiträge angezeigt werden. Aktivieren Sie die Kästchen der Beiträge, die in dieses Menü kommen sollen, und klicken Sie auf den Button *Zum Menü hinzufügen*.

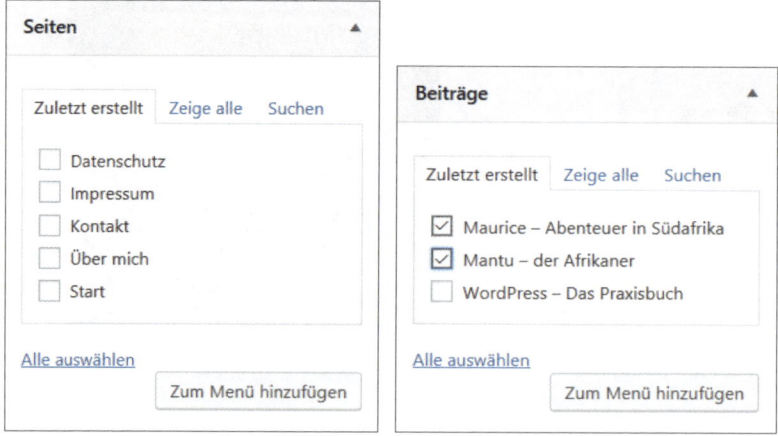

Die bisher vorhandenen Seiten des Blogs und die Beiträge, die in das neue Menü kommen.

Widgets in die Sidebar einfügen

Die beiden aktivierten Beiträge werden in den Bereich *Menüstruktur* übernommen und angezeigt. Mit dem Button *Menü speichern* sichern Sie alle Eingaben.

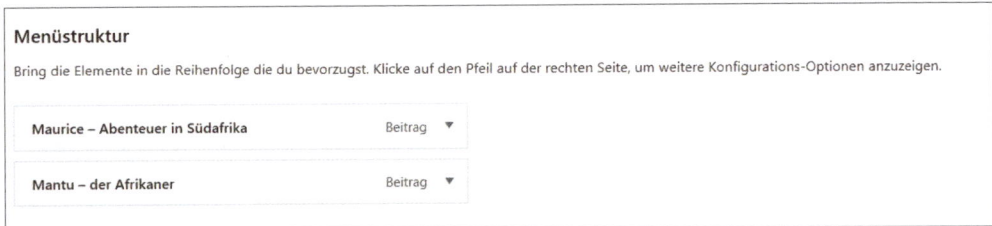

Die Menüstruktur wurde mit zwei Einträgen gefüllt.

Hier wird gespeichert.

Nun muss das neue Menü noch dem Widget zugewiesen werden. Begeben Sie sich wieder zu den Widgets und ziehen Sie das Widget *Individuelles Menü* in die Sidebar. Geben Sie bei *Titel* den Text *Romane* ein und wählen Sie das Menü *Romane* aus der Drop-down-Liste aus. Bestätigen Sie mit *Speichern*.

Das ist vielleicht auf den ersten Blick etwas verwirrend, aber der eingegebene Text betitelt das Menü und wird auf der Seite dann angezeigt. Die Auswahl dagegen filtert nur das Menü heraus, das die Beiträge enthält. Schauen Sie sich das neue Menü in der Vorschau auf Ihrer Seite an.

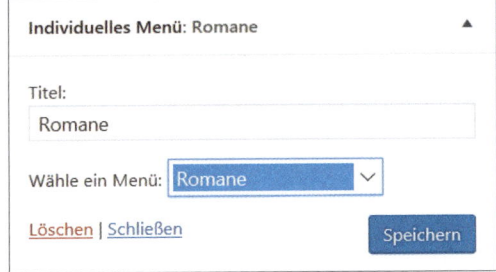

Ein neues Menü wird mit einem Widget erstellt.   *Das neue Menü sieht auf dem Blog so aus.*

Solche zusätzlichen Menüs sind eigentlich nur für außergewöhnlich große Seiten sinnvoll, die genauer gegliedert werden sollen. Für kleinere Blogs sind sie nicht zu empfehlen.

Ich wollte Ihnen lediglich zeigen, wie man zusätzliche Menüs erzeugt und in den Blog integriert. Daher schiebe ich dieses Widget nun in den Bereich *Inaktive Widgets*. Das Widget ist nun nicht mehr aktiv, behält aber seine Einstellungen, und ich kann es jederzeit wieder aktivieren, falls ich es später einmal benötigen sollte.

19. Widgets

Ein Widget wurde in die inaktiven Widgets verschoben.

Kalender

Dieses Widget präsentiert einen Kalender auf Ihrer Seite. Diesen können Sie mit einem Namen versehen. Schieben Sie das Widget *Kalender* in die Sidebar und geben Sie einen Titel dafür ein.

Auf Ihrem Blog wird anschließend ein kleiner Kalender mit dem derzeitigen Monat eingeblendet. Über den Kalender können Besucher dann datumsorientiert nach Beiträgen suchen. Sie können sich im Kalender zwischen den Monaten hin- und herbewegen und Beiträge eines bestimmten Monats anzeigen lassen. Die Zahlen im Monat, die fett markiert sind, weisen darauf hin, dass an diesem Tag ein Artikel veröffentlicht wurde.

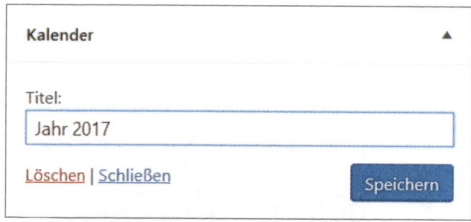

Betiteln Sie den Kalender mit dem aktuellen Jahr.

Das Aussehen des Kalenders im Blog.

Wenn Sie einen Monat zurückklicken, werden die Beiträge dieses Monats angezeigt. Sie können sich im Kalender immer vom aktuellen Monat ausgehend zurückbewegen und natürlich auch wieder vorwärts, bis Sie beim aktuellen Monat angekommen sind.

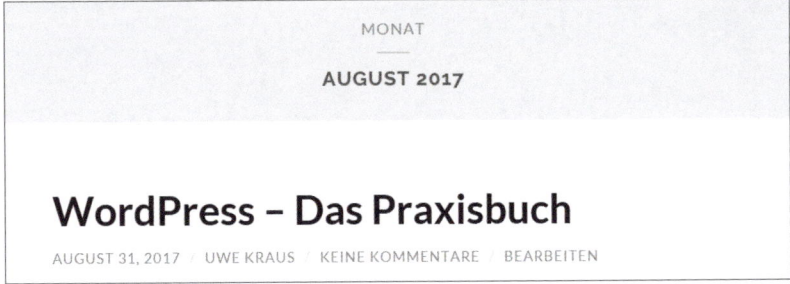

Ein Beitrag aus dem Monat August wurde aufgerufen.

Kategorien

Mit dem *Kategorie*-Widget listen Sie Ihre Kategorien auf. Neben der Titeleingabe stehen noch drei weitere Optionen zum Aktivieren bereit: Über die Option *Als Auswahlbox darstellen* können Sie festlegen, dass die Kategorien über ein Auswahlmenü dargestellt werden sollen. Damit Sie sehen, wie viele Beiträge schon in eine Kategorie einsortiert wurden, müssen Sie ein Häkchen bei *Beitragsanzahl anzeigen* setzen. Und wenn unter der Hauptkategorie weitere Unterkategorien angezeigt werden sollen, müssen Sie die Option *Zeige die Hierarchie an* aktivieren.

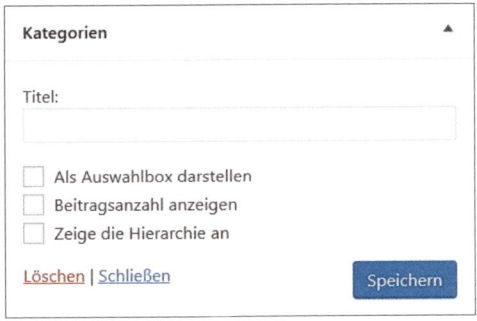

Hier werden die Regeln für die Kategorien festgelegt.

Weiter geht es zum nächsten Widget.

Meta

Dieses Widget benötigen Sie nicht auf Ihrem Blog. Es stiftet nur Verwirrung. Entfernen Sie es aus der Sidebar durch einen Klick auf *Löschen*.

Trotzdem will ich dieses Widget kurz beschreiben. Mit seiner Hilfe können Sie mehrere Links in Ihre Webseite einfügen. Jeder dieser Links führt Sie zum Login-Bildschirm. Da-

19. Widgets

durch können Sie sich aus jedem Bereich von dieser Seite im Backend anmelden, für Besucher sind diese Links nicht sichtbar. Es gibt auch noch einen Link für Beiträge und einen für Kommentare.

Dieses Widget wird nicht mehr benötigt.

Neueste Beiträge

Dieses Widget ist bereits in der Sidebar enthalten. Sie können einen Titel vergeben und die Zahl der Beiträge festlegen, die angezeigt werden sollen. Mehr als zehn sollten das nicht sein, sonst wird es zu unübersichtlich. Zusätzlich lässt sich noch das Datum der Veröffentlichung mit anzeigen.

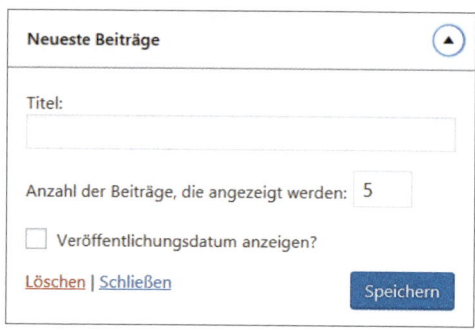

Legen Sie fest, wie viele Beiträge zu sehen sind.

Neueste Kommentare

Auch dieses Widget ist bereits in der Sidebar enthalten. Auch hier können Sie entscheiden, wie viele Kommentare angezeigt werden sollen. Hier sollten es ebenfalls nicht mehr als zehn sein.

Legen Sie fest, wie viele Kommentare zu sehen sind.

RSS

Mithilfe dieses Widgets können Sie Inhalte von anderen Webseiten auf Ihrem Blog einblenden. Dadurch können Blogger ihre Seiten gegenseitig weiter bekannt machen. Ziehen Sie dazu dieses Widget in die Sidebar und öffnen Sie es. Kopieren Sie den Link des befreundeten Blogs in das Eingabefeld und vergeben Sie einen Titel. Klicken Sie auf *Speichern*. Der Link wird nun auf Ihrer Seite angezeigt. Ein Klick darauf führt den Besucher direkt zu dem Beitrag auf einer anderen Seite.

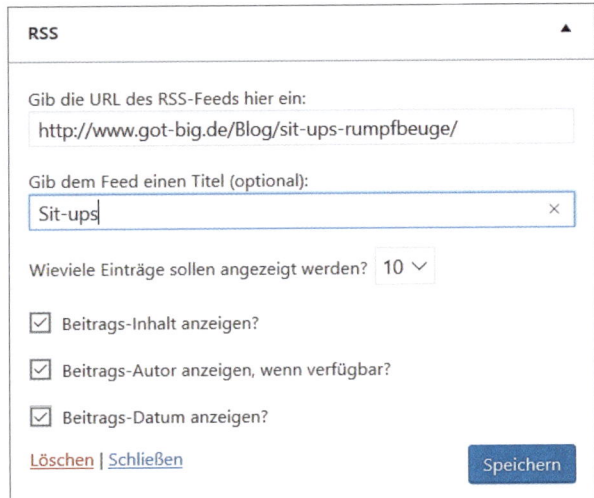

Verlinken Sie zu einem Beitrag auf einer anderen Seite.

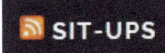 *Der Link ist aktiv.*

Schlagwörter-Wolke

Mit diesem Widget binden Sie eine sogenannte Tag-Wolke in Ihren Blog ein. Im Drop-down-Menü unter *Taxonomie* können Sie auswählen, ob entweder die Schlagwörter angezeigt werden, die Sie in jedem Artikel individuell vergeben können, oder ob Ihre Kategorien angezeigt werden. Die Schlagwörter werden dann auf Ihrem Blog in einer Wolke in unterschiedlichen Größen angezeigt.

Diese Tags sind dazu gedacht, dass Leser Inhalte schneller finden. Die interne Verlinkung Ihrer Seite wird dadurch verbessert und diese Tags sind auch suchmaschinenfreundlich. Mit einem Klick auf ein Schlagwort kann der Leser den damit verknüpften Artikel aufrufen.

Um dieses Widget zu aktivieren, ziehen Sie es in die Sidebar und öffnen Sie es. Geben Sie einen Titel ein und wählen Sie aus dem Drop-down-Menü die Option *Schlagwörter*. Klicken Sie auf den Button *Speichern*.

19. Widgets

Die Schlagwörter, die Sie vorher auf dieser Seite für Ihre Beiträge festgelegt haben, werden dem Besucher nun in einer Wolke angezeigt. Da dies bei vielen Schlagwörtern ziemlich durcheinander ausschaut, verzichte ich auf dieses Widget und schiebe es in die inaktiven Widgets.

Nutzen Sie die Wolke für Hinweise auf Beiträge.

Seiten

Dieses Widget listet alle Ihre Seiten auf. Neben der gewohnten Eingabe eines Titels können Sie aus dem Drop-down-Menü eine Sortierung für Ihre Seiten wählen. Wenn Sie bestimmte Seiten nicht anzeigen lassen wollen, müssen Sie nur die ID-Nummer der entsprechenden Seite im letzten Feld des Widgets eintragen.

Die ID der Seiten finden Sie im Permalink. Diesen sehen Sie, wenn Sie die Seite bearbeiten. Wenn also zum Beispiel eine Seite die ID=5 hat, brauchen Sie nur eine 5 einzugeben. Bei mehreren Seiten bzw. IDs müssen Sie diese durch Komma trennen. Die Seiten-ID finden Sie, wenn Sie sich die Seiten des Blogs anzeigen lassen und die Seite, deren ID Sie suchen, öffnen. In der URL dieser Seite können Sie nun die Seiten-ID ablesen. Diese steht hinter dem Wort *Post*. In diesem Fall also die 2.

`redaktionkraus.de/wp-admin/post.php?post=2&action=edit`

Hier können Sie die ID der Seite ablesen.

Dieses Widget bietet eine gute Möglichkeit, alle oder nur bestimmte Seiten nochmals im Footer, also am Ende Ihrer Seite anzuzeigen, wie Sie es bestimmt schon manchmal bei anderen Seiten gesehen haben. Falls ein Besucher bis nach unten gescrollt hat, kann er nun auch von hier aus schnell zu einer anderen Seite wechseln.

Schieben Sie das Widget in den Footer A und öffnen Sie es. Einen Titel zu vergeben, ist hier nicht nötig, weil die Überschrift *Seiten* ja bereits vorhanden ist. Im Drop-down-Menü *Sortiert nach* sollten Sie die Option *Reihenfolge der Seiten* wählen, nur dann werden die Seiten in der gleichen Reihenfolge dargestellt wie in der Sidebar. Wenn Sie die Option

Seitentitel auswählen, werden die Seiten nach ABC sortiert, werden also nicht in der gleichen Reihenfolge angezeigt wie in der Sidebar.

Alternativ können Sie das Widget natürlich auch in den Footer B schieben. Dann werden die Seiten auf der rechten Seite angezeigt.

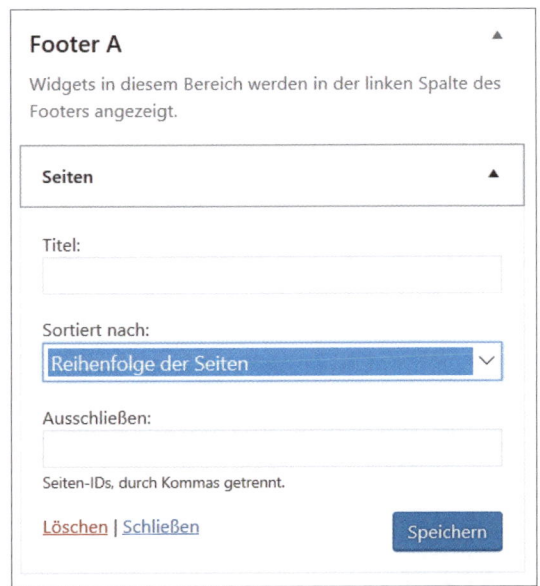

Die Seiten des Blogs sollen nochmals im Fußbereich angezeigt werden.

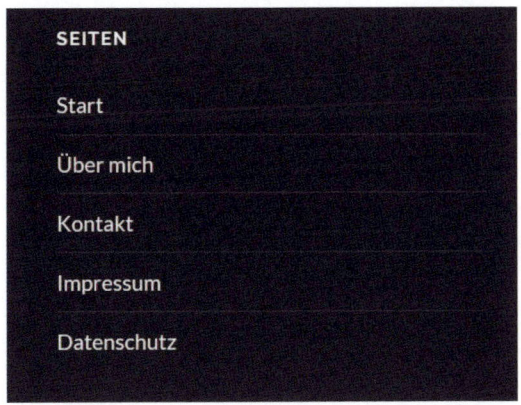

Die Seiten sind in die Fußzeile integriert.

Statistik

Auf die Verwendung dieses Widgets sollten Sie nicht verzichten. Es ist schon erstaunlich, was dieses Tool alles anzeigt. Sie sehen, wo Ihre Besucher herkommen, wie viele Seitenaufrufe diese machten, wer einen Link zu Ihrer Seite gesetzt hat. Zudem erfahren Sie, wie

19. Widgets

der User Ihre Seite gefunden hat und unter Verwendung welcher Suchbegriffe. Dann gibt es noch Statistiken, die Sie nach Tagen, Wochen, Monaten oder Jahren verteilen können.

Schieben Sie auch dieses Widget in die Sidebar und öffnen Sie es. Es gibt viele Optionen zur Auswahl. Da diese Seite noch nicht lange besteht, begnüge ich mich erst mal mit der Anzeige der Besucher der letzten sieben Tage und der gesamten Besucher. Dann sehe ich mir die Statistik in der Seite direkt an.

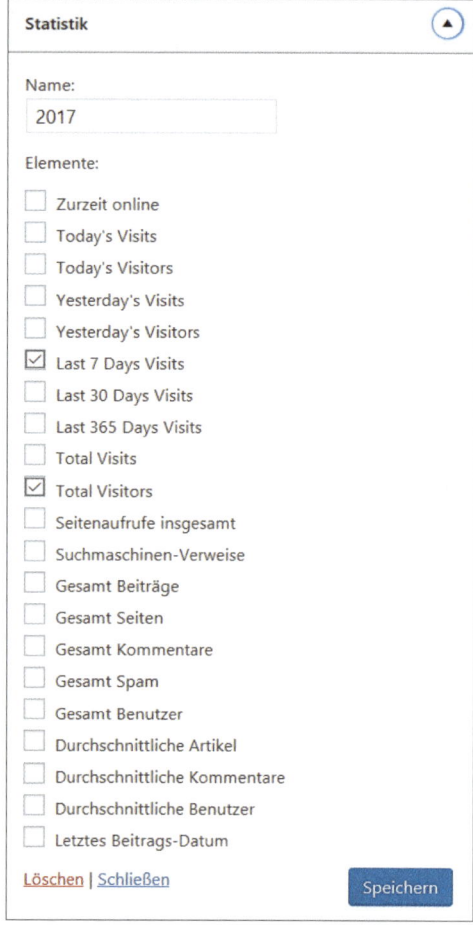

Die Auswahl für die Anzeige der Statistik ist groß.

Die Anzeige der Besucher in einem bestimmten Zeitraum.

Suchen

Weiter geht es mit dem Widget *Suchen*. Mit diesem Widget fügen Sie ein Suchfeld in Ihre Sidebar ein. Es ist bereits in die Sidebar eingefügt. Je nach Größe Ihres Blogs könnte es sinnvoll sein, dieses Widget mehrmals an geeigneten Stellen auf dem Blog zu haben.

Text

Dieses Widget ist besonders vielseitig einsetzbar. Zum einen können Sie einen einfachen Text darüber in Ihrer Sidebar platzieren oder dort einen HTML-Code einbinden. Zum anderen können Sie in das Widget einfach einen Titel eingeben und in das Feld darunter einen Text und anschließend auf *Speichern* klicken.

Gerade das *Text*-Widget ist prädestiniert dafür, öfter genutzt zu werden. Sie können es zum Beispiel an verschiedene Stellen Ihrer Sidebar ziehen, um unterschiedliche kleine Texte darüber zu veröffentlichen. Selbstverständlich können Sie auch alle anderen Widgets mehrmals in der Sidebar platzieren, nur ist das bei den meisten nicht wirklich sinnvoll.

Selbst wenn Sie keine HTML-Kenntnisse haben, können Sie HTML-Text in das Widget einfügen und auf Ihrer Seite zeigen. Ziehen Sie aber zuerst das Widget *Text* in die Sidebar. Wechseln Sie nun in das Menü *Beiträge/Beiträge erstellen*. Geben Sie keine Überschrift ein und in dem Textfeld den Text, der später auf der Seite angezeigt werden soll.

Ich gebe also ein: »Hier geht es zum Blog lichtenfelserland«. Nun formatiere ich den Text mit Fettdruck und markiere das Wort »lichtenfelserland« farbig. Dann zentriere ich den Satz noch mittig. Jetzt markiere ich den gesamten Text und wechsle wieder zum Widget *Text*.

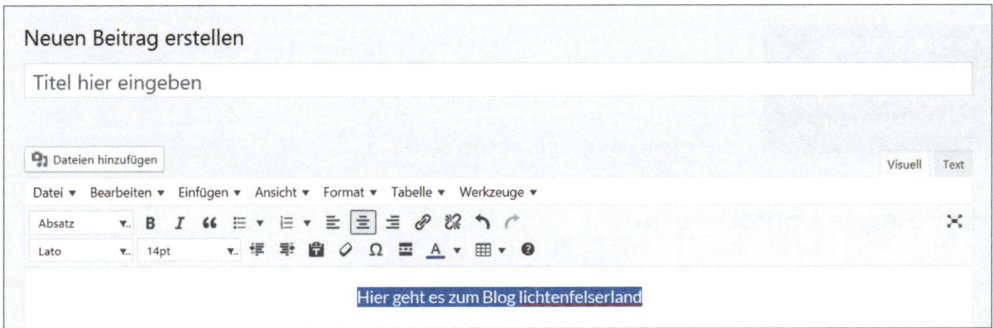

Der Text wurde zum Kopieren markiert.

Im Widget kopiere ich den gesamten Text in das Textfeld und erstelle dann den Link zu der Seite. Durch Klick auf das Symbol *Übernehmen* neben der Adresse wird diese eingefügt. Über den Button *Speichern* sichere ich das Ganze ab und sehe mir dann das Ergebnis auf der Seite in der Vorschau an.

19. Widgets

Ein Text wird in das Widget kopiert.

Ein Link zu der Seite wird erstellt.

Die Verlinkung wird angezeigt.

So schaut das Widget auf der Seite aus.

Very Simple Contact Form

Dieses Widget habe ich bereits als Plug-in installiert und als Seite angelegt. Es wurde in Kapitel 18.2 schon ausführlich beschrieben. Deswegen gehe ich an dieser Stelle nicht weiter darauf ein.

Video

Mit dem Widget *Video* können Sie ein Video auf Ihrer Seite anbieten. Schieben Sie dieses Widget wieder wie gewohnt in die Sidebar und öffnen Sie es. Vergeben Sie einen Titel und klicken Sie auf den Button *Video einfügen*.

Widgets in die Sidebar einfügen

Von hier aus können Sie ein Video integrieren.

Das Fenster *Video hinzufügen* wird geöffnet. Klicken Sie auf den Link *Video hinzufügen* und suchen Sie das Stück auf Ihrem Computer aus, um es in die Mediathek zu kopieren. Markieren Sie es in der Mediathek und transportieren Sie es mit dem Button *Zu Widget hinzufügen* in das Widget.

Das Video wird im Widget angezeigt und kann hier auch abgespielt werden. Ein Klick auf *Speichern* sichert es zur Übernahme in die Seite. Hier kann es ebenfalls abgespielt werden.

Ein Video ist für das Widget vorbereitet.

Video-Widget

Auch über dieses Widget lässt sich relativ leicht ein Video einfügen. Diesmal wird allerdings nicht das Video selbst eingefügt, sondern die URL des Videos, wie sie bei YouTube bei jedem Video zu sehen ist. Schieben Sie auch dieses Widget in die Sidebar, öffnen Sie es und kopieren Sie den Link des Videos in das Eingabefeld *Video-URL*. Wenn Sie wollen, können Sie auch einen Titel für den kleinen Film vergeben. Mit einem Klick auf *Speichern* ist das Video für die Darstellung auf der Seite gesichert.

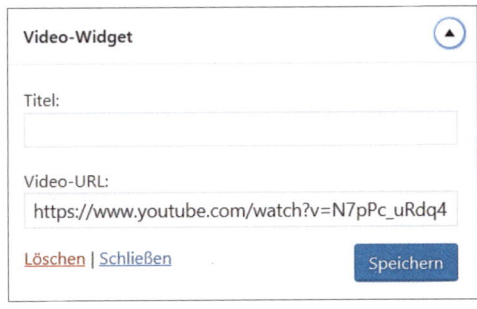

Ein Video wird aus YouTube in das Widget eingefügt.

19.2 Inaktive Widgets

Widgets, die Sie bearbeitet haben und nicht löschen wollen, können Sie einfach per Drag-and-drop in das Feld *Inaktive Widgets* ziehen und dort parken. Die Einstellungen gehen dabei nicht verloren und Sie können es jederzeit wieder aktivieren.

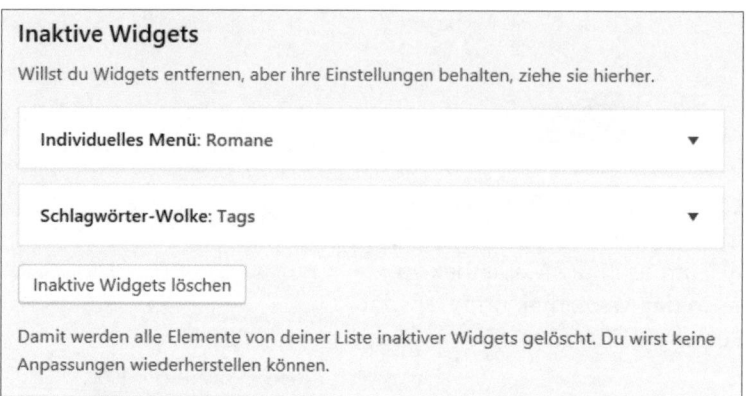

Hier kommen die nicht benötigten Widgets hin.

20. Die Mediathek

Da im nachfolgenden Kapitel wieder viele Bilder bei der Beschreibung zum Einsatz kommen, wie man einen Blog als Shop erstellt, möchte ich in diesem Kapitel nochmals genauer auf die Mediathek eingehen.

Die Mediathek hat viel mehr zu bieten als nur die Aufbewahrung von Bildern, Sounds und Videos. Im Laufe der Zeit wird die Mediathek immer umfangreicher. Eine Suchfunktion ist bereits eingebaut, mit der Sie Bilder leicht finden können, auch wenn Sie sich nur an einen Bruchteil des Namens dieses Bildes erinnern. Daher ist es wichtig, alle Bilder sinnvoll zu betiteln.

Auch die Möglichkeit der Bildbearbeitung ist in der Mediathek bereits enthalten. Man kann Bilder zuschneiden, drehen oder die Größe verändern. Das Löschen von Bildern, die bereits in Ihre Seite integriert sind, sollten Sie sich gut überlegen, denn dann kann es passieren, dass auf Ihrer Seite statt des Bildes ein leeres Loch zu sehen ist. Wenn Sie ein Bild löschen, ist es für immer weg. Die Ausweitung der Mediathek durch Plug-ins lohnt sich immer.

Als Beispielbilder für das Einfügen in die Mediathek habe ich die Bücher der Seite von Markt+Technik verwendet und eine neue Domain mit dem Namen *dascomputerbuch.de* angelegt. Als Vorlage habe ich *Onlineshop* meines Providers ausgewählt und als Theme *Graduate*. Sicherheitshalber entferne ich gleich aus den Seiten die Standardseite *Sample Page*, damit sie nach der Veröffentlichung nicht auf der Seite angezeigt wird.

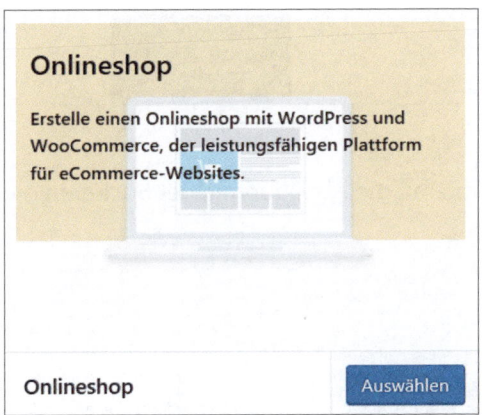

Die Vorlage für einen Onlineshop.

20. Die Mediathek

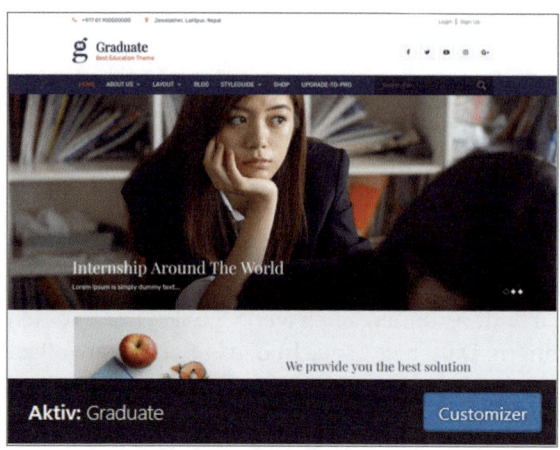

Ein passendes Theme für einen Shop mit Büchern.

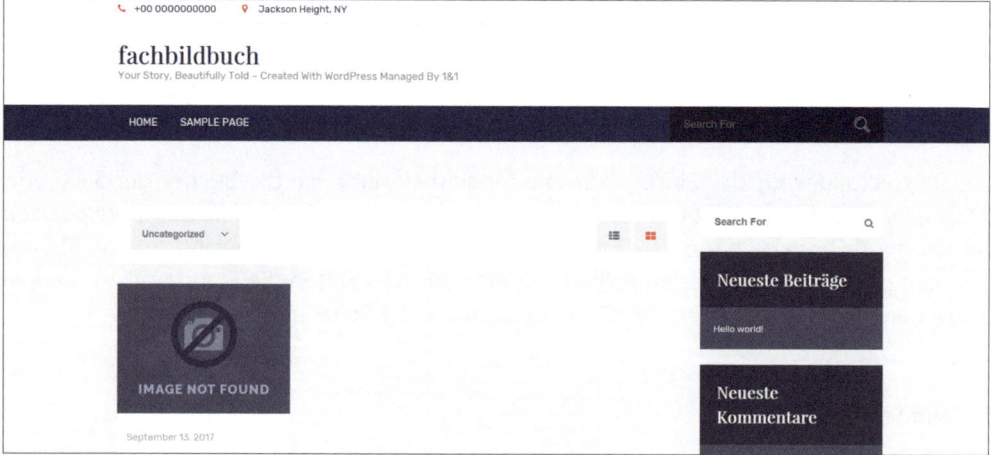

Die Seite in der Rohfassung.

Doch nun wieder zurück zur Mediathek. Ich habe mir die Abbildungen der Bücher in die Mediathek geladen.

Die Mediathek ist gut gefüllt.

Beschriftet habe ich sie bereits vorher. Eine Skalierung der Bilder ist nicht notwendig, da die Größe bereits angepasst wurde. Einige Dinge in der Mediathek habe ich bereits erwähnt, andere, wie Bilder zu ordnen, noch nicht.

20.1 Bilder sortieren

Die Mediathek von WordPress bietet in der Standardvariante keine Sortierfunktion an. Alle Dateien werden bunt gemischt angezeigt und sind weder nach Datum noch alphabetisch sortiert, wie Sie es von Windows gewohnt sind. Abhilfe schafft hier das Plug-in *Enhanced Media Library*.

Der Link zu den Einstellungen des Plug-ins.

Damit bekommen Sie etliche zusätzliche Funktionen für Ihre Mediathek. Wenn das Tool installiert und aktiviert ist, bietet es unterschiedliche Sortierkriterien für Ihre Bilder an. Über den Link *Medien-Einstellungen* kommen Sie in den Bearbeitungsmodus. Wechseln Sie in das Register *Mediathek*. Sie können die Bilder nun nach Titeln sortieren, wenn Sie die Option *Titel* in der Auswahl *Ordne Mediendateien nach* anklicken.

Dabei wird jeder gleiche Titel nebeneinander angezeigt. Wenn Sie die Option *Aufsteigend* in der Auswahl *Sortierreihenfolge* auch noch anklicken, dann werden die Titel nach dem Alphabet sortiert. Klicken Sie auf den Button *Änderungen übernehmen*.

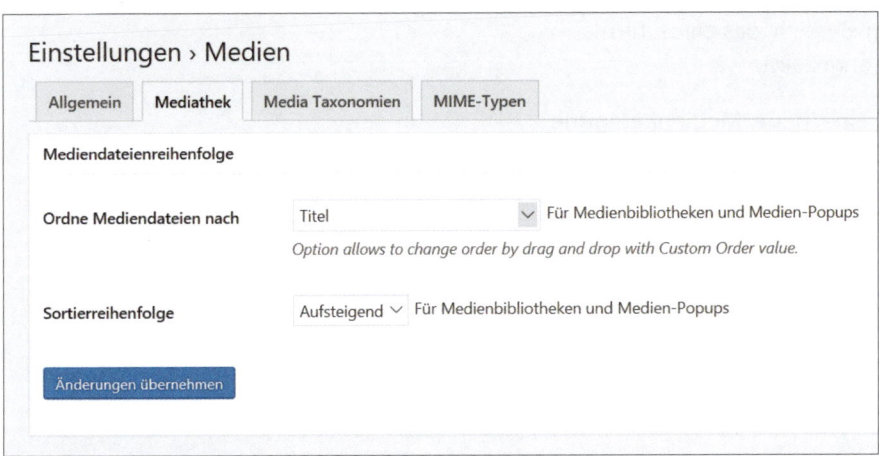

Sorgen Sie für Ordnung in der Mediathek.

Wechseln Sie wieder zu *Mediathek/Medienübersicht*. Die Bücher sind nun nach dem Alphabet geordnet, mit dem Buchstaben A beginnend.

20. Die Mediathek

Die Titel sind alphabetisch sortiert.

Über das Menü *Mediathek/Medienkategorien* können Sie Ihre Medien aufteilen. Also die Videos in eine Kategorie, die Bilder in eine andere und Ähnliches.

Kategorien lassen sich hier erstellen.

Im Bereich *Medienkategorien* können Sie im Eingabefeld *Name* im Bereich *Medienkategorie hinzufügen* neue Kategorien anlegen. Diese werden Ihnen dann im rechten Bereich des Bildschirms in einer Liste angezeigt.

Wenn Sie eine neue Medienkategorie anlegen, müssen Sie diese über den Button *Medienkategorie hinzufügen* in die Kategorieliste übernehmen.

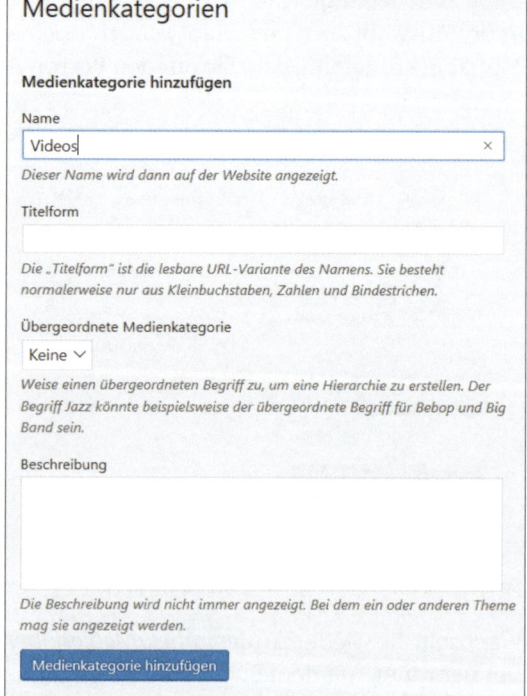

Legen Sie eine neue Kategorie an.

Eine neue Kategorie ist vorhanden.

20.2 Bilder ordnen

Die Mediathek bietet keine Dateiverwaltung an, alle Bilder, die Sie hochladen, landen in einem einzigen Ordner. Solange es nur um einige Bilder geht, ist das noch übersichtlich, aber wenn Ihre Sammlung erst einmal auf einige Hundert Bilder anwächst, dann sicherlich nicht mehr.

Mithilfe des Plug-ins *Media File Manager* können Sie neue Ordner und auch Unterordner anlegen. Ich installiere also auch dieses Tool in meine Plug-in-Sammlung und aktiviere es. Dem Menü *Mediathek* wird ein neues Untermenü hinzugefügt mit der Bezeichnung *Media File Manager*.

Der Weg zum Media File Manager.

Wenn Sie dieses Menü aktivieren, wird Ihnen der Manager angezeigt. Er enthält standardmäßig bereits einen Ordner, den Sie nutzen können. Dieser zeigt die aktuelle Jahreszahl. Wenn Sie ihn anklicken, öffnet sich ein weiterer mit dem aktuellen Monat. Wenn Sie wiederum diesen Ordner anklicken, werden alle Bilder angezeigt, die Sie in diesem Monat gespeichert haben.

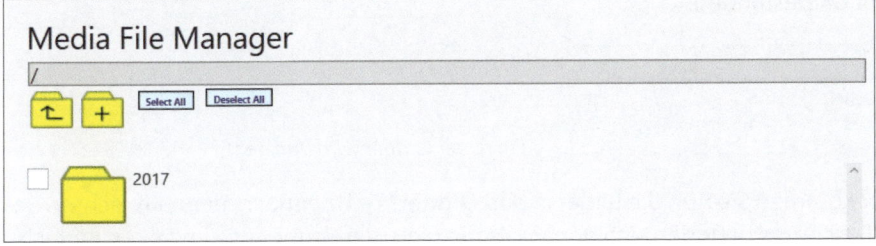

Der Standardordner des Dateimanagers.

20. Die Mediathek

Die Bilder, die in einem Monat gespeichert wurden.

Bewegen Sie sich mithilfe des Ordners mit dem Pfeilsymbol wieder in den Ordnerbereich zurück und legen Sie einen neuen Ordner an, indem Sie auf das Symbol mit dem Pluszeichen klicken, dann im Eingabefeld, das angezeigt wird, den Namen des Ordners eingeben und mit *OK* bestätigen.

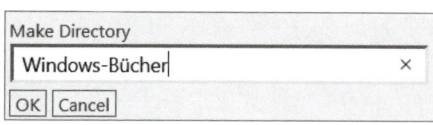

Ein neuer Ordner wird angelegt.

Doch wie bekommen Sie nun die Bilder in den Ordner? Ganz einfach, denn im rechten Bereich des Bildschirms befinden sich nochmals die gleichen Ordner wie im linken Bereich.

Wenn Sie jetzt im rechten Bereich das Kontrollkästchen neben dem Ordner mit dem Namen *Windows-Bücher* aktivieren und den Ordner durch Doppelklick öffnen, können Sie mithilfe des kleinen nach rechts zeigenden Pfeils, den Sie neben dem Ordner sehen, die Bilder aus dem linken Bereich in diesen Ordner kopieren. Sie müssen die Bilder über den Ordnern *2017* und *09* öffnen, das Kontrollkästchen neben dem jeweiligen Bild durch Mausklick aktivieren und dann auf den kleinen Pfeil klicken. Die ausgewählten Bilder werden in diesen Ordner übernommen. Im Unterordner *09* des Ordners *2017* sind sie jetzt nicht mehr vorhanden.

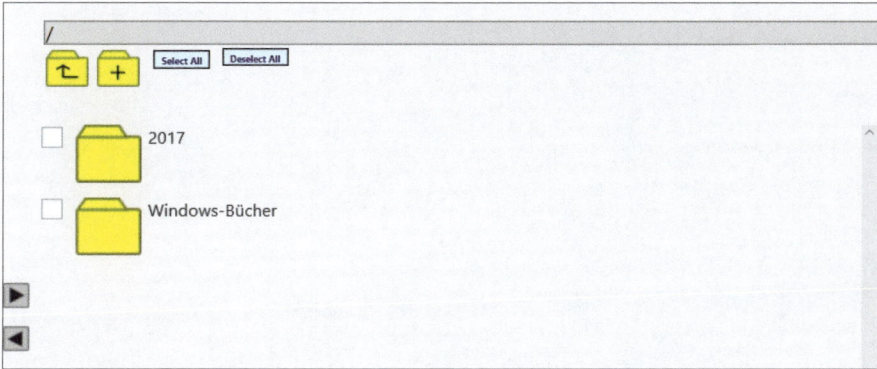

Ein neuer Ordner steht bereit.

Die Dateien für die Übernahme wurden ausgewählt.

20. Die Mediathek

Die Dateien wurden in den neuen Ordner kopiert.

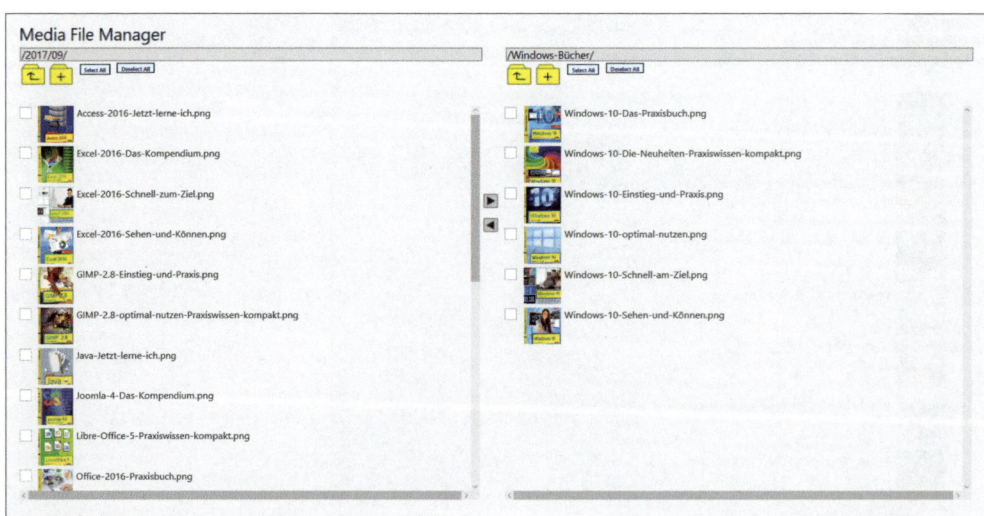

Die beiden Ordner in der Gegenüberstellung.

In der Medienübersicht bleibt allerdings alles wie bisher. Die Ordner sehen Sie nur in dem Menü des Media File Manager und sie lassen sich auch nur dort bearbeiten.

21. Ein Blog als Shop

Nachdem die Bilder für den Shop in der Mediathek sind, kümmere ich mich nun um die Plug-ins. Das Theme schlägt vor, die Plug-ins *Jetpack*, *TP Education*, *WooCommerce* und *Google Maps* zu installieren. Ich entscheide mich nur für *WooCommerce*, installiere es aber erst später. Außerdem installiere ich noch *Antispam Bee* und das Statistik Plug-in *Statify*.

Dann lösche ich folgende Plug-ins: *Google Analytics*, *MailPoet 2* und *WF Cookie Consent*. Die anderen Plug-ins aktiviere ich, soweit noch nicht geschehen. Ich beginne mit *NextGEN Gallery*. Hier muss nach der Aktivierung erst noch eine Erlaubnis freigeschaltet werden. Ein kurzer Klick und das Tool ist endgültig freigeschaltet. In der Sidebar wird ein Menü dieses Plug-ins eingefügt. Ich aktiviere noch die anderen Plug-ins und widme mich dann dem ersten Beitrag.

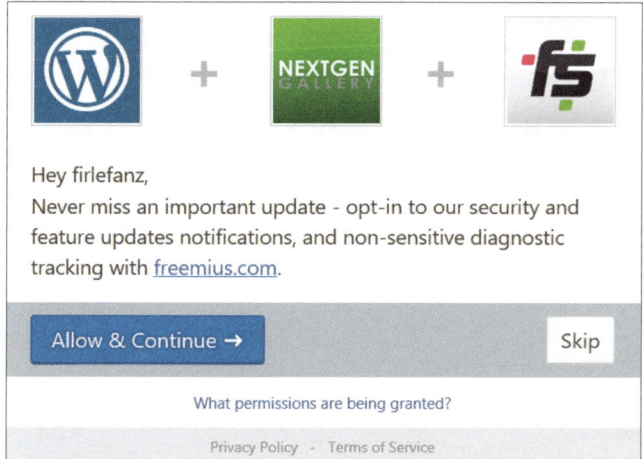

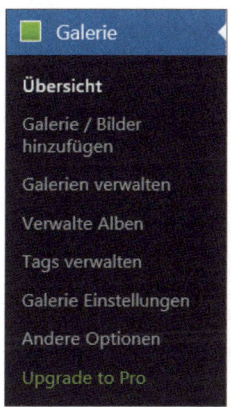

Nur ein Klick trennt Sie von der Freigabe des Plug-ins.   *Das Menü der Galerie.*

21.1 Beiträge und Galerien

In den Beiträgen stelle ich die Buchreihen vor, nicht die einzelnen Bücher, das kommt dann erst bei den Produkten. Also los geht's mit der Beschreibung der Reihe »Schnell zum Ziel«. Ich öffne das Menü *Beiträge* und dort den Musterbeitrag *Hello World*. Dann ändere ich die Überschrift und gebe einen kurzen Text ein. Über den Button *Aktualisieren* im Bereich *Veröffentlichen* speichere ich das Ganze ab.

Nun öffne ich über das Menü *Galerie* das Untermenü *Galerie/Bilder hinzufügen*. Der Arbeitsbereich der Galerie wird geöffnet. Da ich die Bilder aus der Mediathek laden will, klicke ich auf den entsprechenden Link am unteren Ende der Seite.

Der Text ist vorbereitet zum Einfügen der Galerie.

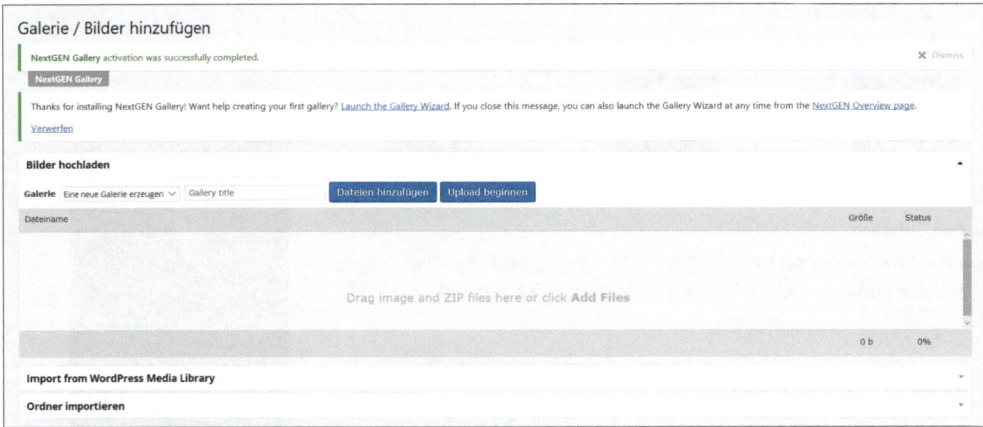

Von hier aus werden die Bilder in den Beitrag geladen.

Import from WordPress Media Library   *Der Link zur Mediathek.*

Im Bereich *Bilder hochladen* vergebe ich nun einen Namen für die Galerie und suche über den Button *Dateien hinzufügen* die Buchtitel aus, die in die Galerie sollen. Wenn alle Titel aufgelistet sind, klicke ich auf *Upload beginnen*, um die Titel in die Mediathek einzubinden.

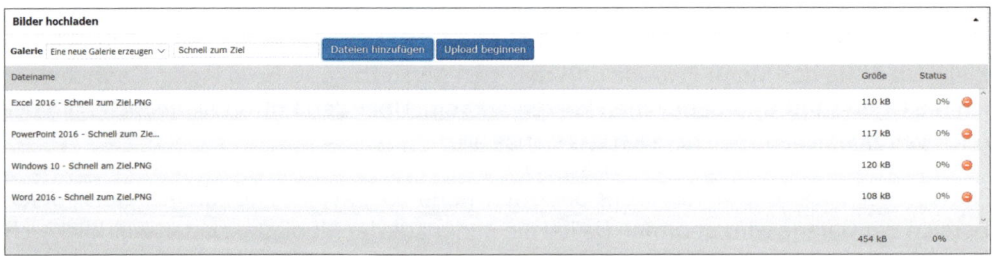

Die Dateien für die Galerie wurden ausgewählt.

Nun wechsle ich wieder in den Beitrag und setze den Cursor unter den Text. Dann klicke ich in der Symbolleiste auf das Symbol mit dem grünen Quadrat, um die Galerie zu öffnen und eine Variante auszusuchen, wie die Bilder auf der Seite präsentiert werden sollen.

Ich entscheide mich für die Slideshow und füge die Galerie durch Klick auf den Button am Ende der Seite in den Beitrag ein.

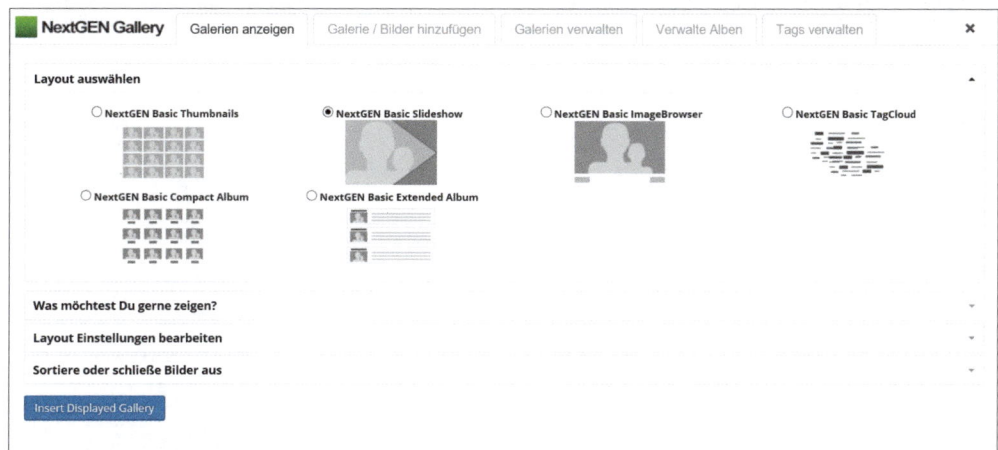

Eine Form der Präsentation wurde ausgewählt.

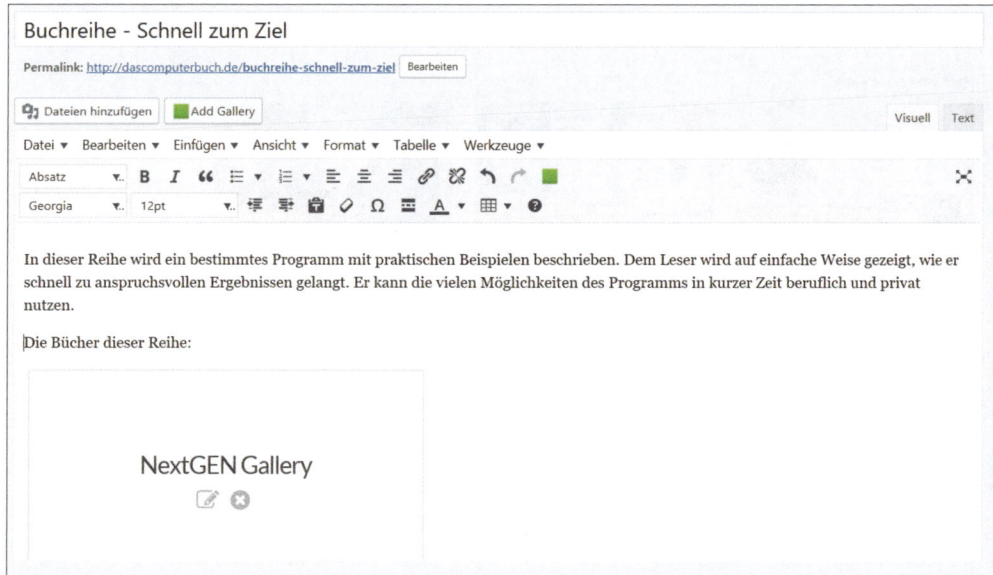

Die Galerie wird im Beitrag angezeigt.

Nun klicke ich auf *Aktualisieren*, um den Beitrag anzusehen. Die ausgesuchten Titel werden jetzt im Wechsel angezeigt. Mit einem Klick auf den Link *Zeige Vorschaubilder* werden Ihnen alle Bilder angezeigt.

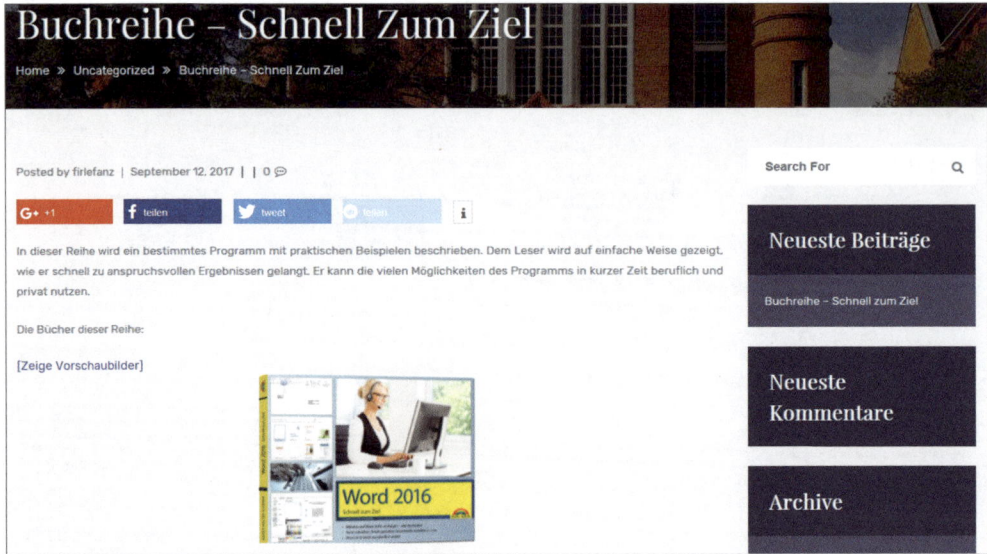

Der Beitrag mit den Bildern in der Vorschau der Seite.

Die Titel in der Übersicht auf der Seite.

21.2 Einen Shop einrichten

Im nächsten Schritt installiere und aktiviere ich das Plug-in *WooCommerce*. Es heißt mich willkommen. Mit einem Klick auf den Button *Los gehts* komme ich in den Bereich *Seiten-*

einrichtung. Hier wird mir kurz erklärt, welche Seiten wozu notwendig sind. Ich klicke auf *Fortfahren.*

Die Konfiguration des Plug-ins beginnt.

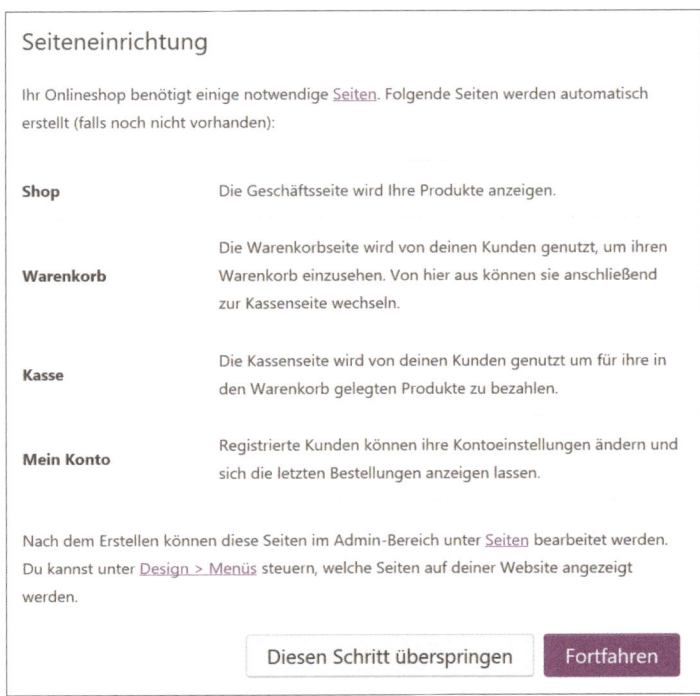

Diese Seiten werden für Ihren Shop benötigt.

Nun muss ich angeben, in welchem Land sich meine Firma befindet, welche Währung ich verwenden will, ob ich Mehrwertsteuer berechne und ob diese im Produktpreis, den ich eingebe, bereits enthalten ist oder nicht.

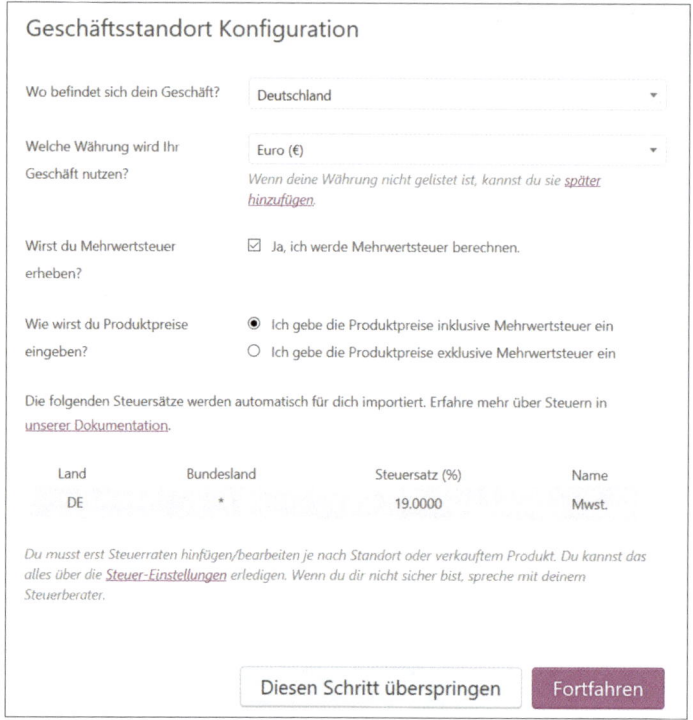

Die wichtige Einstellung für die Mehrwertsteuer.

Nach einem Klick auf *Fortfahren* komme ich in den Bereich *Versand*. Hier sind keine Einstellungen nötig. Bücher laufen als Büchersendung und da gibt es nur zwei Standardpreise, je nach Größe des Buches. Ich klicke auf den Button *Diesen Schritt überspringen*.

Für den Versand sind keine Einstellungen nötig.

Nun müssen noch die Zahlungsarten festgelegt werden. Ich entscheide mich für *Bezahlung per Überweisung* und bestätige mit *Fortfahren*.

Einen Shop einrichten

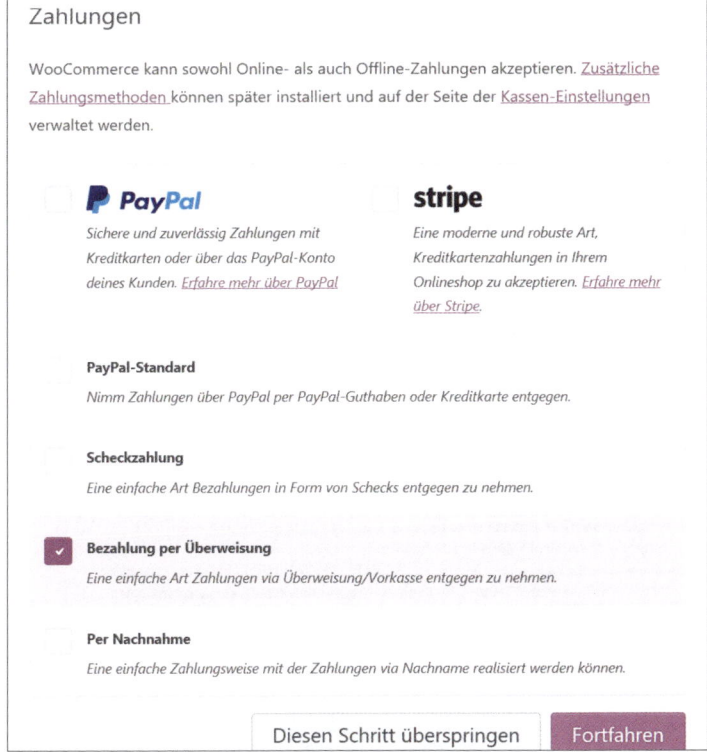

Hier werden die Zahlungsarten festgelegt.

Daraufhin erhalte ich die Meldung, dass der Onlineshop nun bereit ist, und ich kann über den Button *Erstelle dein erstes Produkt* mit der Einrichtung des Shops beginnen.

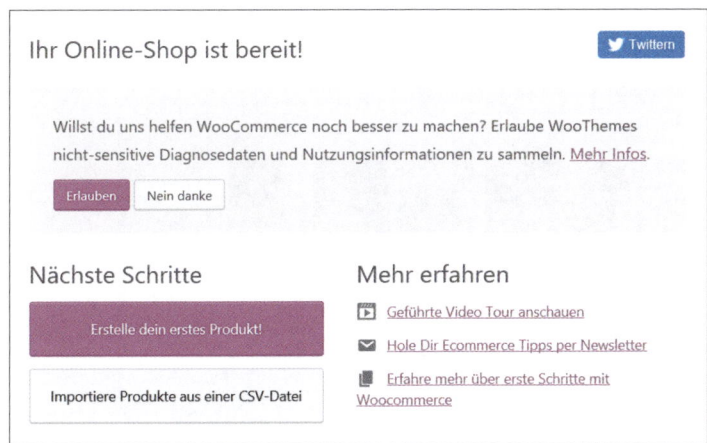

Der Onlineshop steht bereit.

21. Ein Blog als Shop

Das Dashboard wird geöffnet, in der Sidebar ist ein neues Menü mit dem Namen *WooCommerce* eingefügt worden. Das Menü *Erstellen* ist bereits geöffnet, und ich kann nun das erste Produkt anlegen.

Ich gebe den Titel und den Text für das neue Produkt ein. Dann suche ich das Produktbild aus, indem ich auf der rechten Seite des Bildschirms unter dem Bereich *Produktbild* auf den Link *Produktbild festlegen* klicke, dann das Produktbild aus der Mediathek aussuche und mit dem Button *Produktbild festlegen* in die Produktbeschreibung übernehme. Nachdem ich das Produktbild aus der Mediathek ausgewählt habe, wird es im Bereich *Produktbild* angezeigt.

Der Text für das erste Produkt ist geschrieben.

Der Weg zum Produktbild.

Ein Produktbild wird aus der Mediathek ausgewählt.

Das Produkt wird allerdings erst im Shop angezeigt, wenn ich auf den Button *Veröffentlichen* klicke. Danach sehe ich mir die Seite in der Vorschau an. Ein Hinweis auf das Buch wird im Beitragsbild angezeigt. Wie Sie sehen, hat *WooCommerce* auch ein Menü erstellt.

Gleich beim Start der Seite wird auf das Produkt hingewiesen.

Allerdings ist das Menü nicht sinnvoll aufgebaut. An zweiter Stelle sollte der Shop stehen, denn der Kunde wird immer zuerst den Shop besuchen. Dann kommt der Warenkorb, denn wenn der Kunde bestellt, wird er irgendwann zum Warenkorb kommen. Dann kommt die Kasse, da es vom Warenkorb aus zum Bezahlen geht, und zuletzt das Konto des Kunden, in dem seine Daten gespeichert sind.

Die ideale Reihenfolge der Seiten.

Unter dem Beitragsbild wird ein Foto des Buches mit dem Titel angezeigt. Direkt unter dem Bild steht die Beschreibung des Buches. Mit einem Klick auf das Lupensymbol können Sie sich das Buch auch allein anzeigen lassen.

Bild und Titel des Buches.

Ich nutze nun auch noch den Bereich *Produktgalerie*. Über den Link *Produktgaleriebilder hinzufügen* kann ich weitere Bilder zu dem Produkt hinzufügen. Ich wähle aus der Mediathek noch die Buchrückseite aus und nehme sie über den Button *Zur Galerie hinzufügen* in die Galerie auf. Ein Klick auf *Aktualisieren* und das Bild wird nun auf der Seite unter dem großen Titelbild neben dem kleinen Titelbild angezeigt. Durch einen Klick darauf kann es in der vergrößerten Ansicht angezeigt werden. Das nicht aktive Bild wird immer jeweils matt angezeigt.

21. Ein Blog als Shop

Erstellen Sie eine Produktgalerie.

Eine Galerie wurde in die Beschreibung des Produkts eingebunden.

Über das Menü *Produkte/Eigenschaften* kann ich direkt in den Verkaufsbereich wechseln. Das Buch wird hier ebenfalls angezeigt. Nun muss ich noch die Versandzonen konfigurieren, sonst kann nichts bestellt werden. Ich klicke auf *Konfiguriere Versandzonen* und im nächsten Fenster auf *Versandzone hinzufügen*. Der Bereich *Versandzonen* wird geöffnet. Ich vergebe einen Namen für die Zone und klicke im Bereich *Versandart* auf den Button *Versandart hinzufügen*.

Der Versand ist aktiviert, aber die Versandarten fehlen noch.

Das Menü im Arbeitsbereich des Plug-ins.

Nun muss ich die Zonen aussuchen, in die geliefert wird. Wenn ich in das Fenster *Zonen-Regionen* klicke, erscheint ein Drop-down-Menü, aus dem bestimmte Kontinente und deren Länder ausgewählt werden können. Ich wähle *Deutschland* aus.

Einen Shop einrichten

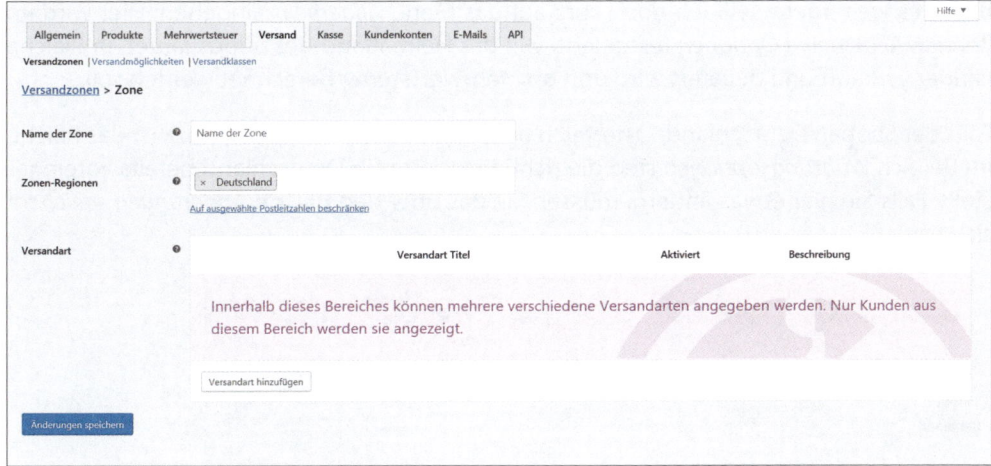

Eine Zone zur Lieferung wurde ausgewählt.

Im nächsten Schritt muss ich die Art des Versands festlegen. Ich entscheide mich für die Auswahl *Kostenlose Lieferung* und klicke auf *Versandart hinzufügen*. Die Versandart wird im Bereich *Versandzonen* angezeigt.

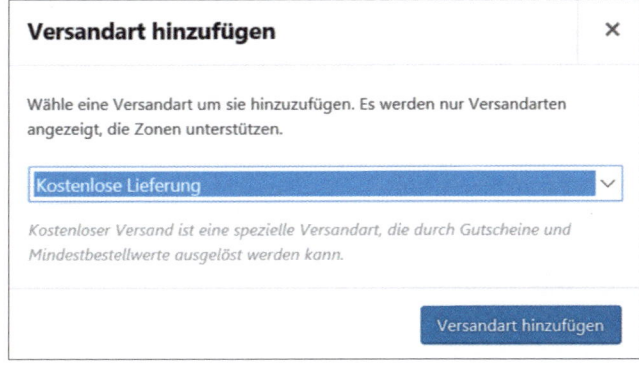

Die Art des Versandes wurde entschieden.

Die Versandart wird im Versandzonenbereich angezeigt.

Ich komme wieder in den Versandzonenbereich und übernehme hier alle Einstellungen über den Button *Änderungen speichern*.

Ein Blog als Shop

Bevor es weitergeht, will ich noch kurz auf das Menü *Allgemein* eingehen. Hier wird im Bereich *Allgemeine Optionen* festgelegt, wie das Heimatland des Shops lautet, in welche Länder verkauft und geliefert wird und ob Mehrwertsteuer berechnet werden soll.

Falls der Shop in Deutschland, Österreich oder der Schweiz betrieben wird, ist das Pflicht. Im Bereich *Währungsoptionen* sind die richtigen Werte für Deutschland bereits voreingestellt. Falls Sie hier etwas ändern, müssen Sie das über den Button *Änderungen speichern* sichern.

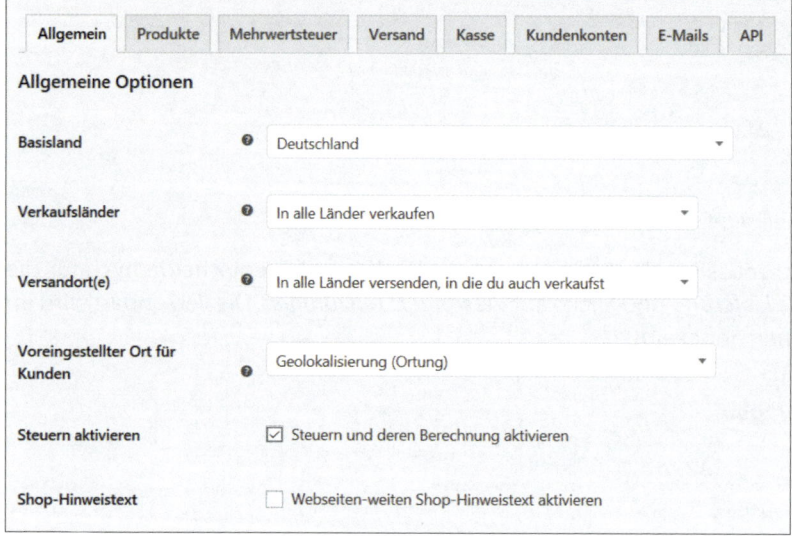

Die allgemeinen Einstellungen lassen sich hier ändern.

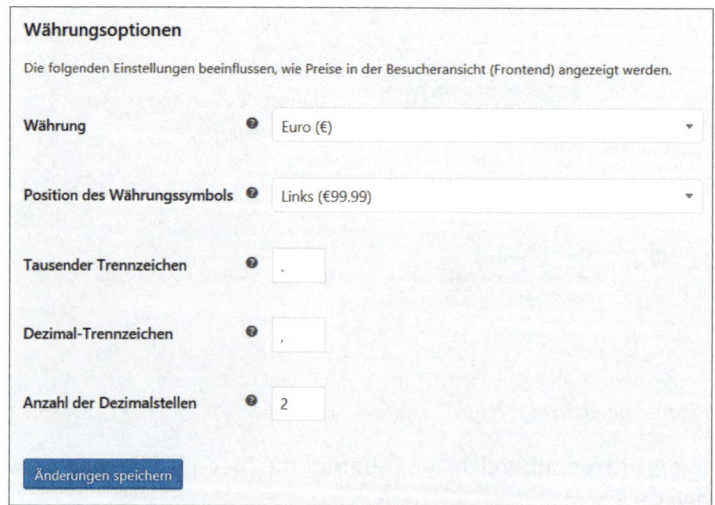

Hier werden die Einstellungen für die Währung festgelegt.

Im Menü *Mehrwertsteuer* ist es wichtig anzugeben, ob die Steuer im Preis bereits enthalten ist oder ob sie extra berechnet wird. Wenn sie bereits im Preis enthalten ist, muss die Option *Ja, ich gebe die Produktpreise inklusive Mehrwertsteuer ein* aktiviert sein. Über den Button *Änderungen speichern* sichere ich wieder alles ab.

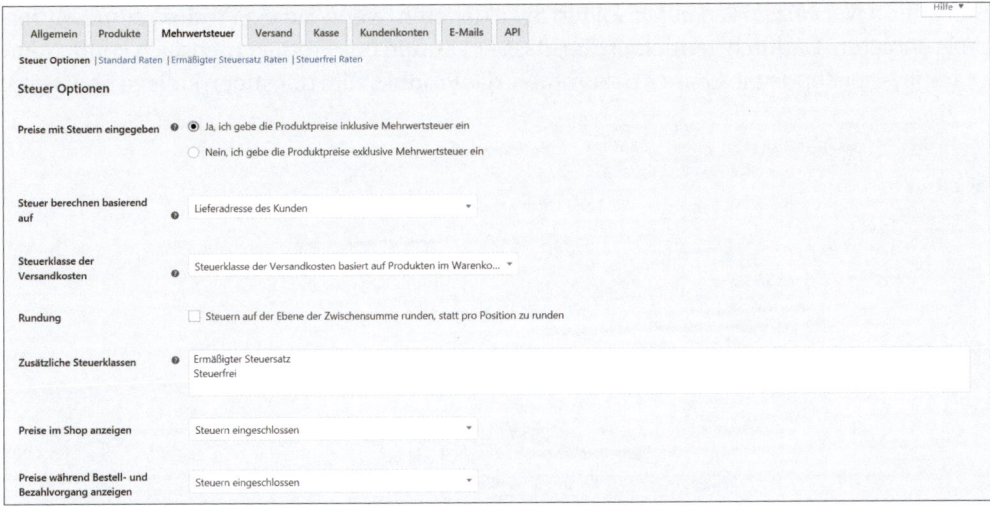

Hier werden alle Einstellungen zum Thema Mehrwertsteuer festgelegt.

Eigentlich sind wir jetzt mit der Konfiguration fertig. Aber als aufmerksamem Leser wird Ihnen sicher nicht entgangen sein, dass der Preis für das Produkt noch gar nicht angegeben wurde.

Um einen Preis einzugeben, öffnen Sie die Produktbeschreibung. Unter der Beschreibung sehen Sie den Bereich *Produktdaten* mit verschiedenen Menüs. Hier können Sie den regulären Preis für das Produkt eingeben oder einen Angebotspreis, der nur für einen bestimmten Zeitraum gilt. Dann können Sie noch den Steuerstatus und die Steuerklasse festlegen. Für Bücher gilt ja der ermäßigte Steuersatz.

Legen Sie hier den Produktpreis fest.

Im Menü *Lager* können Sie eine Artikelnummer für das Produkt vergeben. Wenn Sie das Kontrollkästchen neben dem Eintrag *Lagerbestand verwalten?* aktivieren, haben Sie die Möglichkeit, den Lagerbestand einzugeben und über einen Lieferrückstand zu entscheiden. Der Lagerstatus ist auch aktiv, wenn Sie das Kontrollkästchen nicht aktivieren.

Die Option *Nur einzeln verkaufen* sollten Sie aktivieren, wenn Sie ein Produkt zum Sonderpreis anbieten. Dadurch vermeiden Sie, dass ein Kunde das Produkt mehrfach kauft, denn es soll ja jeder Kunde die Chance bekommen, das Produkt zum günstigen Preis zu erwerben.

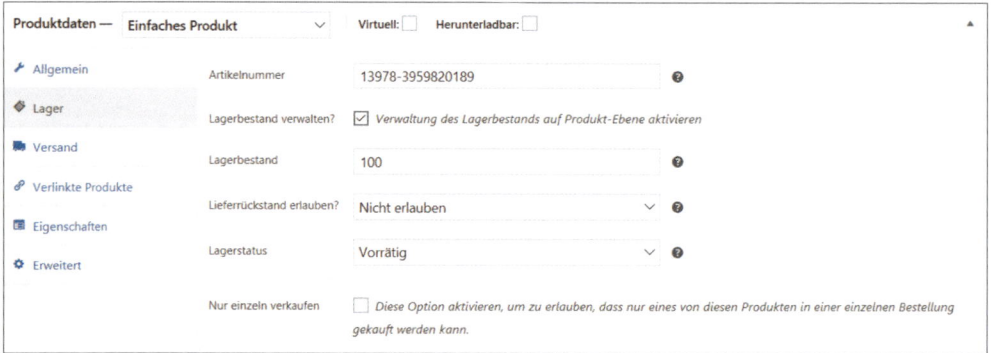

Der Preis und die Besteuerung wurden festgelegt.

Im Menü *Versand* geben Sie das Gewicht und die Größe des Artikels ein. Auch das Bestimmen einer Versandklasse ist möglich.

Alle wichtigen Daten zum Versand werden hier eingegeben.

Sichern Sie alle Eingaben über den Button *Aktualisieren*. Auf die anderen Menüs gehe ich hier nicht weiter ein, da es nicht so wichtig ist.

Sie sollten sich aber noch vergewissern, dass der festgelegte Preis eingefügt wurde. Begeben Sie sich also in die Vorschau des Shops und schauen Sie nach, ob der Preis angezeigt wird.

Der Preis ist vorhanden, aber nicht nur das, das Buch kann jetzt vom Besucher mit einem Klick auf den Button *In den Warenkorb* in diesen aufgenommen werden. Wenn dies geschehen ist, wird der Button *Warenkorb anzeigen* eingeblendet, über den der Inhalt des Warenkorbs gecheckt werden kann.

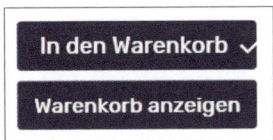

Der Warenkorb wurde aktiviert.

Der Preis ist eingefügt.

Sie könnten jetzt noch einen Hinweis neben dem Buch einfügen, dass die Mehrwertsteuer im Preis inbegriffen ist. Dazu müssen Sie im Menü *WooCommerce/Einstellungen* das Register *Mehrwertsteuer* öffnen und im Eingabefeld *Preisangabe Suffix* einen Text eingeben.

Fügen Sie die Angabe der Mehrwertsteuer ein.

Der Hinweis auf die Steuer.

Um den Bestellvorgang zu beenden, muss der Kunde nun auf den Button *Weiter zur Kasse* klicken und kann dann im Bereich *Rechnungsdetails* seine Daten eingeben und über den Button *Bestellung abschicken* die Bestellung abschließen.

Leider deckt *WooCommerce* nicht alle rechtlichen Dinge für Deutschland ab. Daher wurde das Tool *WooCommerceGermanized* entwickelt, das eine sinnvolle Ergänzung zu dem Programm bietet. Auf dieses Tool gehe ich allerdings nicht weiter ein. Das würde den Rahmen des Buches sprengen. Über das Plug-in *WooCommerce* könnte man praktisch ein eigenes Buch schreiben.

Ein Artikel wurde in den Warenkorb übernommen.

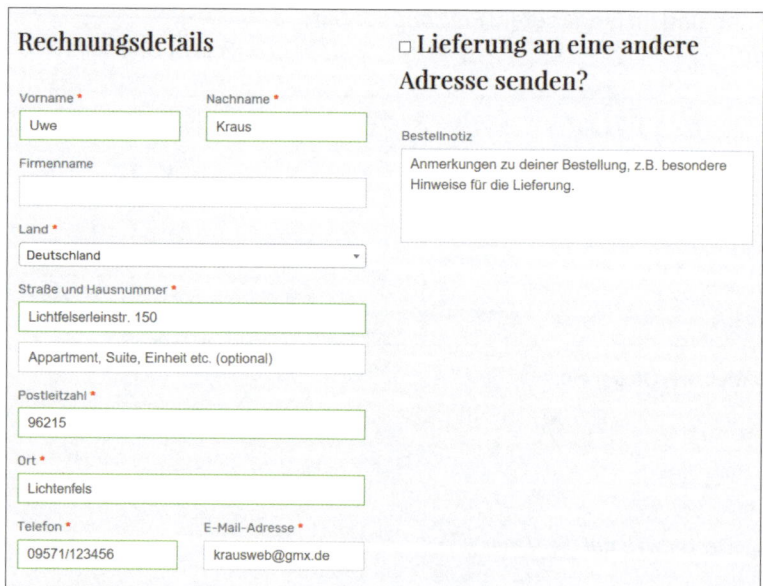

Die Adressdaten wurden in das Formular eingefügt.

21.3 Nutzung weiterer Plug-ins

Für diese Seite nutze ich noch das Plug-in *Contact Form 7*. Ich lege dafür erst mal eine neue Seite mit dem Namen *Kontakt* an und gebe im Bereich *Seiten-Attribute* im Fenster *Reihenfolge* die Zahl *6* ein, da das Menü für diese Seite hinter dem Menü *Warenkorb* stehen soll.

Nutzung weiterer Plug-ins

Ein Klick auf *Speichern* sichert die Eingaben. Mit einem weiteren Klick auf *Veröffentlichen* steht das neue Menü an der gewünschten Stelle.

Ein neuer Menüpunkt ist dazugekommen.

Danach öffne ich das Menü *Formulare/Kontaktformulare* und kopiere den Shortcode neben dem Link *Kontaktformular 1* in die Seite.

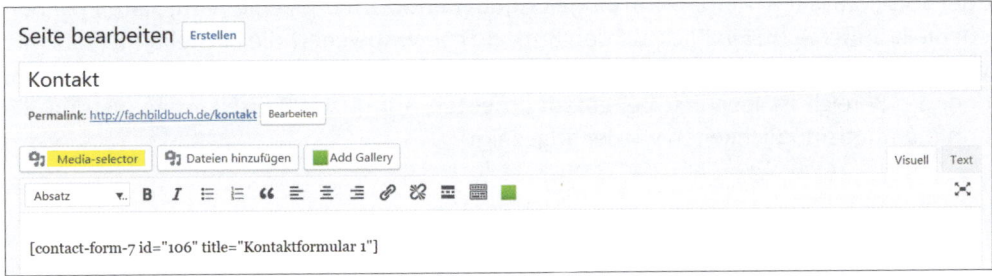

Dieser Shortcode ist wichtig.

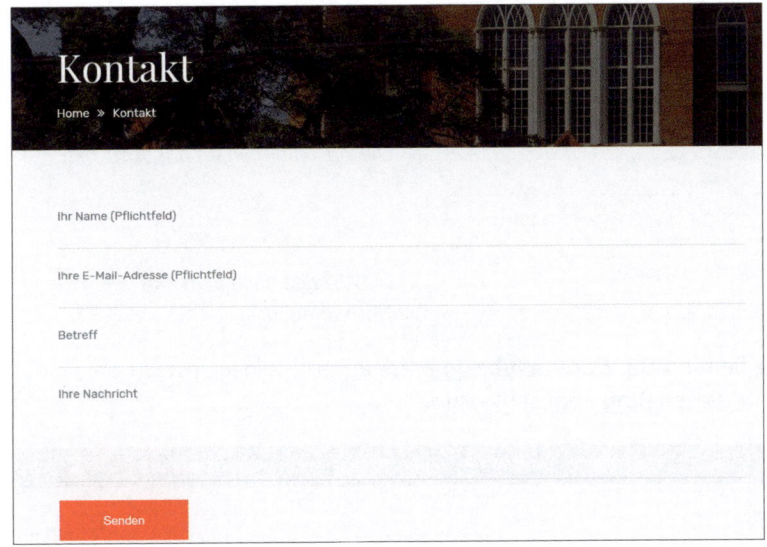

Der Shortcode wurde in den Arbeitsbereich der Seite kopiert.

Mit dem Button *Aktualisieren* wird der Code aktiviert und die Eingabefelder werden in die Seite übernommen.

Das Kontaktformular steht für die Eingaben bereit.

275

Nun kümmere ich mich um die Einstellungen für das Plug-in *Statify*. Mit diesem Tool lassen sich Seitenaufrufe übersichtlich anzeigen. Es ist ideal geeignet in Bezug auf das deutsche Recht zum Datenschutz, da es keine Cookies und auch keinen Drittanbieter nutzt. Es verarbeitet auch keine Daten von Personen wie die IP-Adresse, sondern orientiert sich nur an den Aufrufen, nicht an den Besuchern.

Wenn Sie in der Liste der Plug-ins auf den Link *Einstellungen* klicken, kommen Sie direkt zum Konfigurationsbereich von *Statify*. Hier können Sie angeben, wie lange die Informationen gespeichert werden sollen. Daten können aber nur für einen bestimmten Zeitraum gespeichert werden, maximal 14 Tage, und das ist bereits eingetragen. Sie können sich auch nur eine Liste des aktuellen Tages anzeigen lassen.

Das Tool zählt keine Feeds oder Trackbacks mit, berücksichtigt auch nicht das Suchen oder Vorschauseiten. Aufrufe von eingeloggten Benutzern und fehlerhafte Seiten bleiben ebenfalls außer Acht. Ein Klick auf den Button *Senden* speichert die Einstellungen ab. Alle vorher angezeigten Einstellungen sind nun nicht mehr im Konfigurationsbereich vorhanden, der Bereich ist leer. Erst bei einem erneuten Aufruf der Einstellungen werden die Konfigurationsmöglichkeiten wieder angezeigt.

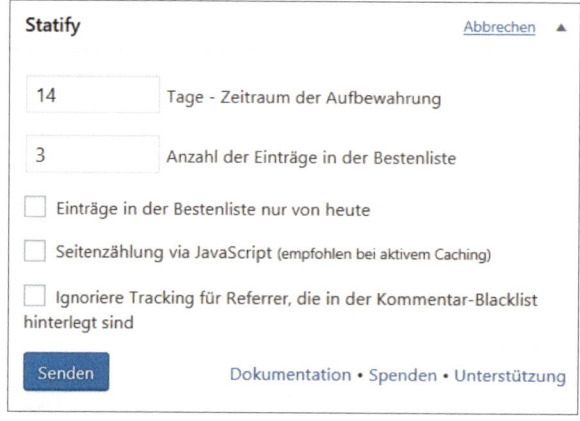

Die Einstellungen für das Statistiktool.

Die Anzeige nach dem Aktivieren der Einstellungen.

Ich lege nun noch die Seiten *AGB*, *Datenschutz*, *Impressum* und *Widerrufsrecht* an. Damit sind die Grundlagen für diesen Blog abgeschlossen.

Das Menü ist nun komplett.

21.4 Die Footer-Widgets nutzen

Da das Design *Graduate* vier Footer zur Verfügung stellt, nutze ich diese aus, um das Menü nochmals am Ende der Seite zu platzieren. Ich schiebe das Widget *Text* in den Footer-Bereich 1 und verlinke zu der Seite *Home*. Wichtig ist, keinen Titel einzugeben, da dieser dann auch mit angezeigt wird. Im Footer-Bereich 2 verlinke ich zu den Menüs *Kasse*, *Mein Konto*, *Shop* und *Warenkorb*, im Footer-Bereich 3 zum Menü *Kontakt* und im Footer-Bereich 4 zu *AGB/Widerrufsrecht*, *Datenschutz* und *Impressum*. Im Footer-Bereich 2 und 4 müssen Sie jeweils nur ein *Text*-Widget einfügen, da Sie ja alle Namen der Menüs, zu denen Sie verlinken wollen, in ein Textfeld schreiben. Jedes Mal, wenn ein Link übernommen wird, ändert sich die Schriftfarbe des verlinkten Wortes von schwarz-weiß auf farbig.

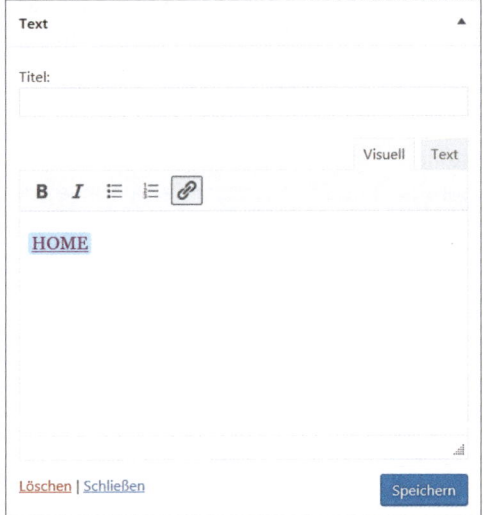
Nach der Verlinkung wechselt die Farbe.

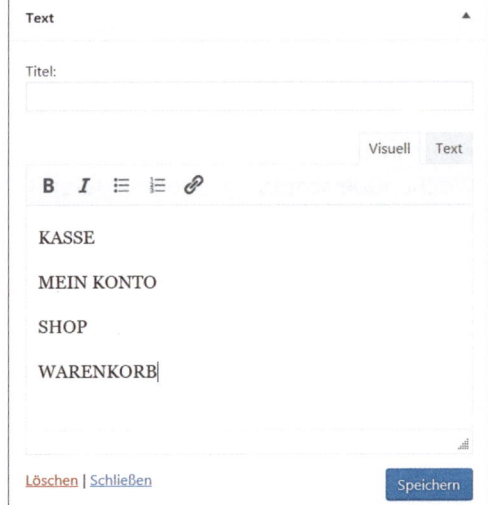
Alle Links in einem Widget.

Im Footer-Bereich wurden vier verschiedene Footer angelegt.

22. SEO – Suchmaschinenoptimierung

Was nützt der schönste Shop, wenn er nicht gefunden wird? Dabei spielt die Suchmaschinenoptimierung heutzutage eine große Rolle. Man versucht mit bestimmten Mitteln, bei den Suchmaschinen ganz oben platziert zu werden.

22.1 Die Seite optimal einstellen

Die Vorbereitungen auf die Suchmaschine sollten erst mal damit beginnen, die eigene Seite optimal zu gestalten. Die Bewertung der eigenen Seite durch die Suchmaschinen wird immer intensiver, deswegen steht die Optimierung der Seite an erster Stelle. Google bewertet mittlerweile Hunderte von Faktoren bei dem Check Ihrer Seite.

WordPress bietet von Haus aus einige gute Möglichkeiten an, um bei Suchmaschinen besser anzukommen. Man kann Permalinks erstellen und sinnvolle Überschriften sowie Zwischenüberschriften erzeugen, deren Texte bereits auf den Inhalt der Seite hinweisen. In jeder Überschrift muss ein Keyword enthalten sein. Auch aussagekräftige Bildunterschriften sind eine gute Stelle, um Keywords zu platzieren. Keywords sind Wörter, nach denen oft gesucht wird, also Ausdrücke, die jedem bekannt sind.

WordPress stellt bei seinen Formaten sechs unterschiedliche Überschriften zur Verfügung. Dabei ist *Überschrift 1* für den Titel der Seite gedacht und *Überschrift 2* für den Untertitel. Die restlichen Überschriften sind für die Absätze gedacht.

Aber am wichtigsten sind sicherlich die Keywords, die von Google gefiltert werden. Jeder Surfer sucht ja nach bestimmten Begriffen, wenn er etwas wissen will, und diese Begriffe sollten je nach Thema der Seite in Ihren Keywords enthalten sein.

Diese Keywords sollten auch in Ihrem Beitrags- oder Seitentitel vorhanden sein. Auch in jedem Permalink sollte mindestens ein wichtiges Keyword enthalten sein.

Verwenden Sie in Ihrem Text nicht zu viele Keywords. Bei einem Text mit 1.000 Wörtern sollten maximal 20 Keywords enthalten sein, besser noch weniger. Verwenden Sie auch ähnliche Ausdrücke für das Keyword und markieren Sie einige davon mit Fettdruck. Suchmaschinen arbeiten Ihre Seite immer der Reihe nach ab, beginnend mit dem Quelltext. Daher sind die Keywords in diesem Text so wichtig.

Dem Besucher muss vermittelt werden, um was es in Ihrer Seite überhaupt geht. Und wenn er sich entschieden hat, Ihre Seite zu besuchen, müssen Sie versuchen, ihn dort möglichst lange zum Verweilen zu animieren. Dies geschieht durch Hinweise auf andere interessante Artikel. Die Artikel sollten gut recherchiert und nicht langweilig geschrieben sein, auch die Rechtschreibung muss passen. Sie sollten verständlich sein und für einen besseren Überblick genügend Absätze enthalten.

Ihre Artikel sollten auch untereinander verlinkt sein. Sie können in neuen Artikeln auf ältere hinweisen, die ein ähnliches Thema beschreiben, oder ein ABC-Lexikon einbauen, in dem Sie dann ganz gezielt Keywords einbauen können.

Liefern Sie auch regelmäßig neue Artikel mit guten Inhalten. Und rechnen Sie damit, dass Ihre Seite erst nach Wochen von den Suchmaschinen entdeckt wird. Auf diese Wartezeit haben Sie keinen Einfluss. Wenn Ihre Seite gut eingestellt ist, werden Ihre Besucherzahlen aber im Laufe der Zeit steigen.

22.2 Suchmaschinenoptimierung außerhalb der Seite

Auch außerhalb Ihrer Seite gibt es einige Möglichkeiten, Ihre Seite bekannt zu machen. Sie können versuchen, bei anderen Blogs Links auf Ihre Seite zu bekommen. Im Gegenzug sollten Sie dann natürlich auch offen sein für Verlinkungen von Ihrer Seite zu anderen Seiten.

Wenn Sie Produkte verkaufen, die Sie bei anderen Händlern einkaufen, versuchen Sie, bei diesen einen Link auf Ihre Seite zu bekommen.

22.3 Plug-ins für die Suchmaschinenoptimierung

Plug-ins, die Ihre Seite für die Suchmaschinen optimieren, gibt es viele. Das bekannteste und am meisten genutzte dürfte sicherlich *Yoast SEO* sein, das mit einem Ampelsystem arbeitet und bei den meisten Themes bereits integriert ist.

Dann ist noch das *All in One SEO Pack* empfehlenswert, das bei den kostenlosen SEO-Plug-ins sicher an zweiter Stelle steht.

Dann wäre da noch *Autoptimize* , das mehrere vorhandene Dateien komprimiert und zu einer einzigen großen verbindet. Dadurch reduziert sich die Anzahl der Dateien auf der Seite und sie lässt sich in vielen Fällen doppelt so schnell laden.

Wenn Sie *Autoptimize* installiert haben, können Sie in den Einstellungen dieses Plug-ins dafür sorgen, dass Ihre Seite schneller wird. Aktivieren Sie dort die Optionen *Java-Script* und *CSS* und klicken Sie dann auf *Änderungen speichern und Cache leeren*.

SEO – Suchmaschinenoptimierung

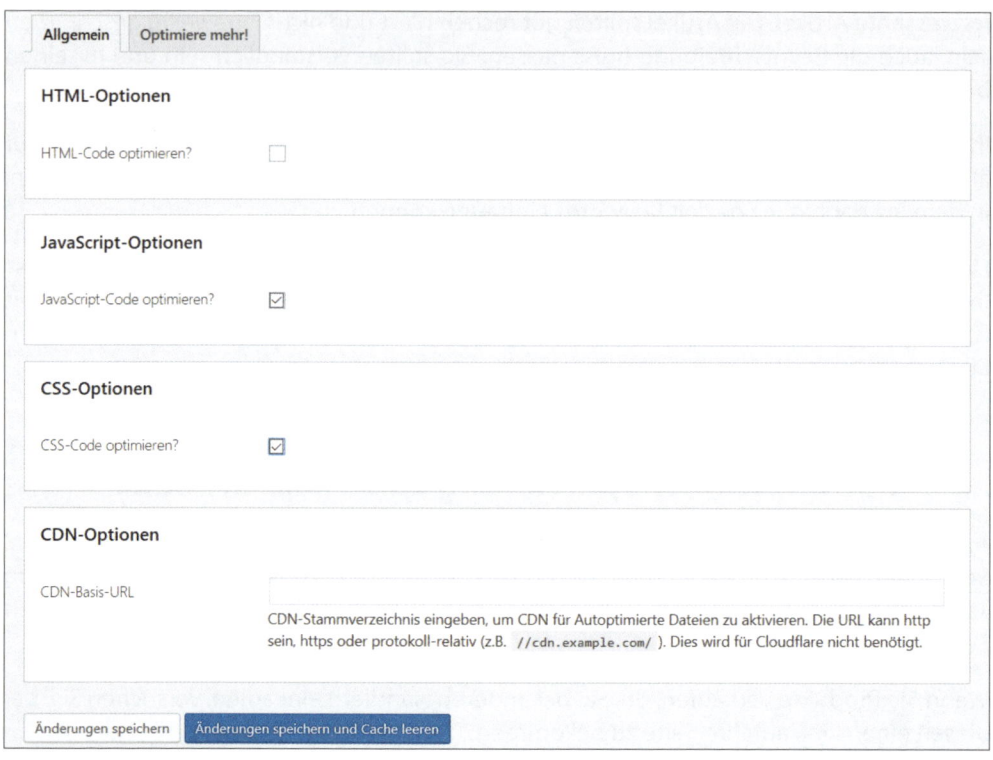

Bestimmte Bereiche sollen optimiert werden.

 *Autoptimize wurde gestartet.*

23. Der Reiseblog

Ein Blog über das Reisen kommt immer gut an. Auf meinem Blog *urlaubundverreisen.de* beschreibe ich Ausflugsziele wie Berge, Flüsse und Seen, Städte und Schlösser. Für diesen Blog habe ich das Theme *Radcliffe* verwendet. Es präsentiert sich dezent, aber beim Verschieben des Mauszeigers in einen anderen Bereich wird dieser kräftiger angezeigt.

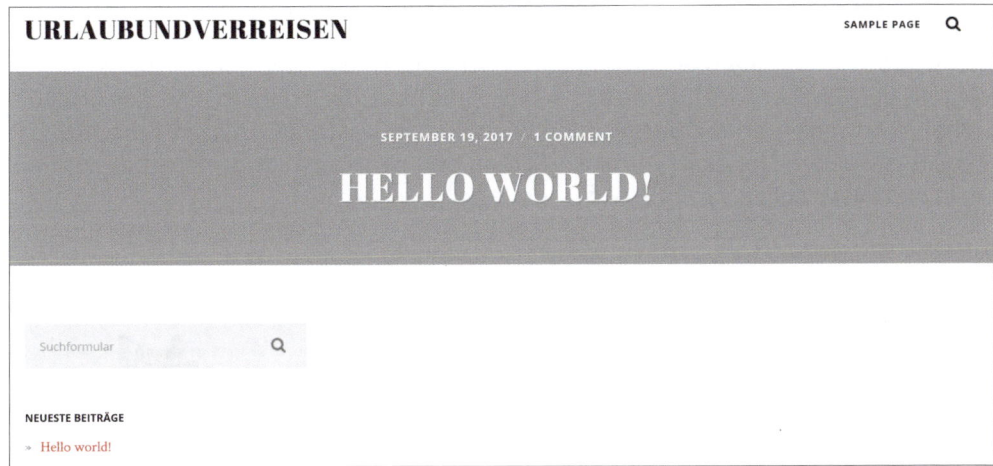

Ein einfaches, praktisches Theme über das Reisen.

 *Mit dem Mauszeiger berührte Bereiche werden farbig markiert.*

Ich ändere nun die Seite *Sample Page* auf *Start* und lege die Seiten *Kontakt*, *Datenschutz* sowie *Impressum* an, und zwar genau in dieser Reihenfolge.

Das Menü einschließlich Suchoption ist komplett.

Die Lupe ganz rechts stellt die Suchfunktion dar. Ein Klick darauf öffnet das Suchfenster, in dem der Suchbegriff eingegeben werden kann. Ein erneuter Klick auf das Lupensymbol schließt das Fenster wieder.

Im Suchfenster wird der Begriff eingegeben, nach dem gesucht wird.

Immer, wenn ich ein neues Theme ausgesucht habe, sehe ich mir als Erstes die Plug-ins an. Bei diesem Blog werden die folgenden nicht benötigt: *Akismet Anti-Spam*, *Akismet Privacy Policies*, *Google Analytics*, *MailPoet 2*, *NextGEN Gallery*, *Shariff for Wordpress*, *WF Cookie Consent* und *WP-Piwik*.

Neu installiere ich *Ninja Forms*, *jQuery Lightbox For Native Galleries* und *WP-Optimize*. Auf diese verschiedenen neu installierten Plug-ins komme ich noch im Einzelnen genauer zurück. Es handelt sich hierbei um Plug-ins für ein Kontaktformular, eine spezielle Anzeige der Fotos auf der Seite und um das Bereinigen der Seite von Datenmüll.

Nun beginne ich mit dem ersten Beitrag. Es geht um einen Artikel über Schloss Seehof. Ich gebe den Text ein und füge die Bilder als Galerie hinzu. Sie erinnern sich? Cursor an die Stelle im Text setzen, an der die Galerie stehen soll, dann auf *Dateien hinzufügen* und in der Mediathek auf den Link *Galerie erstellen* klicken und per Mausklick die Bilder auswählen, die in die Galerie sollen.

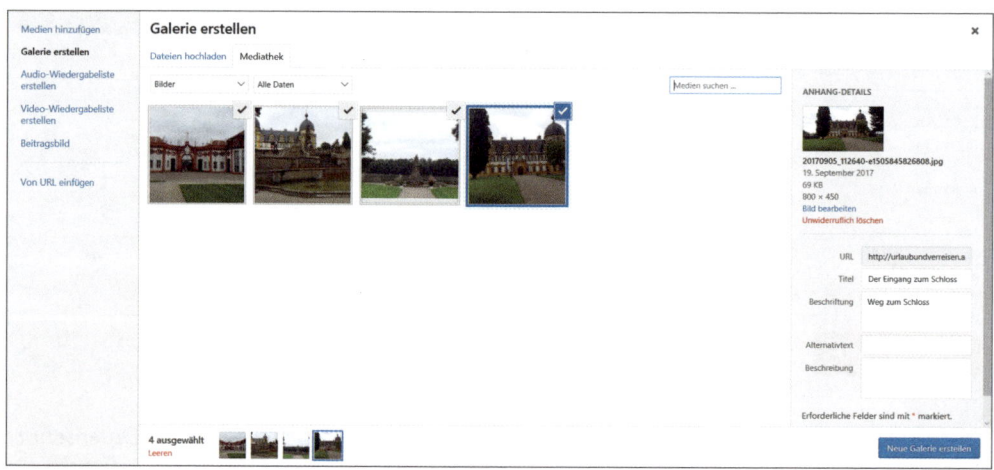

Die Bilder für die Galerie wurden ausgewählt.

In diesem Buch wurde zwar schon darauf hingewiesen, aber weil es sehr wichtig ist, hier nochmals zur Wiederholung: Vergeben Sie für jedes Bild einen Titel, denn wenn Sie irgendwann mehrere Hundert Bilder in Ihrer Mediathek haben, finden Sie ein Bild mit einem Titel leichter und schneller als eines mit einer Nummer und ersparen sich langes Suchen.

Ich klicke nun auf den Button *Neue Galerie erstellen* am unteren rechten Bildschirmrand und gebe die Spaltenanzahl an, also auf wie viele Spalten die Bilder aufgeteilt werden sollen. Bei der Angabe von zwei Spalten stehen die Bilder in zwei Reihen nebeneinander, also jeweils zwei Stück untereinander, bei der Aufteilung auf nur eine Spalte, also pro Spalte ein Bild, werden die Bilder einzeln ziemlich groß untereinander auf der Webseite angezeigt. Dies ist jedoch nicht der Sinn bei der Verwendung der Lightbox, aber dazu gleich mehr. Über den Button *Galerie einfügen* unten rechts wird die Galerie in den Beitrag eingefügt. Mit dem Button *Aktualisieren* bringe ich die Seite auf den neuesten Stand.

Die Lightbox

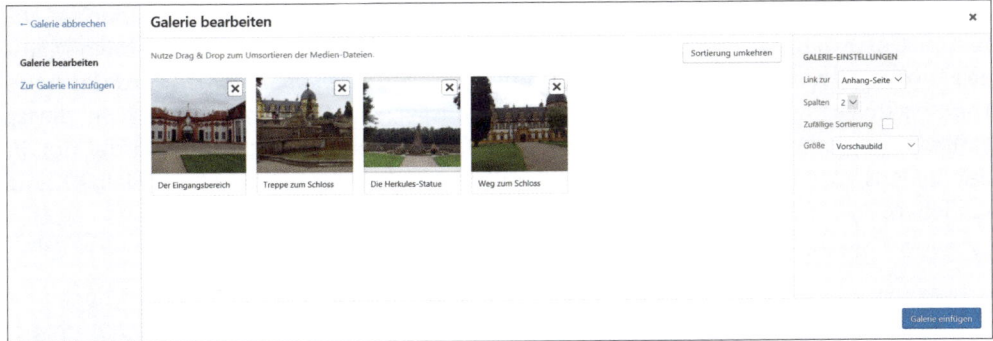

Die Galerie ist vorbereitet und die Spaltenanzahl wurde zugewiesen.

23.1 Die Lightbox

Mithilfe der Lightbox lassen sich Bilder optisch besser darstellen. Die Lightbox ist bequem für den Anwender, sie muss nur aktiviert werden und das war dann schon alles. Wenn das Plug-in *jQuery Lightbox For Native Galleries* aktiviert ist und Sie eines der Bilder auf der Seite anklicken, wird es vergrößert in einer Box mit schwarzem Hintergrund angezeigt. In dieser Box kann man sich durch Klick auf das Bild von einem Bild zum nächsten bewegen, mit der Esc-Taste schließt man die Lightbox wieder.

Das Bild wird in der Lightbox vergrößert präsentiert.

Aber das ist noch nicht alles. Die Lightbox lässt sich in fünf verschiedenen Varianten anzeigen. Unter dem Menü *Einstellungen/jQuery Lightbox* kann in einem Drop-down-Menü das Theme gewechselt werden. Mit dem Button *Änderungen übernehmen* wird das neue Theme aktiviert und ab jetzt in der Seite bei Mausklick auf ein Bild angezeigt. Bei dieser Variante kann man sich mithilfe der kleinen Pfeile am oberen rechten Rand der Box in den Bildern vor- und zurückbewegen oder die Box mit einem Klick auf das kleine Kreuz schließen.

Eine andere Variante der Lightbox.

23.2 Ein spezielles Kontaktformular

Mit *Ninja Forms* steht ein einfach zu bedienendes Kontaktformular zur Verfügung, mit dem sich ein einfaches Formular in Sekundenschnelle einrichten lässt. Nach der Aktivierung wird für das Plug-in ein eigenes Menü in der Sidebar eingerichtet.

Und was ganz wichtig ist: Dieses Tool ist perfekt für den Datenschutz geeignet. Dazu sollte aber noch ein Link vom Formular zur Seite *Datenschutz* erzeugt werden. Normalerweise darf man eigentlich nur die E-Mail-Adresse anfordern, wenn es nicht gerade um eine Bestellung geht. Ein weiteres Feld für die Texteingabe und ein Button zum Senden, dann ist das Formular eigentlich schon fertig.

Aber *Ninja Forms* hat noch einige Dinge zum Anlegen weiterer Eingabefelder zu bieten wie ewa die Vergabe von Sternen, also eine Bewertung Ihres Artikels.

Ein spezielles Kontaktformular

Aber nun zur Praxis. Ich starte den Formularbereich von *Ninja Forms* über das Menü *Ninja Forms/Dashboard*. Ein Musterformular ist bereits vorhanden und wird angezeigt. Ich will aber ein komplett neues selbst erstellen und klicke daher auf das Symbol, das einem Zahnrad ähnelt, unten rechts auf dem Bildschirm. Ein weiteres Fenster wird geöffnet.

Ich klicke auf den Link *Löschen*. Danach erfolgt noch eine Sicherheitsabfrage, ob ich auch wirklich löschen will. Ich bestätige mit *Delete*. Die Übersicht zeigt mir nun an, dass kein Formular mehr vorhanden ist.

Das Menü von Ninja Forms.

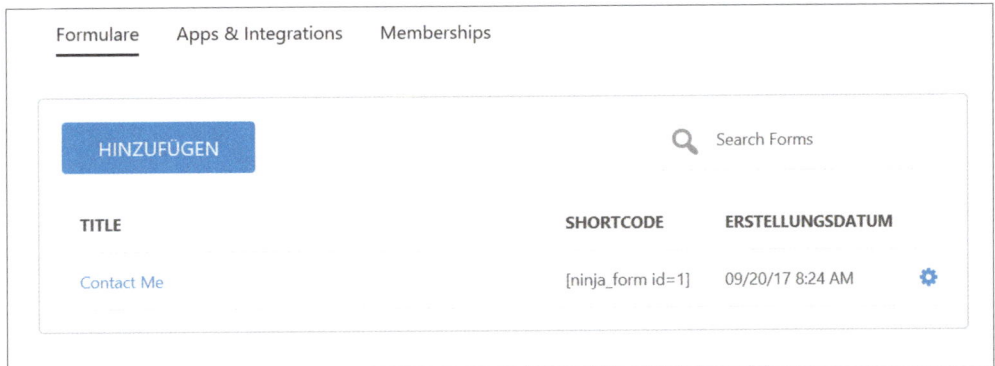

Ein Kontaktformular steht standardmäßig bereit.

Löschen Sie hier das Standardformular.

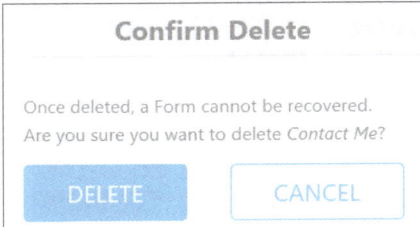

Die Nachfrage vor dem Löschen.

Im nächsten Schritt klicke ich auf den Button *Hinzufügen* und gelange in den Bereich, in dem man unter verschiedenen Formularformen auswählen kann. Mir genügt das Formular *Blank Form*, ich öffne es durch Mausklick.

285

23. Der Reiseblog

Die Liste der Formulare ist geleert.

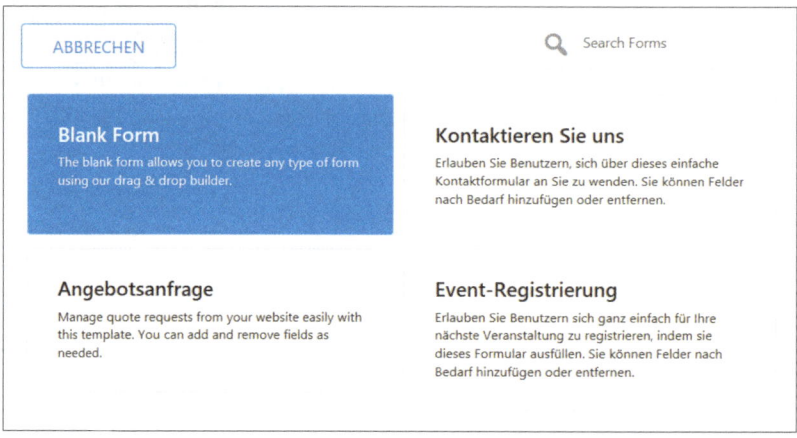

Die Auswahl der verschiedenen Formularvarianten.

Der Arbeitsbereich für die Gestaltung des Formulars wird geöffnet. In der linken Hälfte steht der Bereich, der mit Eingabefeldern zu füllen ist, in der rechten Hälfte die Buttons, die per Drag-and-drop in den leeren Bereich geschoben werden, insgesamt 29. Durch das Verschieben eines Buttons in den leeren Bereich wird ein Eingabefeld erzeugt.

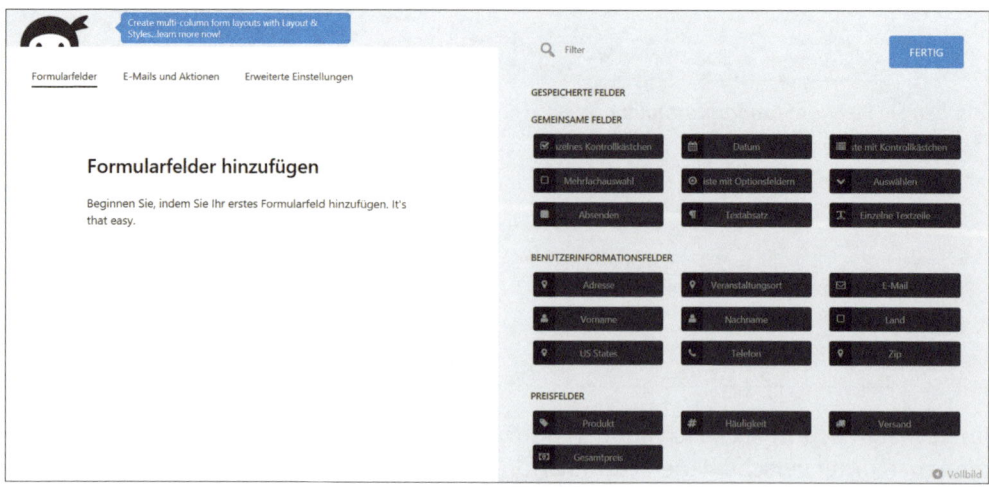

Die Buttons zum Erzeugen der verschiedenen Formularfelder.

286

Ein spezielles Kontaktformular

Ich verschiebe die vier Buttons *E-Mail*, *Textabsatz*, *Stern-Bewertung* und *Absenden* in den linken leeren Bereich. Über den Button *Fertig* am oberen rechten Rand des Arbeitsbereichs bestätige ich die verschobenen Buttons für die Aufnahme in das Formular.

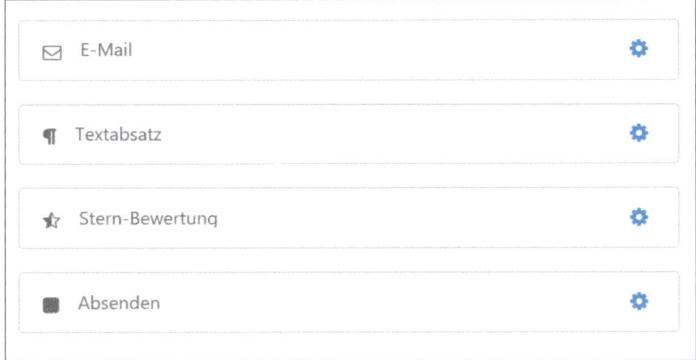

Vier Formularfelder wurden neu angelegt.

Der Teil mit den Buttons wird im nächsten Fenster nicht mehr angezeigt. Mit einem Klick auf den Button *Veröffentlichen* ist der Vorgang fast abgeschlossen, es fehlt nur noch der Titel für das Formular. Ich gebe einen Namen ein und klicke nochmals auf *Veröffentlichen*. Mit dem Pluszeichen am unteren linken Bildschirmrand können Sie jeweils ein weiteres Feld hinzufügen, und mit dem Kreuz am oberen rechten Bildschirmrand schließen Sie den Arbeitsbereich des Formulars.

Die Formularfelder sind für die Veröffentlichung vorbereitet.

Der Name für das Formular wird vergeben.

Ich komme in den Bereich, in dem die Formulare alle angezeigt werden, und muss nun den Shortcode markieren und in die Seite *Kontakt* einfügen. Nach einem Klick auf *Aktualisieren* wird das Formular ab jetzt auf dieser Seite angezeigt.

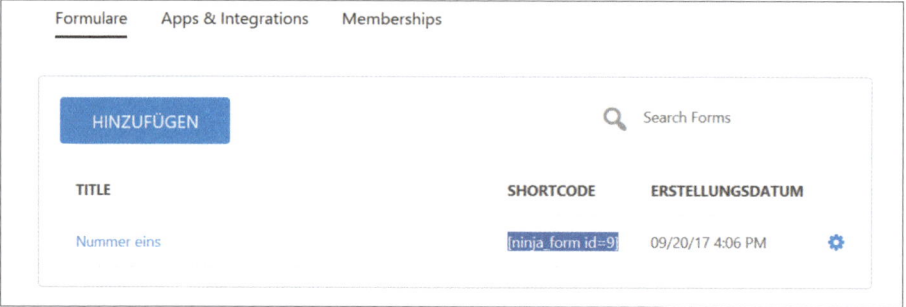

Hier finden Sie den Shortcode.

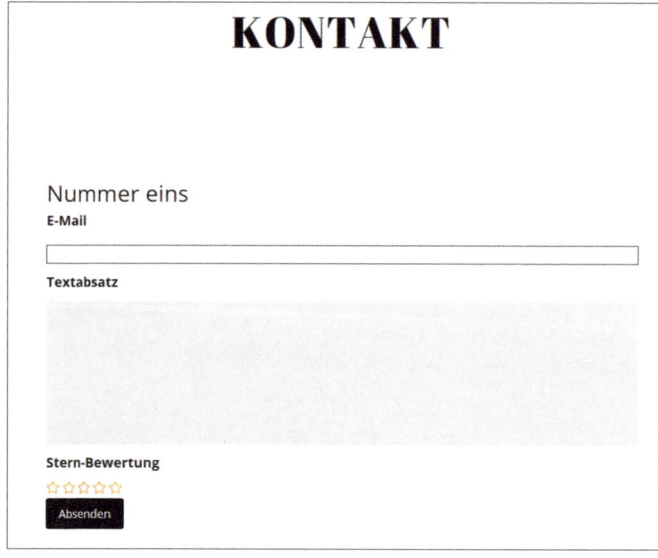

Das Kontaktformular steht für Eingaben bereit.

23.3 Seiten von Datenmüll bereinigen

Für Reinigungsarbeiten auf Ihrer Seite ist das Plug-in *WP-Optimize* bestens geeignet. Es sichert sich nach der Installation und Aktivierung einen eigenen Menüplatz im Dashboard.

 *Dieser Menüpunkt führt zur Reinigung.*

Ein Klick darauf öffnet den Bereich *Optimierungen*. Die Bedienung des Programms ist relativ einfach, alles erklärt sich eigentlich von selbst.

Seiten von Datenmüll bereinigen

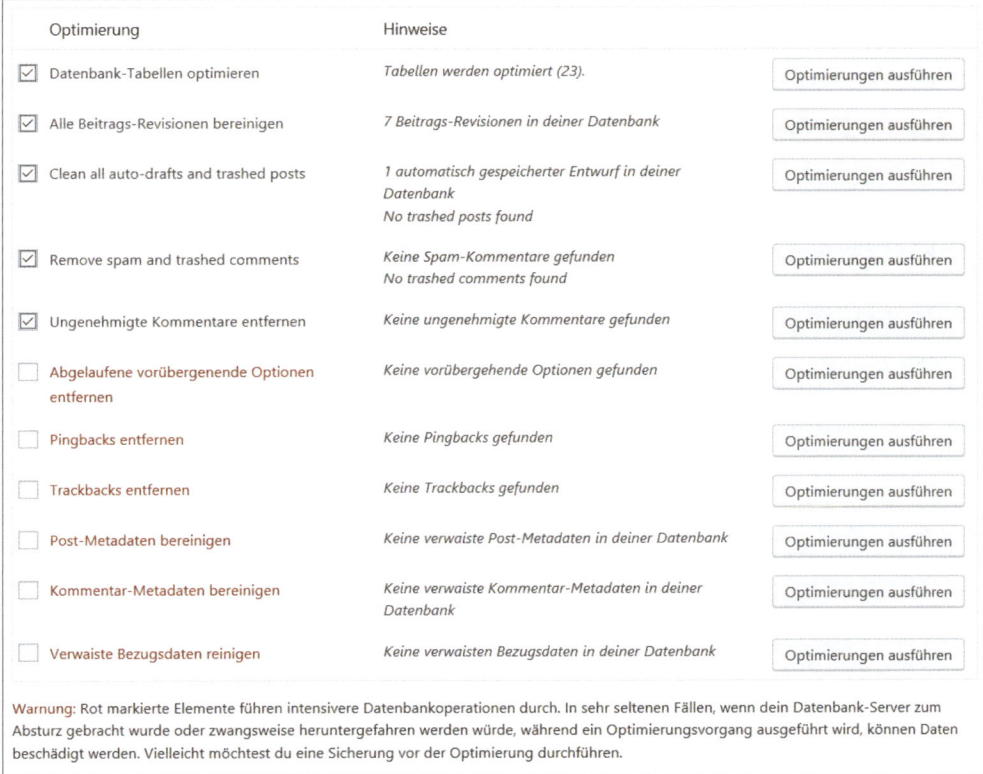

Viele Möglichkeiten zur Bereinigung von WordPress.

Das Plug-in empfiehlt, vor der Reinigung eine Sicherung der Datenbank mit dem Tool *UpdraftPlus* durchzuführen, und bietet auch gleich einen Link dorthin an. Wer sich beim Backup nicht auf seinen Anbieter verlassen oder die in Rot geschriebenen Optionen nutzen will, sollte dieses Tool unbedingt installieren. Ich komme also dieser Empfehlung nach, installiere und aktiviere *UpdraftPlus*. Dann klicke ich in der Plug-in-Liste bei diesem Plug-in auf *Einstellungen* und komme in den Bereich *UpdraftPlus Backup/Restore*. Hier klicke ich auf den Button *Jetzt sichern*.

Von hier aus wird gesichert.

In einem neuen Fenster wird nachgefragt, ob die Datenbanken in die Sicherung einbezogen werden sollen und ob beliebig Dateien in das Backup aufgenommen werden sollen. Das kann beides aktiviert bleiben.

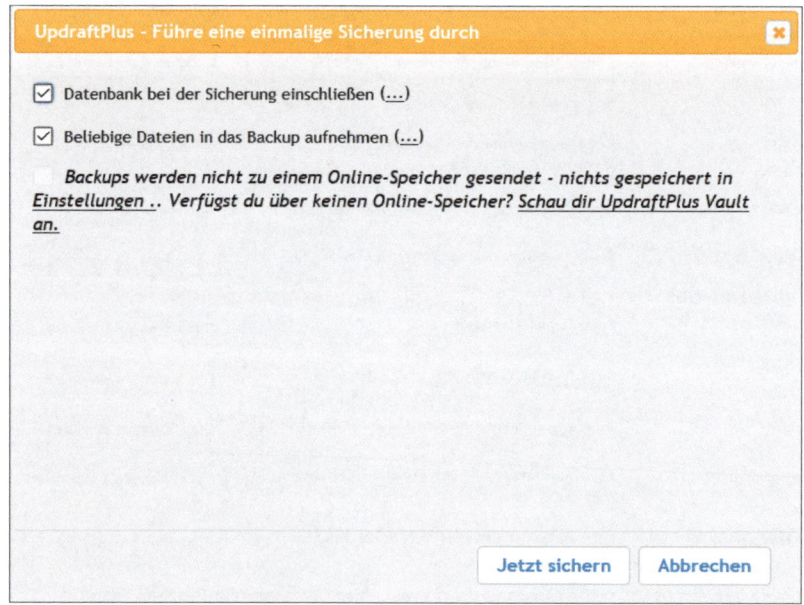

Jetzt kann gesichert werden.

Die Sicherung wird mit Datum und Uhrzeit abgespeichert. So können Sie jederzeit Ihre letzte Sicherung anschauen.

Die letzte Sicherung wird angezeigt.

Doch nun wieder zurück zu *WP-Optimize*. Ich klicke auf den nicht zu übersehenden Button *Alle ausgewählten Optimierungen ausführen*, die mit roter Textfarbe versehenen Optionen habe ich erst mal nicht aktiviert, da ja noch nicht viele Daten vorhanden sind.

Dieser Button startet die vorher ausgesuchten Optimierungen.

Nach der Optimierung wird das Ergebnis in der Liste mit den ausgewählten Optionen angezeigt. Immerhin wurden sieben Beitragsrevisionen gelöscht und ein automatischer Entwurf, obwohl ja bis jetzt nur wenige Daten vorhanden sind. Ein Zeichen dafür, dass dieses Tool zuverlässig arbeitet.

Seiten von Datenmüll bereinigen

Optimierung	Hinweise	
☑ Datenbank-Tabellen optimieren	*Optimierung abgeschlossen*	Optimierungen ausführen
☑ Alle Beitrags-Revisionen bereinigen	*7 Beitrags-Revisionen gelöscht*	Optimierungen ausführen
☑ Clean all auto-drafts and trashed posts	*1 automatischer Entwurf gelöscht* *0 Einträge aus dem Papierkorb entfernt*	Optimierungen ausführen
☑ Remove spam and trashed comments	*0 Spam-Kommentare gelöscht* *0 Kommentare aus dem Papierkorb entfernt*	Optimierungen ausführen
☑ Ungenehmigte Kommentare entfernen	*0 ungenehmigte Kommentare gelöscht*	Optimierungen ausführen

Die Optimierung war erfolgreich.

Da ich in diesem Kapitel das Thema Backups bereits angeschnitten habe, gehe ich im nächsten nochmals ausführlicher und genauer darauf ein, da dies ein wichtiger Bereich bei der Arbeit mit WordPress ist.

24. Backups und Absicherung

Die Backups werden von vielen Bloggern vernachlässigt, das kann gravierende Folgen haben. Wenn Sie kein Backup Ihres Blogs haben, kann dieser schnell wieder im Anfangsstadium stehen, wenn alle Daten weg sind. Die meisten Anbieter stellen heutzutage ein automatisches Backup zur Verfügung, aber allein darauf sollten Sie sich nicht verlassen.

Gewisse Bereiche sollte man als Blogger immer sichern, an erster Stelle sind hier die Datenbanken zu nennen, da sie den Hauptbereich des Blogs darstellen. An zweiter Stelle folgen die Blog-Dateien, die Sie aber nicht jeden Tag sichern müssen. Ebenfalls wichtig ist die Sicherung von E-Mails und Ihrer Bilder. Es kann schon durch eine Änderung des Themes oder der Installation eines neuen Plug-ins passieren, dass Ihre Seite nicht mehr einwandfrei funktioniert.

24.1 Eine gute Datensicherung

Die Sicherung der Daten ist bei WordPress sehr wichtig. Lieber ein bis zwei Stunden mit einem Backup vertraut machen, als die Daten aus wochenlanger Arbeit zu verlieren. Leider hat WordPress von Haus aus kein komplettes Backup für Themes, Plug-ins und andere Inhalte des Blogs anzubieten. Es sichert nur bestimmte Teile, aber keine Dateien und vor allem keine Daten in der Mediathek.

Für die Sicherung Ihrer Daten gibt es einige gute Plug-ins. In diesem Kapitel beschreibe ich *BackWPup*, das sehr schnell arbeitet und außer der Datenbank auch die Dateien auf Ihrem eigenen Webspeicher sichert oder auf einem externen Server. Wichtig bei den Plug-ins ist, dass Sie nicht nur eine Backup-Datei erstellen, sondern diese auch wiederherstellen können. Das Backup muss einwandfrei funktionieren. Wenn Sie einmal festgestellt haben, wie schnell Ihre Seite nicht mehr erreichbar sein kann, dann wissen Sie, wie wertvoll ein Backup ist.

24.2 Dropbox einrichten

Bevor Sie nun ein Backup erzeugen, sollten Sie sich einen Cloud-Speicher zulegen, falls Sie nicht schon einen haben. Es gibt verschiedene Anbieter, hier soll die Einrichtung exemplarisch anhand von Dropbox gezeigt werden. Diesen virtuellen Speicher für Ihre Daten bekommen Sie auf dropbox.com. 2 GByte Speicherplatz sind kostenlos, falls Sie mehr Kapazität benötigen, können Sie Speicherplatz dazukaufen. Sie müssen zunächst einige Daten eingeben und den AGB zustimmen, dann können Sie sich registrieren.

Dropbox einrichten

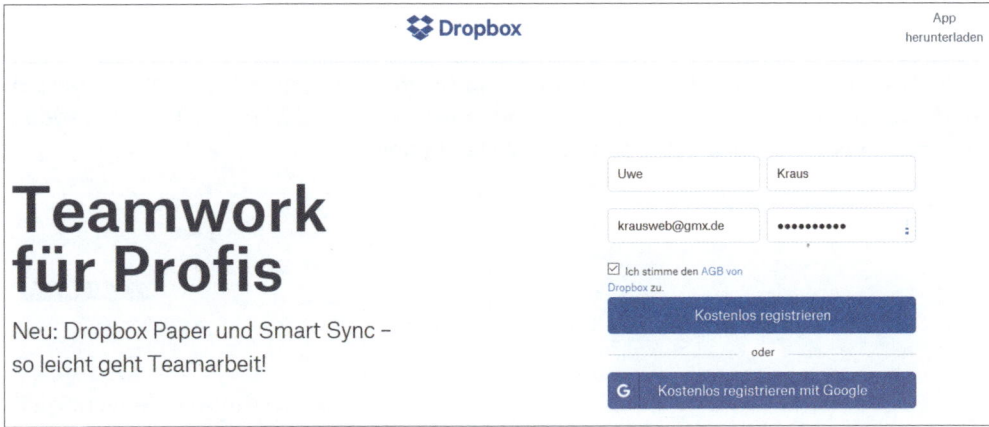

Geben Sie die Daten für die Registrierung ein.

Klicken Sie auf *Kostenlos registrieren* und dann auf den Button *Dropbox-Download*. Speichern Sie die Installationsdatei auf Ihrem PC ab. Auf Ihrem Desktop werden zwei Dropbox-Verknüpfungen erstellt, eine für die Installation und die andere für den Start des Programms.

Führen Sie einen Doppelklick auf das Icon *DropboxInstaller* aus und bestätigen Sie dann in den nachfolgenden Fenstern die jeweils vormarkierten Felder, um die Installation zu starten. Sie bekommen eine E-Mail, in der Sie Ihre E-Mail-Adresse bestätigen müssen. Danach wird Ihre Dropbox installiert. Sie bekommen eine Meldung über die erfolgreiche Installation und können Ihre Dropbox öffnen.

Die Symbole für Dropbox.

Die Dropbox ist installiert.

293

24. Backups und Absicherung

Sie erhalten noch einige Informationen zu der Box und können dann Ihre Dateien speichern. In einer Liste werden Ihnen später alle gespeicherten Daten angezeigt. In diese Liste können Sie nun Dateien verschieben und sie werden in der Cloud der Box gespeichert. Sie können die Dropbox-App auch auf Ihren anderen Geräten installieren, sodass Sie jederzeit von überall auf Ihre Daten zugreifen können.

Die Liste enthält noch keine gespeicherten Dateien.

24.3 Ein Backup erstellen

Bei einem Backup werden Datenbanken und Dateien gesichert. Dafür nutzt man Plug-ins, die meist kostenlos angeboten werden. Diese Plug-ins sind einfach zu bedienen und beinhalten bereits alle wichtigen Funktionen. Ein Backup sollten Sie grundsätzlich immer vor einem Update Ihrer Seite durchführen. Wenn Sie täglich Ihren Blog ändern, müssen Sie auch täglich ein Backup starten. Sicherheitshalber sollten Sie die Daten zusätzlich auf einem externen Datenträger bzw. in einer Cloud wie Dropbox speichern.

Anhand des Plug-ins *BackWPup* und meines Blogs *pullandpush. de* beschreibe ich genau die Vorgehensweise bei einem Backup. Zuerst muss natürlich das Tool installiert und aktiviert werden. Ein neuer Menüpunkt mit dem Namen *BackWPup* wird in der Sidebar angelegt. Mit diesem Programm werden Sicherungen angelegt und verwaltet. Das Tool startet mit einer umfangreichen Übersicht. Sie werden gefragt, ob einige Daten abgefragt werden dürfen, aber das müssen Sie nicht erlauben. Öffnen Sie über das Menü *BackWPup/Neuer Auftrag* den Bereich für das Anlegen eines Backups.

Das Menü des Plug-ins.

Sie gelangen in den Registerbereich *Allgemein*. Hier müssen Sie als Erstes einen Namen für diesen Auftrag vergeben, der natürlich Sinn ergeben sollte. Unter dem Bereich *Auftragsdetails* sind bereits drei Optionen aktiviert. Lassen Sie dies so, denn Datenbanken und Daten sollten immer gesichert werden und sinnvollerweise auch die Liste mit den Plug-ins.

Ein Backup erstellen

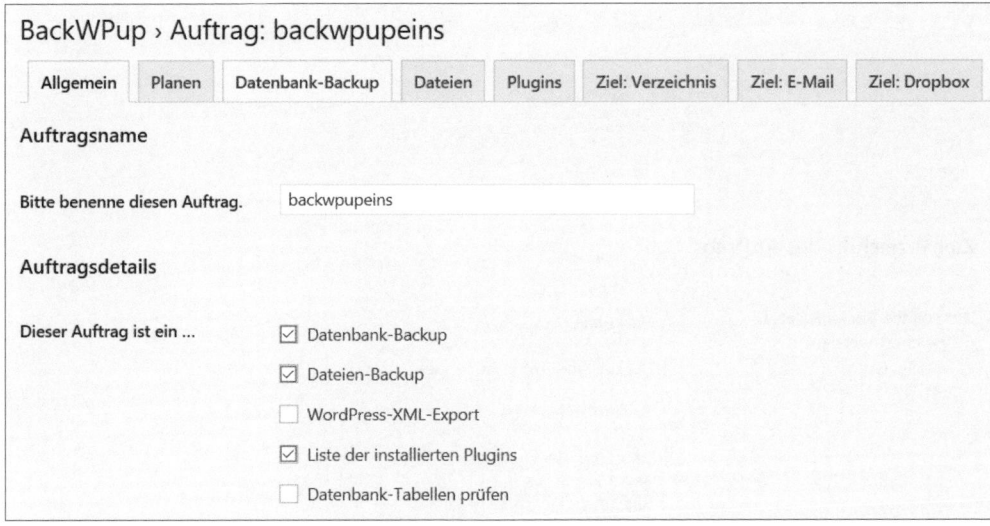

Ein Name für das Backup wurde eingegeben und die Backup-Optionen ausgewählt.

Nun folgt der Bereich *Archivname*, der dem Namen des Auftrags ähneln sollte, damit Sie später sehen, was Ihr Archiv beinhaltet. Hier ist bereits ein Name eingetragen. Die hinteren Buchstaben mit dem %-Zeichen davor sind Platzhalter für das Datum. An dieser Stelle wird nach dem Backup das Datum der Erstellung angezeigt.

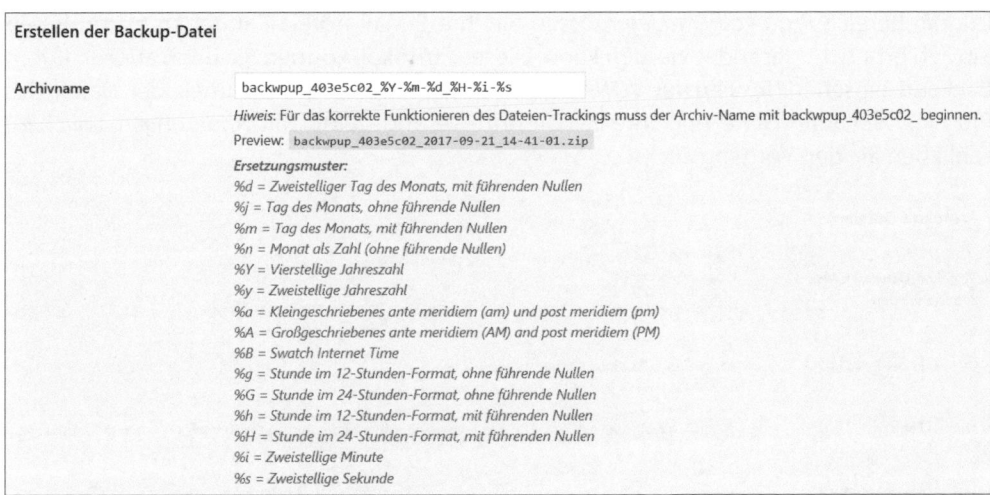

Der Archivname mit den Platzhaltern für das Datum.

Bei *Archiv-Format* kann die voreingestellte Option *Zip* bleiben. Unter *Zielverzeichnis des Auftrags* geben Sie an, wo die Dateien gespeichert werden sollen.

24. Backups und Absicherung

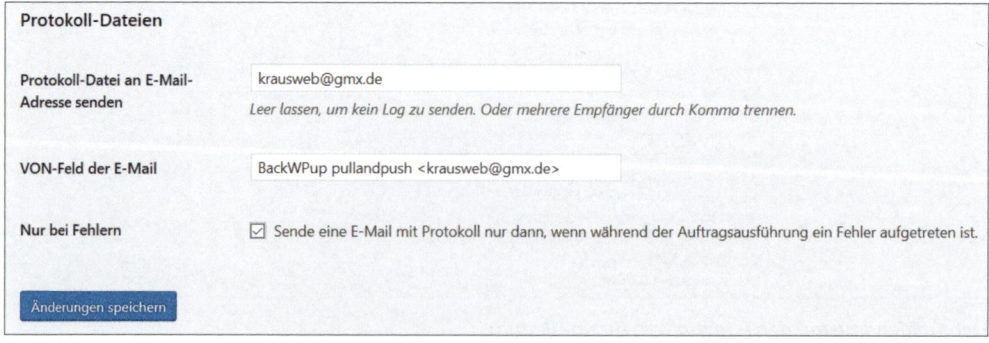

Ein Format und das Ziel der Speicherung wurden festgelegt.

In dem Bereich *Protokoll-Dateien* müssen Sie Ihre E-Mail-Adresse angeben, damit Ihnen ein Fehlerbericht gesendet werden kann. Dieses Protokoll können Sie dann auch in Ihrem Backend einsehen. Im Fenster *VON-Feld der E-Mail* wird Ihnen nochmals der Name des Plug-ins, der Ihrer Seite und Ihre E-Mail-Adresse angezeigt. Mit *Änderungen speichern* schließen Sie den Vorgang ab.

Lassen Sie sich ein Protokoll des Backups senden.

Unter dem Register *Planen* entscheiden Sie durch Anklicken der Option *WordPress Cron*, wann und wie oft ein Auftrag ausgeführt werden soll.

Ein Backup erstellen

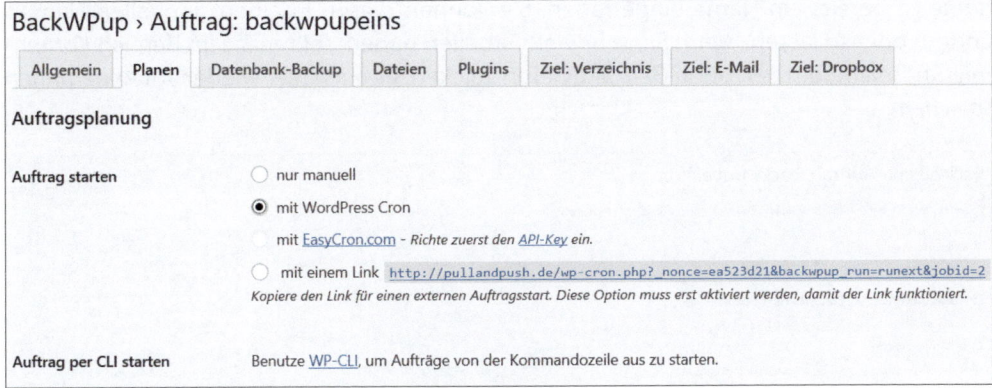

Ein Auftrag soll mit WordPress Cron vorbereitet werden.

Jetzt ändert sich der Inhalt der Seite und der Planer wird angezeigt. Legen Sie fest, wann der Auftrag starten soll. Ideal ist eine Uhrzeit, zu der wenig Besucher online sind, also mitten in der Nacht. Klicken Sie auf *Änderungen speichern*, um die Angaben zu sichern.

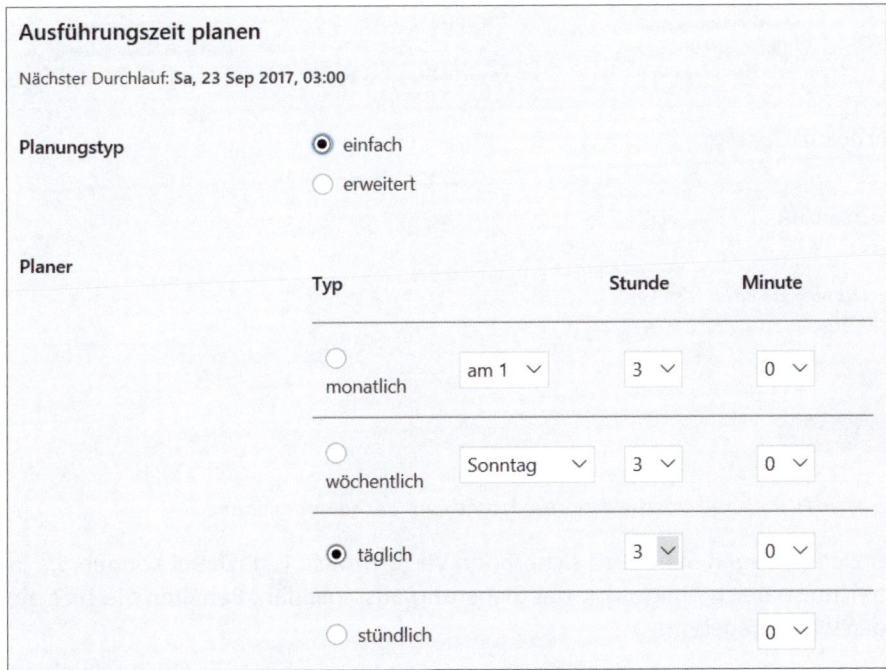

Der Termin für die Ausführung des Backups wird festgelegt.

Nun zu dem Register *Datenbankdatei*. In diesem Register sind alle Datenbanken aufgelistet, und durch Klick auf einen der drei Buttons über der Liste können Sie entscheiden, ob alle oder keine oder nur bestimmte Tabellen gesichert werden sollen. Im Feld *Datenbank-*

24. Backups und Absicherung

name ist bereits ein Name eingetragen. Sie können diesen in einen sinnvollen Namen ändern oder so lassen. Wenn Sie sehr viele Tabellen haben, sollten Sie im Bereich *Komprimierungsmethode* die Option *GZip* aktivieren. Klicken Sie auch hier wieder auf *Änderungen speichern*.

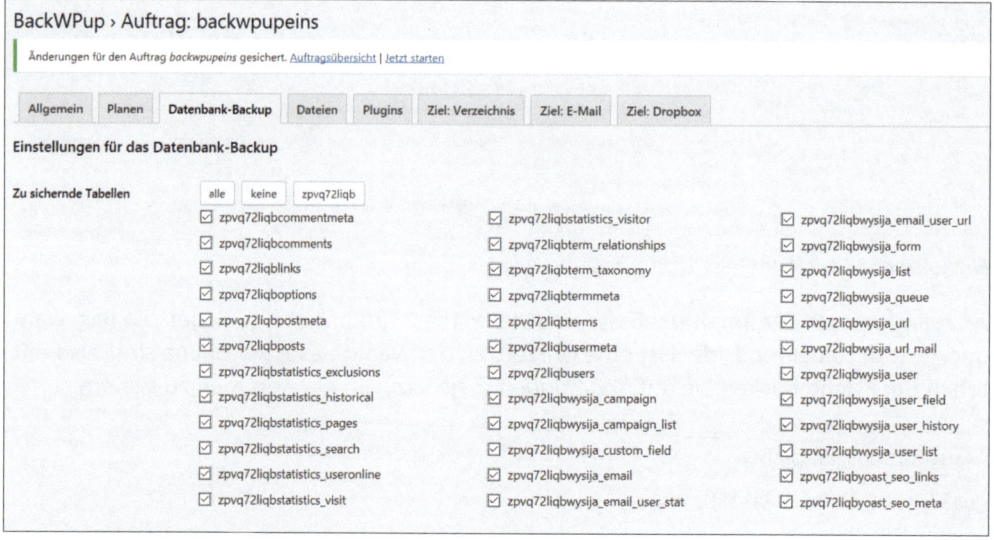

Die Übersicht über die Tabellen.

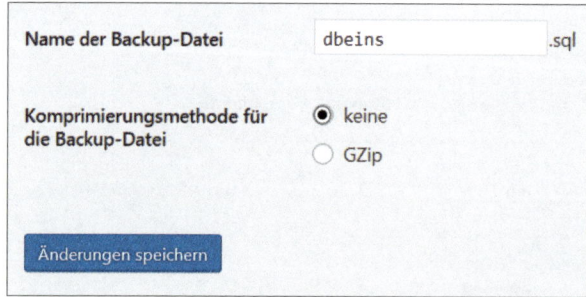

Vergeben Sie einen Namen und entscheiden Sie sich für die Art der Komprimierung.

Im Register *Dateien* legen Sie die zu sichernden Verzeichnisse fest. Dabei können Sie in jedem Verzeichnisbereich einige von der Sicherung ausschließen. Behalten Sie hier die Einstellungen wie angegeben.

Bei den Plug-ins sollten Sie ebenfalls nichts an den Einstellungen ändern, denn Sie haben sich ja diese Tools vorher ausgesucht, um sie zu verwenden, und dürfen Sie deswegen auch nicht von der Sicherung ausschließen.

Ein Backup erstellen

```
BackWPup › Auftrag: backwpupeins

[Allgemein] [Planen] [Datenbank-Backup] [Dateien] [Plugins] [Ziel: Verzeichnis] [Ziel: E-Mail] [Ziel: Dropbox]

Zu sichernde Verzeichnisse

WordPress-Installations-       ☑ /homepages/32/d688867658/htdocs/app694698724
Ordner sichern                   Ausschließen:
                                   ☐ wp-admin
                                   ☐ wp-includes
                                   ☐ .metadata

Sicherung des Ordners wp-      ☑ /homepages/32/d688867658/htdocs/app694698724/wp-content
content                          Ausschließen:
                                   ☐ mu-plugins
                                   ☑ upgrade
                                   ☐ languages
                                   ☐ ngg
                                   ☐ gallery
```

Bei der Verzeichnissicherung gibt es die Möglichkeit, bestimmte Dateiarten auszuschließen.

```
Plugins sichern                ☑ /homepages/32/d688867658/htdocs/app694698724/wp-content/plugins
                                 Ausschließen:
                                   ☐ tinymce-advanced
                                   ☐ antispam-bee
                                   ☐ wp-user-avatar
                                   ☐ contact-form-7
                                   ☐ wysija-newsletters
                                   ☐ wp-statistics
                                   ☐ wordpress-seo
                                   ☑ backwpup
```

Die Plug-ins müssen mitgesichert werden.

Bei den Themes dagegen können Sie alle zum Ausschließen aktivieren, denn Sie benötigen diese ja nicht mehr, weil Sie Ihr Theme bereits ausgesucht haben, und dieses wird ja in der Liste nicht mit angezeigt.

Sie können die Sicherung auch aufteilen, falls sie zu groß ist und aus diesem Grund beendet wird oder einen Fehler anzeigt. Führen Sie dann die Sicherung für jeden Bereich einzeln durch und deaktivieren Sie jeweils die anderen Bereiche durch Entfernen des

24. Backups und Absicherung

Häkchens. Erstellen Sie am besten ein Backup für die Datenbank, eines für die Installationsdateien ohne den Ordner *wp-content*, dann eines für den Ordner *wp-content* ohne die Unterordner *plugins*, *themes* und *uploads*, je ein weiteres für die Ordner *wp-content/themes*, *wp-content/plugins* und *wp-content/uploads*.

```
Themes sichern     ☑ /homepages/32/d688867658/htdocs/app694698724/wp-content/themes
                   Ausschließen:
                   ☑ twentyfifteen
                   ☑ twentyseventeen
                   ☑ twentysixteen
                   ☑ alum
                   ☑ argent
                   ☑ boardwalk
                   ☑ cubic
                   ☑ gazette
                   ☑ lens
                   ☑ mk
                   ☑ omega
                   ☑ photoline-lite
                   ☑ queue
                   ☑ receptar
                   ☑ social-magazine
                   ☑ trance
                   ☑ live-it-up
                   ☑ powerclub-lite
```

Die Themes benötigen keine Sicherung.

In den restlichen Bereichen können Sie zusätzliche Verzeichnisse sichern oder angeben, ob Thumbnails nicht mitgesichert werden sollen und ob bestimmte Dateien und Verzeichnisse von der Sicherung ausgeschlossen sind.

Hier sind bereits einige eingetragen. Außerdem können Sie noch entscheiden, ob Sie spezielle Dateien des Hauptverzeichnisses mitsichern wollen, falls diese nicht in der Sicherung enthalten sind, und einen Ordner festlegen für Dateien, die gesichert werden sollen und nicht im WordPress-Installationsordner vorhanden sind. Bestätigen Sie auch hier wieder mit *Änderungen speichern*.

Jetzt zum Register *Plugins*, in dem der Dateiname der Plug-in-Liste angezeigt wird und die Möglichkeit besteht, die Liste zu komprimieren. Falls Sie hier etwas ändern, klicken Sie wieder auf *Änderungen speichern*.

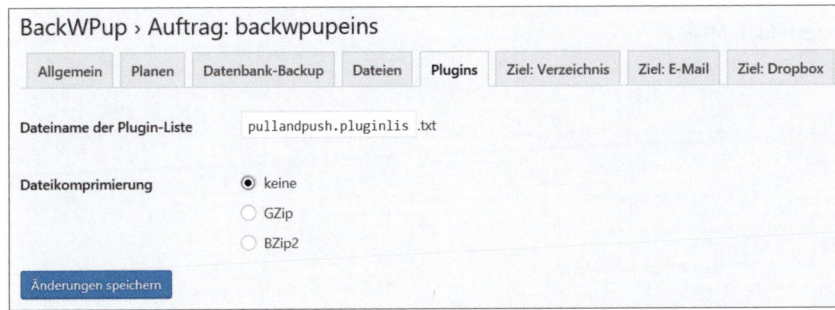

Weitere Optionen zur Sicherung der Dateien und Verzeichnisse.

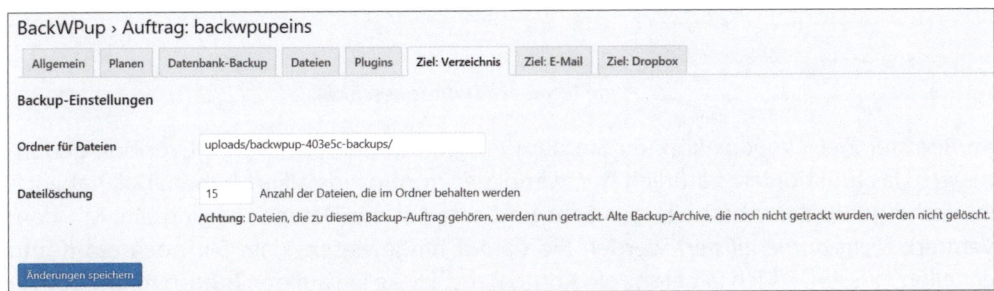

Hier sieht man den Namen der Plug-in-Liste und die Optionen für die Dateikomprimierung.

Weiter geht es mit dem Register *Ziel: Verzeichnis*. Hier steht der Name des Ordners für die Dateien und Sie können angeben, wie viele Ordner nicht gelöscht werden sollen. Falls Sie hier etwas ändern, klicken Sie auf *Änderungen speichern*.

Hier können Sie weitere Einstellungen für das Backup vornehmen.

Im Register *Ziel: E-Mail* können Sie die E-Mail-Adresse des Empfängers angeben oder auch mehrere E-Mail-Adressen, an die gesendet werden soll. Es besteht die Möglichkeit, eine Test-E-Mail zu senden und die Dateigröße für den E-Mail-Versand einzugeben. Außerdem ist in weiteren Bereichen noch die Absender-E-Mail-Adresse eingetragen und ein Name für den Absender. Die E-Mail-Versandmethode können Sie aus einer Drop-down-Liste auswählen. Wenn die Test-E-Mail ankommt, klappt auch das Versenden der Sicherungsarchive.

Hier geht es um die Einstellungen für E-Mails.

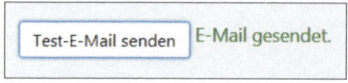

Eine Test-E-Mail wurde geschickt.

Im Register *Ziel: Dropbox* können Sie dem Programm Zugriff auf Ihre Dropbox genehmigen. Das funktioniert natürlich nur, wenn Sie Dropbox installiert haben. Das habe ich im vorhergehenden Abschnitt gemacht und setze es zur Datensicherung ein. Mit dem Vermerk *Nicht authentifiziert* werden Sie darauf hingewiesen, dass Sie noch ein Konto erstellen müssen. Da ich ja bereits ein Konto habe, klicke ich auf den Button *Auth-Code für Apps-Ordner in Dropbox anfordern*.

Ein Backup erstellen

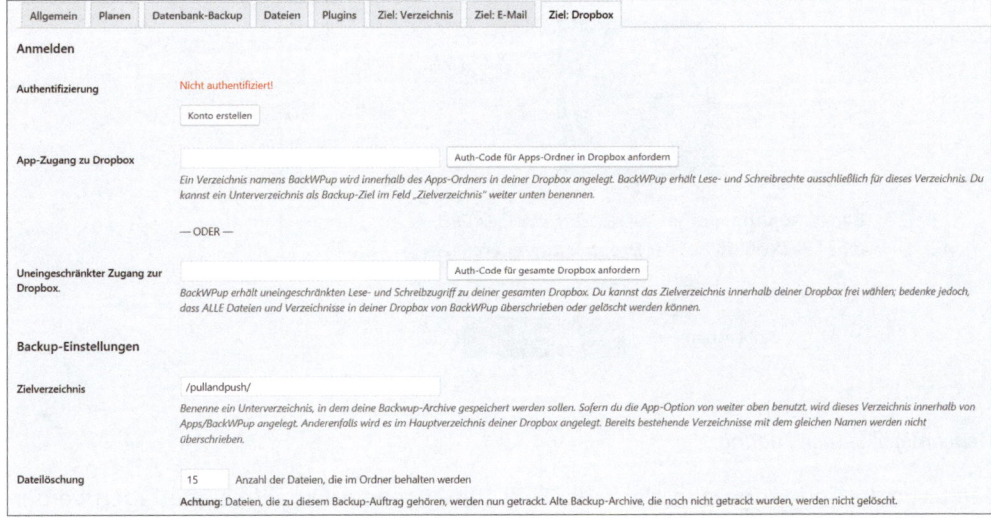

Das Konto für Dropbox muss noch angelegt werden.

Ich werde zu der Webseite dropbox.com verbunden und muss mich anmelden, um eine Verbindung zu *BackWPup* zu erstellen. Ich gebe meine Daten ein und klicke auf *Anmelden*.

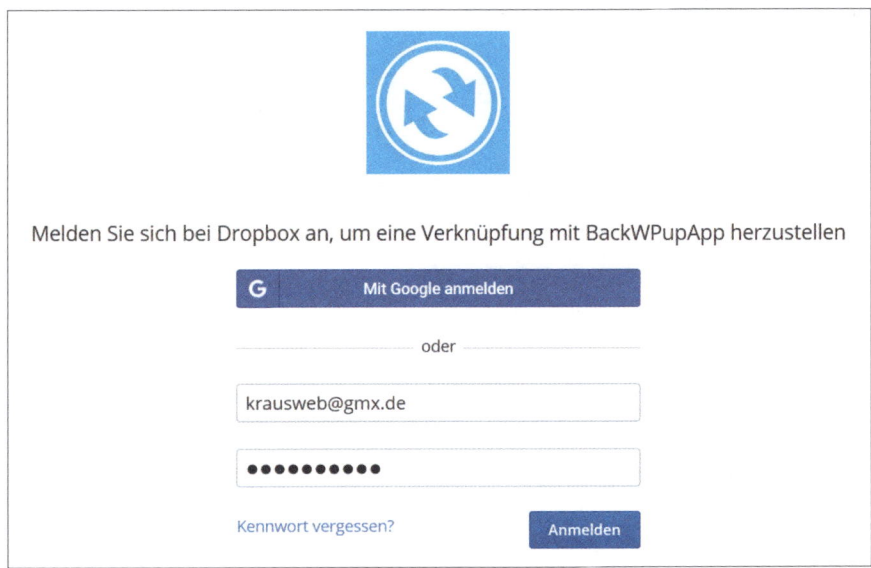

Eine Anmeldung ist nötig, um die Verbindung herzustellen.

Im nächsten Fenster klicke ich auf den Button *Zulassen*. Damit genehmige ich, dass *BackWPupApp* auf den Ordner in der Dropbox zugreifen darf.

Genehmigen Sie den Zugang.

Jetzt wird der Code angezeigt, der in das Feld *App-Zugang zu Dropbox* eingetragen werden muss. Ich markiere ihn und kopiere ihn in das Feld. Danach schließe ich die Dropbox-Seite wieder durch Abmeldung. Falls beim Speichern des Codes eine Fehlermeldung kommt, muss der Vorgang nochmals wiederholt werden, denn der Code ist nur kurze Zeit gültig.

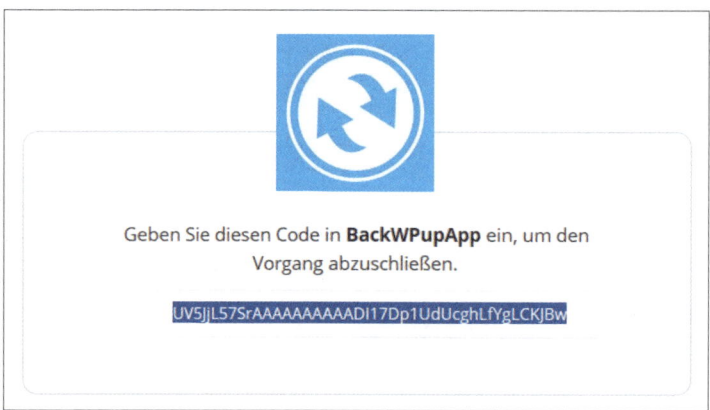

Der Code wurde für den Kopiervorgang markiert.

Der Code wurde in das Feld kopiert.

Wenn der Code angenommen wurde, wird die Meldung *Authentifiziert* angezeigt. Nun vergebe ich im Feld *Zielordner* einen Namen, unter dem dann zukünftig die Backups gespeichert werden. Der Name der Seite ist bereits eingefügt. Hinter dem /-Zeichen (Slash) lässt sich noch ein weiterer Zusatz eingeben. Im Bereich *Backup-Einstellungen* nehme ich keine weiteren Änderungen vor und klicke auf *Änderungen speichern*.

Ein Backup erstellen

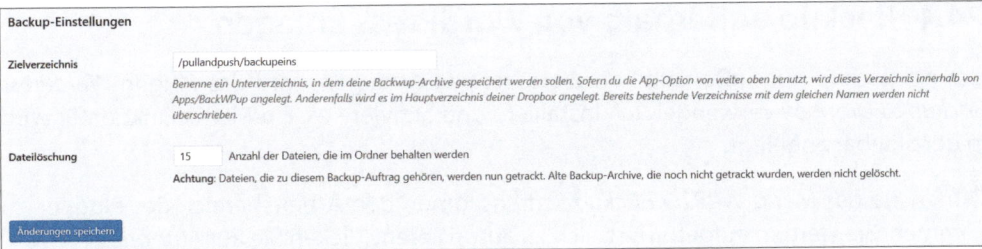

Der Name des Verzeichnisses wurde erweitert.

Am oberen Rand des Bildschirms sind jetzt zwei Links zu sehen. Mit einem Klick auf *Auftragsübersicht* öffnet sich eine Liste mit den bisher erstellten Aufträgen, in der ich den von mir erstellten und den standardmäßig von WordPress vorgegebenen sehe. Der Standardauftrag kann entweder gelöscht oder für einen weiteren Auftrag genutzt werden.

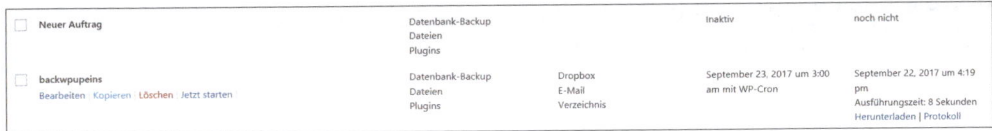

Ein Überblick über die Aufträge.

Ein Auftrag kann jetzt durch Klick auf den Link *Jetzt starten* am oberen Rand des Bildschirms sofort ausgeführt werden. Die gesicherten Archive sieht man über das Menü *BackWPup/Backups*. Jedes hier abgelegte Archiv kann heruntergeladen werden. Dazu berührt man den Namen des Archivs mit der Maustaste, klickt dann auf den sich zeigenden Link *Herunterladen* und speichert die Datei auf dem PC ab. Am besten legen Sie dafür einen Ordner mit dem Namen *backups/WordPress* an.

Das geplante Backup wurde ausgeführt.

Über das Untermenü *Protokolle* können die bisher angelegten Backups gesichtet werden, und über den Link *Ansehen* wird der Inhalt geöffnet.

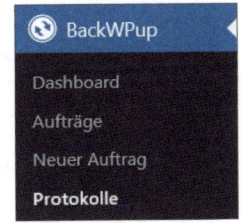

Von hier aus kann das Protokoll des Backups angesehen werden.

Der Weg zu den Protokollen.

24.4 Backup außerhalb von WordPress anlegen

Um ein Backup nur außerhalb von WordPress zu erzeugen, wird das Plug-in *WordPress Backup to Dropbox* verwendet. Ich installiere und aktiviere es. Ein Menüpunkt dafür wird in der Sidebar angelegt.

Öffnen Sie das Menü *WPB2D/Backup Settings*, um in den Arbeitsbereich des Plug-ins zu kommen. Sie werden aufgefordert, sich zu autorisieren. Klicken Sie auf *Authorize*.

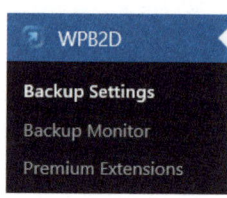

Der Weg zum Backup.

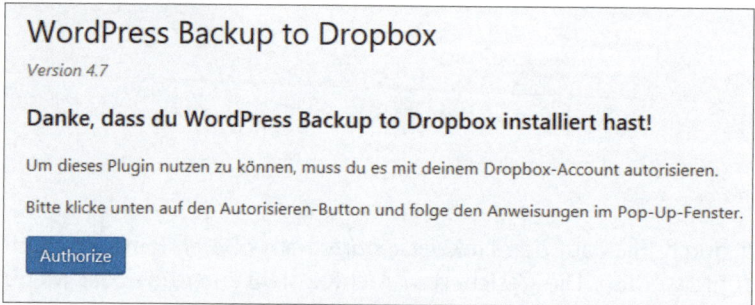

Es muss noch eine Autorisierung erfolgen.

Sie werden zu dropbox.com verbunden. Ich klicke in dem angezeigten Dialogfenster auf *Zulassen*, um die Verbindung zu genehmigen. Danach erhalte ich die Erfolgsmeldung, dass die Verbindung geklappt hat.

Hier wird der Zugriff genehmigt.

Backup außerhalb von WordPress anlegen

Die Verknüpfung war erfolgreich.

Nun müssen Sie nur noch im Menüpunkt *Backup Settings* angeben, wann und in welchem Abstand ein Backup erfolgen soll. Bestätigen Sie mit *Änderungen speichern*.

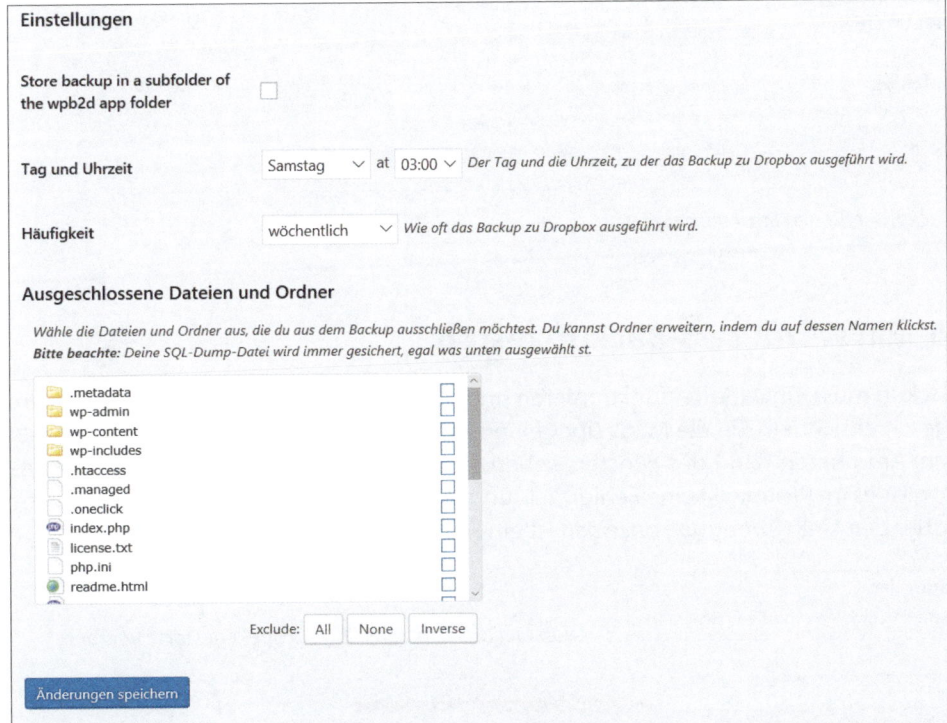

Legen Sie hier fest, wann und wie oft das Backup starten soll.

Die vorgenommenen Einstellungen werden Ihnen nochmals in einer Übersicht angezeigt. Hier kann man die Verbindung über den Button *Account trennen* auch wieder aufheben. Außerdem wird angezeigt, wann das nächste Backup startet und wie oft das Backup zu Dropbox ausgeführt wird.

24. Backups und Absicherung

![WordPress Backup to Dropbox Einstellungen]

Das Backup ist für den Start vorbereitet.

24.5 Ein WordPress-Backup testen

Ein Backup muss einwandfrei funktionieren und das sollten Sie auf jeden Fall überprüfen. Das geschieht, indem Sie die Maus über einen Auftrag ziehen und dann auf *Jetzt starten* klicken. Am oberen Rand des Fensters sehen Sie dann, was gerade passiert. Wenn alles passt, gibt es im Protokoll keine Fehlermeldung. Auch die lokalen Dateien sollten Sie testen. Über den Link *Auftragslog anzeigen* ist ein Protokoll der Sicherung zu sehen.

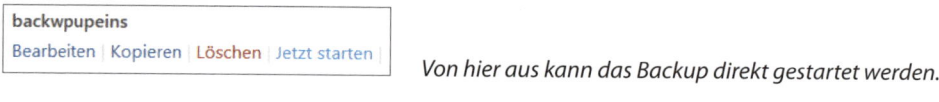
Von hier aus kann das Backup direkt gestartet werden.

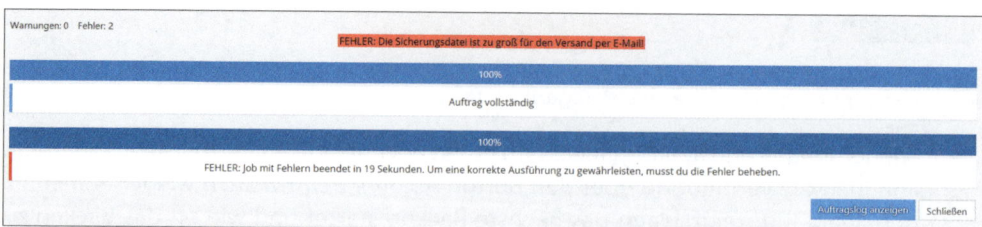
Die Datei ist zu groß für einen Versand per E-Mail.

Das aufschlussreiche Protokoll mit der Gesamtübersicht.

24.6 Ein Backup aufteilen

Sie können die Sicherung auch aufteilen, falls sie zu groß ist und aus diesem Grund beendet wird oder einen Fehler anzeigt. Führen Sie dann die Sicherung für jeden Bereich einzeln durch und deaktivieren Sie jeweils die anderen Bereiche durch Entfernen des Häkchens. Erstellen Sie am besten je ein Backup nur für die Datenbank, eines für die Installationsdateien ohne den Ordner *wp-content*, ein Backup für den Ordner *wp-content* und eines für die Plug-ins. Die Themes, Uploads und die speziellen Dateien können Sie zusammenfassen.

Nur die Datenbanken sollen gesichert werden.

Beginnen Sie mit den Datenbanken und klicken Sie auf *Änderungen speichern*. Nach einem Klick auf den Link *Jetzt starten* beginnt der Sicherungsvorgang und ist bereits nach einigen Sekunden erledigt. Es gibt keine Warnung und keine Fehlermeldung, also ist alles okay.

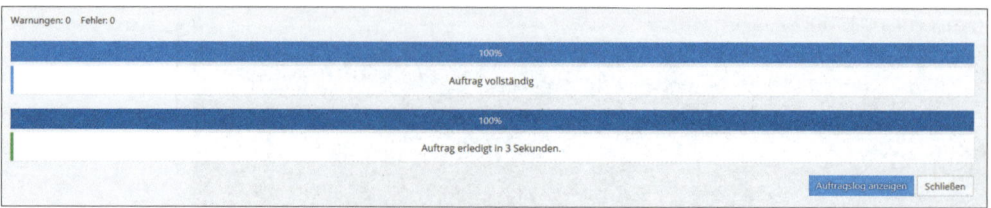

Das Backup der Datenbanken ist ohne Probleme verlaufen.

Im nächsten Schritt sichern Sie die Dateien ohne den Ordner *wp-content*, dann nur den Ordner *wp-content*. Als Nächstes dann die Plug-ins, am besten komprimiert, und dann noch die Themes. Bei der Speicherung der Themes können Sie praktisch alle ausschließen, und da Sie dann nicht mehr viel Speicherplatz für die Themes benötigen, können Sie noch die Uploads und die speziellen Dateien mitsichern.

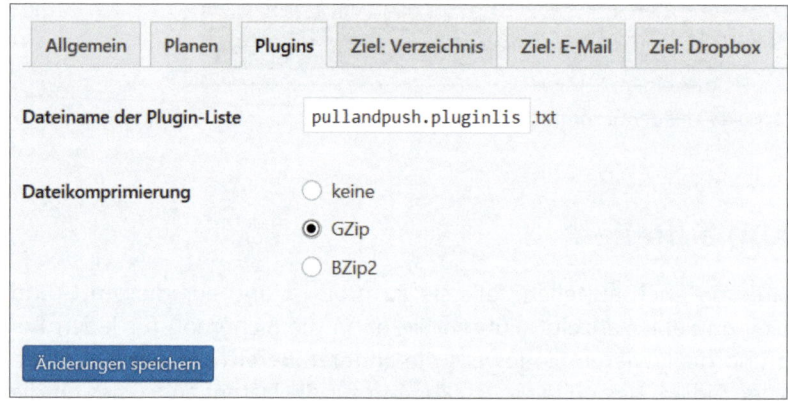

Die Plug-ins sollten auch komprimiert gespeichert werden.

Sehen Sie sich dann das Ergebnis unter *Protokolle/Backups* an. Ihnen werden genau die fünf Backups angezeigt, die Sie erstellt haben.

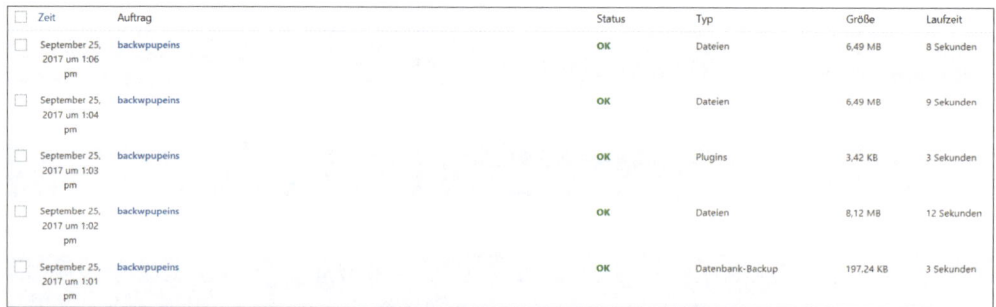

Das Backup wurde auf fünf Teile aufgeteilt.

Von hier aus können Sie nun alle fünf Backups auf Ihren PC laden.

24.7 Ein Backup wiederherstellen

Für den Fall, dass Ihre WordPress-Seite einmal nicht mehr online sein sollte, was ich Ihnen natürlich nicht wünsche, dann fragen Sie zuerst bei Ihrem Anbieter nach, ob es eine technische Störung gibt. Ist dies nicht der Fall, müssen Sie auf Ihr Backup zurückgreifen und das gespeicherte Archiv, das auf Ihrem PC oder außerhalb gesichert ist, entpacken. Jetzt kommt *BackWPup* wieder zum Einsatz, um die Datenbank und sämtliche Installationen von WordPress wiederherzustellen. An diesem Punkt haben Sie einen Vorteil, wenn Ihr WordPress nicht voll geladen war mit Themes oder Plug-ins, denn wenn das Backup-Archiv klein ist, lässt es sich auch schneller wieder hochladen. Backup-Plug-ins erstellen eine ZIP-Datei der gespeicherten Daten. Diese Datei, die vorher aus dem Archiv von *BackWPup* heruntergeladen wurde, muss nun auf dem Rechner entpackt werden. In ihr befinden sich weitere Dateien mit der Endung *.sql* oder *.sql.gz*, das sind die Sicherungen der Datenbank. Nun beginnt die Wiederherstellung der Daten mit phpMyAdmin, das fast bei allen Providern vorhanden ist. Bei meinem Anbieter sind die Datenbanken unter *MySQL-Datenbank* zu finden.

Die Datenbank der Seite wird angezeigt.

Ein Klick auf den Link *Öffnen* führt direkt in die Einstellungen. Klicken Sie auf den Menüpunkt *Importieren*. Suchen Sie dann durch Anklicken des Buttons *Durchsuchen* die entpackte SQL-Datei auf Ihrem PC, die wiederhergestellt werden soll. Im Bereich *Format* muss dabei *SQL* eingestellt sein. Ein Klick auf *OK* startet das Einspielen. Nun heißt es, nur noch auf die Erfolgsmeldung zu warten, die besagt, dass der Import abgeschlossen ist.

Die SQL-Datei wird importiert.

24. Backups und Absicherung

Eine alternative einfache und schnelle Möglichkeit, ein Backup wiederherzustellen, bietet das Plug-in *UpdraftPlus*, das bereits in Kapitel 23.3 vorgestellt wurde. Wenn Sie dieses Tool nutzen möchten, müssen Sie aber noch auf das Backend von WordPress zugreifen können. Im Register *Existierende Sicherungen* können Sie auf alle Backups zugreifen, die gesichert wurden, und wählen dasjenige aus, das Sie wieder einspielen möchten.

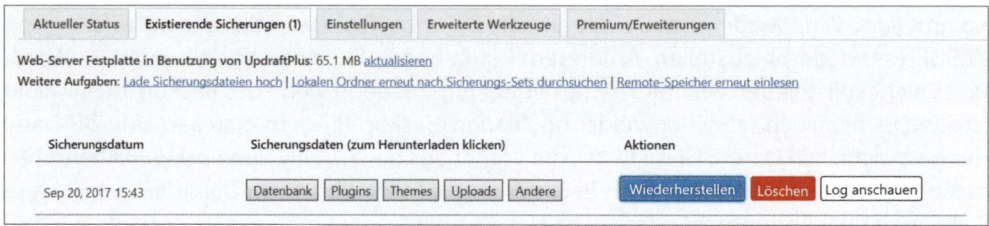

In diesem Bereich finden Sie die Sicherungen des Plug-ins.

Nach einem Klick auf *Wiederherstellen* entscheiden Sie, ob das gesamte Backup oder nur Teile davon eingespielt werden sollen. Nachdem die Auswahl bestätigt wurde, klicken Sie nochmals auf *Wiederherstellen* und im nächsten Fenster ein weiteres Mal auf *Wiederherstellen*. Die bestehenden Daten werden mit denen aus der Sicherung überschrieben.

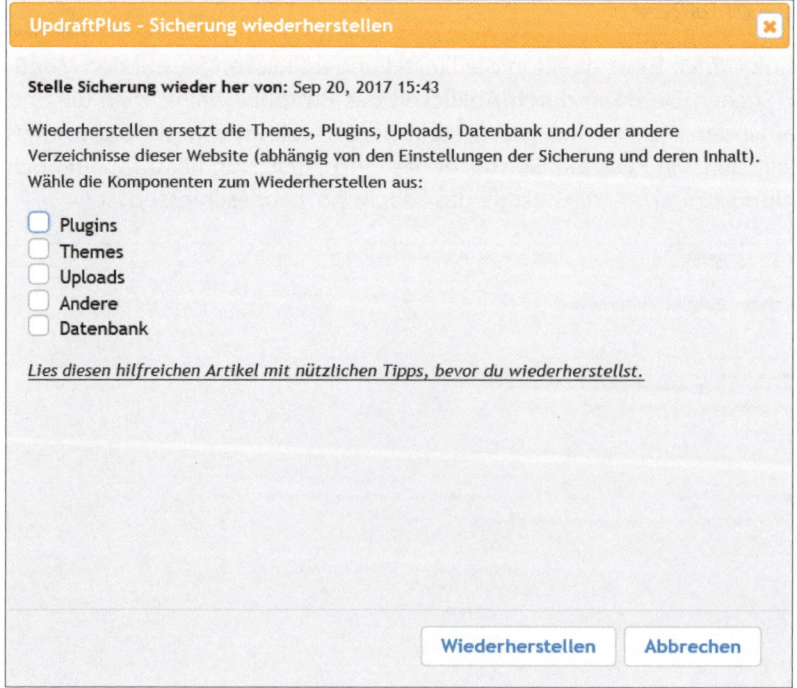

Wählen Sie die Komponenten zur Wiederherstellung aus.

Ein Backup wiederherstellen

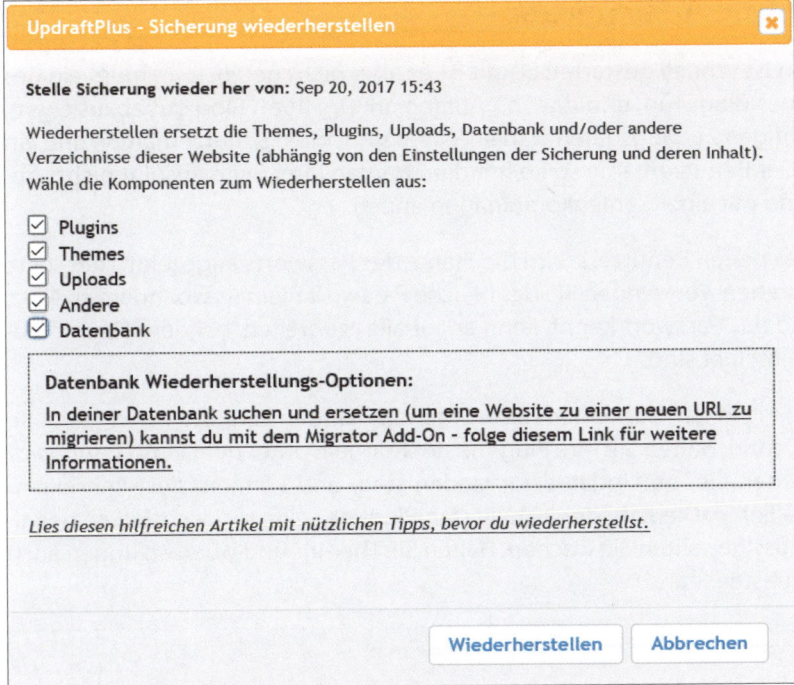

Alle Komponenten wurden für die Wiederherstellung ausgewählt.

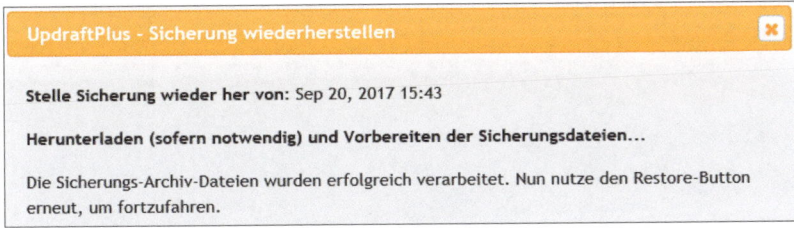

Die Erfolgsmeldung bezüglich der archivierten Dateien.

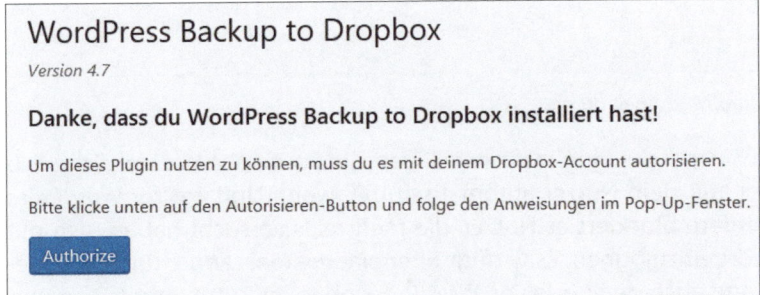

Die gesamten Prüfungsabläufe und Entpackungsabläufe werden angezeigt.

24. Backups und Absicherung

24.8 Die richtige Absicherung

Ein WordPress-Blog ist schnell gestartet. Damit ist es aber nicht getan, man muss einiges für die Sicherheit des Blogs tun, und das von Anfang an. Um Ihren Blog gut abzusichern, müssen Sie die richtigen Zugangsdaten wählen, einen sinnvollen Benutzernamen und ein starkes Passwort. Der Benutzername sollte mit dem Namen Ihrer Seite absolut nichts gemeinsam haben und mit einer Zahlenkombination enden.

Beim Anlegen eines neuen Benutzers wird die Stärke des Passworts angezeigt. Hier sollte mindestens *Stark* stehen. Verwenden Sie das gleiche Passwort niemals woanders im Netz, denn wenn jemand das Passwort kennt, kann er auf alles zugreifen, bei dem Sie mit diesem Passwort angemeldet sind.

Geben Sie Ihre Zugangsdaten auf keinen Fall an irgendjemanden heraus. Auch regelmäßige Updates sind wichtig. Halten Sie Ihre Plug-ins stets aktuell. Unter dem Link *Dashboard/ Aktualisierungen* sehen Sie, ob Updates vorhanden sind, und können diese mit einem einzigen Klick installieren. Die Zahl der installierten Plug-ins sollte möglichst klein gehalten werden. Überflüssige sollten Sie löschen. Halten Sie Themes und Übersetzungen auch immer auf dem neuesten Stand.

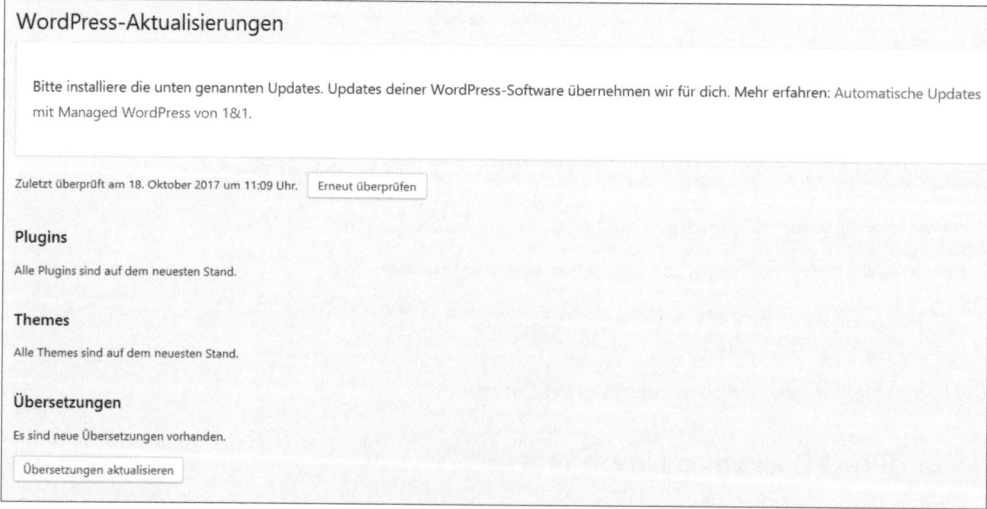

Führen Sie regelmäßig Aktualisierungen durch.

Wichtig ist zudem, ein Sicherheits-Plug-in zu installieren. Eine gute Wahl ist hier sicherlich *Wordfence*. Dieses Tool teilt dem Nutzer automatisch mit, wenn Updates für WordPress vorhanden sind. Außerdem blockiert es Nutzer, die mehrmals versucht haben, sich mit einem falschen Passwort einzuloggen. Es verfügt über einen Virenscanner und eine Firewall. Das Programm kann auch den Code von WordPress ohne Ihr Zutun bereinigen und Dateien, die gehackt wurden, löschen.

Die richtige Absicherung

Nachdem Sie das Plug-in installiert und aktiviert haben, richtet es sich ein Menü im Dashboard ein, über das Sie Einstellungen und Arbeitsgänge durchführen können. Einige Einstellungen sind empfehlenswert. Beginnen wir mit den Optionen. Öffnen Sie den Menüpunkt *Options*.

Unter *Basic Options* sollten Sie auf jeden Fall die Option *Enable Live Traffic View* deaktivieren. Damit wäre es zwar möglich zu sehen, wer sich gerade auf dem Blog befindet, aber wenn Sie viele Besucher haben, wird das die Geschwindigkeit Ihrer Seite bremsen. Aktivieren Sie diese Option also nur, wenn es wirklich wichtig ist, etwas zu sehen.

Das Menü des Plug-ins.

Geben Sie bei der Option *Where to email alerts* Ihre E-Mail-Adresse ein. Dorthin werden Ihnen ab jetzt von *Wordfence* alle Warnungen geschickt. Auch die Änderung der Option *How does Wordfence get IPs* ist wichtig. Wählen Sie in diesem Bereich *Use PHP's built in REMOTE_ADDR...* aus der Drop-down-Liste aus. Dadurch gehen Sie sicher, dass Dinge, die Ihrer Seite schaden könnten, entdeckt werden. Es ist auch wichtig, die Option *Save Options* anzuklicken, denn dadurch werden die Änderungen übernommen.

In diesem Bereich sollten Sie drei Optionen aktivieren.

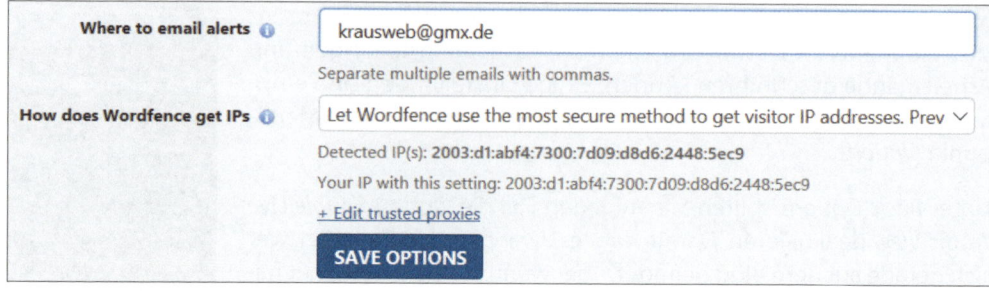

Lassen Sie sich Warnungen per E-Mail zusenden.

Nun zu den erweiterten Einstellungen. Lassen Sie hier in dem Bereich *email alerts* alles so, wie es ist. Auch bei der Option *Email Summary* können Sie alle Einstellungen so lassen. Das Widget für das Dashboard sollte aktiviert sein und Sie sollten es dort auch anzeigen lassen.

Nun bleibt noch zu klären, wie WordPress die Scans durchführen soll. Da Sie den Live Traffic bereits deaktiviert haben, ist hier weiter nicht zu tun.

Im Bereich *Scans to include* ist es am sichersten, alles zu aktivieren.

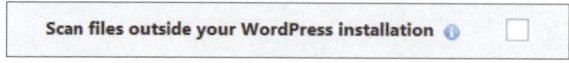

Die Mitteilungen per E-Mail werden einmal wöchentlich geschickt.

Nun zu der Durchführung der Scans. Die Option *Live Traffic* ist bereits aktiviert. Bei der Option *Scans to include* können Sie alle Einstellungen übernehmen. Wenn Sie außerhalb von WordPress Dateien haben, sollten Sie zusätzlich die Option *Scan files outside your WordPress installation* aktivieren.

Diese Option kann wichtig sein.

Jetzt zum Bereich *Other Options*. Auch hier können Sie alle Einstellungen so lassen, wie sie sind. Bei der Option *Whitelisted IP addresses that bypass all rules* können Sie eine statische IP-Adresse eingeben, falls Sie eine derartige haben, aber das kommt so gut wie nie vor. Wenn Sie das tun, wird diese Adresse niemals gesperrt. Halten Sie davon lieber Abstand.

Die richtige Absicherung

Das Eingabefenster für statische IP-Adressen.

Jetzt haben Sie alle wichtigen Einstellungen vorgenommen und können den ersten Scan starten. Klicken Sie dazu auf den Menüpunkt *Scan* im Wordfence-Menü und im Scanbereich dann auf den Button *Start a Wordfence Scan*. Wordfence startet die Analyse und die Prüfung der Daten. Die Ergebnisse sehen Sie hinterher im Fenster *New Issues*.

Wenn Sie die Meldung *The Theme needs an upgrade* oder *The plugin needs an upgrade* erhalten, heißt das einfach nur, dass das Theme oder das Plug-in nicht mehr auf dem aktuellsten Stand ist. Sie sollten hier auf jeden Fall aktualisieren.

Kommt die Meldung *Modified plugin file: XYZ*, ist damit gemeint, dass sich Dateien unterscheiden. Das ist aber meist eine Falschmeldung, denn Wordfence vergleicht die aktuelle Version des Plug-ins mit der älteren. Wenn Sie also ein Plug-in noch nicht aktualisiert haben, kommt dieser Hinweis.

Wird der Hinweis *This file may contain malicious executable code* eingeblendet, dann wurde Ihr Blog mit ziemlicher Wahrscheinlichkeit gehackt. Falls Sie die englischen Hinweise nicht verstehen, suchen Sie sich jemanden, der das versteht, um das Problem zu erkennen.

Das Löschen einer Datei ist hier sicher keine gute Lösung, außer die Datei gibt es gar nicht. Darauf wird bei der Meldung hingewiesen. Wenn die Datei wiederhergestellt werden kann, ist das Löschen auch kein Problem.

Ebenfalls wichtig ist ein Plug-in, das Sie vor Kommentar-Spam schützt. Hier ist *Antispam Bee* die erste Wahl, das verdächtige Kommentare erkennt und sie als Spam kennzeichnet.

Dann sind da noch die Spam-Bots, die im Internet nach E-Mail-Adressen suchen. Wurde Ihre Adresse gefunden, kann es Ihnen passieren, dass Sie in nächster Zeit Werbemails erhalten. Abhilfe schafft hier das Plug-in *E-Mail Address Encoder*, das solche Spam-Bots blockiert. Dies ist möglich, weil das Plug-in den Quellcode Ihrer E-Mail-Adresse verschlüsselt.

Sie müssen das Tool nur installieren und aktivieren. Dann prüft es alle Inhalte auf das @-Zeichen und ersetzt E-Mail-Adressen durch einen Quelltext, der nicht lesbar ist. Für den Besucher sind die Mails lesbar, denn die Umwandlung erfolgt im Hintergrund. Zusätzliche Einstellungen sind bei diesem Plug-in nicht nötig.

Erstellen Sie auch automatische Backups, um die Seite zu sichern. Ein gutes, bekanntes und ausgereiftes Plug-in dafür ist *UpdraftPlus*, das bereits ausführlich beschrieben wurde.

25. Performance der Webseite

Google achtet bei der Vergabe des Rankings für eine Seite sehr auf die Ladezeit. Daher ist es wichtig, dass sich Ihre einzelnen Seiten im Netz schnell öffnen und der Besucher relativ zügig von einer Seite zur nächsten kommt.

Der Besucher soll ja möglichst lange auf Ihrer Seite verweilen, und wenn hier alles im Schneckentempo vor sich geht, wird er die Seite schnell wieder verlassen. Die optimale Ladezeit sollte bei etwa einer Sekunde liegen.

Sie müssen keineswegs auf viele Bilder verzichten, diese sollten aber immer vorher auf die optimale Größe eingestellt sein. Ihre Seitenzahl sollten Sie gering halten und sparsam bei der Verwendung von Plug-ins sein, denn so lässt sich kostbare Ladezeit sparen.

25.1 Die Leistung des Blogs testen

Um die Performance Ihrer Seiten zu verbessern, müssen Sie auf Caching-Plug-ins zurückgreifen. Bevor Sie diese Cache-Programme allerdings aktivieren und einstellen, sollten Sie die Leistung Ihrer Seite mit Programmen im Internet testen. Sie verschaffen Ihnen einen Überblick über die Performance Ihrer Seite und finden schnell Problembereiche.

Pingdom

Dies geht relativ einfach mit dem kostenlosen Programm *Pingdom*, das Sie unter tools.pingdom.com finden. Dieses Tool checkt Ihren Blog in Sekundenschnelle und zeigt Ladezeit sowie Seitengröße an. Zusätzlich bietet es noch eine Statistik für die einzelnen Bereiche in Form eines Wasserfalls.

Wenn Sie die Seite aufgerufen haben, wird Ihnen ein Eingabefeld präsentiert, in das Sie den Namen der Seite eintragen müssen, die Sie testen wollen. Im Feld rechts daneben bestimmen Sie einen Server, von dem aus der Test laufen soll.

Wählen Sie hier einen Server aus Europa aus, z. B. Stockholm. Tests über einen Server aus den USA sind langsamer und liefern nicht die richtigen Werte, um die Geschwindigkeit des Blogs zu beurteilen.

Klicken Sie nach der Wahl des Servers auf den Button *START TEST*. Nach einigen Sekunden wird Ihnen eine Übersicht des Testergebnisses angezeigt. In dieser Übersicht finden Sie verschiedene Angaben.

Der *Performance grade* ist eine Bewertung Ihrer Seite. Hier werden alle möglichen Inhalte Ihrer Seite bewertet, aber nicht die Geschwindigkeit. Unter *Load time* sehen Sie die Zeit, wie lange die Seite zum Laden braucht. Dieser Wert ist sehr wichtig, er sollte unter zwei Sekunden liegen, am besten aber unter einer Sekunde. Hier heißt die goldene Regel: je schneller, umso besser.

Testen Sie Ihre Seite.

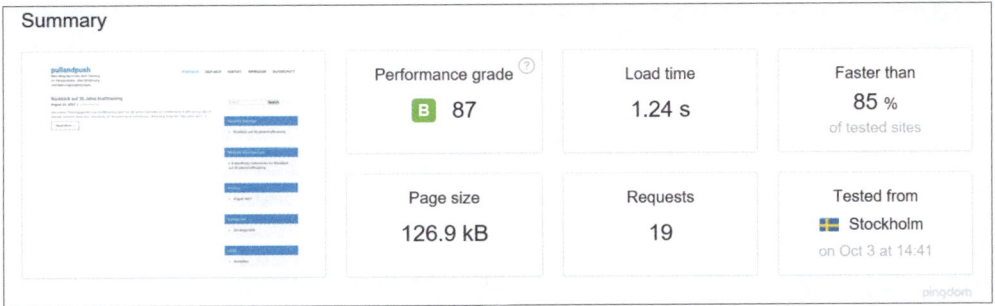

Die Testwerte der einzelnen Bereiche.

Unter *Faster than* sehen Sie einen prozentualen Vergleichswert Ihrer Seite zu anderen. Dieser Wert ist nicht so wichtig. Anders sieht es dagegen wieder bei *Page size* aus. Hier sehen Sie die Datenmenge, die Ihre Seite benötigt, um gezeigt zu werden. Auch dieser Wert sollte möglichst niedrig sein. Wenn Ihr Blog allerdings viele Fotos hat, werden Sie diesen Wert nicht so weit reduzieren können wie bei einem Blog mit reinem Text. Halten Sie den Wert auf jeden Fall unter 5 MByte.

Wie viele Teile Ihrer Seite geladen werden müssen, um diese komplett darzustellen, zeigt *Requests* an. Dies errechnet sich aus den Bildern, den Skripten, den CSS-Dateien, den HTML-Dateien und einigen weiteren Dingen.

Alle diese Angaben zusammen ergeben den Wert 19. Hier gibt es keinen Richtwert, der nicht überschritten werden sollte. Es kann sein, dass ein einziger Bestandteil die Leistung bremst und zwanzig andere überhaupt keinen Einfluss auf die Ladezeit haben.

In der Tabelle *Performance insights* sehen Sie die einzelnen Bereiche, aus denen sich der Grad der Performance errechnet. Hier sollte nur die Farbe Grün zu sehen sein, dann ist alles bestens. Wenn die Werte trotz grüner Anzeige keine 100 % anzeigen, klicken Sie auf den Pfeil rechts neben der Anzeige. Hier sehen Sie, welche Dinge noch nicht im optimalen Bewertungsbereich stehen.

25. Performance der Webseite

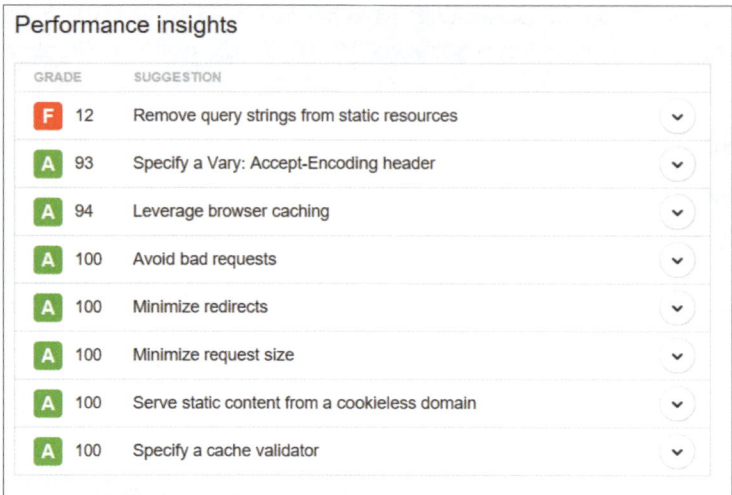

Das Ergebnis ist zufriedenstellend, aber nicht optimal.

In unserem Test sind das nur Kleinigkeiten, außer natürlich bei der ersten Anzeige. Wenn Ihre Gesamtbewertung nahe der 100 %-Marke liegt und die Seite schnell startet, müssen Sie hier nichts mehr verbessern. Die Bereiche, die rot markiert sind, werden mithilfe des Caching-Plug-ins verbessert.

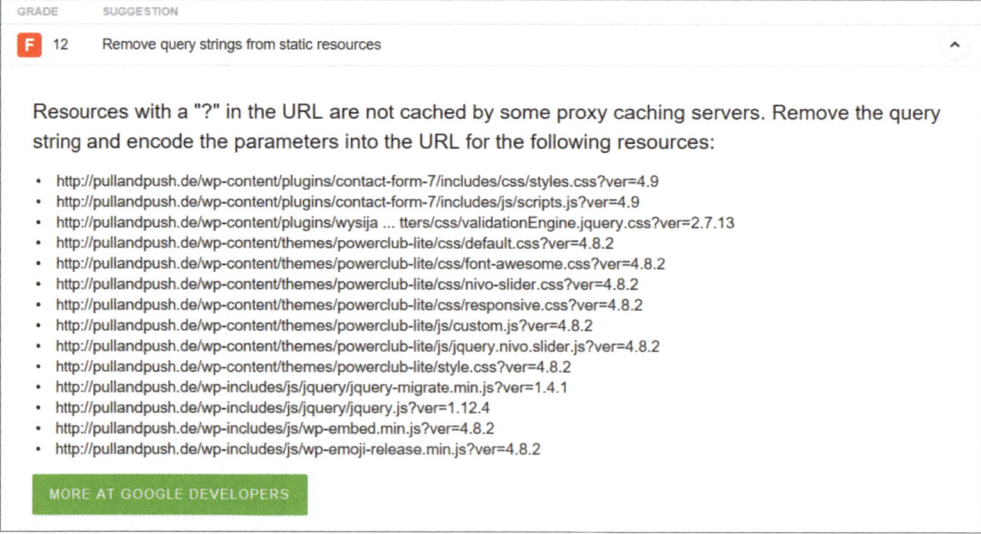

Dieser Bereich hat beim Test nicht gut abgeschnitten.

Im Bereich *Response codes* werden Ihnen Fehlermeldungen angezeigt, falls bestimmte Teile der Seite nicht zu erreichen sind.

Die Leistung des Blogs testen

In diesem Abschnitt ist alles perfekt.

Im Bereich *Content size by content type* sehen Sie Infos über die Größe und im Bereich *Requests by content type* Infos über die Anzahl der einzelnen Typen, die Ihre Seite beinhaltet. Das ist nur interessant, um einmal zu sehen, welche Mengen an Daten von welchem Modul geladen werden.

Content size by content type				Requests by content type		
CONTENT TYPE	PERCENT	SIZE		CONTENT TYPE	PERCENT	REQUESTS
Script	49.1 %	62.24 KB		CSS	42.1 %	8
Other	29.8 %	37.75 KB		Script	36.8 %	7
CSS	16.6 %	21.12 KB		Other	10.5 %	2
HTML	4.1 %	5.23 KB		HTML	5.3 %	1
Image	0.4 %	536 bytes		Image	5.3 %	1
Total	100.00 %	126.87 KB		Total	100.00 %	19

Eine Übersicht über die einzelnen Bestandteile Ihrer Seite.

Die Bereiche *Content size by domain* und *Requests by domain* sind dagegen äußerst interessant, denn hier sehen Sie, von welchen Domains beim Aufbau Ihrer Seite Daten geladen werden. Hier sollte natürlich Ihre eigene Domain an erster Stelle stehen. Es kann sein, dass noch andere Domainnamen auftauchen, von denen Schriften geladen oder Daten für eine Statistik übertragen werden. Diese Zugriffe auf andere Domains sollten so gering wie möglich gehalten werden, denn das kostet wertvolle Ladezeit.

In unserem Beispiel haben die Statistik-Domains einen ziemlich hohen Anteil, aber diese sind wichtig. Schauen Sie am besten erst einmal nach, ob Sie vielleicht mehrere Statistik-Plug-ins installiert und aktiviert haben, und deaktivieren und löschen Sie diese dann bis auf das eine, das Sie verwenden wollen. Starten Sie dann nochmals den Test. Die Statistik ist aber sicher nicht das hauptsächliche Problem. Da gibt es andere Dienste außerhalb Ihrer Seite, die die Geschwindigkeit ausbremsen können.

Content size by domain				Requests by domain		
DOMAIN	PERCENT	SIZE		DOMAIN	PERCENT	REQUESTS
pullandpush.de	69.7 %	88.37 KB		pullandpush.de	84.2 %	16
fonts.gstatic.com	29.8 %	37.75 KB		fonts.gstatic.com	10.5 %	2
fonts.googleapis.com	0.6 %	772 bytes		fonts.googleapis.com	5.3 %	1
Total	100.00 %	126.87 KB		Total	100.00 %	19

Der Anteil der Statistik-Domain ist etwas hoch.

25. Performance der Webseite

Die bisher beschriebenen Bereiche sind alle gut geeignet, um eine Übersicht über die eigene Seite zu bekommen. Am besten ist aber die Aufstellung in Form eines Wasserfalldiagramms mit einzelnen Balken. Aus diesen Balken können Sie sehen, welcher Teil der Seite wann geladen wird und wie lange dieses Laden dauert. Daraus ersehen Sie am besten, wer die Geschwindigkeit bremst. Hier gilt die Regel: je länger ein Balken, desto schlechter!

Sie sehen hier die Ladezeiten sowie die Dateigrößen und unter dem jeweiligen Namen eines Elements auch noch die Quelle als Pfad auf Ihrem Blog oder einer externen Domain. Aus all diesen einzelnen Werten errechnet sich die Gesamtbewertung, die Gesamtladezeit und die Anzahl der Requests. Wenn Sie diese drei Anzeigen verbessern wollen, müssen Sie hier checken, wo Sie etwas optimieren können.

Die einzelnen Bestandteile der Seite mit den Ladezeiten.

Der erste Balken in der Liste zeigt einen langsamen Server an oder ein nicht vorhandenes bzw. fehlerhaftes Caching. Falls hier mehr als 0,5 Sekunden angezeigt werden, muss nachgebessert werden. An erster Stelle der Verbesserung steht natürlich das Caching. Sie müssen nicht gleich den Anbieter wechseln. Wenn nach dem Caching das Problem immer noch besteht, kann es auch am Server liegen.

GTmetrix

Ein weiteres Analyseprogramm ist *GTmetrix*, zu finden unter www.gtmetrix.com. Dieses Tool checkt Ihren Blog genauer, dafür dauert das dann auch ein paar Minuten. Mit *GTmetrix* lässt sich die Performance Ihrer Webseite einfach analysieren.

In *GTmetrix* werden die Werte von Google PageSpeed und YSlow zusammengefasst und als Grafik in einer Übersicht angezeigt. Dafür wird von beiden Tools ein Index von 1 bis 100 verwendet und das amerikanische Notensystem von A bis Z, wobei hier A Note eins bedeutet und F Note sechs.

Das Programm gibt Tipps zur Optimierung und zeigt eine Timeline, die in Form eines Wasserfalls den Ladevorgang Schritt für Schritt anzeigt. Geben Sie auf der Startseite des Programms Ihre URL ein und klicken Sie auf *Analyze*. Dann lassen Sie das Tool seine Arbeit tun.

Lassen Sie Ihre Seite analysieren.

Wenn alles abgearbeitet wurde, zeigt das Programm den Score von Google PageSpeed und von YSlow in jeweils einem extra Tab an sowie einige weitere Daten. Der erreichte Grad A und Grad B ist schon mal ein sehr gutes und ein gutes Ergebnis.

Neben dem jeweiligen Tab befindet sich ein kleiner Pfeil. Wenn dieser mit grüner Farbe nach oben zeigt, ist das Ergebnis des Tests besser als der Durchschnitt, wenn ein gelber Doppelpfeil angezeigt wird, bedeutet dies, dass das Testergebnis im Mittelfeld liegt, und ein roter Pfeil ist gar nicht gut, denn hier liegt man unter dem Durchschnitt. Die angezeigte Ladezeit sollten Sie nicht so ernst nehmen, denn es handelt sich hier nicht um die Echtzeit eines deutschen Users, da die Server dieses Tools in Kanada stehen. Wichtig ist hier nur, dass Sie später einen Vergleichswert haben.

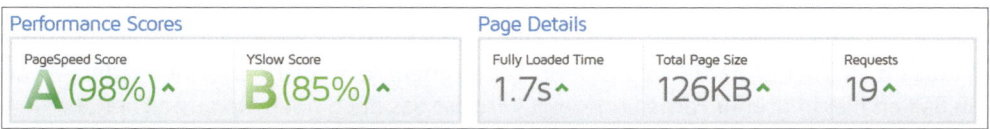

Die Ergebnisse der Auswertung auf einen Blick.

Unter der Übersicht finden Sie ein Menü, mit dem sich die einzelnen Bereiche noch genauer anzeigen lassen. Im Menü *PageSpeed* sehen Sie hinter den einzelnen Bereichen verschiedene Symbole. Ein grüner Pfeil signalisiert, dass alles in Ordnung ist, bei einer orangefarbenen Raute ist etwas verbesserungsfähig. Neben den Symbolen werden Ihnen noch der Typ sowie die Priorität des getesteten Bereichs angezeigt.

25. Performance der Webseite

Eine Gesamtübersicht mit den entsprechenden Symbolen.

Wenn Sie auf den kleinen Pfeil vor dem Eintrag klicken, sehen Sie den kompletten Inhalt.

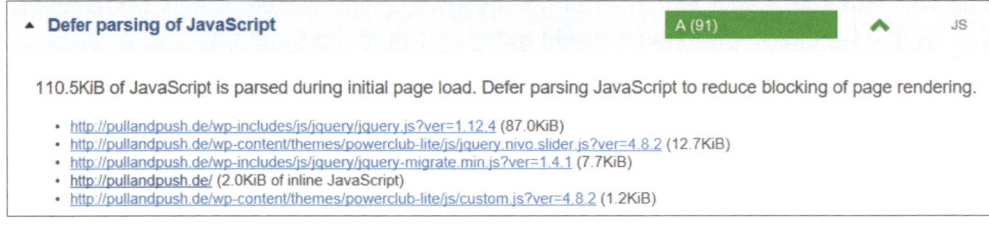

Der Inhalt eines Bereichs wird angezeigt.

Im Menü *YSlow* finden Sie weitere Angaben. Wenn Sie hier einen roten Pfeil sehen, ist das nicht so gut. Bei einem grünen Pfeil ist alles okay und bei der Anzeige des orangefarbenen Symbols ist eine Verbesserung möglich. Die Zahlen in Klammern zeigen jeweils den Grad in Prozent an. Hier ist natürlich das Beste 100 %, mehr kann nicht erreicht werden. Wenn ein Balken hier in grüner Farbe angezeigt wird, ist das auch noch ein ausreichender Wert für den getesteten Bereich.

Sie müssen nicht in jedem Bereich die volle Punktzahl erreichen, aber Sie sollten auf jeden Fall etwas tun, damit Ihre Seite schneller wird. Sie sehen ja alles im Überblick und können so die Teile, die schlecht abgeschnitten haben, auf einen Blick erkennen und verbessern.

Denken Sie immer daran: Ihr Ziel ist eine schnelle Webseite!

Die Leistung des Blogs testen

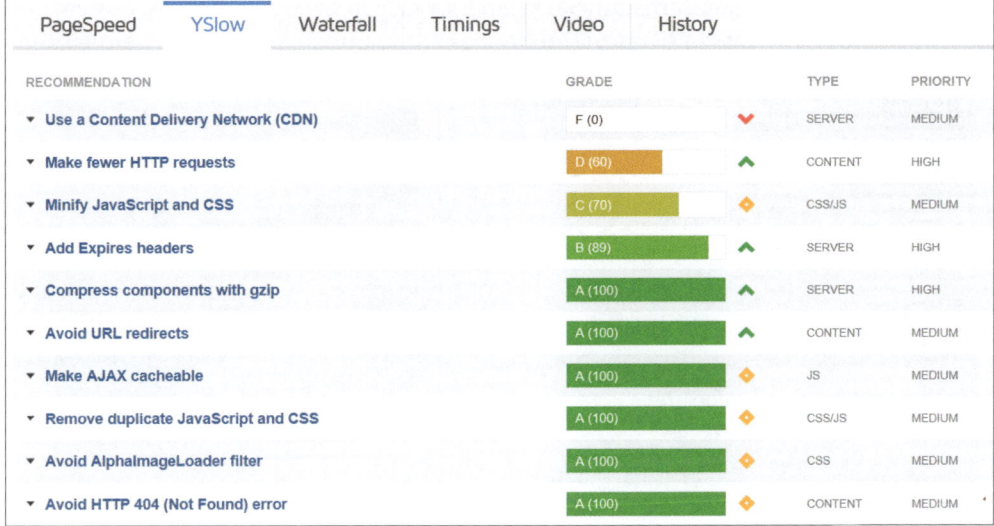

Diese Übersicht ist auch ziemlich wichtig.

Mit dem kleinen schwarzen Pfeil neben dem Eintrag können Sie sich wieder den gesamten Inhalt anzeigen lassen und neben den Symbolen finden Sie den Typ und die Priorität des Bereichs. Auch die einzelnen Bereiche werden Ihnen nochmals komplett in einer Liste angezeigt.

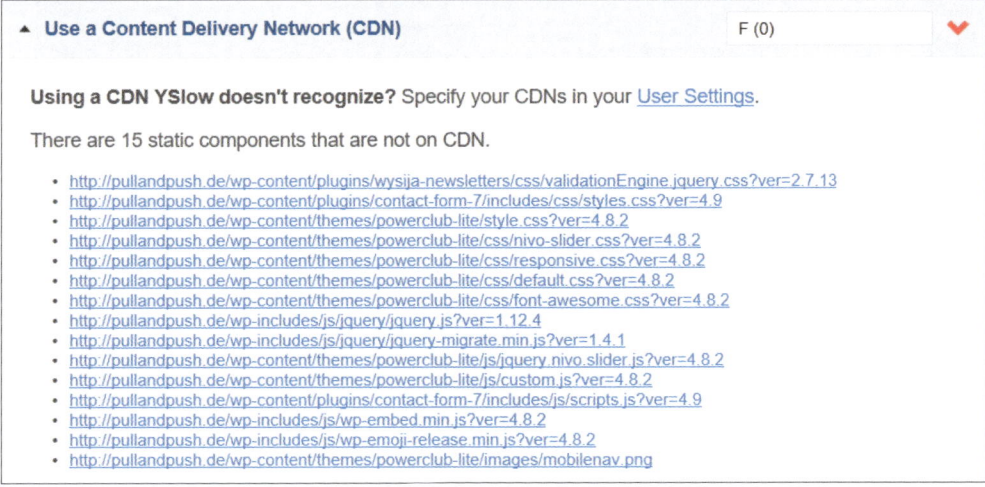

Die einzelnen Komponenten werden angezeigt.

Unter *Waterfall* sehen Sie den Wasserfall, der die Ladedauer der einzelnen Ressourcen mit der Dateigröße sowie der Ladegeschwindigkeit anzeigt. Wenn Sie auf das kleine Plus vor der jeweiligen Zeile klicken, erhalten Sie in einer Übersicht genauere Infos zu diesem Eintrag. Im Menü *History* lassen sich Testergebnisse chronologisch miteinander vergleichen.

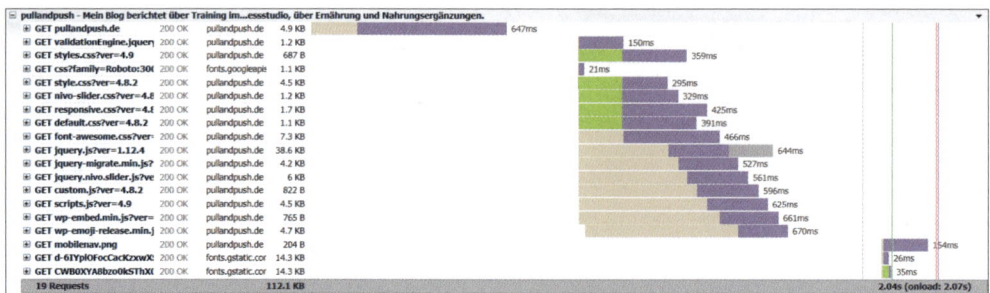

Die einzelnen Charts sind aufgelistet.

Vergleich zweier Testwerte im Rückblick.

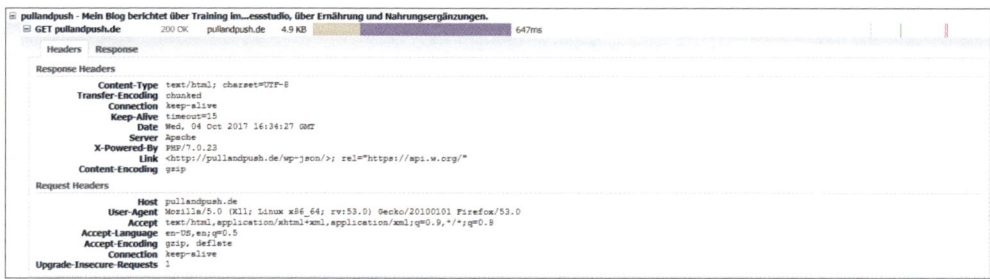

Ein genauer Überblick über einen Eintrag in der Liste.

Auf die Menüs *Timing* und *Video* gehe ich nicht näher ein, sie sind nicht so wichtig.

WebPagetest

Da alle guten Dinge drei sind, möchte ich auch noch das Programm *WebPagetest* ausführlicher vorstellen, das Sie unter www.webpagetest.org finden und das es bereits seit längerer Zeit gibt, sodass es ziemlich ausgereift ist. Es stellt Auswertungen sehr übersichtlich dar und der Standort sowie der Browsertyp können frei ausgewählt werden. Es ist ja ein ziemlicher Unterschied, ob die Seite in Deutschland oder in den USA geöffnet wird.

Die Auswahl des Browsertyps ist sehr interessant im Hinblick darauf, zu sehen, wie die verschiedenen Browser reagieren und ob es unterschiedliche Probleme bei dem jeweils ausgewählten Browser gibt. Das Programm enthält besonders umfangreiche Statistiken.

Die Einstellungsmöglichkeiten sind ziemlich umfangreich, daher ist das Tool auch nur für fortgeschrittene Anwender geeignet. Vor dem Start des Tests lassen sich bereits unterschiedliche Einstellungen vornehmen, um das Ergebnis zu erhalten, das man sich vorstellt.

Rufen Sie das Programm auf und geben Sie den Namen der zu testenden Seite ein. Wählen Sie den Standort und den Browser für den Test aus. Dann geht es zu den erweiterten Einstellungen, die Sie über den Link *Advanced Settings* am unteren Rand des Fensters öffnen können.

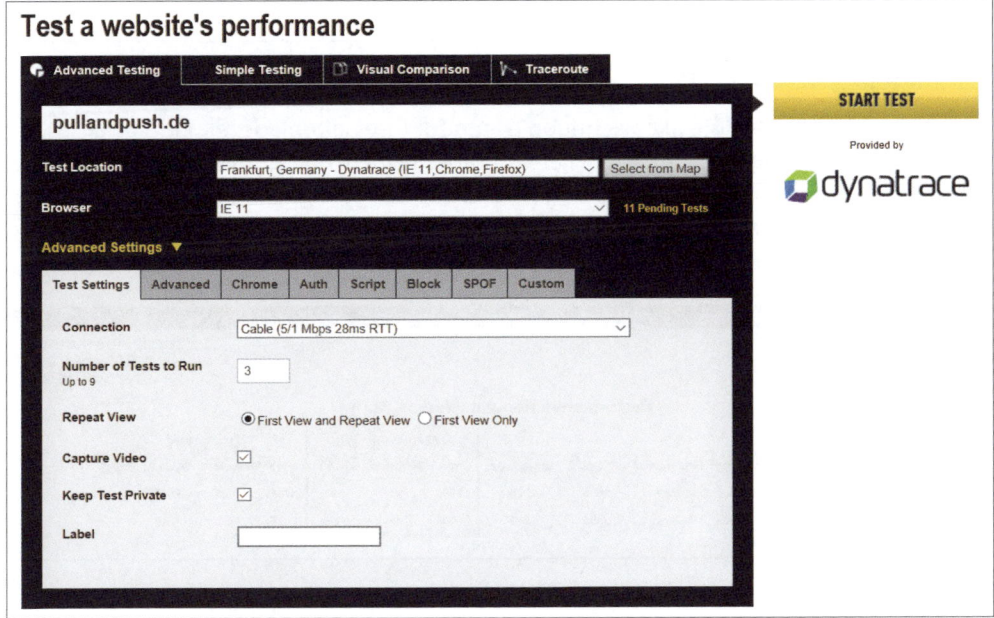

Starten Sie an dieser Stelle den Test.

In der Drop-down-Liste *Connection* sollten Sie es bei der standardmäßigen Einstellung *Cable 5/1* belassen. Geben Sie im Eingabefeld *Number of Tests to Run* mindestens *3* ein, denn wenn beim ersten Start Probleme angezeigt werden, können diese beim zweiten oder dritten Start bereits verschwunden sein. Dadurch ersparen Sie sich eine unnötige Fehlersuche.

Durch die Aktivierung von *Repeat View* wird auch eine bereits gecachte Version Ihrer Seite gemessen. Nachdem Sie alle Einstellungen erledigt haben, bestätigen Sie mit dem Button *START TEST*. Der Vorgang startet und wird zweimal wiederholt. Nach einigen Minuten werden Ihnen die Testergebnisse angezeigt, die ziemlich ausführlich sind.

An erster Stelle sehen Sie nochmals alle Bereiche aufgelistet, die für den Test herangezogen wurden. Hier sollte möglichst alles grün angezeigt werden, dann ist es in Ordnung. Bei Orange gibt es Optimierungsbedarf und bei Rot muss unbedingt etwas unternommen werden.

Falls in diesem Bereich Fehler angezeigt werden, führen Sie am besten nochmals einen neuen Test durch. Die Anzeige orientiert sich wieder am amerikanischen Schulnotensystem, A = Note 1, B = Note 2. Bei diesem Test ist also viermal die Note 1 und einmal die Note 2 erzielt worden, das ist sehr gut.

Eine Bewertung nach Buchstaben.

An zweiter Stelle finden Sie alle wichtigen Daten für Ihre Seitenladezeit, und zwar für die gecachte und die ungecachte Seite. Hier wird aber jeweils nur ein Wert für die gecachte und für die ungecachte aus einem der drei Tests angezeigt. In unserem Fall für den ungecachten der zweite Lauf neben dem Bereich *First View* und für den gecachten der erste Lauf neben dem Bereich *Repeat View*.

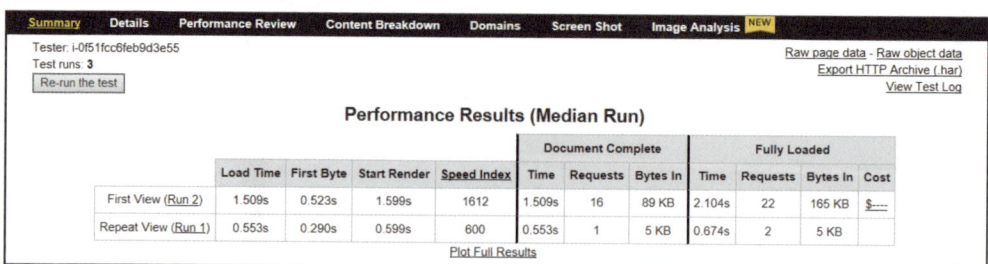

Eine Übersicht über die Werte, die beim Test erreicht wurden.

In dieser Übersicht muss auf alle sechs Bereiche und deren Werte besonderes Augenmerk gelegt werden. Beginnen wir mit *Load Time*. Damit ist die Zeit gemeint, die eine Seite zum Laden braucht, bis sie der Besucher vollständig sieht. Unter *First Byte* versteht man die

Zeit, die vergeht, bis das erste Byte an Daten vom Client zum Server übertragen, also empfangen wird. Ideal ist es, wenn dieser Wert unter 250 liegt, in unserem Test also zu hoch ist.

Der Wert *Start Render* zeigt die Zeit an, die eine Webseite benötigt, bis dem Besucher die ersten Daten angezeigt werden und er nicht nur eine leere weiße Seite sieht. Natürlich sollte auch dieser Wert möglichst gering sein, am besten unter zwei Sekunden. *Start Render* und *Load Time* sind ein wichtiger Maßstab für die Bewertung der Geschwindigkeit einer Seite. Nichts ist ärgerlicher für einen Besucher, als wenn er sekundenlang eine leere weiße Seite sieht.

Während *Start Render* den Beginn des sichtbaren Ladens Ihrer Seite anzeigt, markiert *Document Complete* genau das Gegenteil – das Ende des Ladens der sichtbaren Seite. Wenn dieses Laden fertig ist, kann der Besucher auf Ihrer Seite klicken und scrollen. *Document Complete* zeigt den gleichen Wert an wie *Load Time*.

Dieser sollte bei *Document Complete* unter fünf Sekunden bleiben. Nachdem *Document Complete* fertig ist, werden die Bilder und andere Elemente des Hintergrunds geladen. Der Wert für die Requests zeigt an, wie viel von diesen Ihr Browser dem Server zur Verfügung stellen muss. Ein Request ist dafür zuständig, bestimmte Dateien oder Bilder anzufordern. Hier gilt die Faustregel: je weniger Requests, desto besser!

Am wichtigsten ist aber bei der Auswertung der *Speed Index* und die Anzahl der DOM-Teile. Ein DOM-Teil gehört zu HTML. Wenn Ihr Browser nicht mehr so viele dieser Teile laden muss, wird Ihre Seite vom Umfang geringer und auch schneller. Auch durch Änderungen an den Themes und deren Plug-ins lässt sich die Zahl der DOM-Teile reduzieren. Jeder Teil eines HTML-Gerüstes, den Sie in spitzen Klammern stehen sehen, ist ein DOM-Element. Der *Speed Index* zeigt die Ladezeit an. Auch hier sind geringe Werte besser als hohe. Der *Speed Index* kann am besten für einen Vergleich genutzt werden. Wenn Ihre Seite einen kleineren Index hat als eine andere, dann sind Sie natürlich bei den Besuchern im Vorteil.

Der Wert *Fully Loaded* zeigt Ihnen den Zeitpunkt an, an dem die Seite komplett mit allen Teilen geladen ist und dem Benutzer angezeigt wird. Der Wert *Cost* ist nicht weiter wichtig. Hier wird ein durchschnittlicher Wert für das mobile Laden in unterschiedlichen Ländern genannt. Die angegebenen Zeiten, die nicht unterschritten werden sollten, sind natürlich nur Richtwerte; je nach Seitenumfang, etwa bei einer Seite mit vielen Bildern, müssen sie etwas nach oben korrigiert werden.

Weiter unten finden Sie die Übersicht für den Seitenaufbau mit Balkendiagrammen, Screenshots und Tortengrafiken.

Mithilfe der *Filmstrip View* können Sie sich ein Video im Zeitlupentempo über Ihren Seitenaufbau ansehen. Sie sehen dann auch, was Ihre Besucher zu sehen bekommen und ob die Seite verbessert werden muss. Hier wird Ihnen im Bereich von Zehntelsekunden gezeigt, wie Ihre Seite aussieht.

25. Performance der Webseite

Die Anzeige des ersten Laufs und der Wiederholung im zweiten Durchlauf.

Wie bereits geschrieben, zeigt die Übersicht nur das Ergebnis einer Messung an. Sie haben aber drei Messungen durchführen lassen. Um jetzt den Durchschnitt dieser Messungen zu sehen, müssen Sie auf den Link *Plot Full Results* direkt unter der Übersicht für die *Performance Results* klicken, um alle drei Ergebnisse in einem Diagramm angezeigt zu bekommen.

In diesem Diagramm sehen Sie drei rote und drei grüne Punkte, das sind die Plots. Rot stellt den ersten Durchlauf dar und Grün die Wiederholung. Wie Sie sehen, zeigt Grün immer den niedrigeren, also besseren Wert an. In der Spalte *Mean* der Tabelle, die über dem Diagramm steht, sehen Sie den Durchschnittswert aller drei Durchläufe.

Diese ganzen Dinge können Ihnen zwar Probleme auf Ihrer Seite anzeigen, aber nicht die Ursachen. Diese sehen Sie in den Wasserfalldiagrammen und in der Potenzialanalyse. In dem Diagramm finden Sie jeden einzelnen http-Request, den der Browser vom Webserver verlangt. Bei einer schnellen Seite enthält das Diagramm nur wenige kurze Requests. Es sind also die Länge des Diagramms und die Länge der Balken in den einzelnen Zeilen wichtig.

In dem Wasserfalldiagramm gibt die vertikale Achse den Zeitverlauf an und die vertikale zeigt die Objekte an, die nacheinander geladen wurden, und zwar von oben nach unten. Die Balken im Diagramm haben unterschiedliche Farben, um die verschiedenen Vorgänge anzuzeigen, die der Browser während des Ladens der Daten und Objekte durchführt. Balkendiagramme sind besonders gut dafür geeignet, um Dinge zu finden, die das Laden einer Webseite verlangsamen. Hier gilt die Regel: je breiter das Balkendiagramm, desto langsamer die Ladezeit.

Die Leistung des Blogs testen

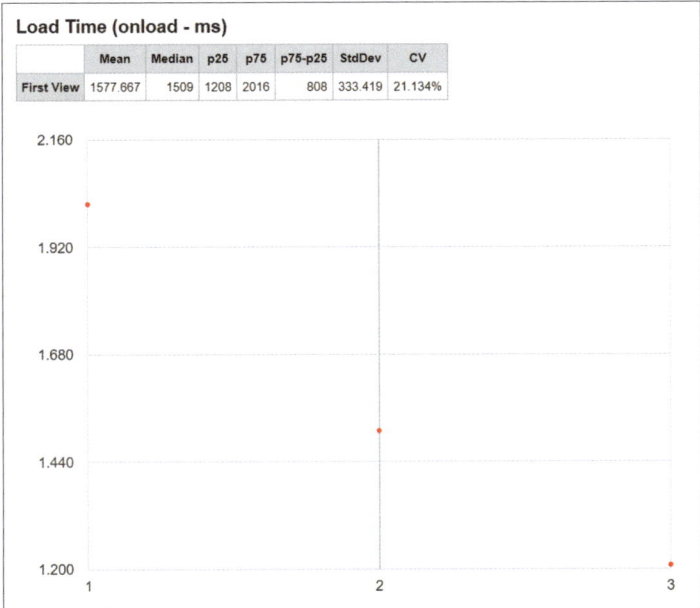

Das Diagramm für den Vergleich der drei Durchläufe.

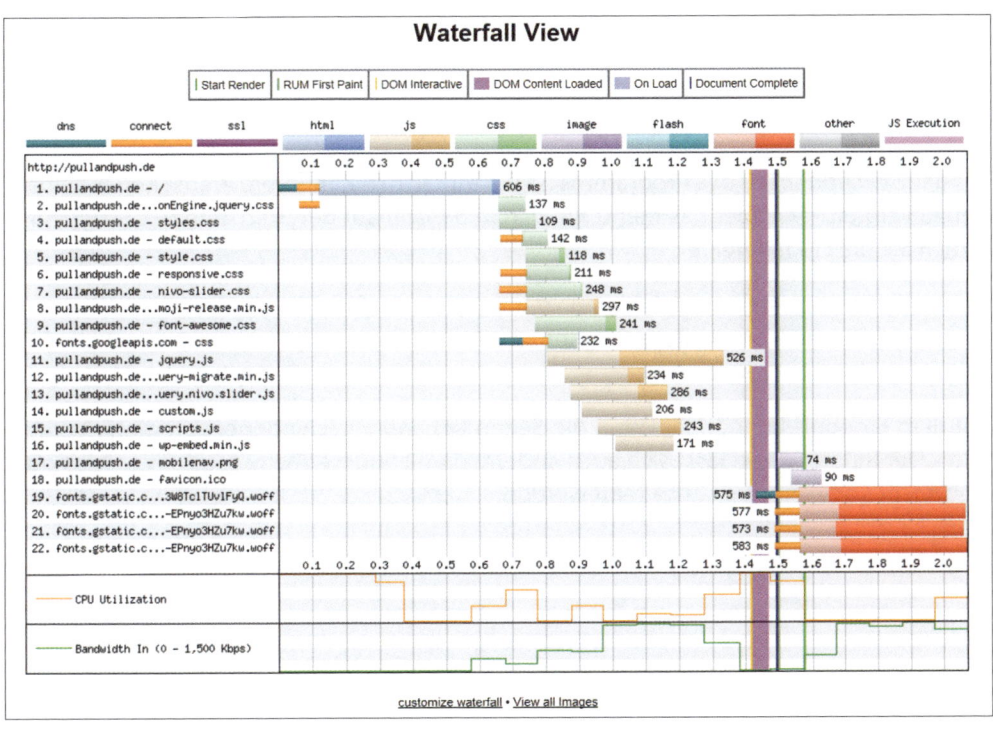

Das Diagramm des Wasserfalls mit den verschiedenen Messwerten.

25. Performance der Webseite

Die *Performance Review*, zu der Sie über das Menü am oberen Rand des Programms gelangen, zeigt über Infos an, wie gut die Performance auf Ihrer Seite bereits optimiert ist.

Das Menü der Testergebnisse.

Alles, was mit einem grünen Haken versehen ist, passt, bei einem gelben Schild sind Verbesserungen nötig und bei einem roten Kreuz sind Probleme vorhanden.

Die Checkliste für die einzelnen Bereiche.

Ein ganz wichtiger Teil des Programms ist die Möglichkeit, mehrere Webseiten miteinander zu vergleichen. Über das Menü *Visual Comparison* auf der Startseite des Programms öffnen Sie die Eingabefelder.

Geben Sie in das erste Feld den Namen der Seite ein und in das zweite die URL. Über den Button *Add* können Sie weitere Eingabefelder hinzufügen und so zwei oder auch mehr Seiten miteinander vergleichen.

Mit dem Ergebnis können Sie dann die Seiten anhand verschiedener Parameter vergleichen. Der Referenzwert lässt sich auch ändern, damit andere Werte wie *Fully Loaded* oder *Document Complete* auch angezeigt werden.

Die Leistung des Blogs testen

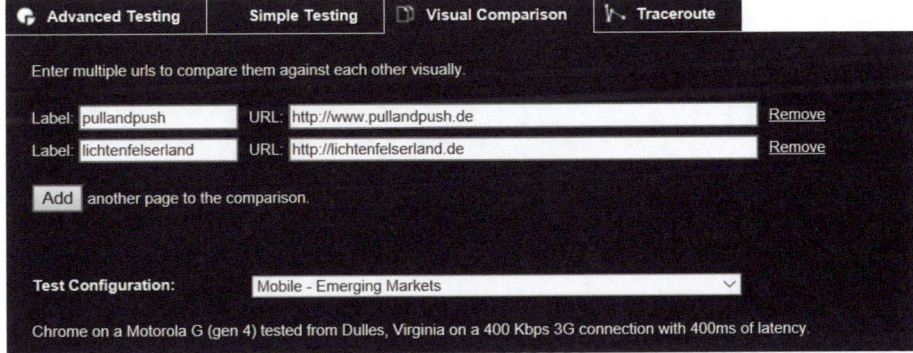

Zwei Seiten sind für einen Vergleich vorbereitet.

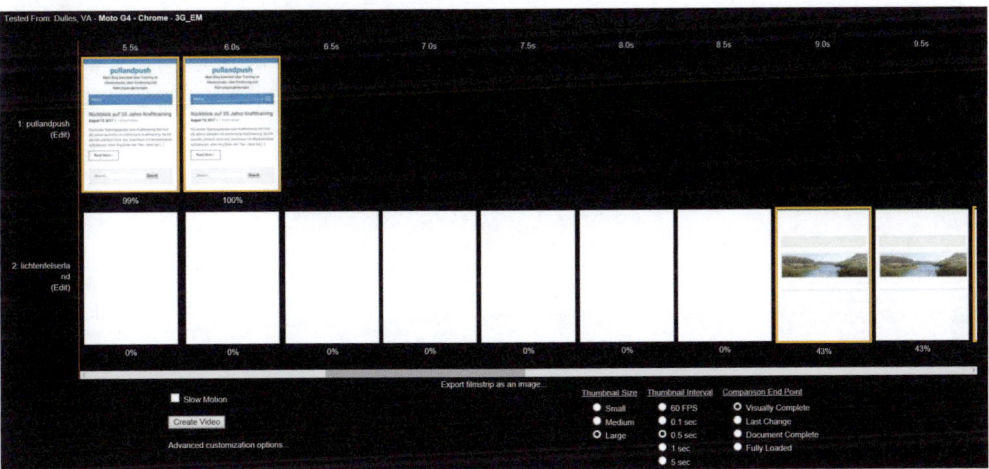

Die Vergleichsanzeige zweier Webseiten in Bildform.

Der beste Parameter ist wohl *Filmstrip View*, den Sie über die Einstellungen rechts unten noch konfigurieren können. Wenn Sie den Balken unter dem Vergleich der beiden Seiten nach links oder rechts schieben, sehen Sie, wie sich die beiden Seiten im Vergleich zueinander aufbauen. Ein Bild im Vergleich wird immer golden umrahmt sein, wenn eine grafische Veränderung auf der Seite stattfindet.

Die Wasserfalldiagramme lassen sich mit den Schiebereglern hin- und herschalten. Die vier Balkendiagramme unten zeigen Ihnen an, wie die Seiten, die getestet wurden, im Hinblick auf die Ladezeit, die Ladezeitpunkte, die Anzahl der http-Requests und die Größe der Seite abschneiden. Mithilfe dieser Parameter sehen Sie, welche Seite am schnellsten lädt und kleiner ist.

25. Performance der Webseite

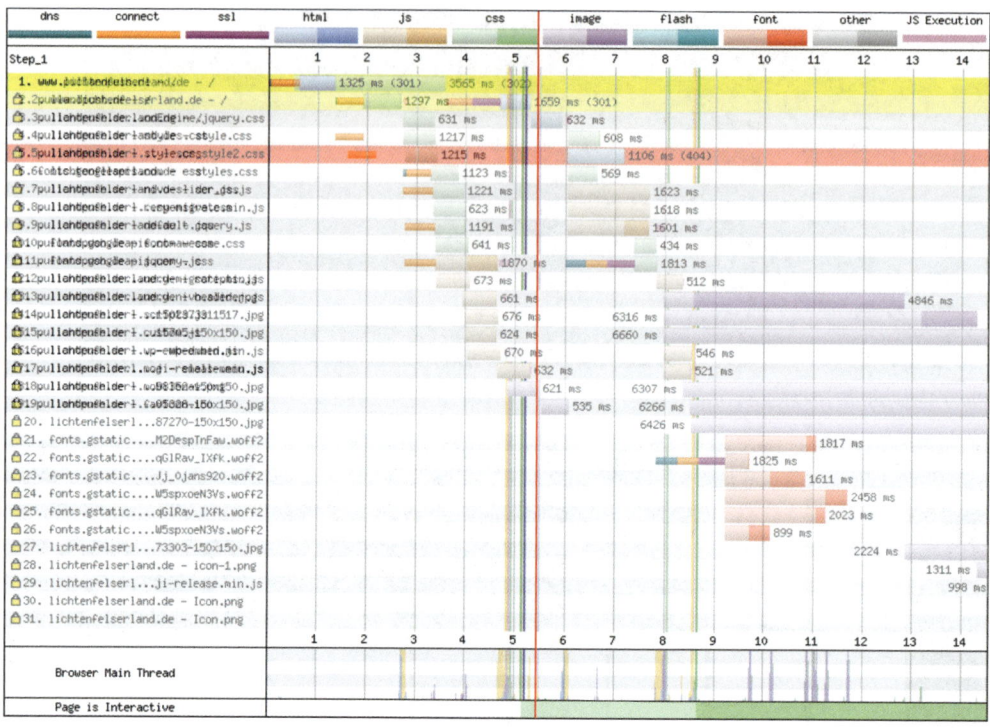

Das Wasserfalldiagramm für den Vergleich der beiden Seiten.

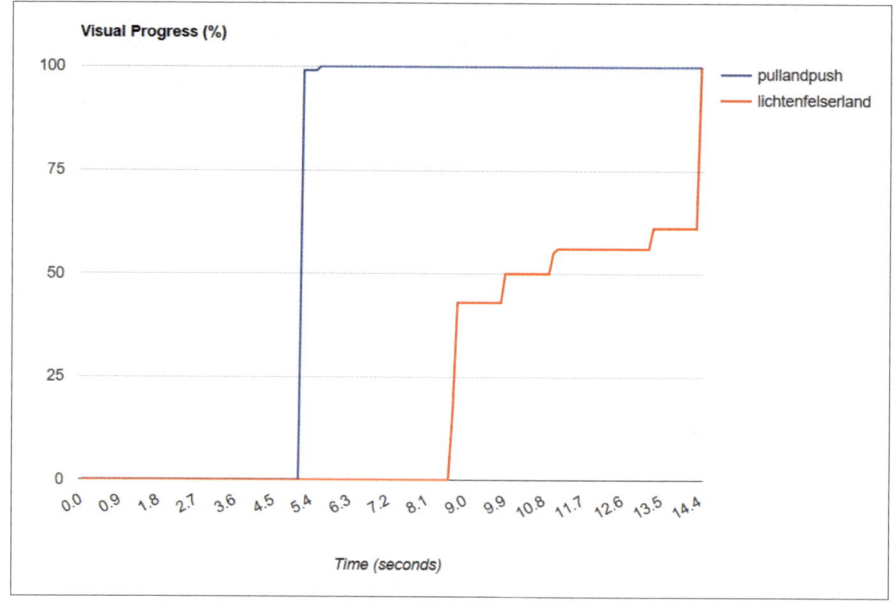

Die Anzeige der unterschiedlichen Ladezeiten beider Seiten.

Die Leistung des Blogs testen

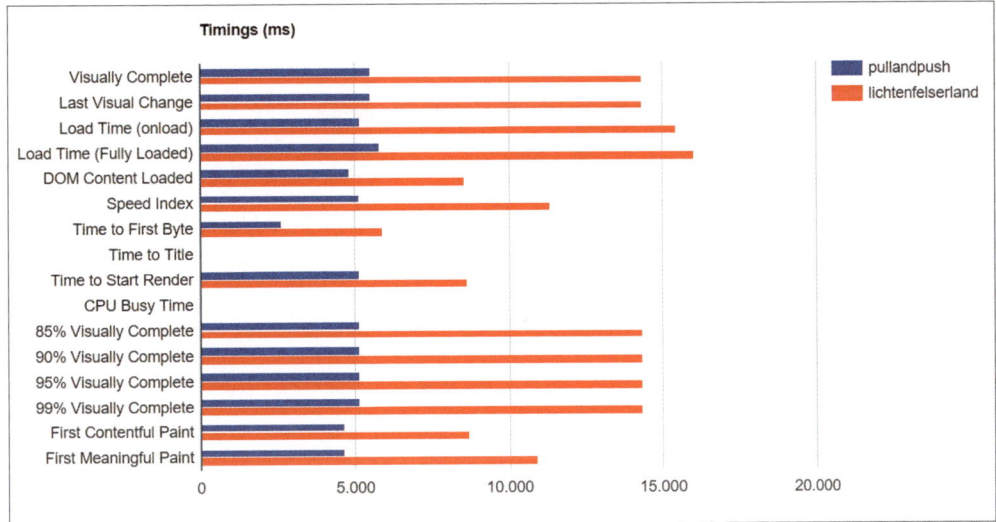

Der Vergleich der Ladezeitpunkte beider Seiten.

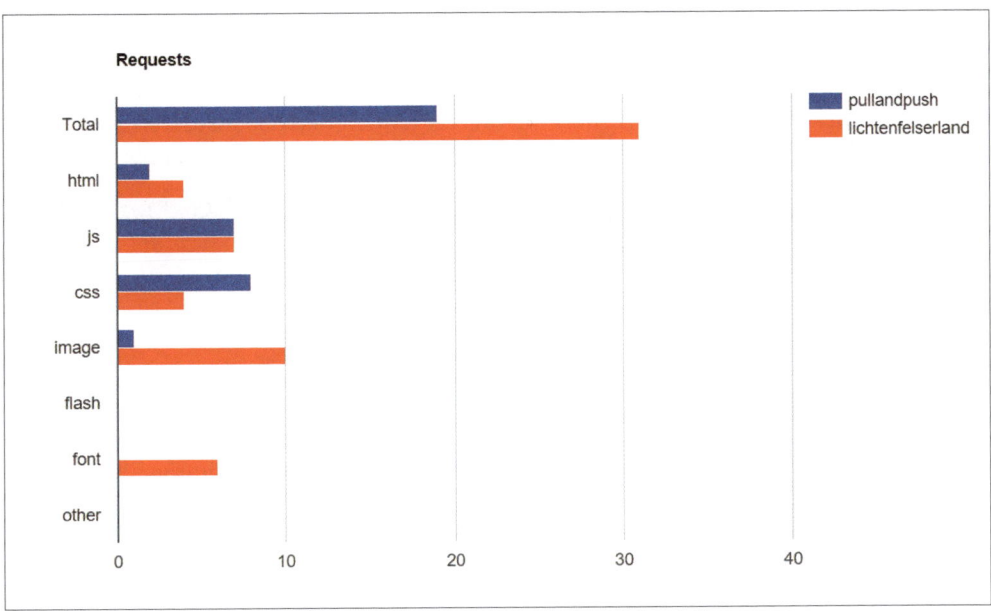

Der Vergleich der Anzahl der Requests für beide Seiten.

25. Performance der Webseite

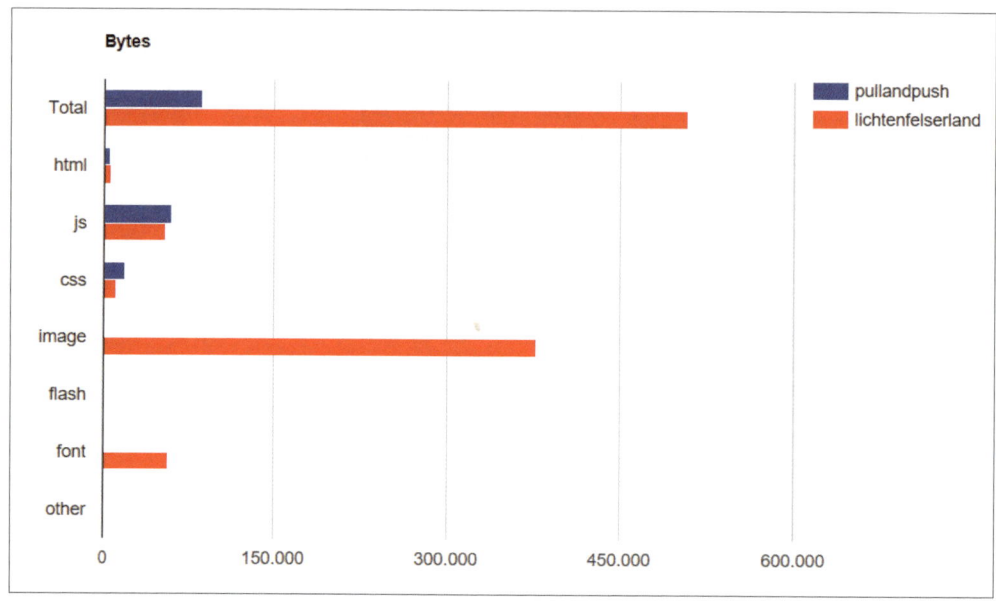

Der Vergleich der Seitengrößen.

Über das Menü *TEST HISTORY* können Sie die Testergebnisse der Vergangenheit bis zu einem Jahr zurück einsehen. Ein Klick auf eine URL zeigt nochmals alle Testdaten der Vergangenheit an. Außerdem können Sie einzelne Tests markieren und miteinander vergleichen.

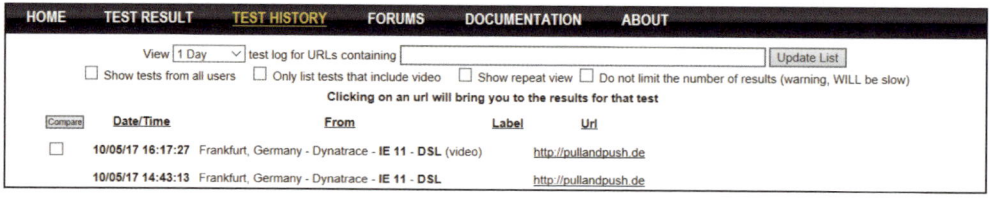

Eine Übersicht über die bisher getesteten Seiten.

Wenn Sie Ihre Seiten anhand der Caching-Plug-ins und deren Einstellungen, wie ich sie in Kapitel 26 beschreibe, gecheckt haben, dann sollten Sie den Test mit einem der hier vorgestellten Programme nochmals durchführen und auf jeden Fall eine Verbesserung der Werte bemerken.

Falls dies wider Erwarten nicht der Fall sein sollte, führen Sie den Test alternativ mit einem anderen Programm durch und vielleicht auch mit einem dritten. Das ist auf jeden Fall sinnvoller, als einige Zeit nach Fehlern zu suchen, die es vielleicht gar nicht gibt oder die das eine Programm nicht anzeigt, das andere aber schon.

25.2 Alternative Programme für den Performancetest

Es gibt noch einige weitere interessante Tools, um die Performance zu testen, auf die ich mit einer kurzen Beschreibung eingehen möchte. Sie sind alle für den Test der Performance Ihrer Seite geeignet. Probieren Sie auch diese einmal aus und entscheiden Sie sich dann, welches Tool Sie einsetzen wollen.

Google PageSpeed Insights

Auf jeden Fall gehört *Google PageSpeed Insights* zu den erwähnenswerten Programmen, die für jeden zugänglich sind und eine Seite ziemlich schnell auf ihre Geschwindigkeit und Probleme untersuchen können. Es testet auch die Erreichbarkeit auf mobilen Geräten, indem es die URL zweimal abruft. Geben Sie auf der Startseite des Programms die URL der zu testenden Seite ein und warten Sie das Ergebnis ab, das ein Resultat für die mobilen Geräte und eines für den PC anzeigt.

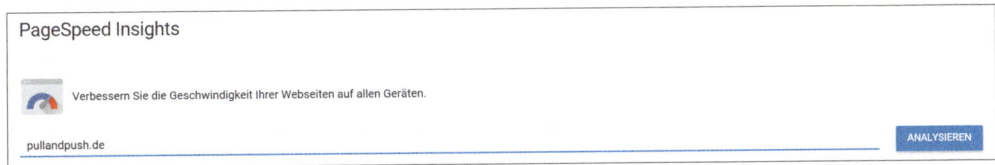

Die Eingabe der URL ist immer nötig.

Im Ergebnis gibt es eine Bewertung von 0 bis 100 Punkten. Logischerweise ist eine hohe Punktzahl besser als eine niedrige. Ab 85 Punkten ist Ihre Seite gut in der Leistung.

Für jeden getesteten Bereich ist eine Priorität in Form eines farbigen Symbols angegeben. Ein grünes Häkchen bedeutet ein sehr gutes Ergebnis. Bei einem gelben Ausrufezeichen sollte das Problem behoben werden, wenn möglich. Bei einem roten Ausrufezeichen wird sich eine Beseitigung des Problems unmittelbar auf die Leistung der Seite auswirken.

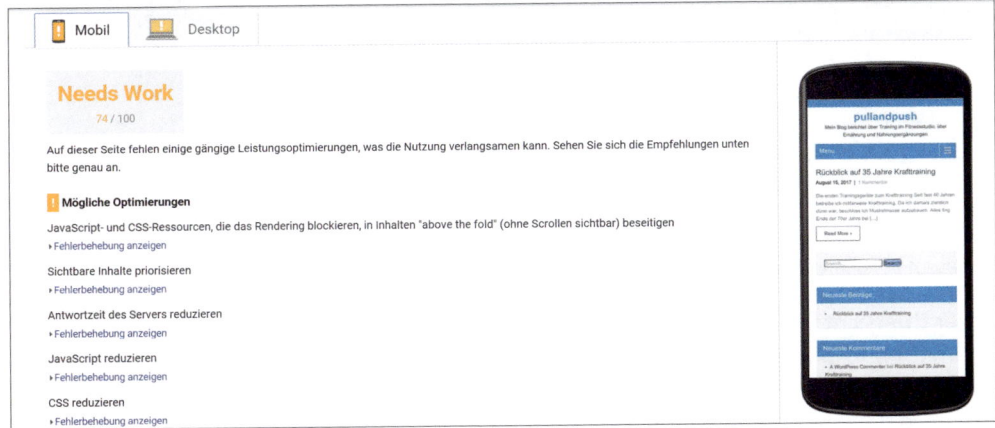

Das Ergebnis für die Übertragung zu den mobilen Geräten.

25. Performance der Webseite

Im Bereich *Mobil* wurden 74 Punkte erreicht, das ist gerade noch akzeptabel, aber auf jeden Fall verbesserungswürdig. Am unteren Ende der Auswertung sehen Sie eine Übersicht über die Optimierungen, die gefunden und durchgeführt wurden, sowie bestimmte Empfehlungen.

Über den Link neben jedem beschriebenen Arbeitsschritt sehen Sie nähere Informationen. Wenn Sie diese Anweisungen befolgen, können Sie die Wertigkeit Ihrer Webseite verbessern.

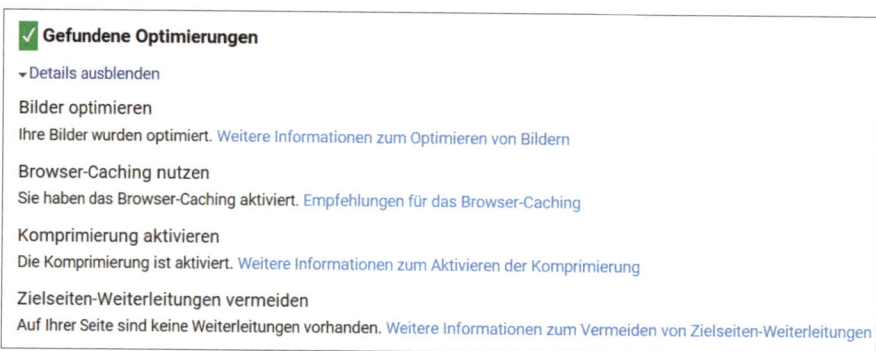

Einige Informationen für die Verbesserung der Seitenperformance.

Nun zum Bereich *Desktop*. Hier wurden 84 Punkte erreicht, was schon ziemlich gut ist. Es muss nur wenig nachgebessert werden.

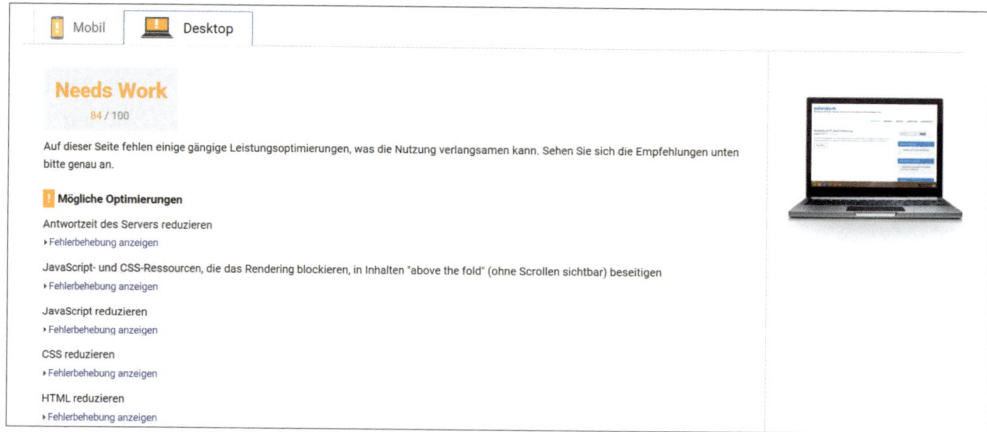

In diesem Bereich ist nur minimale Nachbesserung nötig.

In der Übersicht für die Optimierungen wird Ihnen auch für diesen Bereich angezeigt, was optimiert und in diesem Fall auch priorisiert wurde, und Sie erhalten Empfehlungen sowie Informationen zur Verbesserung Ihrer Seite. Auch hier können Sie Ihre Seite verbessern, wenn Sie den Empfehlungen und Infos folgen.

Alternative Programme für den Performancetest

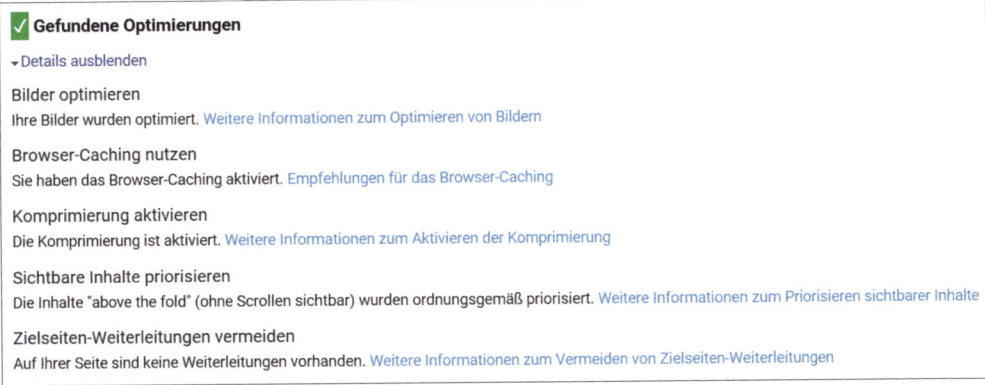

Die gefundenen Optimierungsmöglichkeiten für den PC.

Pagespeed

Das Tool *Pagespeed* (www.pagespeed.de) ist ebenfalls ein paar Sätze wert. Es ist besonders für Anfänger geeignet, da man sich hier um nichts kümmern muss und die Infos über die Seite gut verständlich sind. Etliche Messungen werden in einer Übersicht angezeigt, und es gibt Hinweise zur Optimierung der Seite. Geben Sie auch hier, wie bereits gewohnt, den Namen der Seite ein, die Sie testen wollen, und warten Sie das Ergebnis ab.

Die Eingabe der Adresse der Seite, die getestet werden soll.

Nach dem Ablauf des Tests werden Ihnen als Erstes die *Server-Daten* und darunter die *Website-Daten* angezeigt. Hier sehen Sie auf einen Blick, was verbessert werden kann.

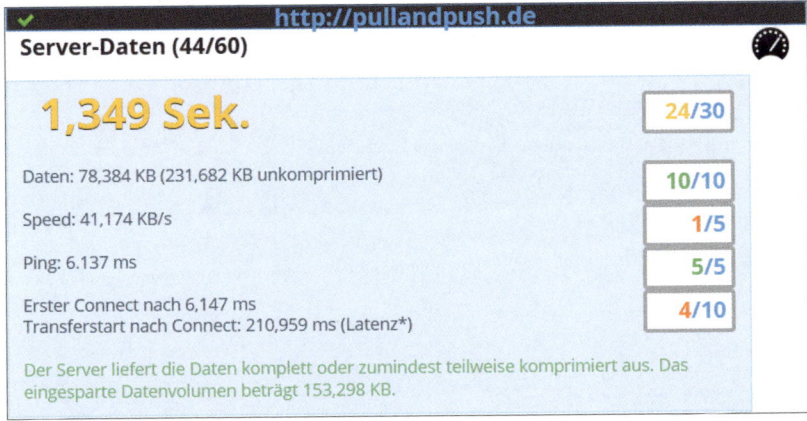

Die Geschwindigkeit ist noch akzeptabel.

25. Performance der Webseite

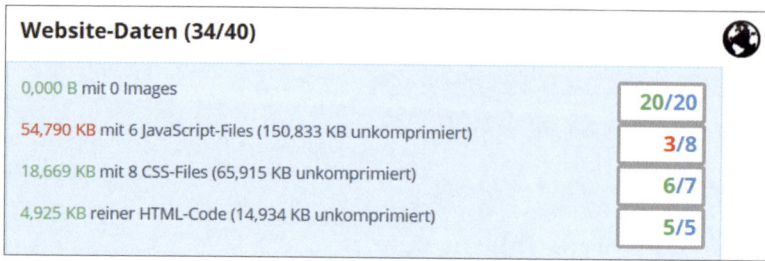

Bei den JavaScript-Files besteht Verbesserungsbedarf.

Dann gibt es noch eine Zusammenfassung mit Hinweisen, falls etwas verbessert werden kann. Das Programm ist hilfreich, sich einen Überblick über die Performance der Seite zu verschaffen, und Sie werden schnell herausfinden, warum Ihre Webseite so langsam ist, und die Probleme dann beheben können. Ein Ergebnis von mindestens 75 Punkten ist hier noch im Normbereich.

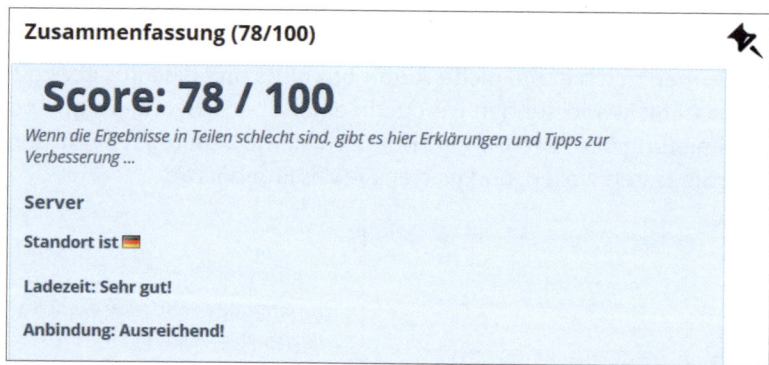

Beim Score schaut es gut aus.

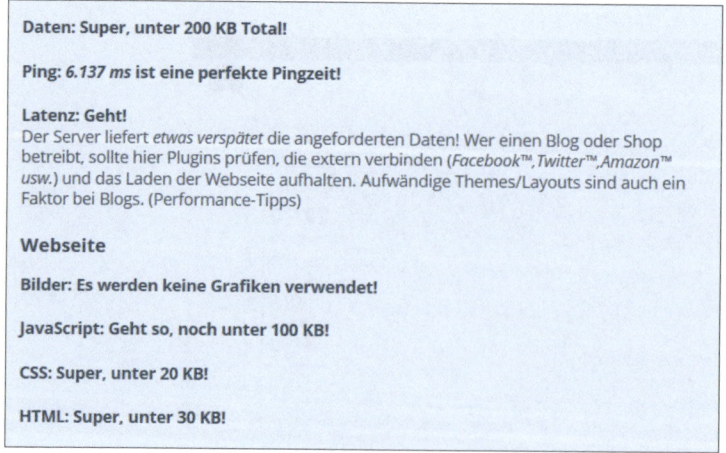

Auch diese Bereiche haben gut abgeschnitten.

Dareboost

Bei diesem Programm will ich noch kurz den Begriff *Latenz* erklären. Darunter versteht man die Zeit, die zwischen dem Start eines Triggers (Auslösers) und dem Beginn einer Reaktion vergeht, die sichtbar und messbar ist. Die Latenz wertet die Reaktion des Servers aus, um seine Performance zu testen. Er kann überlastet sein, aber auch externe Verbindungen oder Themes können das Problem auslösen.

Das Programm mit dem Namen *Dareboost* ist relativ neu und hat einen großen Funktionsumfang. Es liefert wie die anderen Programme detaillierte Infos, hat aber zusätzliche Filter für die Navigation der Auswertungen und für ein besseres Aussehen. Nach der Eingabe der URL auf der Testseite und Klick auf den Button *Analyze my page* werden Ihnen verschiedene Auswertungen angezeigt.

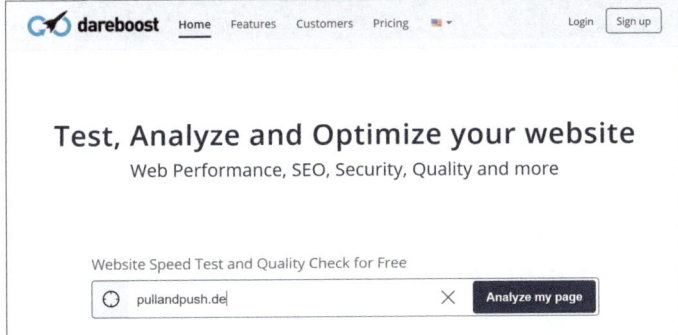

Testen, analysieren und optimieren Sie Ihre Seite.

Dieses Programm präsentiert sich mit einer ansprechenden und übersichtlichen Optik. Aber wichtiger als die Optik sind natürlich die Ergebnisse. Diese werden im ersten Ergebnisfenster in Form eines Gesamtscores angezeigt. Ideal ist es, wenn der Kreis des Gesamtscores fast geschlossen ist, aber auch die 80 %, die hier erreicht wurden, sind ein gutes Ergebnis.

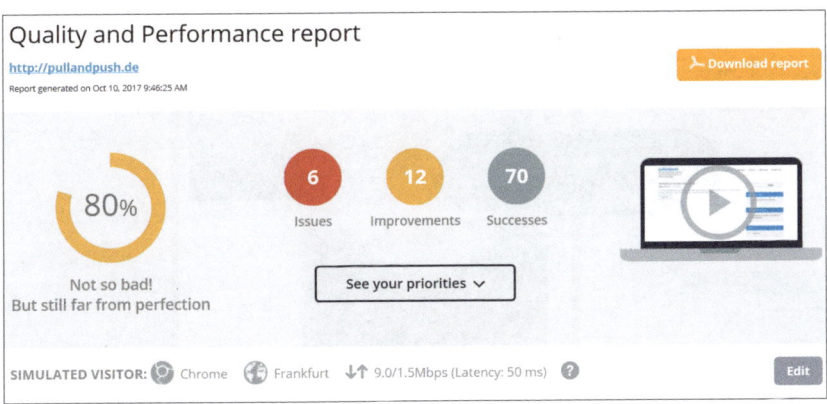

Hier ist noch nicht alles perfekt.

25. Performance der Webseite

Im zweiten Fenster sehen Sie die Ladezeit, die Größe der Webseite und wie viele Requests abgearbeitet wurden. Weiter unten auf der Seite gibt es noch viele Tipps zur Optimierung, allerdings alle auf Englisch. Auf diese Tipps gehe ich hier nicht weiter ein.

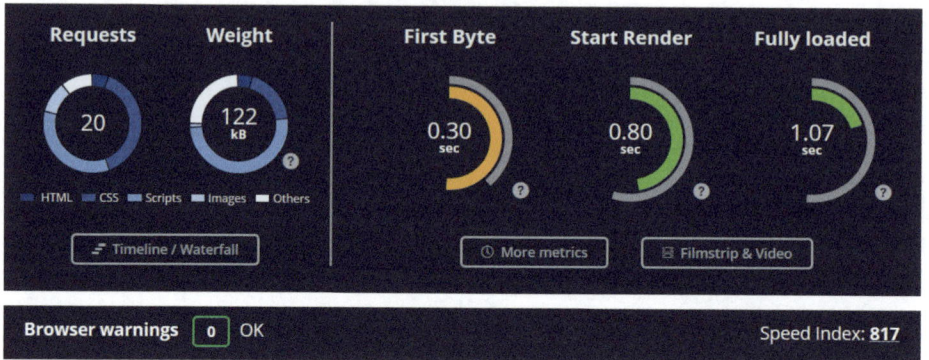

In diesen Bereichen schaut es gut aus.

Which loads faster?

Nun zum nächsten Programm. Das Testtool *Which loads faster?* deutet bereits durch seinen Namen an, dass man hier zwei Seiten miteinander vergleichen kann. Sie können zwei Adressen eingeben und anschließend sehen, welche schneller ist. Geben Sie die URL der beiden Seiten ein, die Sie vergleichen wollen, und klicken Sie auf den Button *Go*.

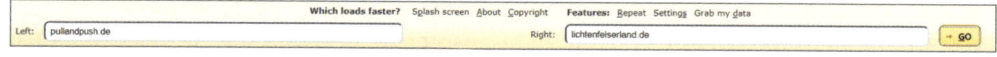

Vergleichen Sie die Geschwindigkeit zweier Seiten.

Die beiden Seiten werden in einer Gegenüberstellung angezeigt. In der Mitte des Bildschirms weist ein Feld mit einem Pfeil darauf hin, welche Seite die schnellere ist.

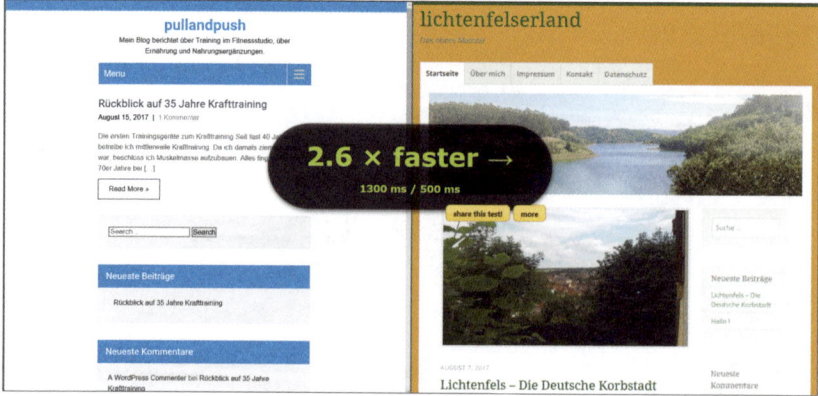

Die beiden Seiten im Geschwindigkeitsvergleich.

342

Website Speed Ranker

Der *Website Speed Ranker* arbeitet ähnlich wie *Which loads faster?*, vergleicht aber die Geschwindigkeit Ihrer Seite mit der von vier anderen. Das Ergebnis wird allerdings nur per E-Mail mitgeteilt. Den Test können Sie automatisch jeden Tag oder jede Woche wiederholen.

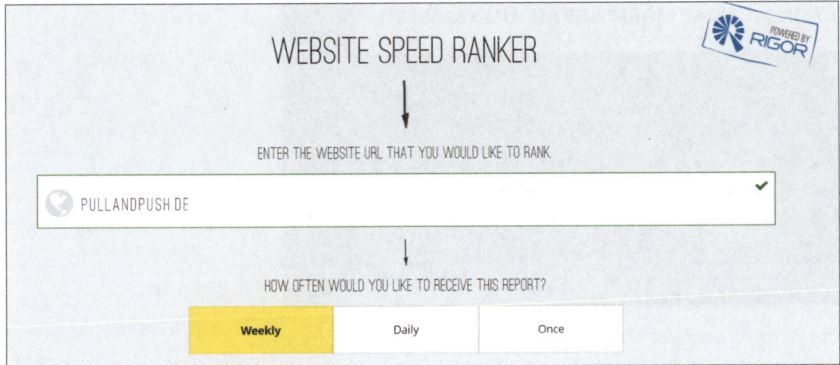

Die Geschwindigkeit einer Webseite soll wöchentlich mit anderen verglichen werden.

In fünf Kategorien wird Ihnen angezeigt, wie die Seite im Vergleich zu den vier anderen abschneidet. Dabei erfolgt eine Einteilung in *Load-Time*, *Render-Time*, *Page-Size*, *Requests* und *Errors*. Den Report erhalten Sie dann je nach Einstellung regelmäßig täglich oder wöchentlich.

Hier werden die Seiten eingegeben, mit denen verglichen werden soll.

25. Performance der Webseite

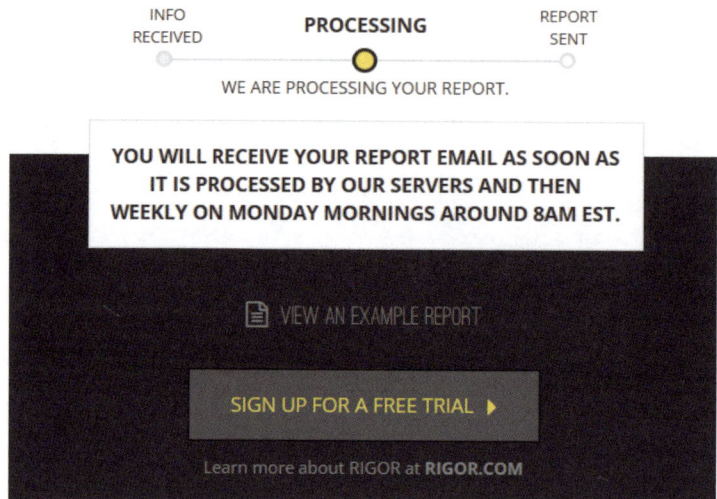

Der Hinweis auf die Prüfung und dass diese sich wöchentlich wiederholt.

Wie Sie sehen, ist die Auswahl der Programme für das Messen der Performance und die Analyse der Webseite groß.

26. Das Caching

Von Caching spricht man, wenn eine einmal geladene Ressource in einem Zwischenspeicher (Cache) bereitgehalten wird, die dann ohne eine weitere Abfrage aus der eigentlichen Quelle direkt zur Anzeige bereitsteht, und zwar so lange, bis sich etwas verändert hat und die Abfrage erneut gestartet werden muss, damit die Anzeige aus dem Cache die neuen Änderungen zeigt.

26.1 Caching mit Plug-ins

Für ein gutes Caching bieten sich verschiedene Plug-ins an. Beginnen wir mit *W3 Total Cache*, dem wohl bekanntesten, beliebtesten und ältesten Caching-Tool überhaupt. Dieses Programm ist ziemlich umfangreich und kompliziert zu konfigurieren. Aber es gibt ja auch noch Alternativen, doch dazu später. Das Plug-in *W3 Total Cache* besitzt sehr viele Features. Wenn Sie das Tool installiert und aktiviert haben, werden Ihnen im Register *Performance* verschiedene Bereiche angezeigt. Wie bereits geschrieben, ist das Tool sehr umfangreich und besitzt viele Einstellungsmöglichkeiten. Die wichtigsten Einstellungen, die Sie vornehmen sollten, beschreibe ich nachstehend.

Das Tool richtet sich nach der Installation ein eigenes Menü in der Sidebar ein. Klicken Sie auf den Menüpunkt *General Settings* und gehen Sie die einzelnen Bereiche durch, indem Sie auf der Seite nach unten scrollen. Sie können aber auch jeden einzelnen Bereich direkt über die *General Settings*-Menüleiste anwählen.

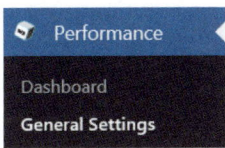

Hier geht es zu den Einstellungen.

General | Page Cache | Minify | Opcode Cache | Database Cache | Object Cache | Browser Cache | CDN | Reverse Proxy | Monitoring | Monitoring

Die Menüpunkte, die zu den einzelnen Bereichen führen.

Im Bereich *General* können Sie alle Cache-Optionen ein- und ausschalten, und es kann eine Vorschau der Cache-Funktionen angezeigt werden. Wenn Sie das Caching starten wollen, sollte die Vorschau deaktiviert sein, damit das Caching auch wirklich im Blog läuft.

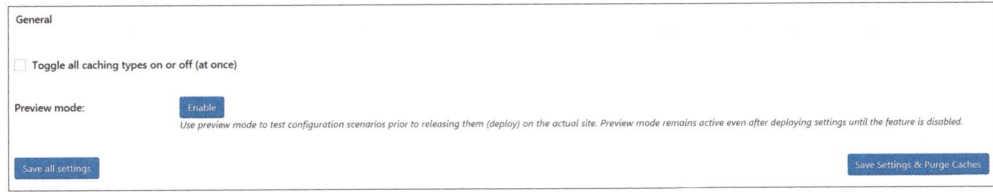

Verzichten Sie besser auf die Vorschau.

26. Das Caching

Im Bereich *Page Cache* finden Sie die wichtigste Funktion. Dieser Cache ist am sinnvollsten und sollte auf jeden Fall verwendet werden. Standard hierbei ist die Auswahl *Disc: Enhanced*. Im Grunde genügt es, wenn Sie diese eine Caching-Option verwenden. Beim Page Caching sendet der Browser an den Server eine URL als Anfrage, und der Server findet im Zwischenspeicher ein fertiges Dokument für diese URL. Er schickt dann dieses HTML-Dokument an den Browser.

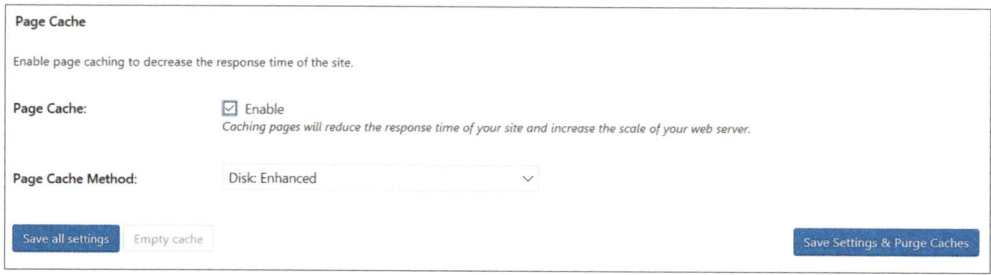

Wählen Sie hier die richtige Methode für das Caching.

Der Bereich *Minify* sorgt dafür, dass bestimmte Dateien von unnötigen Zeilenumbrüchen, Leerzeichen und Kommentaren befreit werden. Dadurch werden diese Dateien kleiner und so die Ladezeit der Seite verbessert. Setzen Sie den *Minify mode* auf *Manual* und die *Minifly Cache Method* auf *Disk*. Lassen Sie bei *HTML minifier*, *JS minifier* und *CSS minifier* alle Einstellungen, wie sie sind, und klicken Sie auf den Button *Save all settings*.

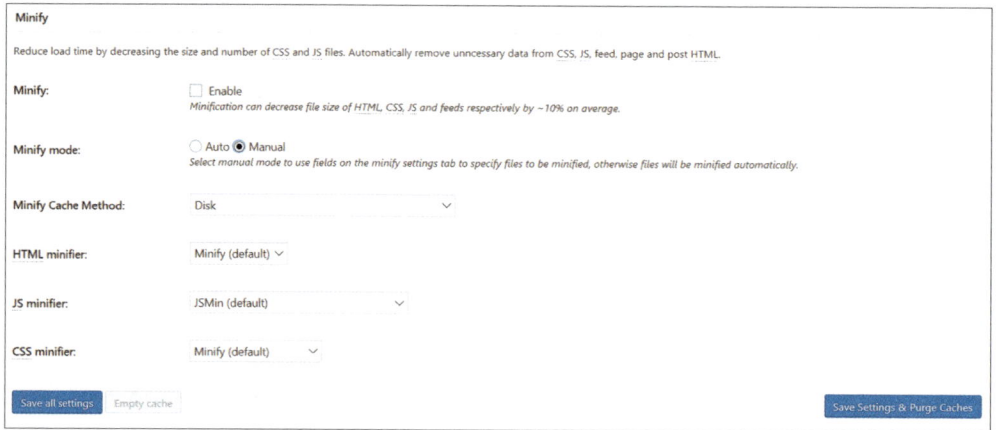

In diesem Bereich sind mehrere Einstellungen wichtig.

Im Bereich *Database Cache* geht es um die Datenbanken. Die Aktivierung dieses Cache lohnt sich auf jeden Fall, da viel genutzte Abfragen der Datenbank in einem Zwischenspeicher gelagert werden und so die Datenbank nicht mehr belasten. Wählen Sie hier ebenfalls die Cache-Methode *Disk*.

Caching mit Plug-ins

Der Einstellungsbereich für die Datenbanken.

Der Bereich *Object Cache* kann auch viel nützen und sollte ebenfalls aktiviert werden. Auch hier bietet sich die Cache-Methode *Disk* an.

Der Einstellungsbereich für den Object Cache.

Der Bereich *Browser Cache* regelt, dass bestimmte Inhalte nicht immer wieder neu vom Browser geladen werden müssen. Außerdem komprimiert er die gesendeten Daten. Beim *Browser Cache* werden die einmal geladenen Dateien in einem Zwischenspeicher gelagert, dadurch kann sich der Ladevorgang enorm verkürzen, wenn der Browser einige der herunterzuladenden Dateien bereits in seinem eigenen lokalen Cache findet und von dort abruft.

Auf diese Weise kann eine Datenbankabfrage, die normalerweise ein paar Sekunden dauert, auf den Bruchteil einer Sekunde verkürzt werden und die HTML-Seite steht superschnell im Browser. Für Browser Caching gilt das Gleiche wie für Page Caching: Hier können ziemlich einfach Ressourcen gespeichert werden. Der *Browser Cache* sollte bereits aktiviert sein, falls nicht, aktivieren Sie ihn.

Hier geht es um die Einstellungen für den Cache des Browsers.

26. Das Caching

Mit *CDN* (Count Delivery Network) können Bilder, Themes und Videos vom eigenen Server auf einen CDN-Server ausgelagert werden. Das hat den Vorteil, dass ein CDN-Server wesentlich schneller ist als der eigene.

Bei sehr großen Blogs ist diese Auslagerung zu empfehlen, denn dann kommen Inhalte normalerweise viel schneller an. Der Nachteil ist, dass dies Kosten verursacht, und wenn der CDN-Server einmal ausfällt, dieser auch nichts mehr ausliefert.

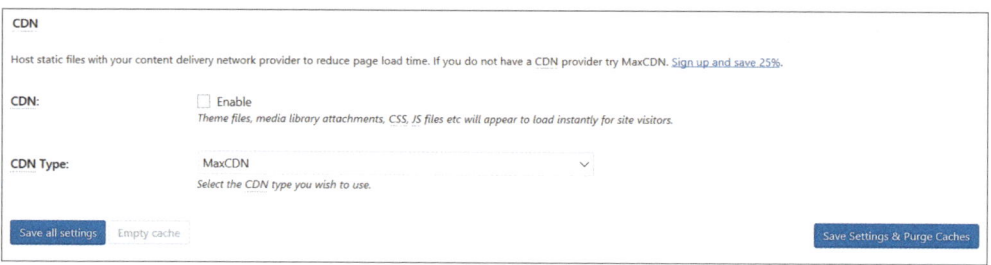

Falls Ihre Seite sehr groß ist, lagern Sie bestimmte Bereiche aus.

Unter *Miscellaneous* gibt es noch weitere Einstellungsmöglichkeiten. Da wären als erste die Dashboard-Optionen, die man deaktivieren sollte, wenn der eigene Speicherplatz keine so gute Leistung bringt. Die Option *Verify rewrite rules* sollte aktiviert sein. Das war es dann bereits für diesen Bereich.

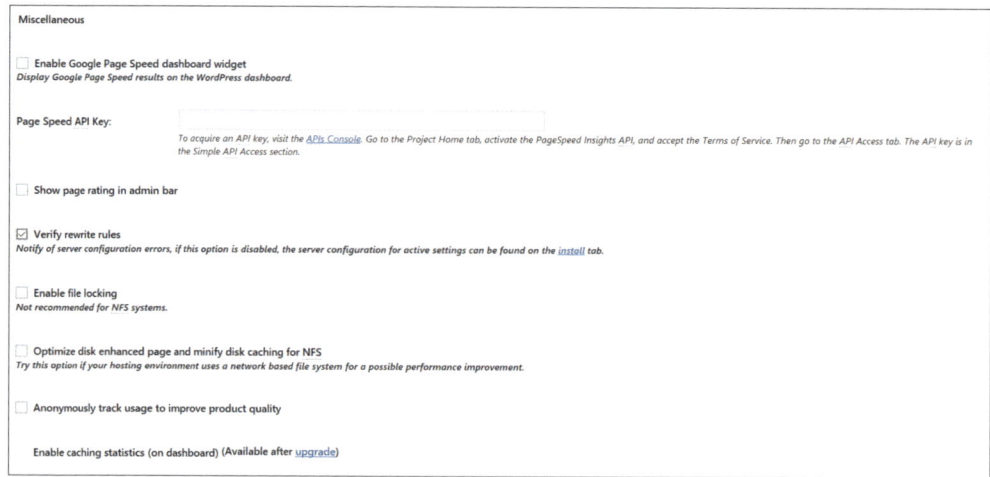

Auch hier sind etliche Einstellungen möglich.

Speichern Sie alle Einstellungen jeweils über den Button *Save all settings*, wenn Sie etwas an den Grundeinstellungen geändert haben. Nun zu den erweiterten Einstellungen. Jede der beschriebenen Einstellungen hat noch eine Unterseite, die noch mehr Einstellungen zulässt. Die Links dazu sehen Sie in der Sidebar unter dem Menü *Performance*. Es macht wenig Sinn, diese hier alle zu beschreiben, ich will nur kurz auf einige eingehen.

Caching mit Plug-ins

Auf der Unterseite *Page Cache* können Sie im Bereich *General* einstellen, ob die Startseite gecacht werden soll oder die Feeds. Aktivieren Sie beide Optionen: *Cache front page* und *Cache feeds*. Auch *Cache SSL* sollte aktiviert sein. Wichtig ist auch die Option *Don't cache pages for logged in users*.

Falls dort ein Haken steht, werden die Seiten für eingeloggte Autoren und Benutzer nicht gecacht. Sie können auch Seiten angeben, die niemals gecacht werden sollen. Bestätigen Sie die Einstellungen über den Button *Save all settings*.

Auch hier sind verschiedene Einstellungen möglich.

Im Bereich *Cache Preload* aktivieren Sie die Option *Automatically prime the page cache* und tragen die URL Ihrer Sitemap in das dafür vorgesehene Feld ein. Aktivieren Sie auch die Option *Preload the post cache upon publish events*. Bestätigen Sie auch hier wieder mit einem Klick auf *Save all settings*.

Auch in diesem Bereich sind einige Änderungen nötig.

26. Das Caching

Auch die Unterseite *Minify* bietet noch verschiedene Einstellungsmöglichkeiten, die Sie nutzen sollten. Hier ist es erst einmal empfehlenswert, im Bereich *General* die Option *Rewrite URL structure* und *Disable minify for logged in users* deaktiviert zu lassen.

Hier sind keine Änderungen nötig.

Im Bereich *HTML & XML* sollte *Enable* aktiviert sein sowie die Auswahlen *Inline CSS minification* und *Inline JS minification*. Auch *Line break removal* sollten Sie aktivieren. Sichern Sie wieder alles über den Button *Save all settings*.

Hier muss einiges an den Einstellungen geändert werden.

Im Bereich *JS* ist es sinnvoll, die Option *Minify* zu aktivieren und dann *Preserved comment removal* und *Line break removal* ebenfalls zu aktivieren. Bestätigen Sie die Änderungen.

Im Bereich *CSS* ist es angebracht, bei *CSS minify settings* die Optionen *Preserved comment removal* und *Line break removal* anzuklicken. Auch *Enable* sollte aktiviert sein.

Caching mit Plug-ins

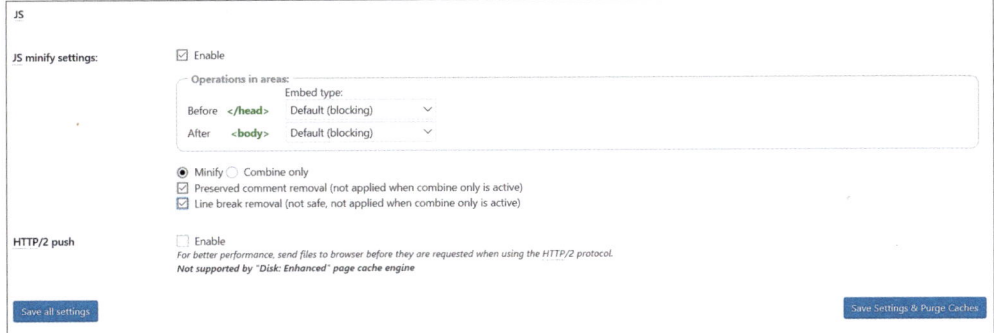

Auch hier sind einige Änderungen sinnvoll.

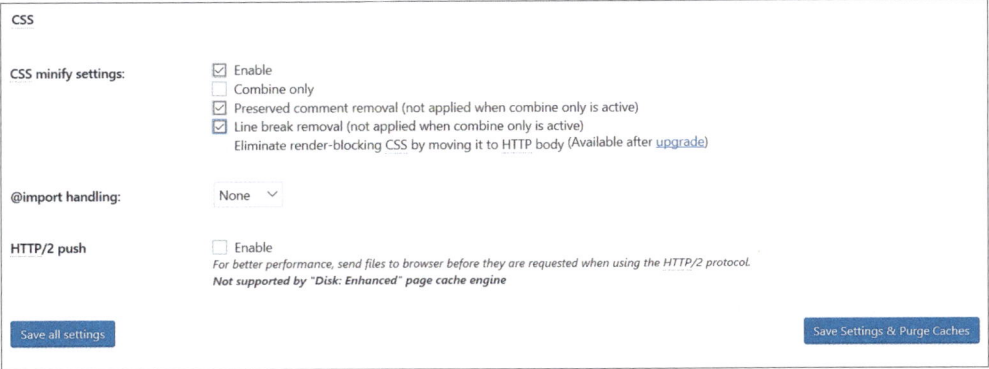

Die Voreinstellungen genügen auch hier nicht.

Auch in der Unterseite *Browser Cache* sollten Sie einige Einstellungen vornehmen. Aktivieren Sie hier im Bereich *General* die Optionen *Set Last-Modified header*, *Set expires header*, *Set cache control header*, *Set W3 Total Cache header* und *Enable HTTP (gzip) compression*. Bestätigen Sie wieder mit *Save all settings*.

Hier genügen die Voreinstellungen ebenfalls nicht.

351

26. Das Caching

Im Bereich *CSS & JS* aktivieren Sie dann *Set Last-Modified header*, *Set expires header*, *Set cache control header*, *Set W3 Total Cache header* und *Enable HTTP (gzip) compression*. Sichern Sie die Änderungen.

Noch ein Bereich, der erweitert werden muss.

Im Bereich *HTML & XML* aktivieren Sie *Set Last-Modified header*, *Set expires header*, *Set cache control header*, *Set W3 Total Cache header* und *Enable HTTP (gzip) compression*. Speichern Sie wieder ab.

Im Bereich *Media & Other Files* sollten Sie *Set Last-Modified header*, *Set expires header*, *Set cache control header*, *Set W3 Total Cache header* und *Enable HTTP (gzip) compression* aktivieren. Speichern Sie wieder die Änderungen.

Es reicht bei diesem Plug-in aus, nur einen Teil der Features zu nutzen. *Page Cache*, *Minify* und *Browser Cache* sind dabei wichtig. Die anderen sind nicht unbedingt notwendig.

Zugegeben, die Beschreibung dieses Plug-ins ist etwas langatmig, aber ich wollte Ihnen dieses Tool auf keinen Fall vorenthalten.

Caching mit Plug-ins

HTML & XML
Specify browser cache policy for posts, pages, feeds and text-based files.

☑ **Set Last-Modified header**
Set the Last-Modified header to enable 304 Not Modified response.

☑ **Set expires header**
Set the expires header to encourage browser caching of files.

Expires header lifetime: 3600 seconds

☑ **Set cache control header**
Set pragma and cache-control headers to encourage browser caching of files.

Cache Control policy: cache with max-age ("public, max-age=EXPIRES_SECONDS")

☐ **Set entity tag (ETag)**
Set the ETag header to encourage browser caching of files.

☑ **Set W3 Total Cache header**
Set this header to assist in identifying optimized files.

☑ **Enable HTTP (gzip) compression**
Reduce the download time for text-based files.

Und auch hier sind Ergänzungen nötig.

Media & Other Files

☑ **Set Last-Modified header**
Set the Last-Modified header to enable 304 Not Modified response.

☑ **Set expires header**
Set the expires header to encourage browser caching of files.

Expires header lifetime: 31536000 seconds

☑ **Set cache control header**
Set pragma and cache-control headers to encourage browser caching of files.

Cache Control policy: cache with max-age ("public, max-age=EXPIRES_SECONDS")

☐ **Set entity tag (ETag)**
Set the ETag header to encourage browser caching of files.

☑ **Set W3 Total Cache header**
Set this header to assist in identifying optimized files.

☑ **Enable HTTP (gzip) compression**
Reduce the download time for text-based files.

Und wieder sind einige Einstellungen zu ändern.

26. Das Caching

Nach jeder Änderung auf Ihrer Seite ist es zu empfehlen, den Cache zu leeren. Dazu klicken Sie im Menü in der oberen Leiste Ihrer Seite auf *Performance* und dann auf *Purge All Caches*.

Sie haben vor den vorgenommenen Einstellungen in *W3 Total Cache* die Performance des Blogs mit dem Programm *Pingdom* getestet. Wiederholen Sie den Test jetzt, um die Leistung erneut zu testen. Die Performance sollte eine deutliche Steigerung aufweisen.

Wie Sie sehen, hat sich die Arbeit gelohnt. Der Grad der Performance ist von 87 auf 88 gestiegen, die Ladezeit hat sich von 1,24 Sekunden auf 1,09 Sekunden reduziert und die Seite ist jetzt schneller als 87 % aller Webseiten, vorher waren es 85 %.

Säubern Sie den Cache komplett.

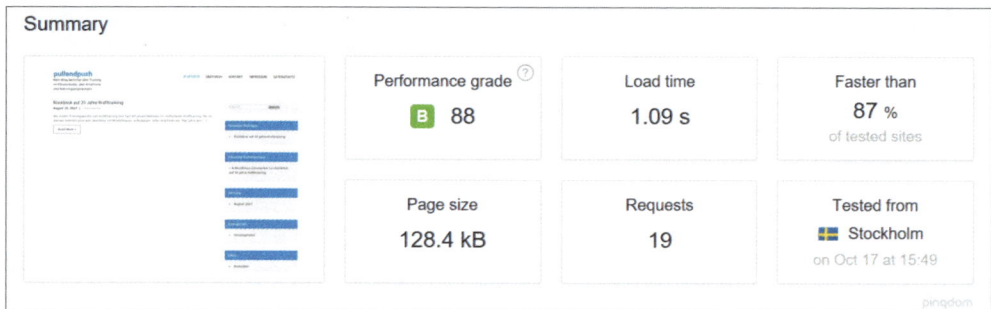

Die Performance hat sich nach dem Einsatz des Plug-ins leicht verbessert.

26.2 Das Inkognito-Fenster

Nach der kompletten Optimierung Ihrer Seite führen Sie einen Check Ihrer Seite durch, und zwar über das Inkognito-Fenster, das Ihre Seite genauso zeigt, wie sie ein Besucher sehen würde. In Microsoft Edge kommen Sie in den privaten Bereich über die drei Punkte am oberen rechten Bildschirmrand und anschließendem Klick auf den Menüpunkt *Neues InPrivate-Fenster*.

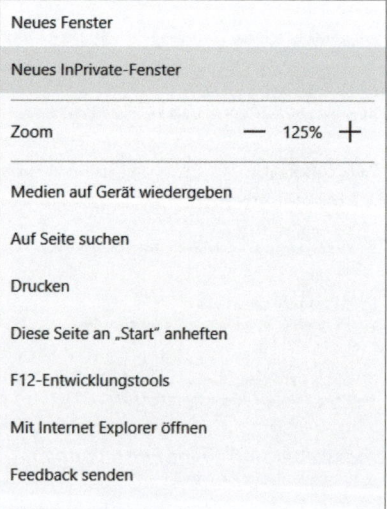

Der Weg zur ungestörten Prüfung.

Geben Sie den Namen Ihrer Seite ein und klicken Sie auf den kleinen Pfeil am Ende des Eingabefeldes, um auf Ihre Seite zu gelangen.

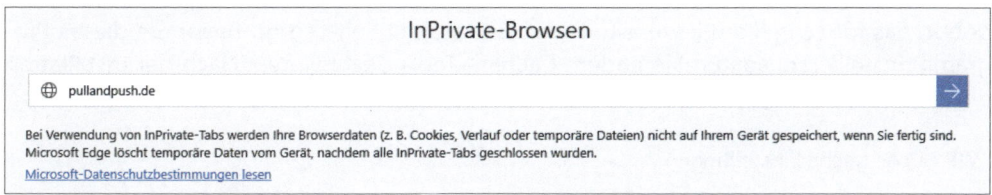

Hier geht es zum privaten Browser.

Sehen Sie sich hier jede Kleinigkeit genau an und führen Sie diesen Test regelmäßig durch. Das Gute daran ist, dass hier wirklich alles anonym abläuft, alle Daten, die sich während des Tests ansammeln, werden beim Schließen wieder gelöscht.

Im Browser Firefox finden Sie das private Fenster über das Hamburger-Menü (das Symbol mit den drei Strichen) und dort den Menüpunkt *Neues privates Fenster*.

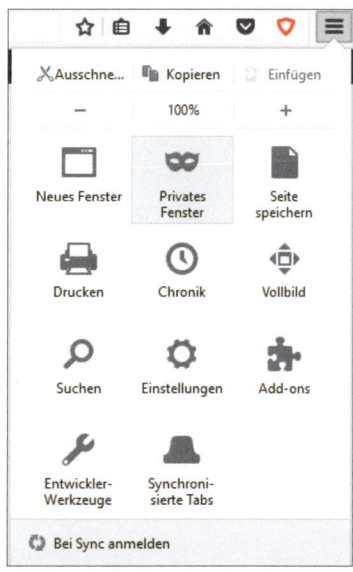

Der Weg zum anonymen Surfen.

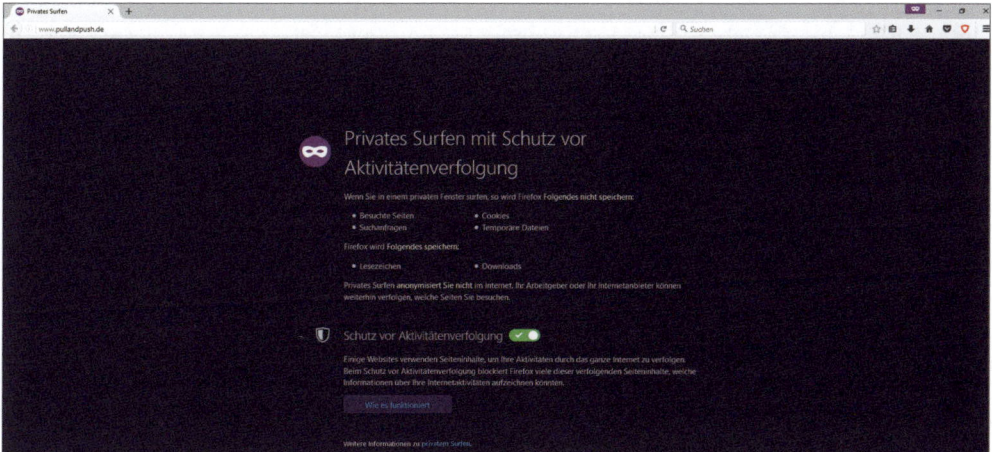

Die Hinweise zum privaten Surfen.

26.3 Weitere Caching-Tools

Nun aber zu den angedeuteten Alternativen. Da ist erst mal noch *WP-Super-Cache* im Angebot, das für schnellere Ladezeiten und eine stabile Seite sorgt. Bevor Sie dieses Programm installieren, sollten Sie andere Caching-Tools deaktivieren. Nach der Installation und Aktivierung zeigt das Tool in seinen Einstellungen sieben verschiedene Register.

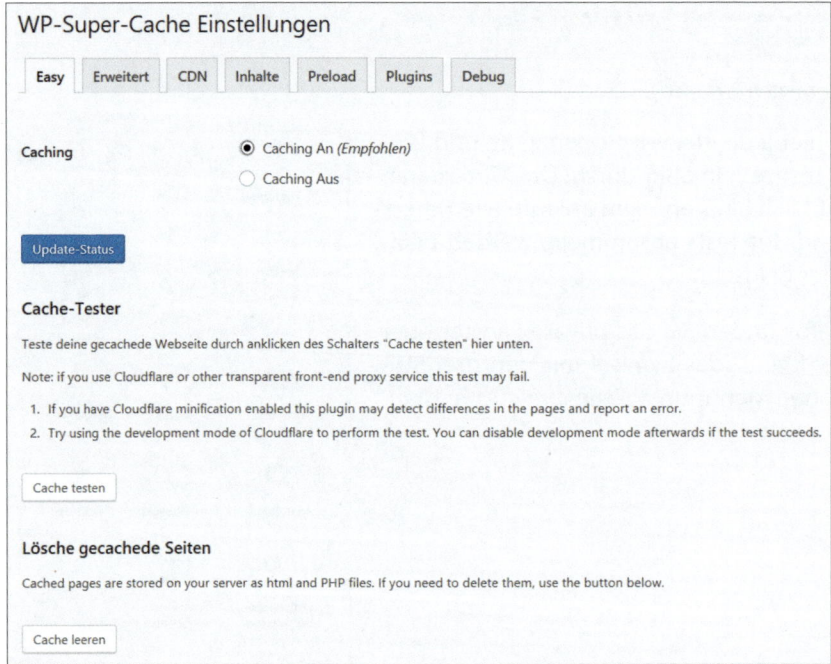

Das Caching sollte immer aktiv sein.

Unter *Easy* befinden sich nur einige Optionen. Sie können in diesem Bereich das Caching ein- und ausschalten. Hier sollte natürlich *Caching An* ausgewählt sein. Wenn Sie den Button *Update-Status* anklicken, wird der Button *Cache testen* eingeblendet, über den Sie sehen können, ob der Cache arbeitet. Mit dem Button *Cache leeren* können Sie den Cache leer räumen. Normalerweise ist das aber nicht nötig.

Im Register *Erweitert* finden Sie dagegen recht viele Einstellungsmöglichkeiten. Aktivieren Sie hier im Bereich *Caching* die Option *Enable Caching*. Bei der Auswahl *Cache Delivery Method* aktivieren Sie am besten die Option *Simple*. Unter *Sonstiges* geht es um Sonderfälle, und im Bereich *Erweitert* finden sich, wie der Name schon sagt, die erweiterten Einstellungen.

Der Inhalt des Reiters *CDN* ist nicht so wichtig. Es handelt sich hierbei um ein Netzwerk, über das man Dateien ausliefern kann.

Im Reiter *Inhalte* sehen Sie Informationen über das Caching. Sie können die Cache-Statistik über den Link *Regeneriere Cache-Statistik* neu erstellen lassen, um zu sehen, wie viele

Weitere Caching-Tools

Seiten im eigenen Cache und wie viele im Super-Cache liegen. Außerdem können Sie alle oder nur die abgelaufenen Cache-Dateien löschen.

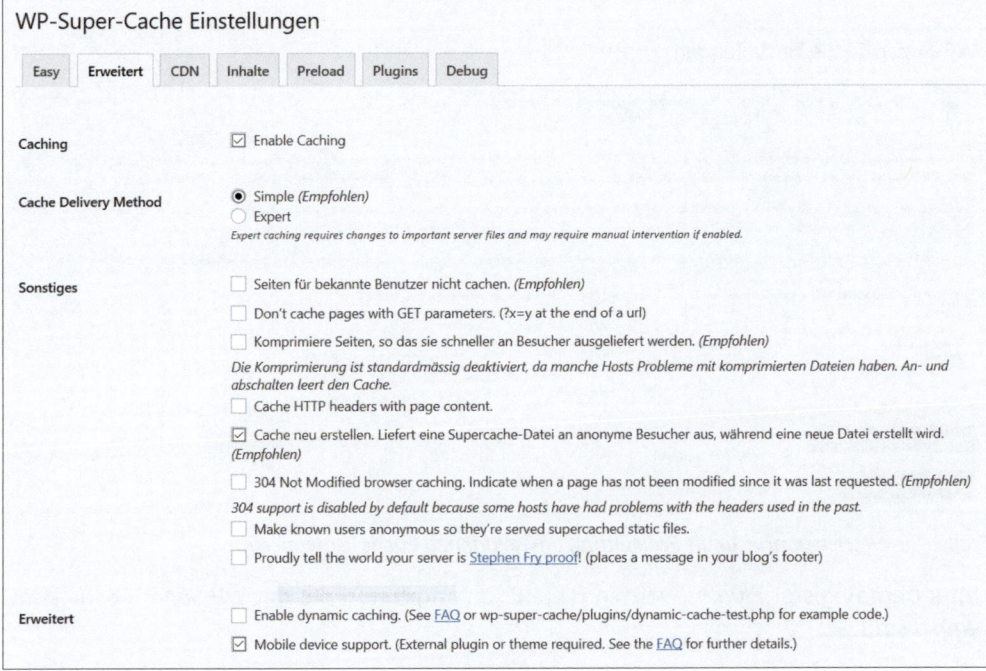

Dieses Register enthält etliche Möglichkeiten zur Einstellung.

Die Anzeige Ihrer Cache-Seiten.

26. Das Caching

Im Register *Preload* kann man dafür sorgen, dass gecachte Seiten ausgeliefert werden. Wenn Sie den Preload-Modus aktivieren, werden von dem Plug-in alle Seiten durchlaufen und es erstellt selbstständig die Cache-Dateien.

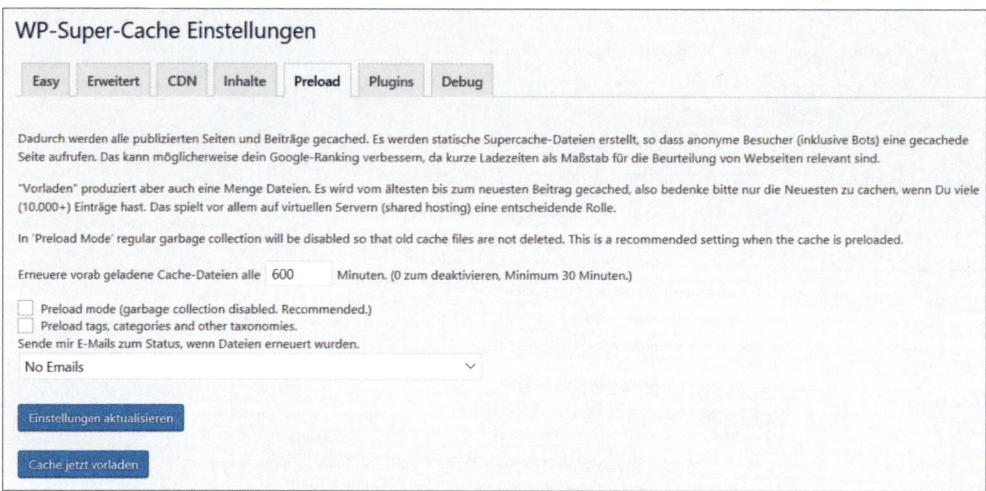

Stellen Sie die Zeitspanne für die Erneuerung der geladenen Cache-Dateien ein.

Unter dem Register *Plugins* werden diejenigen angezeigt, die mit *WP-Super-Cache* kompatibel sind.

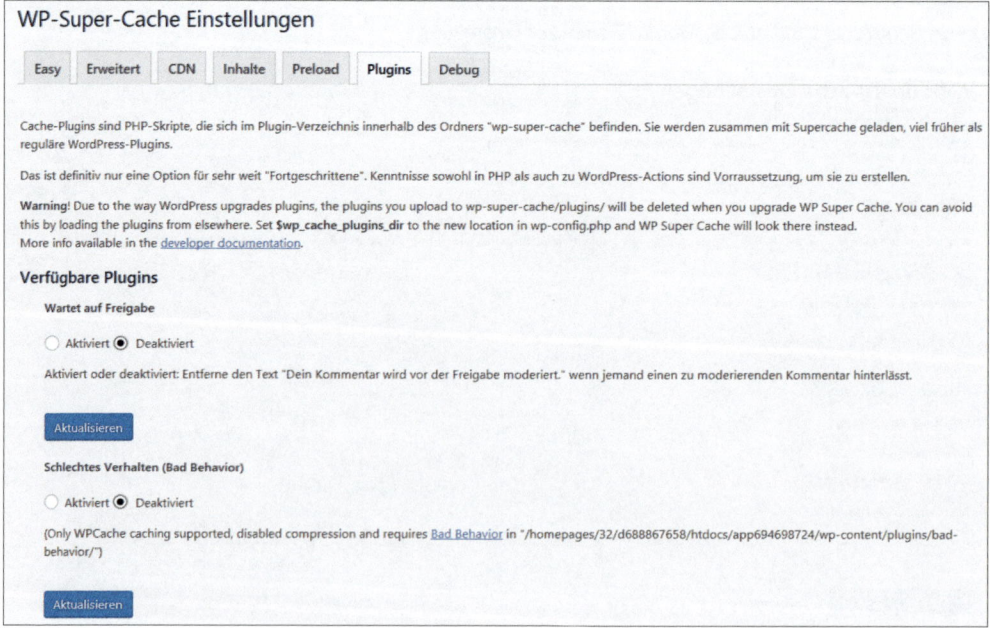

Nicht alle Plug-ins sind kompatibel mit WP-Super-Cache.

Der Reiter *Debug* enthält Funktionen, um bei Problemen zu testen, wie *WP-Super-Cache* funktioniert. Hier lassen sich zusätzlich Dateien zum Caching ausgeben und die Startseite kann regelmäßig überprüft werden.

Checken Sie die Startseite im Minutenrhythmus.

Vor den vorgenommenen Einstellungen im Plug-in teste ich meinen Blog *lichtenfelserland.de* mit dem Performance-Programm *GTmetrix* und nach diesen Einstellungen nochmals und sehe mir den Unterschied an, den das Plug-in bewirkt hat.

Die Ergebnisse vor der Verwendung des Plug-ins.

Hier hat die Verwendung des Plug-ins leider nur zu einer Verbesserung der Ladezeit geführt.

Es wurden kaum positive Veränderungen erzielt.

Ein weiteres interessantes Plug-in ist *WP Fastest Cache*. Nehmen wir an, Ihre Seite wird viel besucht, dann kann es passieren, dass sie langsamer wird, denn wenn Sie bei einem Provider angemeldet sind, haben Sie ja dessen Server nicht für sich allein, sondern teilen ihn mit vielen anderen Kunden.

Damit Sie nicht jedes Mal bei Ihrem Anbieter nachfragen müssen, warum Ihre Seite langsamer wird, gibt es *WP Fastest Cache*, das die dynamischen Inhalte Ihrer Seite in statische umwandelt. Dadurch wird der Server Ihres Anbieters weniger belastet.

26. Das Caching

Das Plug-in bietet ziemlich viele Funktionen, lässt sich aber trotzdem leicht bedienen. Sie können den Server optimieren, veralteten Cache löschen, den Cache für Administratoren löschen oder den Cache der minimierten CSS- und JS-Dateien. Außerdem lässt sich für bestimmte Inhalte das Caching auch verhindern. Sie können veraltete Caching-Dateien und den Cache bestimmter Seiten zeitgesteuert löschen und das Caching für mobile Geräte und für angemeldete WordPress-Nutzer benutzergesteuert einrichten. Das SSL-Protokoll und die hiesigen CDN-Netzwerke werden unterstützt. Das Caching aller Seiten wird im Voraus geladen, und es gibt ein benutzerdefiniertes Caching für einzelne Seiten und Browser-Agenten.

Wenn Sie dieses Tool zusätzlich testen wollen, deaktivieren Sie vorher *WP-Super-Cache*, denn Sie sollten immer nur ein Caching-Tool gleichzeitig installieren. Nach der Installation und Aktivierung von *WP Fastest Cache* wird ein neuer Menüpunkt in der Sidebar angelegt, über den Sie die Optionen des Plug-ins öffnen können. Im Register *Settings* sollten Sie nun erst mal im Drop-down-Menü am unteren Rand des Bildschirms die Sprache auf *Deutsch* umstellen und diese Änderung mit dem Button *Submit* bestätigen. Nun werden alle Texte in Deutsch umgewandelt.

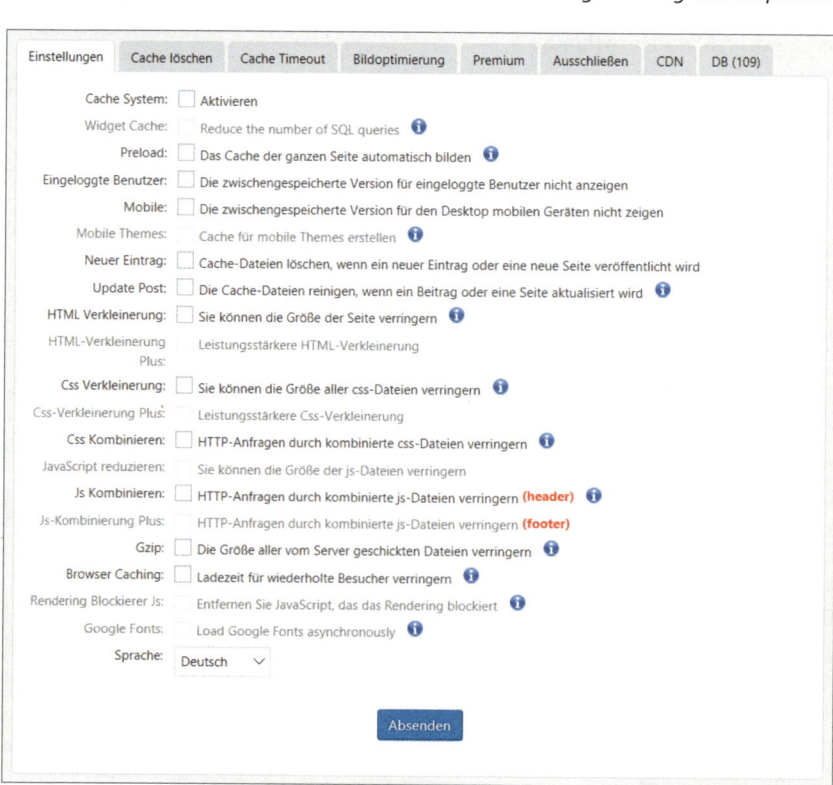

Der Weg zum Plug-in. Die Sprache wurde geändert.

Hier gibt es viele Möglichkeiten zum Caching.

Einige Menüpunkte im Register *Einstellungen* sind nicht so kräftig dargestellt wie die anderen, da sie nur in der Version verfügbar sind, die bezahlt werden muss. Aber die hier verfügbaren genügen vollkommen. Sie können diese auch ruhig alle aktivieren. Stellen Sie die Sprache auf *Deutsch* um.

26.4   Was bremst die Geschwindigkeit?

Mangelhaft programmierte Themes können zu Problemen führen. Manche davon enthalten Dinge, die nie benötigt werden, sich aber nicht deaktivieren lassen.

Auch nicht gut programmierte Plug-ins können zu Problemen führen. Schon ein einziges Plug-in kann dafür sorgen, dass die Geschwindigkeit stark gebremst wird, auf der anderen Seite können aber auch etliche installierte Plug-ins zu gar keinen Problemen führen. Selbst ein Blog mit 20 oder 30 Plug-ins kann durchaus gute Ladezeiten haben, wenn die richtigen ausgewählt wurden.

Um das herauszufinden, gibt es einen einfachen, aber ziemlich aufwendigen Weg. Deaktivieren Sie alle Plug-ins und führen Sie den Speedtest durch. Dann aktivieren Sie nur ein Plug-in und starten nochmals den Test und testen auf diese Weise jedes Plug-in für sich, also ohne die anderen zu aktivieren. Behalten Sie dabei auch immer die Anzahl der Requests und die Seitengröße im Auge.

Wenn Sie alle Plug-ins getestet haben, sollten Sie sich von denjenigen trennen, die sich negativ auf die Ladezeit auswirken. Vielleicht finden Sie auch eine Alternative von einem anderen Anbieter. Wenn Sie ab jetzt neue Plug-ins installieren, testen Sie vor und nach der Installation die Seitengeschwindigkeit. Wenn diese sich negativ verändern sollte, entsorgen Sie das Plug-in gleich wieder.

Eine weitere enorme Geschwindigkeitsbremse ist es, viele Banner und Widgets auf der Seite zu haben. Das sollten Sie optimieren, indem Sie die Logos von Bannern als Datei in Ihren Webspeicher laden und dann von Hand einen Link darauf setzen.

Nun zu den Kommentaren. Es ist natürlich super, wenn Sie viele Kommentare erhalten. Aber Sie sollten auch daran denken, dass viele Kommentare auch viele Avatar-Bildchen liefern können. Das können Sie ändern, indem Sie in den Einstellungen zu den Kommentaren nur die ersten 20 oder 30 anzeigen lassen. Dadurch können Sie Beiträge mit vielen Kommentaren wesentlich schneller machen.

Auch Bilder können eine große Geschwindigkeitsbremse sein, wenn sie zu groß sind. Eine Datei mit 2 MByte Speicherplatz für ein Bild ist definitiv zu groß. Mehr als 200 KByte sollte ein Bild nicht haben. Zur Darstellung im Web sind meist 100 KByte pro Bild ausreichend. Bedenken Sie aber auch, dass eine reduzierte Dateigröße zu einem schlechteren Ranking führen kann, denn Suchmaschinen sehen die optimierten Bilder als neue Dateien an.

26. Das Caching

Wenn Sie einen Shop betreiben, in dem Sie keine eigenen Produkte anbieten, sind Sie auf andere Anbieter und deren externe Daten angewiesen. Diese Daten sollten Sie in besonders schwachen Onlinezeiten aktualisieren, also am besten mitten in der Nacht.

> **Nicht zu viel Werbung**
> Werbung auf Ihrer Seite bremst ebenfalls die Geschwindigkeit. Eine Faustregel besagt: nicht mehr als drei Werbebanner auf eine Seite setzen.

Statistiken sollten Sie nur intern führen und möglichst nicht extern. Besonders die Statistiktools aus Amerika können die Geschwindigkeit Ihrer Seite enorm verringern.

26.5 Voraussetzungen für ein gutes Caching

Ich fasse nun nochmals alle Punkte für ein gutes Caching zusammen:

Die einzelnen Seiten im Browser sollten sich schnell aufbauen, und innerhalb der Seiten sollte sich der Besucher schnell bewegen können. Eingaben müssen schnell funktionieren und Klicks sofort starten. Es ist ja wichtig, dass die Besucher möglichst lange auf der Seite bleiben, und bei Seiten, die langsam laden, wird das nicht der Fall sein. Dann ist Ihre Seite nicht interessant, und die Besucher werden sich schnell wieder entfernen. Außerdem werden lange Ladezeiten gnadenlos von den Suchmaschinen mit einem schlechteren Ranking bestraft. Eine erfolgreiche Webseite braucht also kurze Ladezeiten. Verzichten Sie auf animierte Seitenübergänge, weil diese zu lange laden und den Besucher nur nerven. Außerdem verdecken sie den Inhalt einer neuen Seite, bis diese vollständig geladen wurde.

Auch das schönste Design nützt Ihnen wenig, wenn die Performance fehlt und die Besucher schon wieder weg sind, bevor sie die ganze Schönheit Ihrer Seite genießen können.

Für eine optimale Performance gilt eine Ladezeit von etwa einer Sekunde. Diese Ladezeit sollte nicht durch irgendwelchen Schnickschnack verzögert werden. Die Seite sollte logisch aufgebaut sein. Das heißt aber nicht, dass sie wenig Inhalt haben muss, aber alle diese Inhalte wie Bilder und Videos müssen optimiert werden und auch vom Aufbau her gut durchdacht sein.

Um Ihre Seite zu optimieren, sollten Sie immer, wenn möglich, die aktuelle PHP-Version nutzen. Fragen Sie ruhig vor dem Abschluss eines Vertrags bei Ihrem Anbieter nach, ob er diese regelmäßig aktualisiert.

Beginnen Sie bei der Erstellung Ihrer Webseite so klein wie möglich. Halten Sie das Seitenvolumen klein und verwenden Sie nur die wirklich notwendigen Plug-ins. Komprimieren Sie alle Bilder.

26.6 WordPress säubern

Für eine gute Performance von WordPress ist es wichtig, das Programm alle paar Monate zu reinigen. Dies sollte aber nicht auf die Schnelle geschehen, sondern wirklich gründlich. Vor der Reinigung sollten Sie auf jeden Fall ein Backup aller Daten erstellen.

Nun entfernen Sie alle Themes, die nicht genutzt werden, das sind ja normalerweise alle bis auf das verwendete. Auch deaktivierte Plug-ins müssen weg, denn je weniger Plug-ins, umso besser. Löschen Sie nun noch alle Bilder, die Sie nicht mehr benötigen.

Spielen wir das Ganze anhand meiner Seite *lichtenfelserland.de* durch. Nach dem Backup überprüfen Sie als Nächstes Ihre Links mit dem *Broken Link Checker*. Das Tool checkt die Erreichbarkeit Ihrer Links auf der Seite. Nach dem Check sollten Sie alle nicht mehr erreichbaren Links entfernen. Dadurch wird die Seite zwar nicht schneller, aber benutzerfreundlicher und auch besser optimiert für die Suchmaschinen. Nichts ist uninteressanter als ein Link zu einer Webseite, die gar nicht mehr existiert. Führen Sie den Check alle paar Monate einmal aus, das genügt vollkommen.

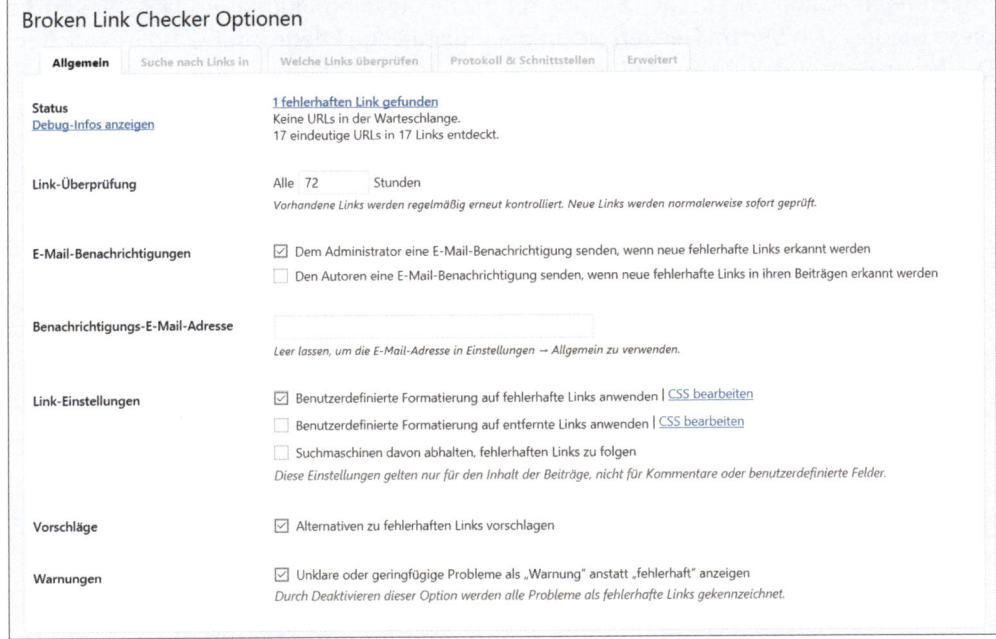

Ein Link wurde gefunden, der nicht in Ordnung ist.

Wenn Sie im Bereich des Plug-ins auf *Einstellungen* klicken, wird Ihnen die Zahl der fehlerhaften Links als Link angezeigt, falls es welche gibt. Wenn Sie auf diesen Link klicken, wird Ihnen der Name des oder der fehlerhaften Links angezeigt. Über *Link entfernen* entfernen Sie den Link.

26. Das Caching

Wenn Sie sicher sein wollen, ob ein Link auch wirklich nicht mehr funktionsfähig ist, können Sie auch ein oder zwei Tage warten und den Checker dann nochmals starten. Bei einem Link zu einer fremden Seite kann es sein, dass hier gerade gewartet wird, oder es gibt andere Gründe für den nicht funktionierenden Link. Wenn der Link nach zwei Tagen immer noch nicht funktioniert, sollten Sie ihn endgültig löschen.

Die Anzeige des fehlerhaften Links mit Bearbeitungsmöglichkeiten.

Starten Sie nun noch einmal *WP-Optimize*, um sämtliche Reste, die nicht gefunden wurden, zu entfernen, und sichern Sie auch alles nochmals mit *UpdraftPlus*, bevor Sie die Optimierungen ausführen. Löschen Sie nun sämtliche Cleaning-Plug-ins und installieren Sie diese wieder nach Bedarf. Denken Sie an die regelmäßige Pflege Ihrer WordPress-Seiten. Das Programm wird es Ihnen danken.

27. Der private Blog

Der private Blog soll in der Regel nur für einen bestimmten Personenkreis zu sehen sein: Bekannte, Freunde und Verwandte. Ein Blog in dieser Art ist praktisch Ihr Tagebuch. In diesem Kapitel wird der Aufbau eines privaten Blogs mit allen wesentlichen Details erläutert, einiges wird Ihnen mittlerweile sicher schon bekannt vorkommen, aber hier sind alle Aspekte noch einmal im Zusammenhang zu finden. Für meinen privaten Blog verwende ich das Theme *Ignite*, das sich gut für persönliche Seiten eignet. Es hat ein einfaches und minimalistisches Design, das überall gut ausschaut, egal ob auf dem PC, dem Laptop, dem Tablet oder dem Smartphone.

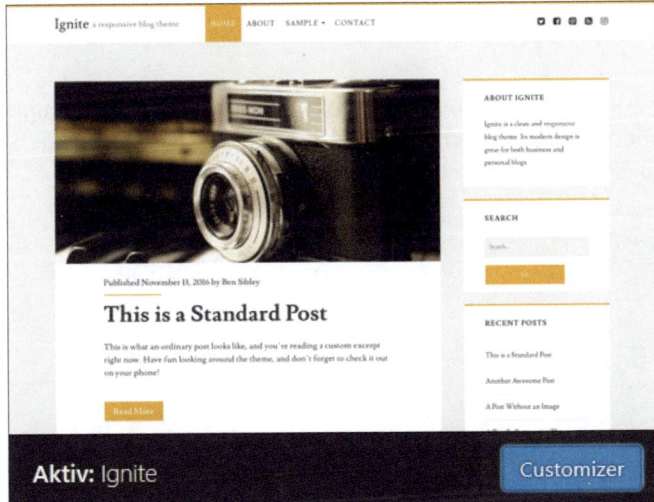

Ein klassisches Design.

Nun öffne ich die Beispielseite *Sample Page* im Menü *Seiten* und ändere den Namen um auf *Startseite*. Dann gebe ich den Text ein und speichere die Seite im Bereich *Veröffentlichen*, indem ich im Punkt *Sicherheit* auf den Link *Bearbeiten* klicke, dort die Option *Privat* auswähle, mit *OK* bestätige und dann auf den Button *Aktualisieren* klicke. Dann schaue ich mir das Ergebnis in der Vorschau an. Wie Sie sehen können, wird der Hinweis auf eine private Seite bereits angezeigt. Dies wird auch bei allen weiteren Seiten, die noch angelegt werden, so sein.

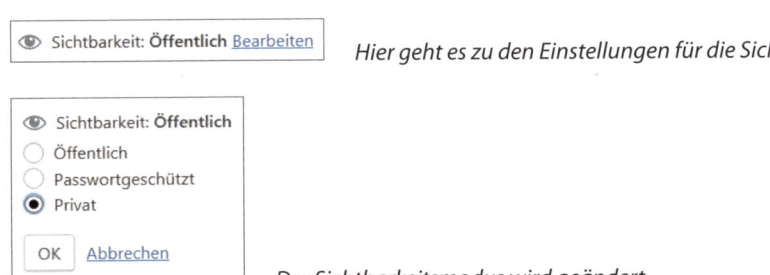

Hier geht es zu den Einstellungen für die Sichtbarkeit des Blogs.

Der Sichtbarkeitsmodus wird geändert.

27. Der private Blog

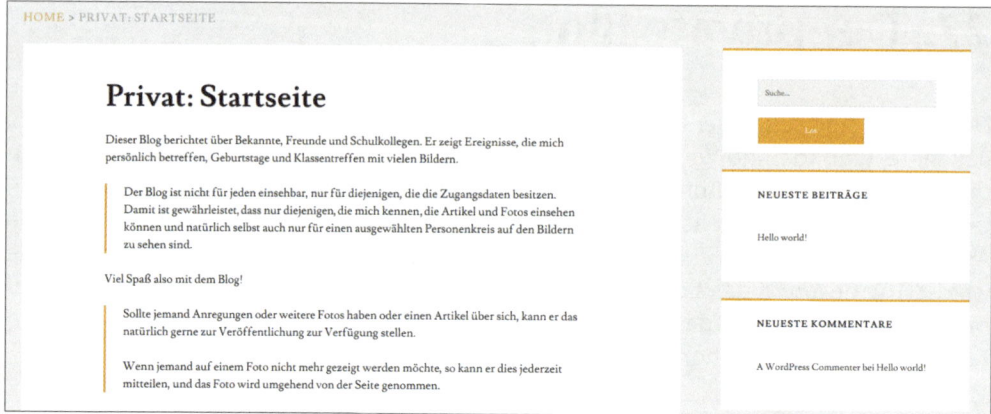

Die erste private Seite ist angelegt.

Alternativ können Sie die Seite auch mit dem Plug-in *fx-private-site* auf privat stellen und festlegen, dass nur noch Personen Zugriff haben, die über die Zugangsdaten verfügen. Dies geschieht unter dem Menü *Einstellungen* im Untermenü *Lesen*.

Wichtige Einstellungen für den privaten Bereich.

Da der Blog nur für private Zwecke genutzt werden soll, braucht auch keine der Suchmaschinen den Blog zu durchsuchen. Legen Sie also zuerst auf der Administratorseite fest,

Der private Blog

dass dies nicht geschieht, indem Sie diese Option unter *Sichtbarkeit für Suchmaschinen* deaktivieren.

Danach aktivieren Sie im Bereich *Private Site* die Option *Enable Private Site*. Ab jetzt sehen weder Sie selbst noch Besucher den Blog, ohne sich vorher anzumelden. Alle Besucher sind nun Abonnenten, und falls Sie Kommentare zulassen, ist ersichtlich, wer einen Kommentar geschrieben hat. Speichern Sie alles mit dem Button *Änderungen übernehmen*.

Alternativ können Sie auch den Passwortschutz verwenden. Dazu aktivieren Sie im Bereich *Veröffentlichen* die Option *Passwortgeschützt*, klicken auf *OK* und vergeben das Passwort. Nun noch ein Klick auf *Aktualisieren*. Ab jetzt können sich nur die Besucher einloggen, die das Passwort kennen.

Für den ersten Beitrag auf diesem Blog kopiere ich nach und nach über 200 Bilder vom PC. Da noch weitere etliche Hundert Bilder dazukommen werden, sollte man sich über die Sortierung der Bilder Gedanken machen. Wenn der Blog auf mehrere Hundert Bilder angewachsen ist, ist es sinnvoll, sie zu sortieren.

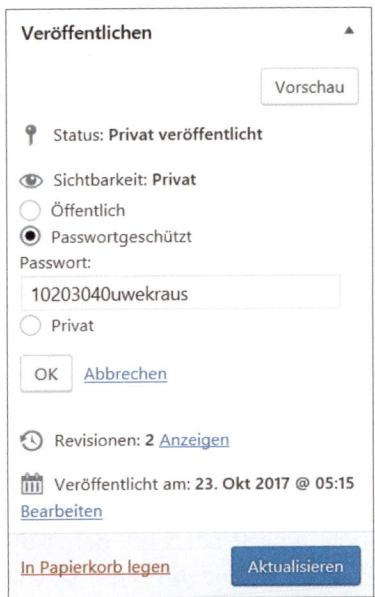

Der passwortgeschützte Modus.

Dafür nutze ich das Plug-in *Media Folder*, mit dem Sie Ordner und auch Unterordner erstellen können. Ein weiterer Pluspunkt: Nach einer Deinstallation und späteren erneuten Installation stellt das Programm alle vorher festgelegten Ordnerhierarchien automatisch wieder her. Alle erstellten Ordner können Sie mit dem Drag-and-drop-Verfahren verschieben, und verschiedene Filter helfen Ihnen, Ihre Bilder wiederzufinden. Das Plug-in erhält nach der Aktivierung einen eigenen Menüplatz in der Sidebar.

Das Menü des Plug-ins.

Von hier aus können Sie das Tool starten und über den Button *Add Folder* am oberen Bildschirmrand den ersten Ordner anlegen. Ein Eingabefeld wird angezeigt. Geben Sie den Namen des Ordners ein und klicken Sie auf den Button *Speichern* am rechten Bildschirmrand.

Klicken Sie danach nochmals auf den Menüpunkt *Media Folders*. Der neue Ordner wird Ihnen in einer Liste angezeigt. Wenn Sie jetzt den Mauszeiger über den Namen des Ordners ziehen, werden unter dem Namen weitere Links angezeigt. Klicken Sie auf *Bearbeiten*.

27. Der private Blog

Der erste Ordner wurde erstellt.

Am rechten Bildschirmrand sehen Sie jetzt den Bereich *Neue Dateien hochladen*. Klicken Sie auf den Button *Dateien auswählen* und laden Sie die Bilder von Ihrem PC herunter. In meinem Fall sind das 35, das dauert einige Minuten.

Um die Bilder nach der Skalierung noch weiter im Speicherbedarf zu reduzieren, nutze ich das Plug-in *WP Smush*. Das Plug-in ist bestens geeignet für Blogs mit vielen Bildern und Galerien und sorgt dafür, dass die Bilder noch weniger Speicherbedarf benötigen, indem es die Größe der Bilder vermindert.

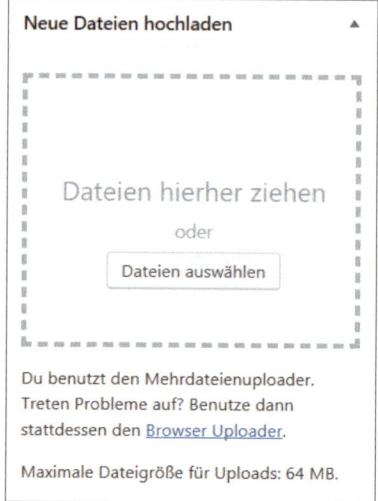
Von hier aus werden die Bilder hochgeladen.

Wenn die Bilder in der Mediathek sind, können Sie im Menü *Medien/WP Smush* alle Bilder in der Mediathek optimieren. Bilder, die bereits optimiert sind, werden dabei von dem Plug-in nicht beachtet, damit die Qualität nicht leidet. Das Tool ändert JPEG-Dateien in PNG-Dateien, denn diese Dateiart kann noch stärker komprimiert werden. Diese Umwandlung können Sie sehen, wenn Sie einen Rechtsklick auf die Grafik ausführen und dann auf den Link *Grafik Info anzeigen* klicken.

Genial ist die Funktion *Bulk Smush*, mit der sich alle Bilder in der Mediathek auf einmal optimieren lassen. Nach der Optimierung zeigt Ihnen das Plug-in in einer Übersicht, wie viel Speicherplatz eingespart werden konnte. Das ist bei ein paar Dutzend Bildern zwar nicht viel, aber bei Hunderten von Bildern macht sich das dann doch bemerkbar. Außerdem wird durch den reduzierten Speicherbedarf Ihre Seite auch schneller, was wiederum einen großen Vorteil für die Besucher und Suchmaschinen darstellt.

Direkt nach der Aktivierung von *WP Smush* startet *Bulk Smush* – hier im Beispiel mit der Aufforderung, 35 Dateien zu komprimieren. Klicken Sie auf den Button *Bulk Smush*, um den Vorgang zu starten.

Nach der Komprimierung wird Ihnen auf der rechten Seite in einer Übersicht angezeigt, wie viel Speicherplatz eingespart wurde und wie viel Prozent das sind. Auf den ersten Blick sind 260 KByte, also 3,5 %, natürlich nicht viel, aber es wurden ja auch nur 35 Bilder komprimiert. Bei 350 Bildern können das schon rund 3 MByte sein und das ist eine Menge.

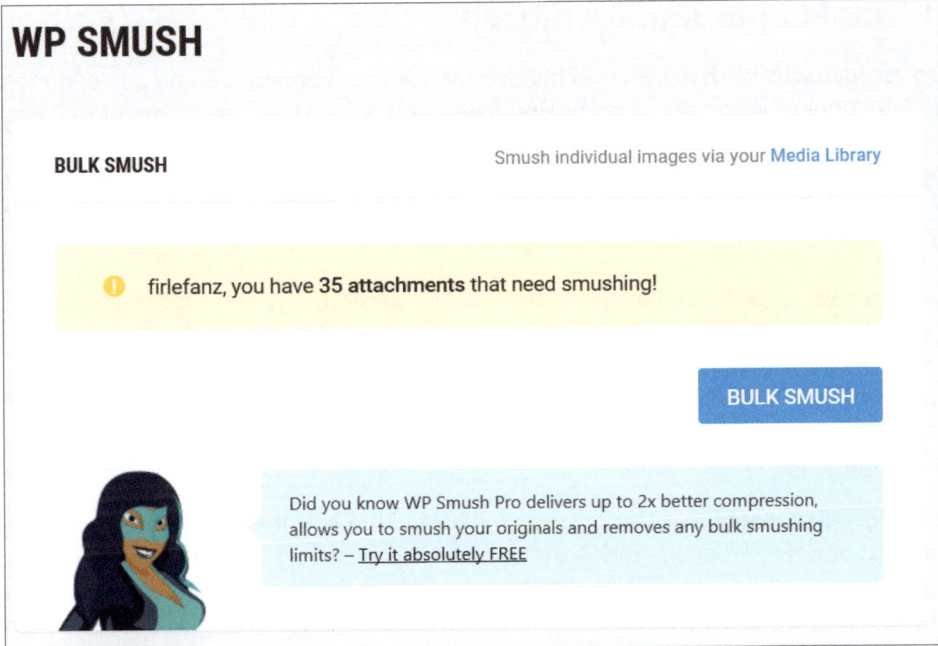

Es müssen 35 Dateien komprimiert werden.

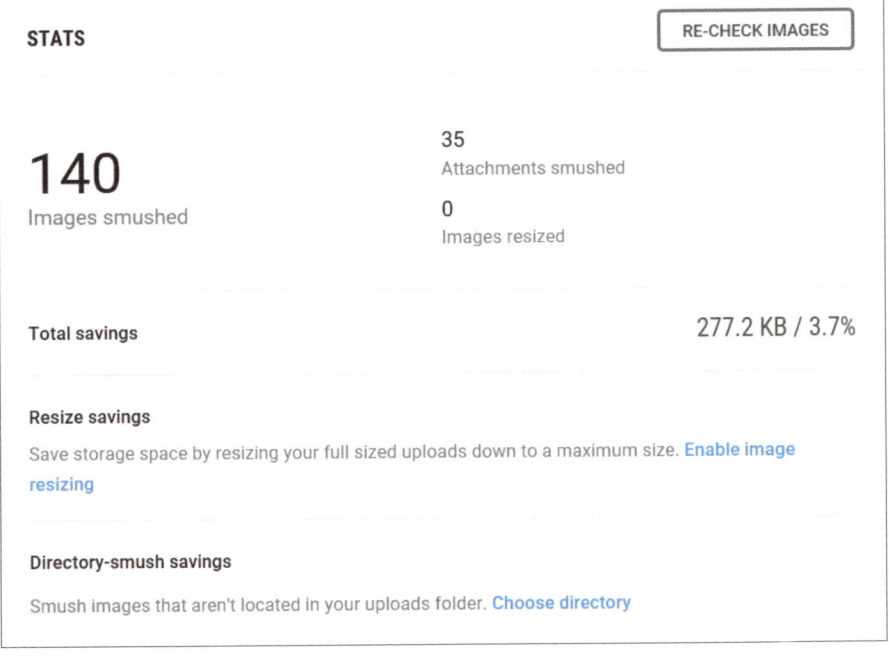

Immerhin konnte das Plug-in einige Prozent an Speicherplatz einsparen.

27. Der private Blog

27.1 Das Plug-in Jetpack nutzen

Jetpack ist wahrscheinlich das Plug-in mit den meisten Funktionen. Da sind auf jeden Fall einige Funktionen dabei, die nützlich sind, allerdings auch viele, die niemand braucht. Aber durch die Verwendung von *Jetpack* kann man auf andere einzelne Plug-ins verzichten. *Jetpack* bietet über 30 Funktionen an, von denen ich mir die sinnvollsten ausgesucht habe. Einige dieser Funktionen waren früher einzelne Plug-ins, die irgendwann eingestellt wurden.

Von *Jetpack* gibt es mittlerweile auch eine deutsche Version, von der englischsprachigen ist abzuraten, da es hier zu rechtlichen Problemen bei Verbindungen in die USA kommen kann. Außerdem hat die deutsche Version einen abgespeckten Umfang mit deutlich weniger Funktionen. Da mir das originale *Jetpack* zu viele Funktionen hat, wähle ich die Version *Slim Jetpack* für diesen Blog aus. Diese Version muss auch nicht über einen WordPress-Account angemeldet werden.

Nach der Installation wird ein Menüpunkt zu diesem Plug-in unter dem Menü *Einstellungen* erzeugt und der Arbeitsbereich kann von hier aus gestartet werden. Das Tool bietet 14 Funktionen an, die Sie sich über den Button *Mehr erfahren*, den Sie in der jeweiligen Funktion finden, erklären lassen können. In einem Fenster wird die ausgewählte Funktion kurz erläutert. Ein Klick auf das kleine Kreuz am rechten oberen Rand des Fensters schließt es wieder. Ein Klick auf *Aktivieren* versetzt eine Funktion in den Arbeitsmodus.

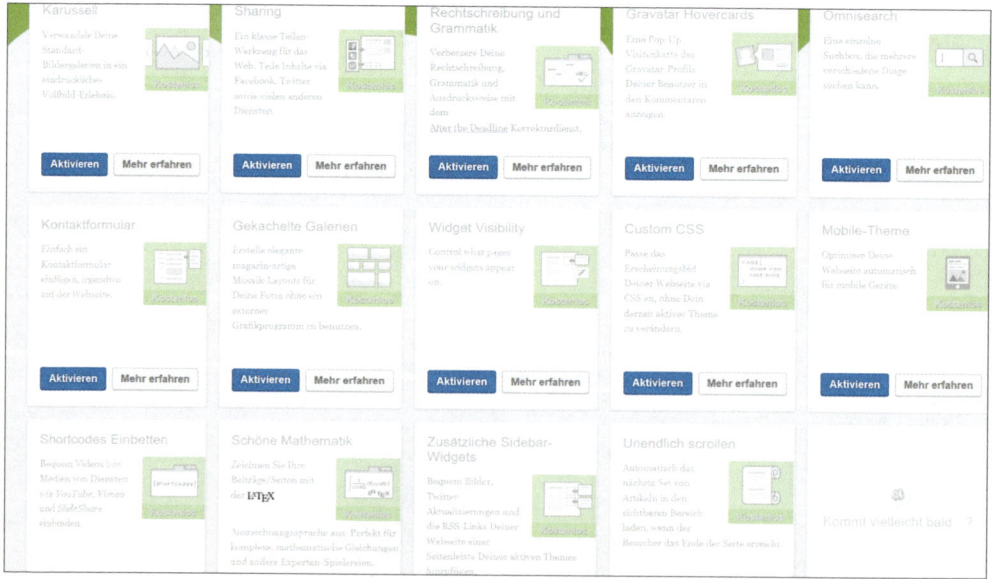

Alle Funktionen im Überblick.

Um die ersten Funktionen von *Slim Jetpack* zu nutzen, erstelle ich eine Galerie in dem Beitrag. Sie erinnern sich: Cursor im Text an die Stelle setzen, an der die Galerie erscheinen soll, dann den Button *Datei hinzufügen* anklicken und im Auswahlfenster der Bilder auf *Galerie erstellen* klicken. Nun die Bilder durch Mausklick auswählen, die in die Galerie sollen, und mit dem Button *Neue Galerie erstellen* bestätigen. Es folgt noch das Beschriften der Bilder, dann können diese über den Button *Galerie einfügen* in den Beitrag kopiert werden.

Überlegen Sie genau, welche der Funktionen Sie nutzen, da jede einzelne Speicherplatz belegt. Beginnen wir mit *Karussell*. Diese Funktion bietet die Möglichkeit, aus einer Bildergalerie ein Foto vergrößert anzuzeigen, wenn es angeklickt wird. Eine schöne Möglichkeit, Bilder attraktiver zu präsentieren.

Nach der Aktivierung wird ein weiterer Button mit der Bezeichnung *Konfigurieren* erzeugt. Klicken Sie darauf. Sie kommen in den Arbeitsbereich *Bildgröße* der Mediathek. Hier finden Sie den Bereich *Bilder-Galerie-Karussell* und können die Hintergrundfarbe *Schwarz* oder *Weiß* auswählen. Wenn Sie hier oder im oberen Bereich eine Änderung vornehmen, bestätigen Sie mit *Änderungen übernehmen*.

Der Weg zum Vollbildmodus.

Wählen Sie eine Hintergrundfarbe aus.

Öffnen Sie jetzt wieder die Vorschau Ihrer Seite. Die Bilder sind wie in einem Karussell angeordnet.

27. Der private Blog

Der karussellförmige Aufbau der Bilder.

Wenn Sie ein Bild mit dem Mauszeiger berühren, wird seine Beschreibung angezeigt.

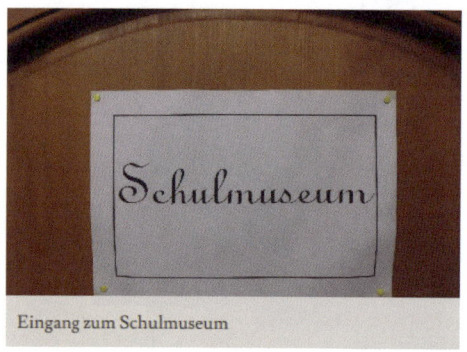

Der Titel des Bildes.

Wenn Sie ein Bild anklicken, wird es als Vollbild dargestellt. Mit den Pfeilen am linken und rechten Bildschirmrand können Sie sich zwischen den Bildern hin- und herbewegen.

Ein Bild im Vollbildmodus.

Das Plug-in Jetpack nutzen

Die Funktion *Sharing* sollten Sie besser nicht nutzen, da es hier zu Problemen mit dem Datenschutz kommen kann. Diese Funktion stellt bei englischsprachigen Plug-ins ein Problem dar, da die Sharing-Buttons Infos sammeln und auch weitergeben. Dieses Problem kann durch 2-Klick-Buttons gelöst werden. Sie sehen aus wie die normalen Sharing-Buttons, eine Verbindung zu einem sozialen Netzwerk wird aber erst erzeugt, wenn der Besucher auf den Button klickt. Durch den ersten Klick wird zunächst nur der Bereich zum Teilen aufgerufen, es werden aber noch keine Daten übertragen, erst mit einem zweiten Klick werden die Inhalte dann weitergegeben.

Um diese Buttons nutzen zu können und dem Datenschutz gerecht zu werden, sollten Sie das Plug-in *Shariff Wrapper* nutzen, das optisch gesehen locker mit anderen Plug-ins konkurrieren kann. Der Arbeitsbereich wird über das Menü *Einstellungen/Shariff* gestartet.

Man kann die verschiedenen Plattformen auswählen und ein Design aussuchen, die Buttons horizontal oder vertikal auf die Seite setzen lassen und sie am Anfang oder am Ende der Seite platzieren. Standardmäßig ist für die Buttons *Farbig* eingestellt und die Platzierung am Anfang der Seite.

Die Standard-Einstellungen des Plug-ins.

27. Der private Blog

Einige Social-Media-Buttons sind bereits vorhanden.

Probieren wir noch eine andere Variante aus: runde Buttons mit vertikaler Anordnung und Platzierung am Ende der Seite. Eine vertikale Platzierung sollten Sie nicht am Anfang einer Seite vornehmen, da dann einfach zu viel Luft bis zum Textbeginn ist, vor allem bei vielen Buttons.

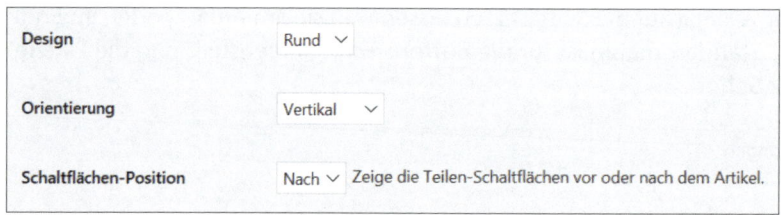

Eine andere Variante für die Buttons.

Der Button mit dem *i* führt übrigens zu einer Beschreibung über das Plug-in, die Buttons und den Datenschutz. Wenn diese Verlinkung nicht erfolgen soll, entfernen Sie das Häkchen vor der Option *Datenschutz-Informationen* im Bereich *Andere Shariff-Einstellungen*.

Aufbau der Buttons in vertikaler Form.

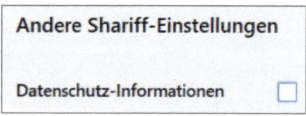

Hier werden die Informationen zum Datenschutz deaktiviert.

Doch nun wieder zurück zu *Slim Jetpack*. Mit der Funktion *Rechtschreibung und Grammatik* werden Ihre geschriebenen Texte nochmals geprüft. Nach der Aktivierung finden Sie im Konfigurationsbereich einige Einstellungsmöglichkeiten.

Sie können festlegen, ob ein Artikel automatisch nach dem Erstellen oder nach einer Aktualisierung Korrektur gelesen werden soll und ob bestimmte Wörter oder Ausdrücke bei der Korrektur nicht beachtet werden sollen. Die Optionen zur Sprache sind nur interessant, wenn Ihre Seite nicht in Deutsch oder zweisprachig aufgebaut ist.

Das Plug-in Jetpack nutzen

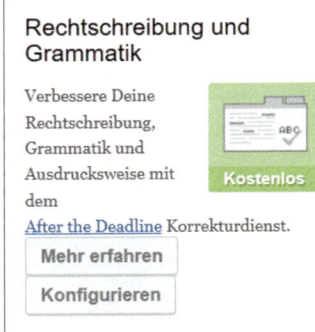

Verbessern Sie Ihre Texte mit dieser Funktion.

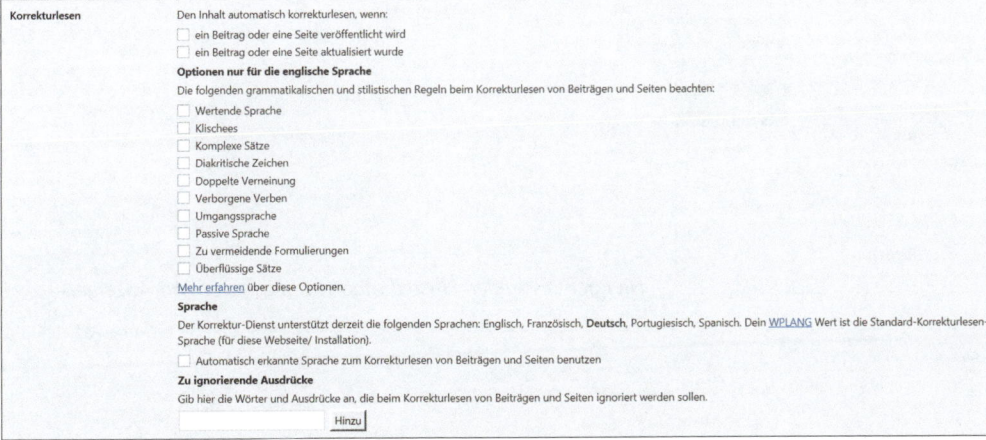

Die Einstellungsmöglichkeiten für die Prüfung des Textes.

Damit dieses Tool genutzt werden kann, muss das Plug-in *TinyMCE Advanced* aktiviert sein. Es erzeugt eine Symbolleiste im Bearbeitungsbereich der Beiträge und Seiten, die das Symbol enthält, über das Sie die Prüfung starten können.

 Das Icon für die Prüfung des Textes.

Nach dem Klick auf das Symbol wird der Text korrigiert. Nach Ablauf der Korrektur werden falsch geschriebene Wörter rot unterstrichen, Grammatikfehler grün und Empfehlungen für einen besseren Stil blau.

> Ein halbes Jahrhundert nach ihrer Einschulung im Jahr 1964 trafen sich ca. 100 *Ehemalige* im Schützenhaus Lichtenfels am 19.10.2017 zu einer Party mit Live-Musik.
>
> Diese Veranstaltung war ein Jahr lang von 8-10 ehemaligen Schülerinnen und Schülern intensiv geplant worden. Es wurde nach Adressen recherchiert und der Ablauf der Feier geplant.

Das Plug-in meint es zu gut bei der Fehlersuche.

27. Der private Blog

Mit der Funktion *Gravatar Hovercards* legen Sie fest, ob ein Avatar-Bild eines Besuchers angezeigt wird, der einen Kommentar schreibt. Nach der Aktivierung der Funktion können Sie im Konfigurationsbereich festlegen, ob angezeigte Avatare jugendfrei sein sollen.

Klicken Sie nach der Auswahl noch die Option *Gravatar Logo* im Bereich *Standard Avatar* an. Nun wird Ihnen von jedem Besucher das Gravatar-Bild mit Infos zu seiner Person angezeigt, wenn er eines besitzt. Die Hovercard sehen Sie, wenn Sie den Mauszeiger über den Avatar des Besuchers ziehen. Aber auch nur, wenn er eine Hovercard zu seinem Avatar angelegt hat. Klicken Sie nach den vorgenommenen Einstellungen auf *Änderungen übernehmen*.

Hier geht es zu den Einstellungen für die Hovercard-Anzeige.

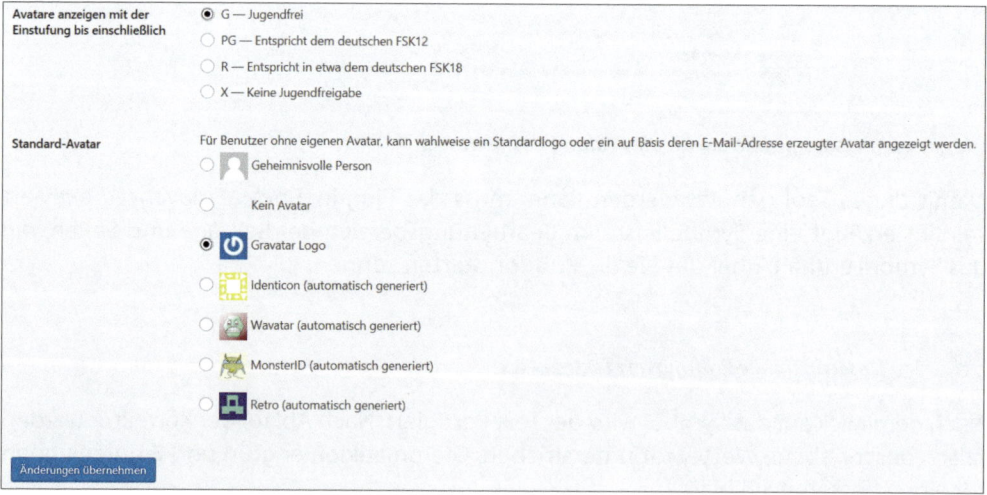

Nur jugendfreie Avatare sollen angezeigt werden.

Mit der Funktion *Omnisearch* können Sie Kommentare und die Mediathek nach einem Begriff durchsuchen oder nach Plug-ins suchen. Wenn Sie die Funktion aktivieren, öffnet sich ein Eingabefenster für den Suchbegriff. Geben Sie den Begriff ein und klicken Sie auf *Suchen*. Die Funktion durchsucht Kommentare und die Mediathek. Nach Plug-ins können Sie ebenfalls suchen.

Das Plug-in Jetpack nutzen

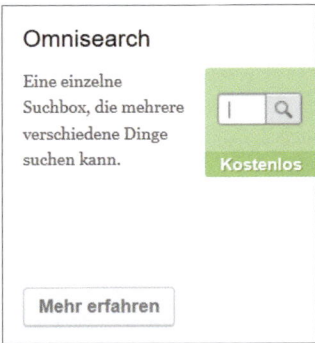

Diese Funktion hilft beim Suchen.

Bei der Eingabe des Begriffs *Schreibmaschine* werden mir zwei Fotos aus der Mediathek angezeigt, die jeweils eine Schreibmaschine abbilden. Die beiden Fotos enthalten ja jeweils im Titel das Wort und können deshalb gefunden werden. Das zeigt nochmals, wie wichtig eine Beschreibung von Bildern ist. Über das kleine Kreuz rechts oben wird der Bereich wieder geschlossen.

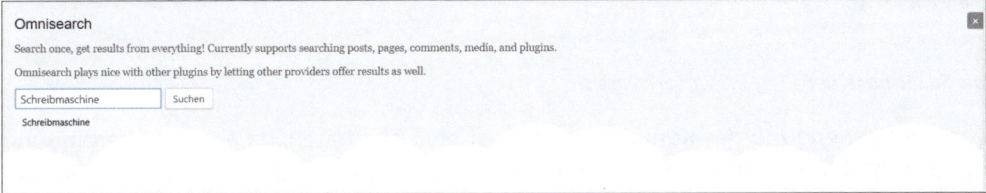

Ein Suchbegriff wurde eingegeben.

Das Ergebnis der Suche wird angezeigt.

Alternativ können Sie auch über das Menü *Dashboard/Omnisearch* suchen.

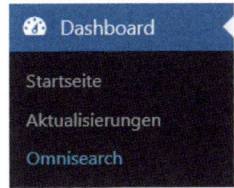

Das Menü für die Suchfunktion.

377

27. Der private Blog

Ich gebe nochmals einen Suchbegriff ein: *CSS*. Damit will ich nach Plug-ins für das Beschleunigen der Seite suchen und bekomme auch gleich fünf Ergebnisse angezeigt.

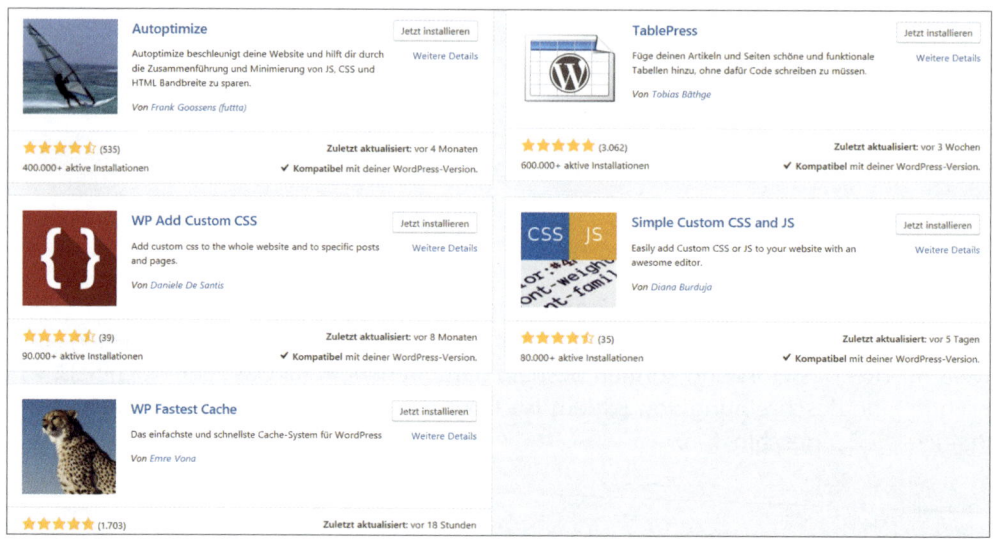

Die Suche nach den Plug-ins war erfolgreich.

Von der Verwendung des Kontaktformulars ist eher abzuraten, da es nur in Verbindung mit dem Anti-Spam-Plug-in *Akismet* funktioniert. Da man aber dieses Plug-in in Deutschland wegen Datenschutzproblemen nicht verwenden sollte und ohne dessen Verwendung mit Spam überhäuft wird, lassen Sie diese Funktion besser ungenutzt.

Aus diesem Grund lösche ich *Akismet* auch gleich aus der automatisch erzeugten Plug-in-Liste.

Als Alternative können Sie *Contact Form Clean and Simple* nutzen. Ein Formular-Tool, das nur ein einziges Formular pro Installation zulässt. Das reicht aber in den meisten Fällen aus. Das Formular wird mittels eines Shortcodes in die Kontakt-Seite eingefügt.

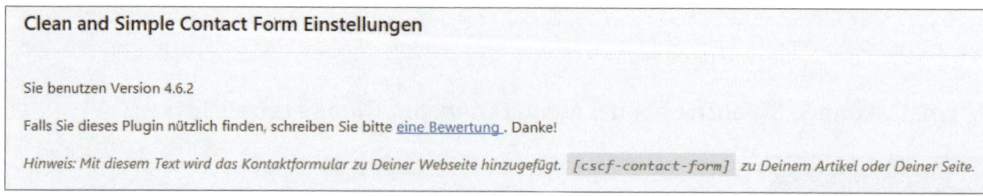

Hier finden Sie den Shortcode zum Erzeugen des Formulars.

Bei der Konfiguration des Tools lässt sich auch ein Text eingeben und ein Betreff sowie der Empfänger festlegen. Einige Texte können Sie sich nach dem Absenden anzeigen lassen.

Das Plug-in Jetpack nutzen

Die Pflichtfelder werden durch AJAX geprüft, und der Schutz vor Spam ist durch Captcha gesichert, wenn dies aktiviert wird.

Um Captcha nutzen zu können, müssen Sie sich im Bereich *ReCAPTCHA Einstellungen* anmelden und einen Captcha-Key generieren.

Alternativ können Sie aber auch ein Plug-in wie *Antispam Bee* gegen Spam verwenden, das ich jetzt auch gleich installiere.

Die Einstellungen gegen Spam.

Im Bereich *Nachrichten-Einstellungen* können Sie mehrere E-Mail-Empfänger-Adressen einstellen, indem Sie auf das Pluszeichen neben der Adresse klicken. Dann wird ein weiteres Eingabefenster erzeugt, in das Sie eine zusätzliche Adresse eingeben können.

Eine zweite E-Mail-Adresse wurde angelegt.

Betreff und Hinweistexte vor und nach dem Senden einer Nachricht sind bereits vorhanden. Diese können Sie jederzeit ändern. Änderungen speichern Sie über den Button *Änderungen übernehmen*.

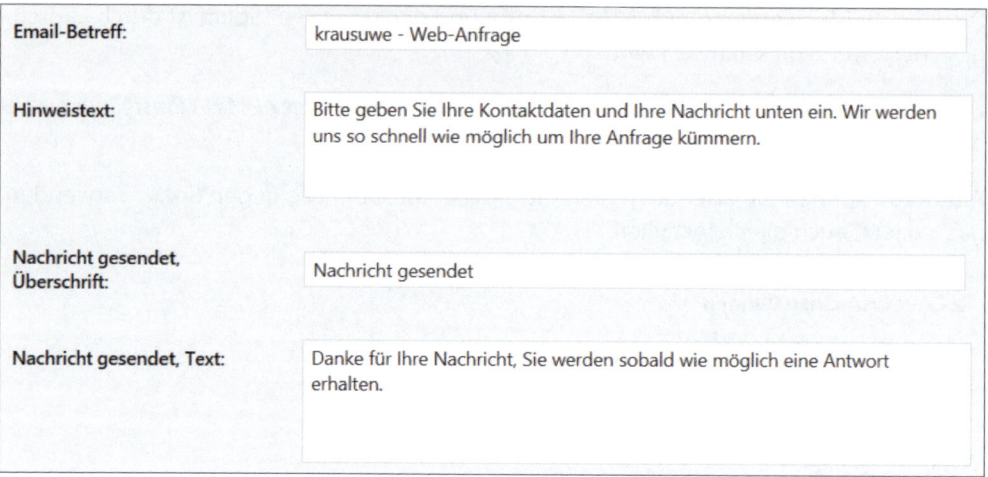

Verschiedene Texte in Bezug auf die Nachrichten.

Ich lege jetzt die Seite *Kontakt* an, kopiere den Code in die Seite hinein und schaue mir das Formular in der Vorschau an.

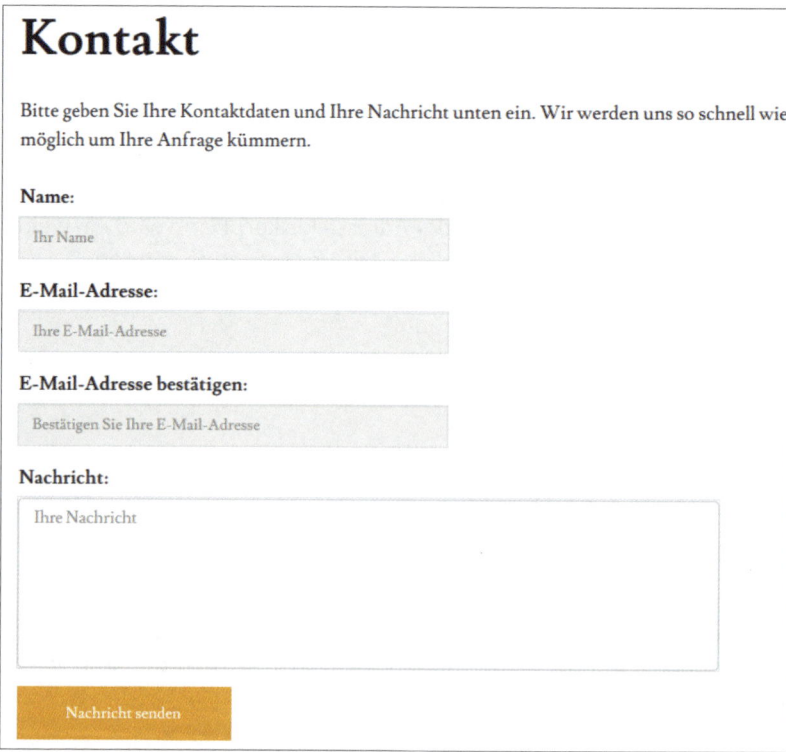

Ein einfach gehaltenes Kontaktformular.

Das Plug-in Jetpack nutzen

Auf die Funktion *Gekachelte Galerien* können Sie verzichten, das ist ungefähr das Gleiche wie bei der Funktion *Karussell*. Die Funktion *Widget Visibility* halte ich ebenfalls für nicht nützlich, deswegen gehe ich darauf auch nicht weiter ein. Die Funktion *Custom CSS* zu nutzen ist auch nicht unbedingt notwendig.

Mit der Funktion *Mobile-Theme* sorgen Sie dafür, dass Ihre Seite auf mobilen Endgeräten wie Smartphones oder Tablets optimal dargestellt wird. Sie sollte auf jeden Fall aktiviert werden.

Die Funktion für die Erreichbarkeit der mobilen Geräte.

Mit der Funktion *Shortcodes einbetten* fügen Sie Inhalte von YouTube und anderen Kanälen in den visuellen Schreibeditor ein. Davon würde ich eher abraten, da dies zu datenschutzrechtlichen Problemen führen kann.

Weiter geht es mit der Funktion *Schöne Mathematik*. Diese bietet die Möglichkeit, alle möglichen Formeln als Grafiken anzuzeigen. Das ist aber reine Spielerei und auch nicht notwendig.

Interessant wiederum ist die Funktion *Zusätzliche Sidebar-Widgets*. Sie vergrößert den Widget-Bereich um etliche sinnvolle Widgets: *Twitter*, *Facebook Like Box*, *Image* für Bilderpräsentation in der Sidebar, *Gravatar*, *Gallery* und *Recent Posts*. Am interessantesten sind hier wohl das *Facebook*- und das *Twitter*-Widget.

Hiermit kann die Sidebar erweitert werden.

27. Der private Blog

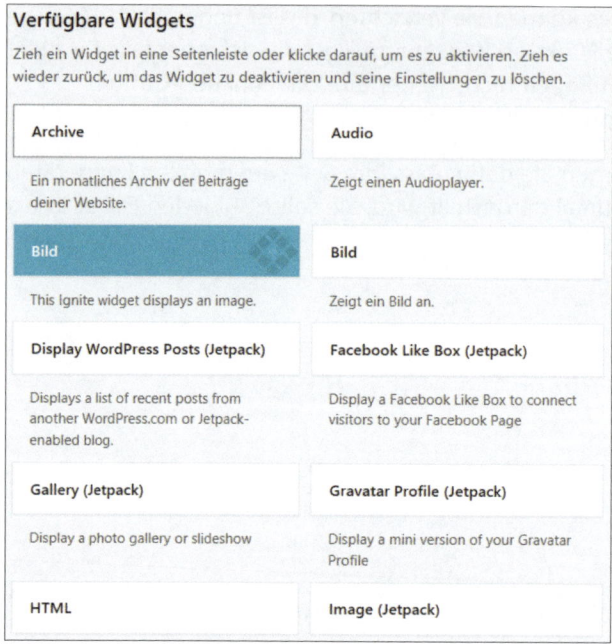

Neue Widgets wurden hinzugefügt.

Die Funktion *Unendlich scrollen* ist ebenfalls sinnvoll. Damit werden beim Nach-unten-Scrollen auf einer Seite mit Beiträgen weitere automatisch nachgeladen. Je weiter der Leser nach unten scrollt, desto mehr Beiträge werden geladen. Diese Funktion sollten Sie auf jeden Fall aktivieren.

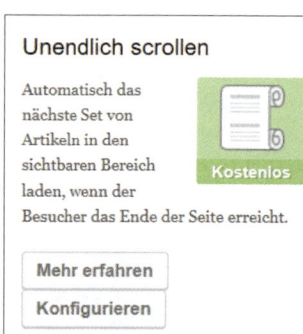

Scrollen ohne Ende mit dieser Funktion.

27.2 Die Verwendung von PDF-Dateien

Für die Veröffentlichung von Artikeln haben Sie zwei Möglichkeiten: entweder direkt veröffentlichen oder in einer PDF-Datei als Download. Die bessere Variante ist wohl die, dem Leser den Artikel direkt zu präsentieren, denn sonst müsste er sich ja erst die Datei downloaden und dann lesen. Ohne den Download ist es einfacher für den Leser, denn dann

Die Verwendung von PDF-Dateien

weiß er gleich, ob ihn der Artikel überhaupt anspricht. Sie können den Artikel ja zusätzlich als Download anbieten, sozusagen als Dienst am Kunden.

Eine PDF-Datei lässt sich bequem und schnell in einen Beitrag einfügen. Klicken Sie an der Stelle im Beitrag, an der Sie den Download einfügen wollen, auf *Datei hinzufügen*, suchen Sie auf Ihrem PC die abgespeicherte Datei aus und fügen Sie sie in die Mediathek ein. Geben Sie der Datei einen sinnvollen Namen, der möglichst nur aus kleinen Buchstaben besteht. Achten Sie darauf, dass die Datei nicht zu groß ist.

Das Symbol für die PDF-Datei.

Geben Sie unter dem Bereich *Anhang-Details* einen Titel ein oder ändern Sie diesen. Legen Sie dann noch einen Text für die Beschriftung und die Beschreibung fest. Unter *Anzeige-Einstellungen für Anhänge* wählen Sie den Link zu der Datei aus. Klicken Sie dann auf den Button *In den Beitrag einfügen*.

Die PDF-Datei wird in WordPress hochgeladen und es erfolgt eine Verknüpfung im Beitrag mit dem Namen der PDF-Datei. Wenn Sie den Link anklicken, wird eine Symbolleiste geöffnet.

Der Link zu der Datei.

Ein weiteres Symbolfenster wird geöffnet. Ein Klick auf *Übernehmen* aktiviert den Link. Ein weiterer Klick auf *Aktualisieren* aktiviert den Link zur Übernahme in die Seite und der Besucher kann ihn hier öffnen.

Der Link wird übernommen.

Die Einstellungen für den Download.

Sie können eine PDF-Datei auch mithilfe eines Plug-ins einrichten. Dafür ist das Tool *PDF24 Article To PDF* gut geeignet. Nach dessen Aktivierung wird in Ihrem Beitrag ein Fenster für die Eingabe der E-Mail-Adresse des Besuchers angezeigt. Wenn der Besucher die Adresse eingegeben und abgeschickt hat, wird aus dem Beitrag eine PDF-Datei erstellt und an die angegebene Adresse geschickt.

Es gibt noch weitere nützliche Dinge: Die Überschrift der PDF-Datei ist mit Ihrem Blog verlinkt und die Überschrift des Artikels in der Datei ebenfalls. Ein weiterer Vorteil: Die Leser, die eine Datei heruntergeladen haben, können diese weiter versenden. Das muss aber nicht immer ein Vorteil sein. Bei privaten Blogs sollen ja nur bestimmte Personen Zugriff haben, aber Sie wissen nicht, an wen diese dann die PDF-Datei weitersenden. Hier müssen Sie selbst entscheiden, was Sie tun.

Der Leser kann sich eine PDF-Datei senden lassen.

Das Plug-in *Print Friendly & PDF* eignet sich ebenfalls gut, um eine druckbare Ausgabe eines Artikels zu erstellen. Mit diesem Plug-in können Sie in einem Beitrag oder in einer Seite einen Button für das Drucken einfügen. Deaktivieren Sie vor der Verwendung andere PDF-Plug-ins. Nach der Installation und Aktivierung wird im Menü *Einstellungen* ein Untermenü für das Plug-in angelegt. Von hier aus können Sie den Einstellungsbereich öffnen.

In den Einstellungen des Tools können Sie festlegen, was für ein Text neben dem Drucksymbol zu sehen sein soll. Die Farbe und die Schriftgröße dieses Textes können Sie ebenfalls bestimmen. Sogar eine eigene Grafik kann als Drucksymbol verwendet werden.

Der Weg zum Plug-in.

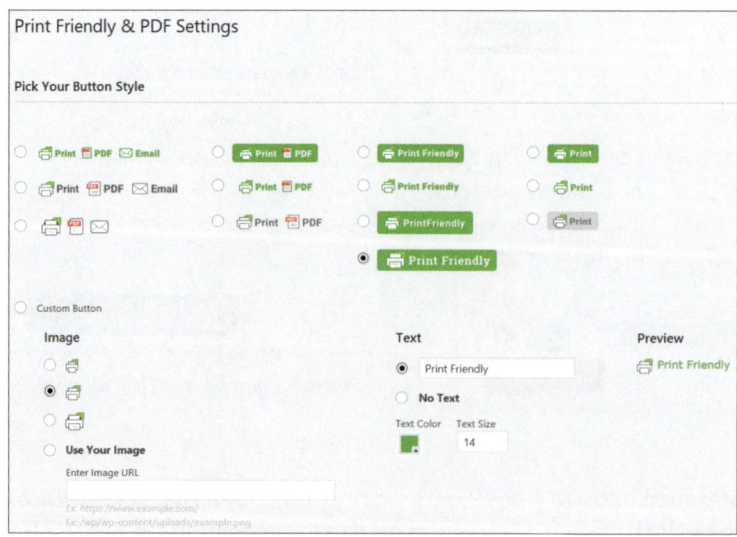

Einige der Einstellungsmöglichkeiten des Plug-ins.

Die Verwendung von PDF-Dateien

Die Platzierung des Symbols kann ebenfalls frei entschieden werden. Es kann unter allen Beiträgen und Seiten veröffentlicht werden oder nur auf bestimmten. Eine gute und auffällige Platzierung befindet sich neben den Social-Media-Buttons.

An dieser Stelle fällt das Drucken-Symbol gut auf.

Wenn der Leser auf den Button klickt, öffnet sich ein Fenster, in dem er einige Highlights findet: Er kann vor dem Ausdruck eines Artikels die Bilder entfernen, die darin enthalten sind, und auch bestimmte Textbereiche löschen, die er nicht benötigt. Dazu muss er lediglich den Text mit dem Mauszeiger berühren und dann auf den Link *Klicken um zu Löschen* klicken.

Außerdem kann er einen Beitrag direkt von hier aus an sich selbst oder an eine andere E-Mail-Adresse senden. Er kann ihn auch als PDF-Datei auf seinem PC abspeichern und dort zum Lesen öffnen oder als PDF-Datei weiter versenden.

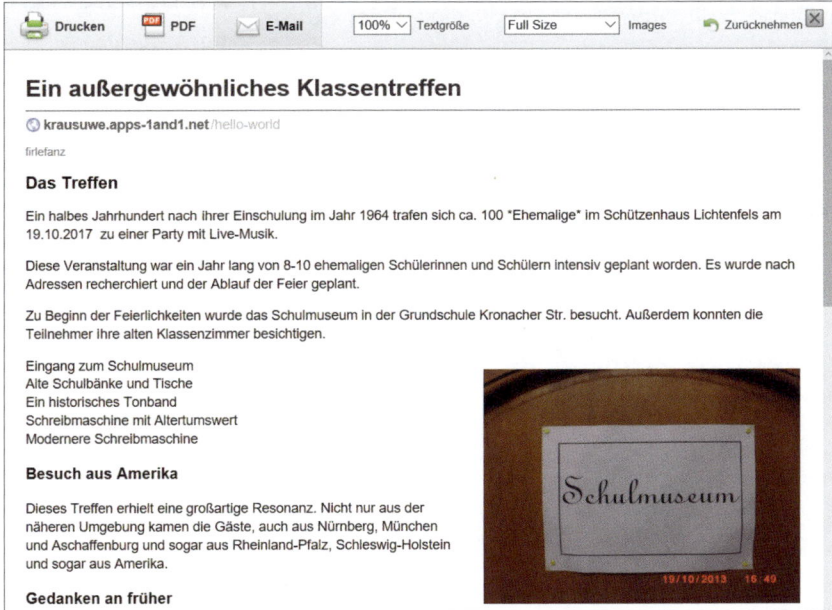

Die Anzeige des Textes für die weitere Verwendung.

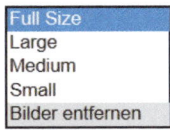 *Entfernen Sie die Bilder.*

Der Besucher kann Textabschnitte vor dem Druck löschen.

27.3 Tabellen

Über die Arbeit mit Tabellen habe ich in diesem Buch zwar schon geschrieben, aber da ich in diesem Blog auch eine Tabelle einfügen will und zur Wiederholung möchte ich Ihnen das Plug-in *TablePress* nicht vorenthalten. Mit ihm können Sie einfach und leicht verständlich Tabellen erzeugen, importieren oder exportieren. Nach der Installation und Aktivierung wird für *TablePress* ein eigenes Menü in der Sidebar angelegt. Über das Untermenü *Neue Tabelle* gelangen Sie in den Arbeitsbereich für das Anlegen einer Tabelle. Geben Sie den Namen der Tabelle und eine Beschreibung ein. Dann legen Sie noch die Größe fest und klicken auf den Button *Tabelle hinzufügen*.

Das Menü für das Tabellen-Plug-in.

Legen Sie eine neue Tabelle mit der benötigten Anzahl der Zeilen und Spalten an.

Sie erhalten jetzt Informationen über die neue Tabelle und der Tabelleninhalt wird angezeigt. Jede einzelne Zeile und Spalte lässt sich bequem per Drag-and-drop verschieben.

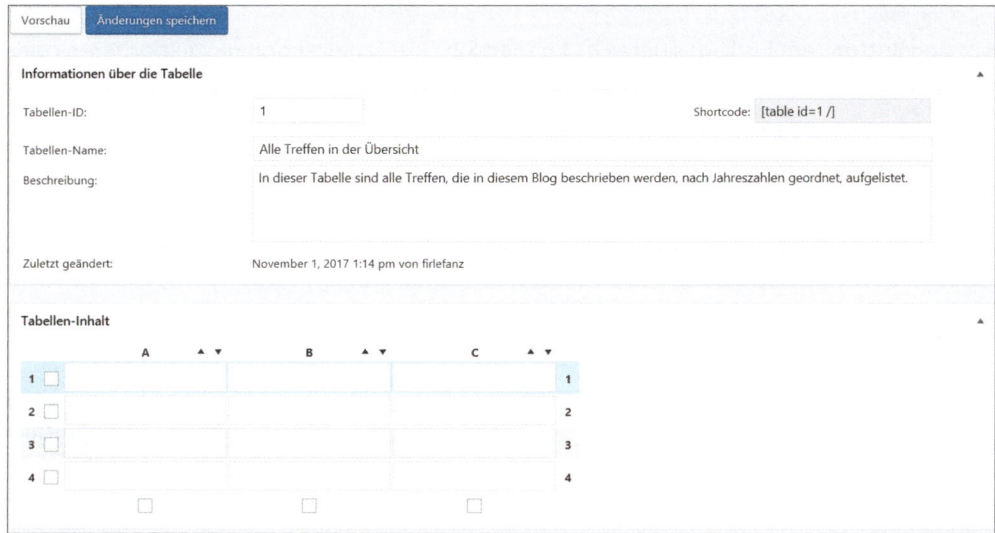

Die Infos über die Tabelle und die Ansicht über den Aufbau.

Geben Sie jetzt den Text in die Tabelle ein, indem Sie in das jeweilige Feld klicken, in das Text eingetragen werden soll.

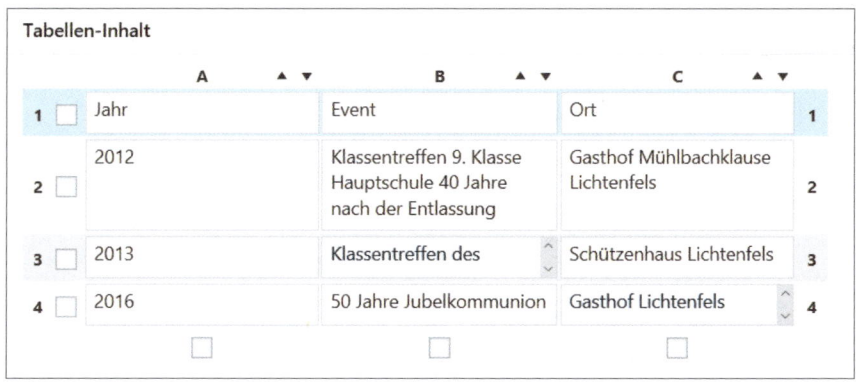

Die Tabelle ist mit Daten gefüllt.

Die Tabelle enthält eine Gliederungs- und eine Suchfunktion, das ist besonders bei Tabellen mit viel Inhalt nützlich. Sie können einen Link oder ein Bild in eine Spalte einfügen, einen Tabellenkopf und einen Tabellenfuß festlegen, die Hintergrundfarben aufeinanderfolgender Zeilen abwechseln lassen und eine Zeile farblich hervorheben, wenn man sie mit der Maus berührt.

27. Der private Blog

Dem Besucher können Sie ermöglichen, in der Tabelle zu sortieren oder zu filtern und zu blättern, wenn die Tabelle entsprechend lang ist. Falls die Tabelle ziemlich breit ist, können Sie auch ein horizontales Scrollen erlauben.

Mit den Buttons am Ende des Bereichs können Sie eine Tabelle kopieren, exportieren oder löschen. Speichern Sie alle Eingaben und Änderungen über den Button *Änderungen speichern* ab.

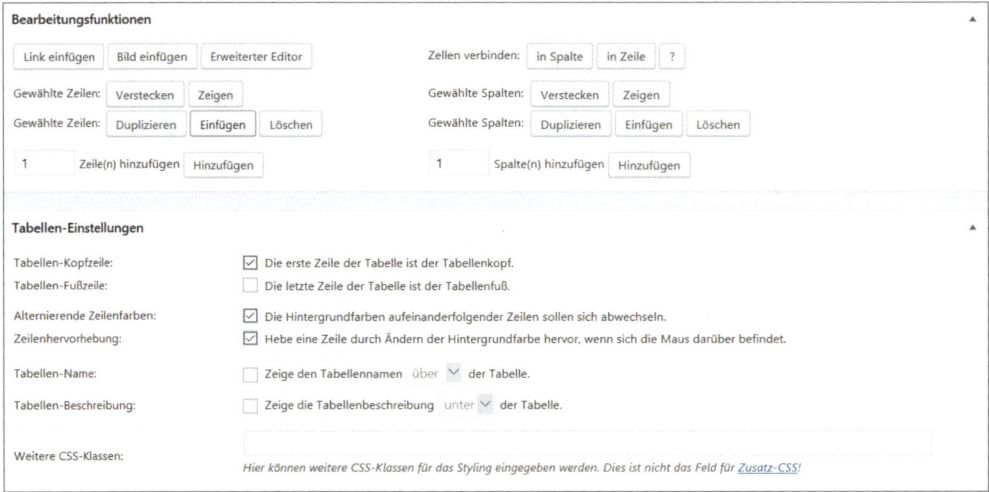

In diesem Bereich können Sie die Tabellen bearbeiten und einstellen.

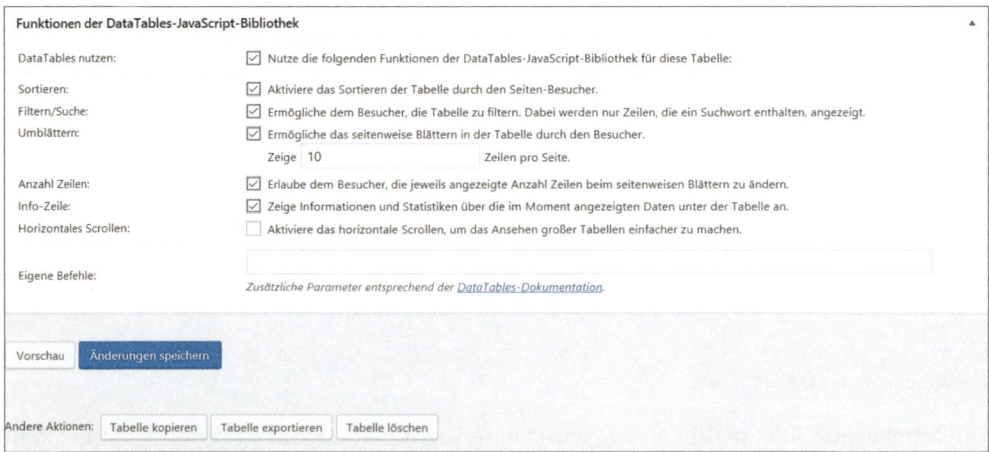

Legen Sie hier Optionen für den Besucher Ihrer Seite fest.

Um eine Tabelle in einen Beitrag oder in eine Seite einzufügen, setzen Sie den Cursor an die Stelle, an der die Tabelle erscheinen soll, und kopieren den Shortcode der Tabelle hinein. Den Shortcode finden Sie im Menü *TablePress/Alle Tabellen*.

`[table id=<ID> /`   *Der Shortcode der Tabelle.*

Nachdem der Shortcode an der gewünschten Stelle in der Seite oder im Beitrag platziert wurde, klicken Sie auf *Aktualisieren* und schauen sich die Tabelle dann in der Vorschau an.

Der Besucher kann nun über das Pull-down-Menü oben links auswählen, wie viele Einträge er sich anzeigen lassen will. Über die Suchfunktion kann er nach einem Begriff suchen. Das ist natürlich alles erst interessant, wenn die Tabelle umfangreicher geworden ist. Wenn man eine Zeile mit dem Cursor berührt, wird diese farblich hervorgehoben.

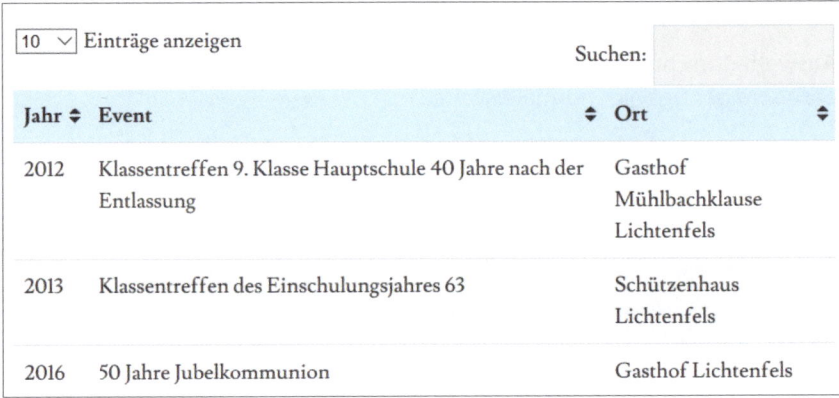

So schaut die Tabelle in der Vorschau aus.

27.4 Das Inhaltsverzeichnis

Bei umfangreicheren Blogs ist ein Inhaltsverzeichnis für den Besucher hilfreich, um einen Überblick über den gesamten Blog zu bekommen. Dafür kann das Plug-in *Table of Contents Plus* genutzt werden. Es erstellt aus den Überschriften automatisch ein Inhaltsverzeichnis. Damit wird es den Besuchern ermöglicht, schnell zu einem bestimmten Beitrag oder Absatz eines Beitrags zu gelangen, wenn der Beitrag recht lang ist. Die einzelnen Punkte des Inhaltsverzeichnisses werden auch in der Beschreibung der Suchmaschinen angezeigt, was wiederum zu mehr Bewegung auf Ihrem Blog führen kann.

Nach Installation und Aktivierung wird in der Sidebar unter dem Menü *Einstellungen* das Untermenü *TOC+* erzeugt. Von hier aus gelangen Sie in den Einstellungsbereich des Plug-ins.

Der Weg zum Inhaltsverzeichnis.

27. Der private Blog

Um ein Inhaltsverzeichnis zu erzeugen, müssen Sie festlegen, wie viele Überschriftenebenen das Inhaltsverzeichnis anzeigen soll. Da wir in diesem Blog nur zwei verwendet haben, genügt es, die Anzahl 2 einzugeben. Die Überschriften werden automatisch sortiert. Wenn Sie eine Überschrift H2 und H3 ausgewählt haben, wird H3 als Teilbereich von H2 eingetragen. Für die Überschriften müssen Sie ihnen natürlich bei der Texteingabe die entsprechenden Formate zugewiesen haben, sonst funktioniert das nicht mit dem Erstellen des Inhaltsverzeichnisses.

Nach dieser Auswahl entscheiden Sie, in welcher Größe das Inhaltsverzeichnis eingefügt werden soll. Die Auswahl *Standard* genügt hier normalerweise. Suchen Sie sich noch eine Darstellungsform für das Verzeichnis aus und klicken Sie auf *Einstellungen übernehmen*.

Nach dieser Auswahl entscheiden Sie, wo das Inhaltsverzeichnis eingefügt werden soll. Die Auswahl *Standard* genügt hier normalerweise.

Die Einstellungen für das Inhaltsverzeichnis.

Unter dem Bereich *Erweitert*, den Sie durch Klick auf den Link *anzeigen* öffnen, sehen Sie auch die verschiedenen *Überschriftenebenen*, die verwendet werden, wenn sie aktiviert sind.

Das Inhaltsverzeichnis

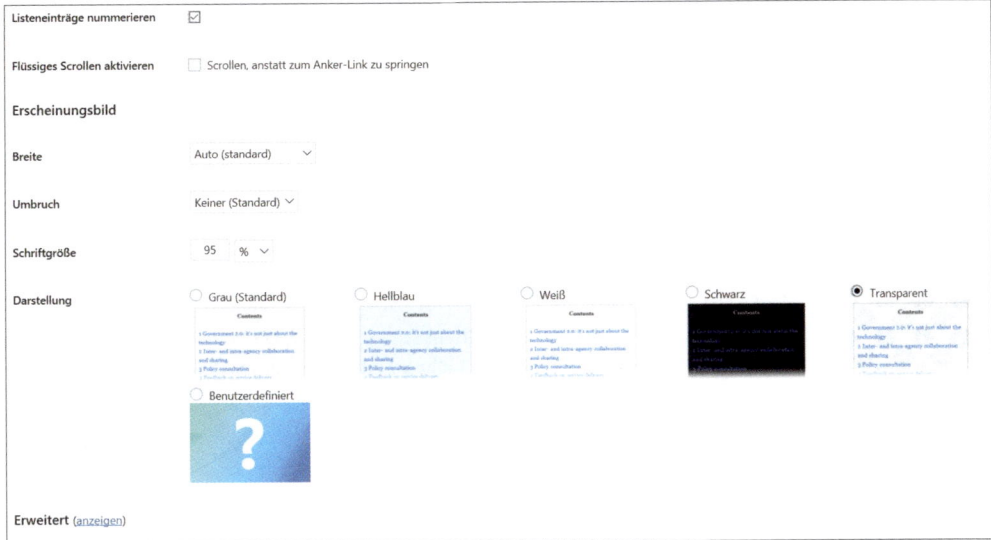

Eine Darstellungsform für das Inhaltsverzeichnis wurde ausgewählt.

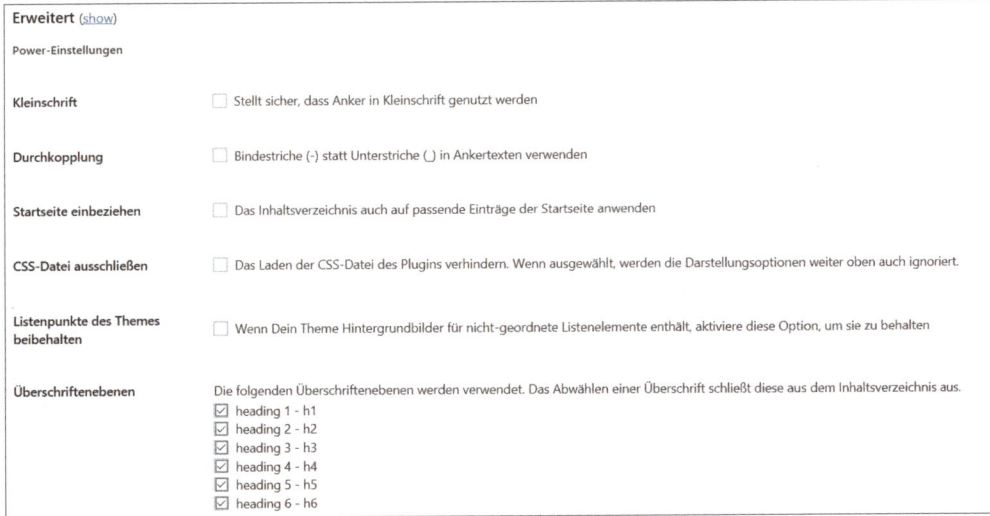

Die Einstellungsmöglichkeiten des erweiterten Bereichs.

Im Bereich *Benutzung* finden Sie einen Shortcode, mit dem Sie ein Inhaltsverzeichnis an der von Ihnen gewünschten Stelle platzieren können.

Mit dem Shortcode können Sie das Inhaltsverzeichnis an der gewünschten Stelle platzieren.

27. Der private Blog

Das erzeugte Inhaltsverzeichnis.   *Das ausgeblendete Verzeichnis.*

Wenn der Besucher auf den Link *hide* klickt, wird der Inhalt des Verzeichnisses ausgeblendet. Das ist besonders bei langen Inhaltsverzeichnissen sinnvoll, da der Beginn des Textes sonst erst mal gar nicht ersichtlich ist. Mit einem Klick auf *show* wird es wieder geöffnet.

27.5 Der Shortcode

Einen Shortcode haben Sie in diesem Buch bereits beim Einfügen des Kontaktformulars oder einer Tabelle und gerade beim Inhaltsverzeichnis kennengelernt. Mit dem Plug-in *Shortcode Ultimate* können Sie mithilfe der enthaltenen Shortcodes das Aussehen Ihrer Seite verbessern.

Nach der Installation und Aktivierung des Tools wird im WordPress-Editor ein zusätzliches Symbol erzeugt. Durch einen Klick darauf können Sie nun aus einer Sammlung von Dutzenden Shortcodes auswählen. Manche davon sind sehr einfach gehalten, aber trotzdem nützlich.

Über das Menü *Shortcodes/Available shortcodes* erhalten Sie eine Übersicht über alle Shortcodes in Symbolform und können sich zu jedem einzelnen eine Vorschau anzeigen lassen. Wenn Sie sich für einen entschieden haben, kopieren Sie ihn an die gewünschte Stelle in der Seite oder im Beitrag.

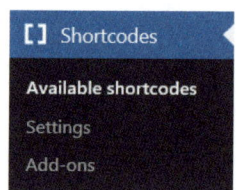

Wenn Sie auf den Button *Insert shortcode* im Editor klicken, wird Ihnen eine Übersicht aller vorhandenen Shortcodes in Textform angezeigt. Diese sind zusätzlich nach verschiedenen Themen gegliedert. Durch Klick auf eines der Shortcode-Symbole öffnen Sie dessen Bearbeitungsbereich und können Einstellungen vornehmen.

Der Weg zu den Shortcodes.

Probieren wir ein paar dieser kleinen Codes aus und beginnen mit *Header*. Damit lässt sich eine Kopfzeile in einen Text einfügen. Dieser Shortcode kann gut für Überschriften genutzt werden. Um einen Shortcode einzufügen, setzen Sie den Mauszeiger an die Stelle im Text, an der der Code eingefügt werden soll. Klicken Sie auf den Button *Insert shortcode* und wählen Sie dann in der Übersicht der Shortcodes den gewünschten aus, also in diesem Fall *Header*.

Der Shortcode

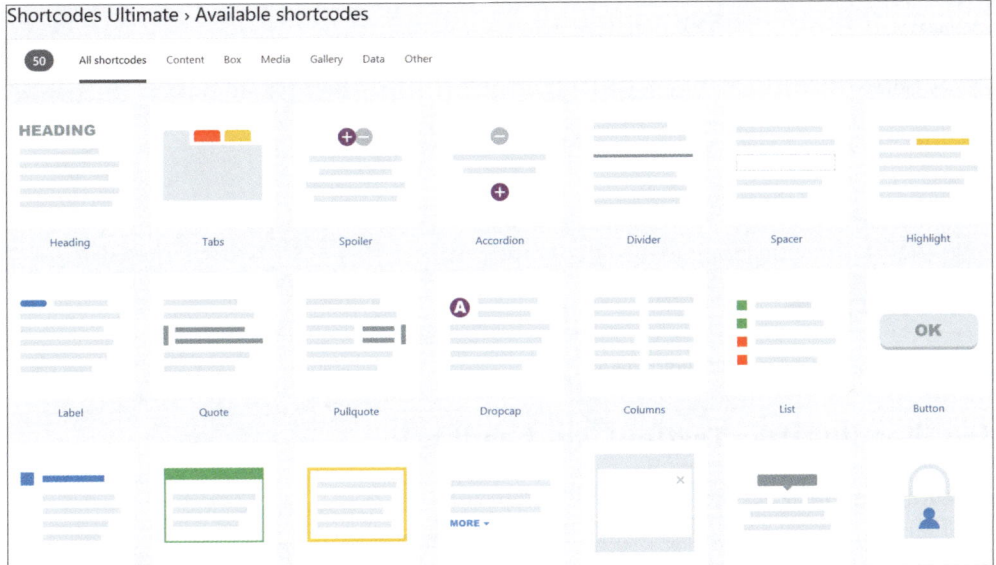

Die Shortcodes im Überblick.

Der Button zu den Shortcodes.

Geben Sie im Bereich *Content* den Text für die Überschrift ein. Über den Button *Live Preview* können Sie sich eine Vorschau anzeigen lassen. Bestätigen Sie mit *Insert shortcode*, um den Code in den Beitrag einzufügen. Klicken Sie auf *Aktualisieren*, um den Code abzuspeichern, und sehen Sie sich dann über die Vorschau das Ergebnis an.

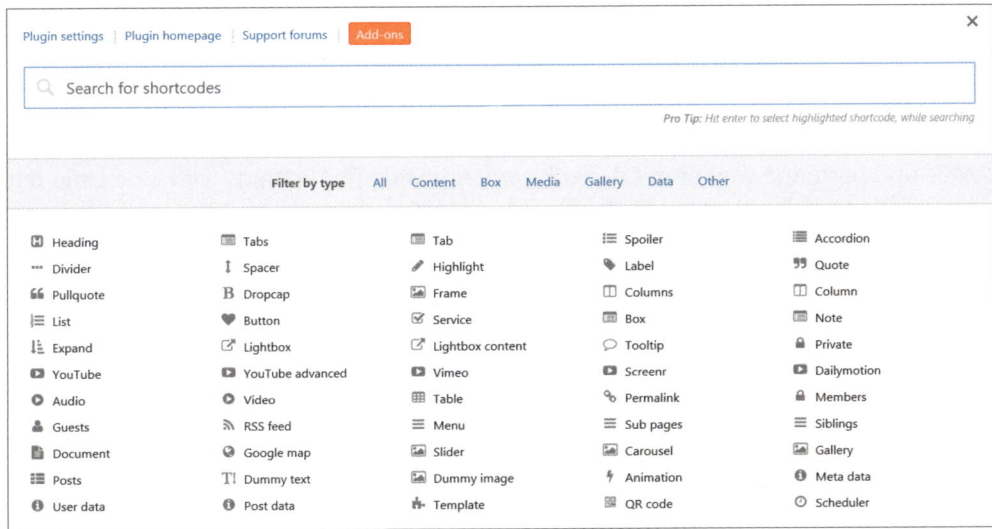

Die Übersicht über die Shortcodes in Textform.

Der Text für die Kopfzeile wurde eingegeben.

[su_heading]Das Treffen[/su_heading]

So sieht der eingefügte Shortcode aus.

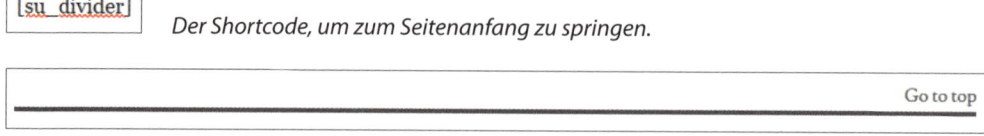

Die Überschrift in der Kopfzeile.

Ein weiterer interessanter Shortcode ist *Divider*, mit dem der Besucher vom Textende wieder zum Textanfang springen kann. Daher platziere ich diesen Shortcode am Ende des Textes und bestätige wieder mit *Aktualisieren*. Am Ende des Beitrags wird eine Linie mit dem Link *Go to top* erzeugt. Wenn der Besucher auf diesen Link klickt, kommt er wieder an den Beginn des Textes.

[su_divider]   *Der Shortcode, um zum Seitenanfang zu springen.*

———————————————————————————— Go to top

Von hier aus geht es direkt wieder nach oben.

Ebenfalls ein schöner Shortcode ist *pullquote*, mit dem man eine Überschrift seitlich, also links neben dem Text anzeigen lassen kann.

> **Das Treffen**
>
> Ein halbes Jahrhundert nach ihrer Einschulung im Jahr 1964 trafen sich ca. 100 *Ehemalige* im Schützenhaus Lichtenfels am 19.10.2017 zu einer Party mit Live-Musik.
>
> Diese Veranstaltung war ein Jahr lang von 8-10 ehemaligen Schülerinnen und Schülern intensiv geplant worden. Es wurde nach Adressen recherchiert und der Ablauf der Feier geplant.

Eine etwas andere Art für die Platzierung der Überschrift.

Auch der *Spoiler* ist erwähnenswert. Mit ihm können Sie Texte oder Bilder in einem Blogartikel verstecken. Markieren Sie den Beitrag im Text, der ausgeblendet werden soll, und aktivieren Sie den Spoiler. Weisen Sie ihm einen Namen zu und fügen Sie ihn in den Beitrag ein.

> Title
>
> Verborgener Text
>
> Text in spoiler title

Die Bezeichnung für den Spoiler.

Der Text wird zu Beginn und am Ende mit dem Code markiert. Klicken Sie auf *Aktualisieren*, um ihn in den Beitrag einzufügen.

> [su_spoiler title="Verborgener Text"]Zu Beginn der Feierlichkeiten wurde das Schulmuseum in der Grundschule Kronacher Str. besucht. Außerdem konnten die Teilnehmer ihre alten Klassenzimmer besichtigen.[/su_spoiler]

Die Markierung des Textes.

Im Beitrag wird dem Besucher jetzt das Spoiler-Symbol angezeigt. Wenn er es anklickt, wird der verborgene Text angezeigt und er kann ihn durch einen weiteren Klick auch wieder schließen. Der Besucher kann also selbst bestimmen, ob er Text oder Bild sehen will.

> — Verborgener Text
>
> Zu Beginn der Feierlichkeiten wurde das Schulmuseum in der Grundschule Kronacher Str. besucht. Außerdem konnten die Teilnehmer ihre alten Klassenzimmer besichtigen.

Die Anzeige des verborgenen Textes.

Wenn Sie möchten, probieren Sie noch andere Shortcodes aus. Alle zu beschreiben, würde den Umfang dieses Buches sprengen.

Einen kleinen Nachteil gibt es leider bei der Verwendung von Shortcodes. Wenn Sie das Theme Ihres Blogs wechseln, besteht die Möglichkeit, dass alle Shortcodes deaktiviert werden oder nicht mehr lesbar sind.

27.6 Caching

Für ein Caching des Blogs ist noch das Plug-in *Cache Enabler* empfehlenswert. Nach dessen Installation und Aktivierung wird ein Menüpunkt dafür unter dem Menü *Einstellungen* angelegt. Das Plug-in sorgt für eine Optimierung der Ladezeiten. Sie können zwischen zwei Cache-Methoden wählen: Datenbank oder Festplatte.

Für uns ist die Datenbank von Interesse, was Abfragen der Datenbank dann auf ein Minimum reduziert. Die Einstellungsmöglichkeiten sind zwar nur minimal, genügen aber vollkommen. Nach einem Caching werden die Ladezeiten einer Seite enorm reduziert.

Bevor ich das Plug-in aktiviere, führe ich erst einen Performance-Test mit *Pingdom* durch, um nach dem Caching zu sehen, was das Plug-in bewirkt hat. Dann aktiviere ich *Cache Enabler*.

Das Caching spielt sich im Hintergrund ab, Sie bemerken nichts davon. Nach dem Caching teste ich die Seite nochmals mit *Pingdom*.

Der Weg zum Caching.

Das Ergebnis: Die Ladezeit war zwar schon optimal, konnte aber nochmals um 1.177 ms verbessert werden. Die Schnelligkeit gegenüber anderen getesteten Seiten konnte um 3 % gesteigert werden.

Die Einstellungsmöglichkeiten des Plug-ins.

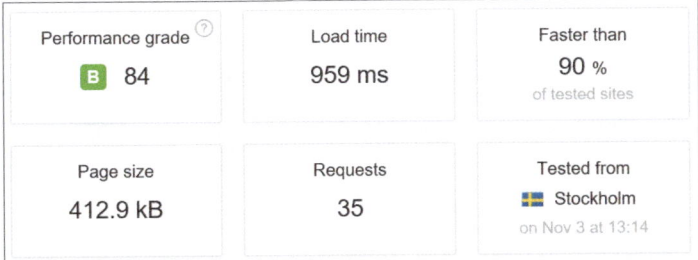

Die Werte vor dem Caching.

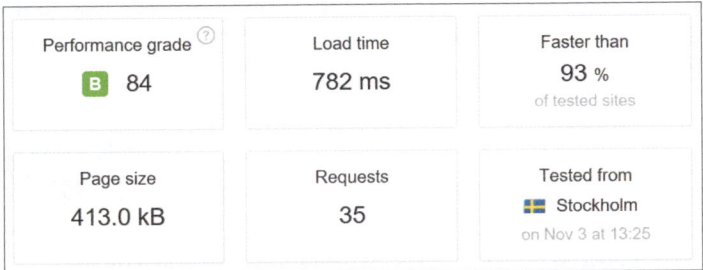

Die Werte nach dem Caching.

27.7 Reinigung

Im Laufe der Zeit sammelt sich in WordPress viel Müll an, der regelmäßig entfernt werden sollte. Dafür ist das Plug-in *WP-Sweep* gut geeignet. Es löscht Revisionen, Spam und gelöschte Beiträge. Der Ausdruck *sweep* ist gleichbedeutend mit »fegen«, also leer fegen. Sie können alles Überflüssige mit dem Plug-in löschen. Vorher sollten Sie aber ein Backup Ihrer Datenbank durchführen. Das Plug-in kündigt zwar alles vorher an, was es löschen will, meist unnötiges Zeug, aber sicher ist sicher.

Nach der Installation und Aktivierung ist das Menü für das Plug-in als Untermenü unter *Werkzeuge* zu finden. Von hier aus lässt sich das Arbeitsfenster starten, in dem Sie die vorher genannten drei Bereiche unter dem Abschnitt *Details* durch einen Klick auf den jeweiligen Button *Sweep* fegen können.

Der Weg zum Reinigen des Blogs.

Die drei Bereiche, die gereinigt werden können.

27.8 Veröffentlichungstermin eines Artikels

Ein Artikel muss nicht zwingend sofort veröffentlicht werden. Sie können auch festlegen, ab wann er im Netz sichtbar sein soll. Das hat den Vorteil, dass Sie keine Veröffentlichung vergessen und Ihre Gedanken nicht damit belastet sind, wann Sie welchen Artikel veröffentlichen wollen.

Wenn Ihr Artikel komplett fertig und überprüft ist, klicken Sie nicht wie gewohnt auf den Button *Veröffentlichen*, sondern im Bereich *Sofort veröffentlichen* auf den Link *Bearbeiten*. Bestimmen Sie ein Datum und eine Uhrzeit für die Veröffentlichung und bestätigen Sie mit *OK*. Klicken Sie dann auf den Button *Planen*. Damit ist der Vorgang abgeschlossen.

Ein Termin wird festgelegt und auch angezeigt.

28. Social Media

Im letzten Kapitel haben wir Social-Media-Buttons eingefügt. Jetzt wird es Zeit, näher auf dieses Medium einzugehen. Mittlerweile ist Social Media für Privatpersonen und für Firmen gleichermaßen interessant. Für privat, um aktuelle Infos schnell weiterzugeben, und für Firmen als Marketinginstrument. Die wichtigsten Plattformen möchte ich Ihnen nun vorstellen.

28.1 Facebook

Die am meisten verbreitete Social-Media-Plattform ist wohl Facebook. Wer Social-Media-Kanäle nutzen will, sollte es nicht unbeachtet lassen. Als angemeldeter Benutzer können Sie Mitteilungen veröffentlichen. Wer diese Inhalte einsehen kann, bestimmen Sie selbst. Auch ein kleiner privater Chat funktioniert über Facebook. Für Unternehmen gehört Facebook heutzutage zur Standardausrüstung, denn immer mehr potenzielle Kunden informieren sich über eine Firma bei Facebook.

Die Startseite von Facebook.

28.2 Google+

Mit Google+ bietet dieser Gigant ebenfalls ein soziales Netzwerk an. Auch hier kann man Beiträge teilen und auch kommentieren. Man kann Kontakte in Kategorien einteilen und so zielgerecht kommunizieren. Dieser Kanal hat sich allerdings im privaten Bereich noch nicht so etabliert wie Facebook, für Unternehmen ist es für den Bereich der Suchmaschinenoptimierung interessant, denn auf den eigenen Social-Media-Kanälen veröffentlichte Inhalte haben eine Ausnahmestellung bei den Suchmaschinen, wenn diese in ihren Kanälen suchen. Die Beiträge, die hier veröffentlicht wurden, zeigt Google separat in den Ergebnissen an. Dieser Kanal hat das Aussehen eines Blogs und genießt Vorrang bei der Indexierung.

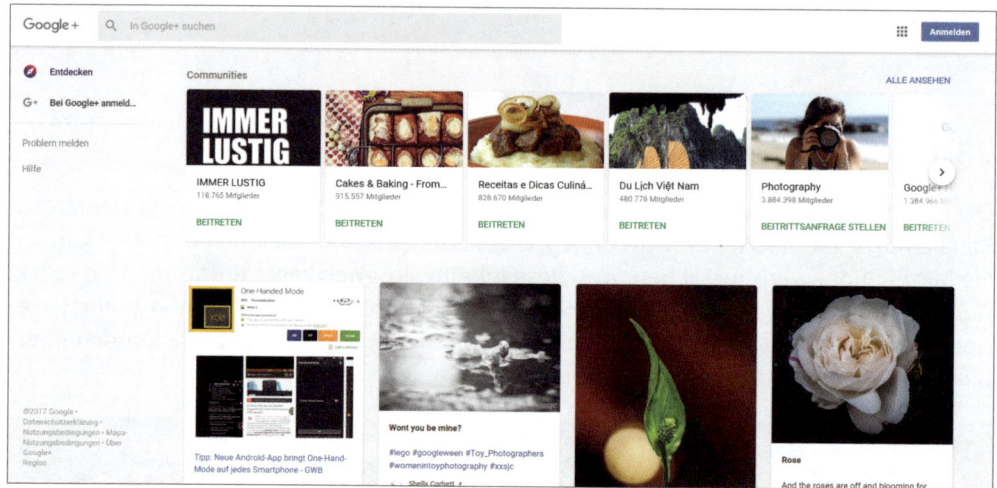

Die Meldungen auf der Startseite von Google+.

28.3 Instagram

Dieser Kanal gehört zu den sogenannten Bildnetzwerken. Hier steht das Sehen im Mittelpunkt, nicht das Lesen. Der Schwerpunkt liegt auf Fotos und Videos, Texte sind eher kurz.

Instagram ist der bekannteste Kanal für Fotos und Videos. Das liegt daran, dass hier andere Prioritäten als bei Facebook gesetzt werden. Hier steht das Bild eindeutig im Fokus. Viele Tools für die Bildbearbeitung kräftigen die Stellung von Instagram in diesem Bereich. Daher wird Instagram auch gern von Agenturen genutzt.

Bilder von Instagram haben in der Regel eine quadratische Form und einen starken Kontrast. Die Bilder können problemlos mit anderen Social-Media-Netzwerken geteilt werden.

Neu ist das Tool *Instagram Stories*, mit dem User Bilder und Videos zu einer Geschichte zusammenfügen können. Diese Geschichte ist aber nur kurz vorhanden, nach 24 Stunden wird das Ganze automatisch gelöscht. Dies erhöht das Interesse der Besucher, weil sie ja nur einen Tag Zeit haben, um sich die Mitteilung anzusehen.

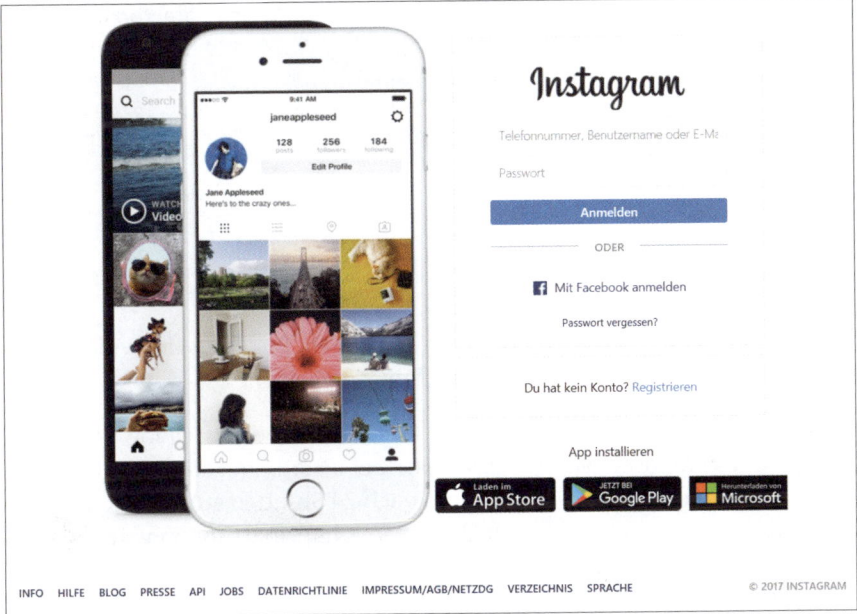

Der Anmeldebereich von Instagram.

28.4 Pinterest

Pinterest gehört ebenfalls zu den Bildnetzwerken und ist wie eine Pinnwand aufgebaut. Der Bereich Kommunikation ist hier nicht so stark ausgeprägt wie bei Facebook. Jeder Nutzer sammelt Bilder und Beiträge von anderen Nutzern auf seiner Pinnwand und kann diese nach Themen ordnen und jedem Thema einen eigenen Namen zuweisen.

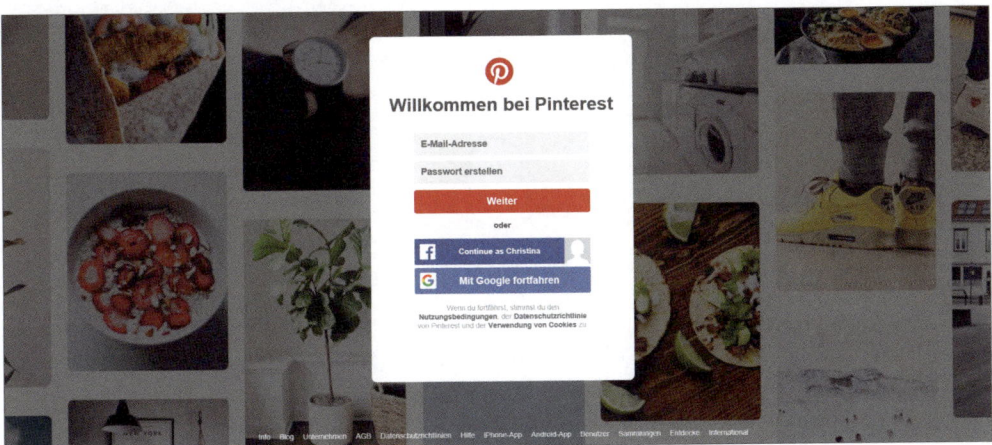

Die Plattform Pinterest begrüßt Sie.

Sie können selbst Bilder hochladen und auf Ihre Pinnwand laden oder die von den Pinnwänden anderer User verwenden. Immer auf dem aktuellen Stand bleiben Sie, wenn Sie andere Profile und deren Pinnwände regelmäßig ansehen.

Durch das Einfügen eines Follow-Buttons bekommt man immer die neuesten Infos der Personen, denen man folgt.

28.5   Snapchat

Auch Snapchat lässt sich unter den Bildnetzwerken einordnen. Die Fotos und Videos können zusätzlich mit Animationen oder Grafiken geschmückt werden.

Dabei gibt es hier eine Funktion, die verschickte Aufnahmen bereits einige Sekunden nach der Wiedergabe automatisch wieder löscht. Wie bei Instagram kann auch hier eine Geschichte veröffentlicht werden, die sich ebenfalls nach 24 Stunden automatisch wieder löscht. Auch Textnachrichten können verschickt werden. Chats in Gruppen von bis zu 16 Personen mit Bild und Ton sind möglich.

Dieser Kanal richtet sich hauptsächlich an die jugendliche Zielgruppe, die diese Plattform in Deutschland bekannt gemacht hat. Dies können sich auch Firmen zunutze machen, die bevorzugt an Jugendliche Produkte verkaufen wollen, denn die Nutzerzahl von Snapchat wächst mit rasanter Geschwindigkeit.

Um Snapchat zu nutzen, benötigt man ein Smartphone für die Anmeldung und die Nutzung.

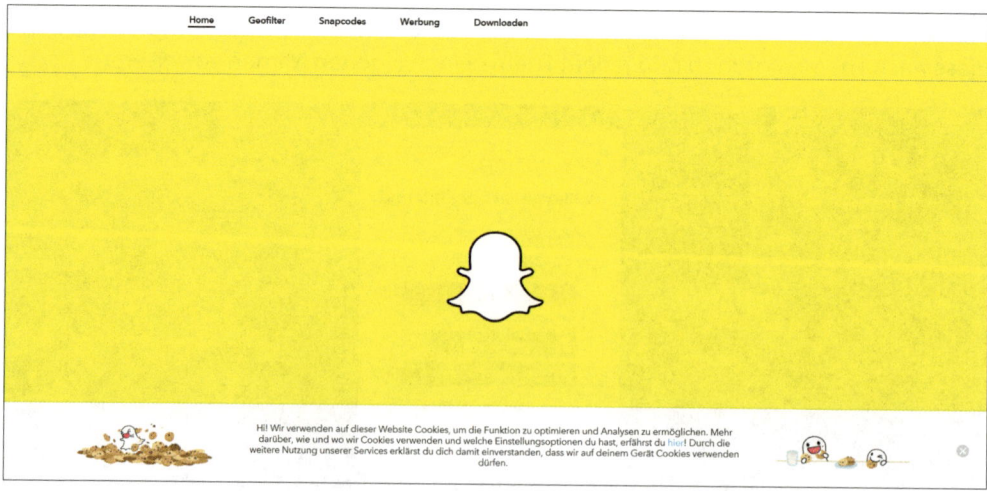

Die lustige Startseite von Snapchat.

28.6 Flickr

Dieser Kanal gehört zu den ältesten seiner Art. Bilder und Videos lassen sich hochladen, für die Videos können Sie Infos und Schlagwörter verwenden. Daten lassen sich archivieren und kommentieren und zwischen den Nutzern austauschen. Für PR-Aktionen, die Bilder von Produkten zeigen, kann Flickr gut genutzt werden. Mit einer speziellen Suchfunktion können Sie nach Bildern eines bestimmten Stils suchen.

Um nach Bildern zu suchen und sie anzusehen, müssen Sie sich nicht registrieren, für das Hochladen von Bildern schon. Die Suchmaschine Google zeigt Bilder von diesem Kanal bevorzugt an.

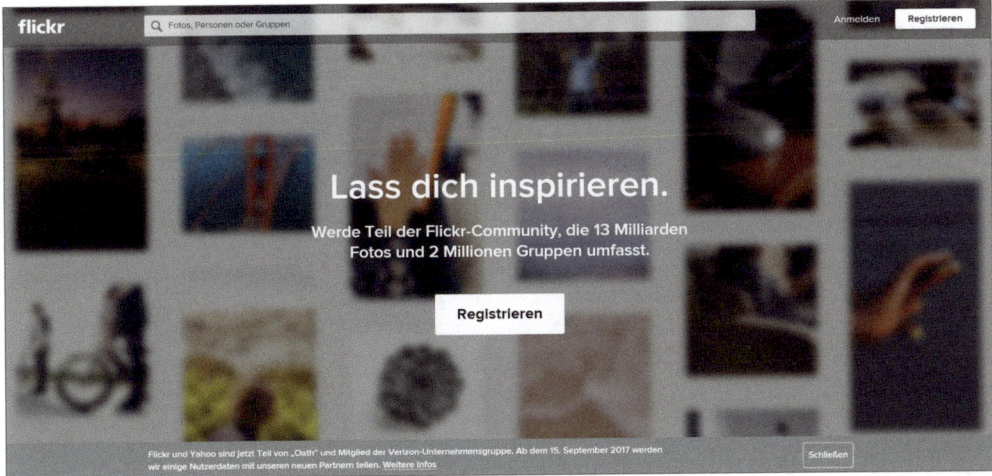

Das Netzwerk Flickr bietet Milliarden von Fotos.

28.7 Twitter

Der Nachrichtendienst Twitter gehört zu den Kanälen, die aus dem Blogging entstanden sind, dafür aber aktuell nicht mehr genutzt werden. Hier sind sowohl Unternehmen und Medien aktiv, um Neuigkeiten zu teilen, als auch Privatpersonen. Da es bei der Vielzahl an Tweets viele unwichtige Infos gibt, bietet Twitter eine Filterfunktion an.

Ähnlich wie bei Facebook sehen bei Twitter angemeldete Nutzer Inhalte auf ihrer Timeline. Auch nicht angemeldete Besucher können Inhalte einsehen. Für eine eigene Nutzung ist allerdings eine Anmeldung notwendig.

Die Abonnenten der Tweets nennt man Follower und sie wollen regelmäßig mit Neuheiten versorgt werden. Deshalb muss man auf diesem Kanal schnell reagieren.

Besonders bei Redakteuren ist Twitter wegen der schnellen Verbreitung täglicher Ereignisse so beliebt. Dabei sind Live-Berichte von Augenzeugen dramatischer Vorkommnisse besonders gefragt. Mittlerweile nutzen auch viele Prominente Twitter, um News über sich zu verbreiten.

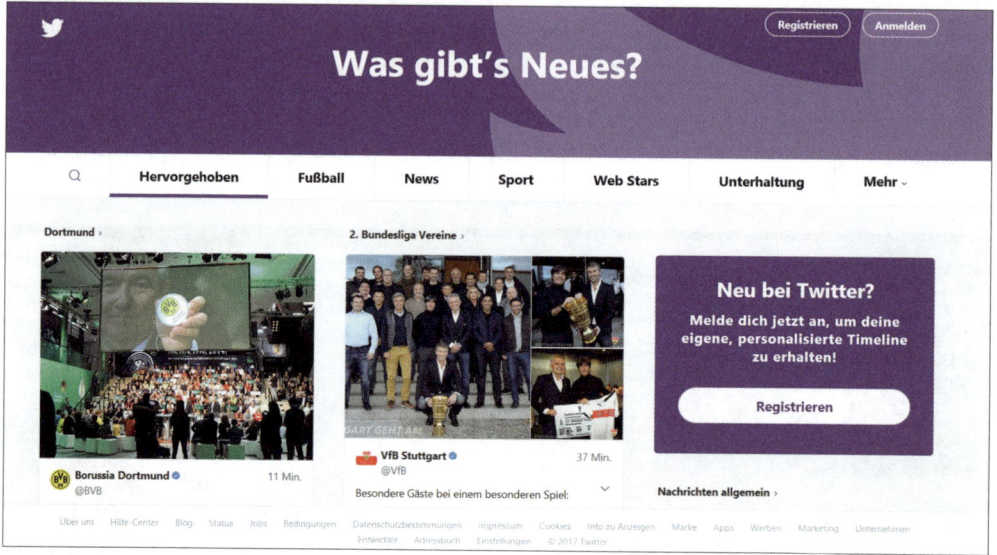

Bei Twitter geht es um kurze und schnelle Nachrichten.

28.8 Tumblr

Dieser Kanal gehört zu den klassischen Blogging-Plattformen. Tumblr wird überwiegend von der Jugend zum Kommunizieren und Teilen von Beiträgen genutzt, ist allerdings nicht so verbreitet wie etwa Twitter. Es stehen viele Tools zur Bearbeitung von Bildern und Videos zur Verfügung.

28.9 XING

XING gehört zu den professionellen sozialen Netzwerken und wird eher im beruflichen Bereich für die Jobsuche und die Verwaltung beruflicher Kontakte genutzt. Hier suchen auch Firmen nach Spezialisten innerhalb einer bestimmten Branche.

Wenn Sie angemeldet sind, können Sie berufliche und private Daten in ein Profil eintragen. Ein Profil in XING ist die Grundlage für die Stellensuche in Deutschland, Österreich und der Schweiz. Kontakte lassen sich in XING auch jederzeit wieder löschen.

Der ansprechende Startbildschirm von Tumblr.

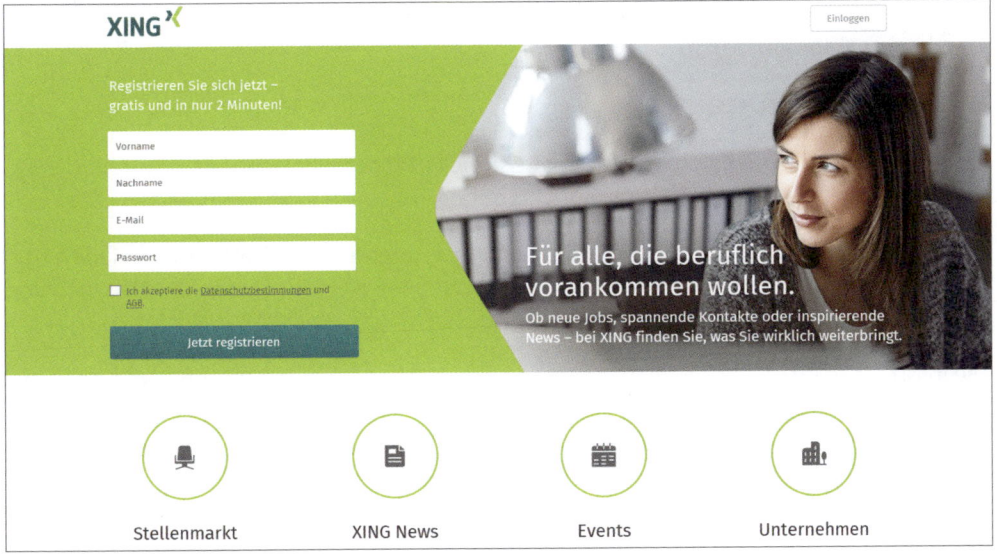
Das Netzwerk XING eignet sich gut für die Stellensuche.

28.10 LinkedIn

Dieses Netzwerk, das mittlerweile zum Microsoft-Konzern gehört, ist quasi die internationale Alternative zu XING. Es ist in drei Bereiche gegliedert, *Network*, *Opportunity* und *Knowledge*. Sicherlich ein interessantes Netzwerk, um Kontakte zu Firmen in der gesamten Welt aufzubauen.

28. Social Media

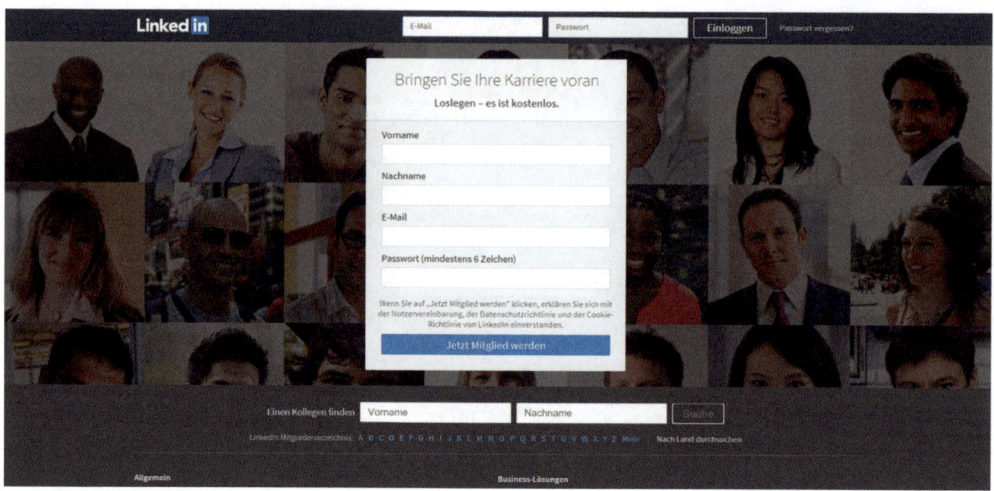

Das Netzwerk LinkedIn ist gut für weltweite geschäftliche Kontakte geeignet.

28.11 SlideShare

Dieses Netzwerk eignet sich gut für professionelle Präsentationen von Inhalten, die Firmen oder den eigenen Beruf betreffen und getauscht sowie archiviert werden können.

Diese Inhalte können aus PowerPoint, OpenOffice oder als PDF-Datei hochgeladen und als öffentlich einsehbar oder als privat gekennzeichnet werden. Sie lassen sich auch von Besuchern abrufen, die nicht angemeldet sind.

Die Informationen, die hochgeladen werden, können Leser bewerten und kommentieren.

28.12 YouTube

Der Videokanal YouTube ist mit Sicherheit der am stärksten genutzte Kanal in diesem Medienbereich. Hier zeigen Prominente und Unternehmen ihre Videos und erreichen damit hohe Abonnentenzahlen, einige durchbrechen sogar die Millionengrenze. Aber auch Privatpersonen können ihre Produktionen hochladen. Eine Anmeldung ist nicht nötig. Viele haben sogar eine Karriere durch YouTube gestartet.

Mittlerweile wird YouTube auch als Suchmaschine genutzt und wird nach Google am meisten für das Suchen aufgerufen.

Vimeo

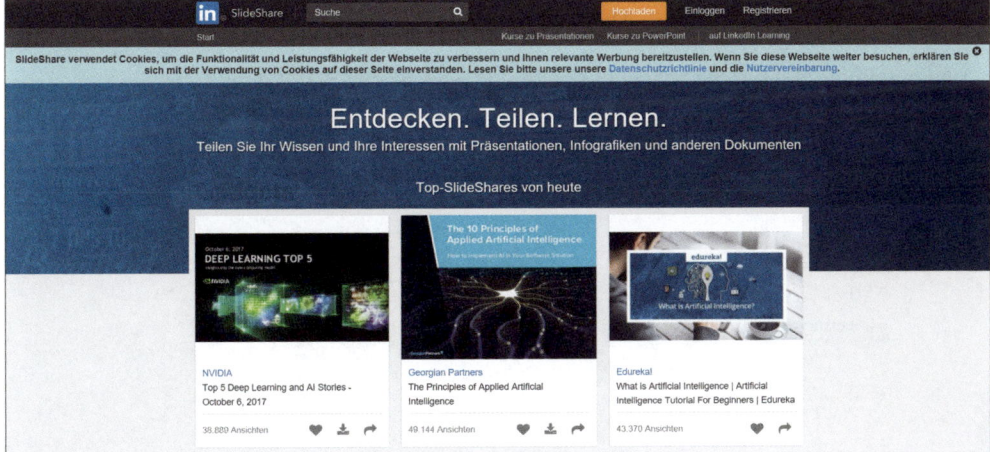

Der Kanal SlideShare glänzt durch Präsentationen.

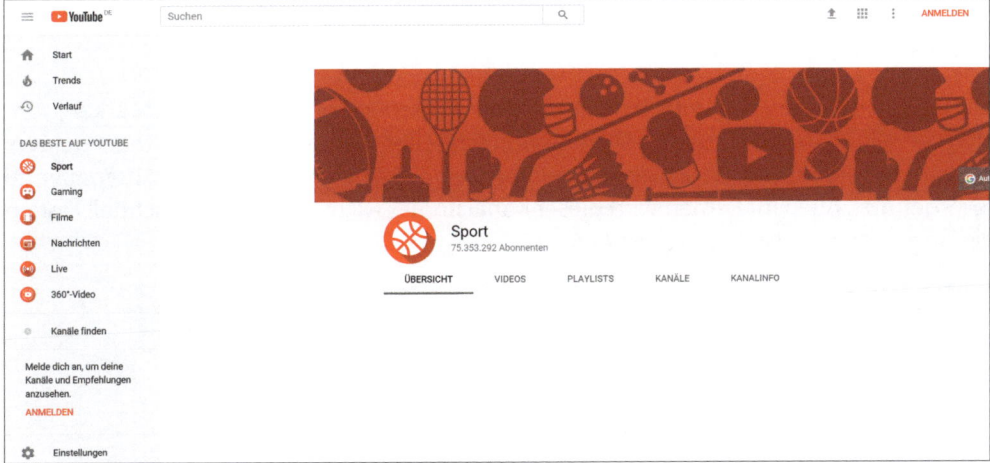

Der Videokanal YouTube dürfte wohl jedem bekannt sein.

28.13 Vimeo

Dieser Kanal ist ebenfalls eine Videoplattform, im Gegensatz zu YouTube allerdings nur für professionelle Aufnahmen. Videos mit schlechter Qualität wird man hier nicht finden. Alles ist übersichtlicher als bei YouTube und somit für den Nutzer einfacher zu handhaben. Jeder kann sich die Videos anschauen, aber nur wer angemeldet ist, kann sie bewerten und kommentieren.

28. Social Media

Der Kanal Vimeo steht für gehobene Ansprüche bereit.

28.14 WhatsApp

Dieser Bereich gehört eigentlich nicht zu den klassischen Social-Media-Netzwerken, sondern ist ein Instant-Messaging-Dienst zum schnellen Austausch von Textnachrichten, Bildern und Videos. Da das Ganze kostenlos ist, wird WhatsApp vor allem als Alternative zu SMS genutzt. Auch für Firmen wird dieser Kanal immer wichtiger, etwa um schnell Fragen zu Produkten beantworten zu können.

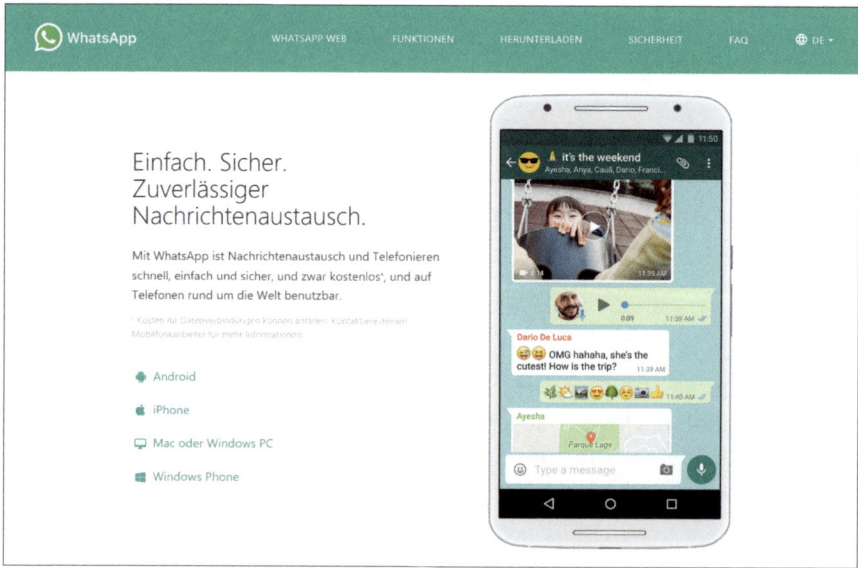

Das Neueste im Bereich Nachrichtenübermittlungen ist WhatsApp.

29. Einen Blog bekannt machen

Ein Blog ist erstellt, schaut gut aus und wurde veröffentlicht, aber leider kennt ihn niemand. Daher ist es ein wichtiges Ziel aller Blogger, ihren Blog bekannt zu machen. Im Internet gibt es unzählige Blogs, die in Konkurrenz zu Ihrem stehen. Selbst wenn der Inhalt Ihres Blogs von hoher Qualität ist, heißt das noch lange nicht, dass ihn jemand findet.

29.1 Blogparade

Sie können den Bekanntheitsgrad Ihres Blogs steigern, wenn Sie einen Artikel zu einem bestimmten Thema veröffentlichen und die Leser bitten, selbst einen Beitrag zu diesem Thema innerhalb einer bestimmten Zeit zu schreiben. Sie sollten natürlich auch selbst Artikel für andere Seiten verfassen, dieser sollte aber qualitativ besser sein als die anderen.

29.2 Blogroll

Bei einer Blogroll wird ein Blog, der dem Thema des eigenen gleichen sollte, verlinkt. Nehmen Sie Kontakt zu anderen Bloggern auf und bitten Sie diese, Ihren Blog in eine Blogroll zu integrieren. Entgegenkommenderweise müssen Sie dann natürlich ihre Blogs auch in Ihre Blogroll aufnehmen. Eine Blogroll müssen Sie dazu natürlich erst mal auf Ihrer Seite erstellen.

Um eine Blogroll einzurichten, müssen Sie nur im Menü *Design/Widgets* das Widget *Links* in die Sidebar ziehen.

29.3 Blogverzeichnisse

Das Eintragen Ihres Blogs in Blogverzeichnisse hilft dabei, seinen Bekanntheitsgrad zu steigern. Nachstehend beschreibe ich Ihnen zwei dieser Blogverzeichnisse näher.

Unter bloggen24.com können Sie Ihren Blog unter einer bestimmten Kategorie mit einer kurzen Beschreibung eintragen.

Eine weitere Möglichkeit, seinen Blog eintragen zu lassen, bietet die Seite bloggerei.de, die allerdings mehr Voraussetzungen für eine Aufnahme fordert.

29. Einen Blog bekannt machen

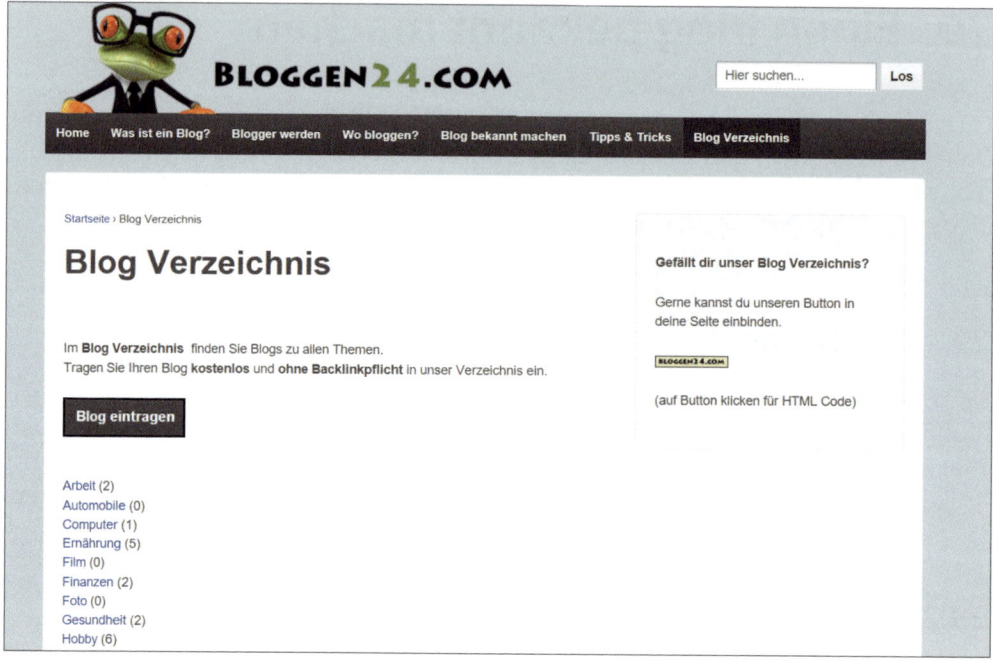

Melden Sie Ihren Blog in einem Verzeichnis an.

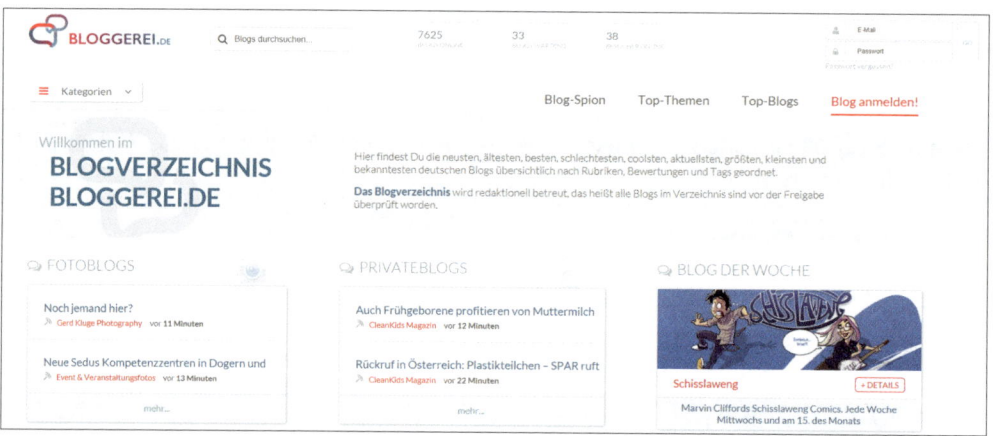

Hier ist die Anmeldung etwas zeitintensiver.

29.4 Downloads

Wenn Sie kostenlose Downloads auf Ihrem Blog anbieten, haben Sie ein weiteres Plus bei Ihren Lesern. Sie könnten ein E-Book als Download anbieten, das nicht unbedingt viel Umfang haben muss, da können schon 20 Seiten reichen.

Ein kostenloses E-Book ist auf jeden Fall gefragter als ein Artikel im Blog. Es ist auch möglich, mehrere Artikel, die bereits erschienen sind, zu einem E-Book zusammenzufassen; wenn diese schon älter sind, sollten sie allerdings vorher nochmals überarbeitet werden.

29.5   Foren

Die vielen Foren im Netz sind trotz Social-Media-Kanälen immer noch gut besucht. Daher sollten Sie sich regelmäßig in Foren bewegen und Ihre Meinung zum Besten geben. Suchen Sie sich eine bestimmte Zielgruppe aus und geben Sie in einem passenden Forum Ihren Text mit Ihrer Signatur und einem Link zu Ihrem Blog ein. Verfassen Sie nur Texte, die anderen weiterhelfen, und halten Sie sich mit Werbung für Ihren Blog zurück.

29.6   Gastartikel

Ebenfalls wichtig sind Artikel auf Ihrer Seite von anderen Bloggern, die sich bereits einen Namen in der Blogger-Szene gemacht haben. Bitten Sie diese, einen Artikel für Ihre Seite zu schreiben, und veröffentlichen Sie ihn. Umgekehrt können Sie natürlich auch Artikel anbieten, um sie auf bekannten Seiten zu publizieren und die Reichweite dieses Blogs zu nutzen. Das Thema, über das geschrieben wird, sollte natürlich zum eigenen und zu den anderen Blogs passen. Wenn über Ihren Artikel, der auf anderen Blogs steht, ein Link zu Ihrem eigenen gesetzt wird, kann das Ihren Bekanntheitsgrad erheblich steigern.

Außerdem wird der andere Blogger Ihren Artikel auf seinem Netzwerk an Facebook und andere Kanäle weitergeben und dadurch dafür sorgen, dass Sie weitere Klicks erhalten.

29.7   Permalinks

Ein Permalink ist die URL, unter der Ihr Artikel gespeichert wird. Die Einstellungsmöglichkeiten für Permalinks finden Sie im Menü *Einstellungen/Permalinks*. Wenn Ihr Beitrag kurz vor der Veröffentlichung steht, vergessen Sie den Permalink nicht. Im Permalink sollte immer möglichst ein Keyword aus dem Titel enthalten sein. Die Struktur der Permalinks muss richtig eingestellt sein. Ausführliche Informationen zu Permalinks finden Sie in Kapitel 17.6.

29.8   Social Networks

Die sozialen Netzwerke mit den bekannten Accounts von Facebook, Twitter und anderen helfen dabei, dass man auf Ihren Blog aufmerksam wird. Außerdem können Sie viele Leute über neu veröffentlichte Artikel informieren. Hier lässt sich über die verschiedenen Kanäle ein Netzwerk aufbauen und die Leser vermehren sich.

29. Einen Blog bekannt machen

Beginnen wir mit Facebook, dem größten sozialen Netzwerk der Welt. Mit diesem Kanal können Sie Ihre Besucherzahlen um eine drei- oder sogar vierstellige Prozentzahl steigern. Voraussetzung ist natürlich erst mal eine eigene Facebook-Seite.

Erzeugen Sie in dieser eine Fanpage, indem Sie auf Ihrem Profil den Link *Seite erstellen* anklicken. Wählen Sie dann aus den verschiedenen Kategorien unter *Marke* oder *Produkt* die Kategorie *Webseite*. Geben Sie hier den Namen Ihres Blogs ein und richten Sie die Fanpage ein, indem Sie die Beschreibung ausfüllen, einen Link zu Ihrem Blog erzeugen und Ihr Profil sowie ein Titelbild hochladen.

Auch durch die Teilnahme an Facebook-Gruppen wird die Bekanntheit Ihres Blogs gesteigert, denn andere Blogger werden Ihre Beiträge teilen und verlinken. Neue Beiträge sind relativ schnell gepostet, und das verursacht auch keine Kosten. Schicken Sie neue Beiträge idealerweise wochentags von Montag bis Donnerstag zwischen 7 und 9 Uhr und am Abend zwischen 18 und 20 Uhr, denn zu diesen Zeiten sind normalerweise viele Leute im Netz unterwegs. Beachten Sie aber immer die Regeln einer Gruppe. Posten Sie verschiedene Beiträge in einer Woche und testen Sie, welche am besten angenommen werden. Natürlich sollten Sie auch selbst andere Beiträge teilen. Besonders bei Facebook beschäftigen sich viele User mit dem Thema Bloggen und WordPress.

Weiter geht es mit Twitter. Melden Sie sich auch hier an und twittern Sie Ihre Beiträge mit Hashtags, das sind Schlagwörter, die mit dem Rautezeichen # ausgestattet sind. Über diese Hashtags sprechen Sie dann auch andere an, die am gleichen Thema Interesse haben.

Mit Pinterest steht ein weiterer Kanal zur Verfügung. Wenn Sie in Pinterest Pinnwände erzeugen, benennen Sie diese am besten wie die Keywords in Ihrem Blog, denn dann wird von Pinterest ein Permalink mit diesem Keyword erzeugt und es erfolgt auch ein Ranking in Google. Außerdem kann man auf Pinterest auch eine Fangemeinde aufbauen.

Dann bietet sich auch noch bei Instagram ein Account an. Hier besteht die Möglichkeit, den Blog durch Fotos bekannt zu machen.

Nun noch ein paar Sätze zu YouTube. Die Veröffentlichung eines Videos über einen bestimmten Artikel kann Ihnen helfen, die Besucherzahlen Ihres Blogs zu steigern. Geben Sie dann aber bei dem Video auf jeden Fall einen Link zu Ihrer Seite an und fügen Sie diesen ganz oben ein.

Um ein Video auf Google hochzuladen, müssen Sie einen Kanal auf YouTube erstellen und dort den Link zu Ihrem Blog eingeben. Erwarten Sie aber nicht gleich Tausende von Zugriffen. Wenn Sie jedoch mehrere Videos hochladen und auf jedes dieser Videos greifen nur 50 Besucher in der Woche zu, dann sind das bei zehn Videos bereits 500 Besucher pro Woche und 2.000 im Monat.

29.9 Kommentare

Auch eine Kommentarfunktion auf Ihrem Blog ist eine sinnvolle Einrichtung für den Besucher. Sie sollten aber auch selbst möglichst viele Kommentare auf themenverwandten Seiten abgeben und einen Link zu Ihrem Blog in dem dafür vorgesehenen Feld einfügen.

29.10 Newsletter

Newsletter gehören eigentlich schon zu den Oldies in der modernen Welt des Internets. Trotzdem sind sie immer noch sinnvoll, denn Sie bekommen die E-Mail-Adresse des Lesers und können ihn dann auch direkt ansprechen. Newsletter erinnern den Abonnenten, Ihre Seite mal wieder zu besuchen.

Wenn Sie den Newsletter-Service anbieten, sollten Sie die Newsletter auch mit einer gewissen Regelmäßigkeit verschicken. Mit Newslettern können Sie gute Erfolge erzielen, aber unbedingt notwendig sind sie nicht.

29.11 Problemlösungen

Die Artikel in Ihrem Blog sollten Menschen weiterhelfen können. Suchen Sie sich einen Fachbereich, in dem Sie sich gut auskennen, und schreiben Sie darüber Artikel. Wenn diese qualifiziert sind, dann werden sich Ihre Besucherzahlen bald vermehren.

29.12 Veröffentlichungen

Eine weitere Möglichkeit, Ihren Blog bekannter zu machen, ist das regelmäßige Veröffentlichen von Artikeln, am besten alle 14 Tage einen neuen. Artikel, die Sie veröffentlichen, sollten idealerweise an die 500 Wörter haben. Beiträge mit weniger als 500 Wörtern lohnen sich nicht für eine Veröffentlichung.

Artikelserien sind sehr beliebt und sorgen für Wiederkehrer auf Ihrer Seite. Beginnen Sie die Serie zu einem bestimmten Thema mit einem Einstiegsartikel und weisen Sie hier schon bereits auf die Titel der nächsten Artikel in dieser Serie hin.

30. Mit Bloggen Geld verdienen

Wenn Sie mit dem Bloggen ein Nebeneinkommen erzielen wollen oder gar davon leben wollen, dann ist eine langfristige Planung und eine große Motivation sowie viel Wissen über verschiedene Themen unerlässlich.

Es lohnt sich jederzeit, Blogs zu schreiben, denn immer mehr Menschen greifen auf die digitalen Medien zurück, um sich zu informieren. Im Internet kann man sich 24 Stunden am Tag bewegen und nach Infos suchen. Die Auswahl der Themen ist unbegrenzt.

Suchen Sie sich interessante Themen aus. Ein lokaler Blog kann viele Besucher und Stammleser bringen, denn wer sich einmal über seine Heimatstadt informiert, wird es immer wieder tun.

Sie können über Vereine und Feste berichten oder über bestimmte Personen, die etwas Besonderes geleistet haben, wie Sportler, die eine Meisterschaft gewonnen haben, oder Autoren, die einen Preis für ihr Buch bekommen haben.

30.1 Ziele setzen

Als Profi-Blogger müssen Sie sich kurzfristige und langfristige Ziele setzen. Übertreiben Sie es nicht bei der Anzahl der Artikel, die Sie planen. Ein guter Maßstab für einen neuen Blogger, der erfolgreich sein will, sind im ersten Jahr zwei Artikel im Monat, abzüglich acht Wochen für Urlaub bzw. Zeit für Recherche ergibt das 20 Artikel pro Jahr.

Das kurzfristige Ziel ist also, zwei Artikel im Monat zu schreiben, und das langfristige Ziel 20 im Jahr. Wenn Sie nach einem Jahr merken, dass die ganze Sache was bringt, können Sie auf einen Artikel pro Monat übergehen; abzüglich zwei Wochen Urlaub ergibt das 50 Artikel im zweiten Jahr. Sie haben also nach zwei Jahren 70 Artikel geschafft.

Denken Sie daran, dass Sie sich um die Blogs auch kümmern müssen, indem Sie Fragen beantworten, Fehler verbessern und vielleicht den Blog erweitern. Legen Sie auch immer einen Tag fest, an dem Sie Ihren Artikel veröffentlichen, denn ein gewisses Maß an Druck ist nötig, um erfolgreich zu werden. Die vorgeschlagene Anzahl von Blogs gilt nur für diejenigen, die beruflich bloggen wollen.

Schreiben Sie zu festen Zeiten und dann auch nur maximal eine Stunde. Das können Sie auch mehrmals am Tag tun, aber halten Sie diese eine Stunde ein, weil Sie sich nach dem Ablauf einer Stunde erfahrungsgemäß nicht mehr gut konzentrieren und dann voraussichtlich keinen guten Text mehr verfassen können.

Ziele sind gut für die Planung und motivieren Sie immer wieder aufs Neue. Manchmal kann es sein, dass Sie ein Ziel nicht erreichen, aber das ist ganz normal, machen Sie sich darüber nicht zu viele Gedanken und versuchen Sie, so viele Ziele wie möglich zu erreichen.

Schreiben Sie für jeden Monat des Jahres die Blogs auf, die Sie in diesem Monat schreiben und veröffentlichen wollen, mit dem jeweiligen Veröffentlichungstermin, und versuchen Sie, sich daran zu halten.

30.2 Schreiben

Um mit dem Bloggen Geld zu verdienen, müssen Sie regelmäßig schreiben und natürlich auch veröffentlichen, denn viele Artikel bringen auch viele Besucher. Außerdem erwarten die meisten Stammgäste Ihrer Seite regelmäßig Neues.

Regelmäßiges Schreiben bringt Ihnen auch viel Erfahrung und Sie benötigen für jeden neuen Artikel weniger Zeitaufwand. Viel zu schreiben kann aber auch stressig werden, vor allem, wenn man dies nebenbei tut. Das kann sich dann auch auf die Qualität Ihrer Artikel auswirken.

Bedenken Sie bitte auch, dass Sie viel Zeit zum Nachdenken und Recherchieren und natürlich auch zum Schreiben einplanen müssen. Wenn Sie viele Artikel veröffentlichen, besteht die Gefahr, dass Sie sich nicht mehr um jeden einzelnen Artikel intensiv kümmern können.

Wenn Sie von Ihren Blogs leben wollen, ist es wichtig, die Besucherzahlen zu steigern, das kann Ihnen mit vielen Blogs gelingen, aber auch nur mit wenigen, wenn es interessante Themen sind.

Denken Sie auch über Ihre Leser nach, was diesen wichtig sein könnte. Die einen wollen kurze Infos, die anderen lieber ausführliche, Sie müssen da eine gute Mischung finden.

Unter Zeitmangel sollten Sie auf keinen Fall leiden, wenn Sie viel schreiben wollen. Zeit kann man immer irgendwo einsparen. Entweder man verzichtet öfter auf den einen oder anderen Film im Fernsehen oder man schränkt das Surfen im Internet ein (natürlich nicht für die Recherche seiner Blogs). Oder man zweigt mal vom Schlaf die eine oder andere Stunde ab, steht mal eine Stunde früher auf oder geht eine Stunde später zu Bett, um zu schreiben.

Um vom Bloggen leben zu können, genügt es nicht, nur in der Freizeit zu schreiben, das ist ein Fulltime-Job. Neben einer normalen Berufstätigkeit ist das kaum möglich.

30.3 Affiliate-Programme

Vielleicht haben Sie den Begriff Affiliate schon einmal irgendwo gehört. Hier beschreiben Sie bestimmte Produkte und bauen dann Links zu dem Anbieter dieser Produkte in Ihren Blog ein. Das wohl bekannteste dieser Programme möchte ich hier als Beispiel beschreiben: das Amazon Partnerprogramm.

30. Mit Bloggen Geld verdienen

Am Amazon Partnerprogramm können Sie jederzeit mit Ihrer Seite teilnehmen. Sie müssen sich dafür unter https://partnernet.amazon.de/ anmelden und Ihre Daten und die Ihrer Seite angeben. Die Teilnahme am Partnerprogramm ist kostenlos.

Nach der Anmeldung erhalten Sie eine ID, die in jedem Link oder Werbebanner, den Sie irgendwann auf Ihrer Seite einfügen, integriert wird. Anhand dieser ID erkennt Amazon, welche Kunden über Ihre Seite zu Amazon gekommen sind. Wenn ein Besucher, der sich vorher über Ihre Seite zu Amazon verlinkt hat, etwas kauft, bekommen Sie Ihre Provision.

Da Amazon bekanntlich fast alles anbietet, können Sie für alles Mögliche werben und dabei auf den Inhalt Ihrer Artikel hinweisen. Wenn Sie einen Blog betreiben, in dem Sie Rezensionen für Bücher veröffentlichen, dann können Sie auf diese Bücher bei Amazon verlinken. Oder Sie stellen als Fachjournalist neue Software vor. Dann können Sie auch auf diese neue Version bei Amazon verlinken. Bei der Verwendung von Amazons Affiliate-Programm dürfte dieses eine genügen.

30.4 Books

Die digitalen Bücher eignen sich gut zum Anbieten auf Ihrem Blog. Ein derartiges Buch sollte sich natürlich an der Thematik des Blogs orientieren. Das Buch sollte die Artikel im Blog als Grundlage haben und alles natürlich noch viel ausführlicher beschreiben, dann werden die Leser auch auf das Buch zugreifen.

30.5 Backlinks

Mit dem Einfügen von Backlinks in Ihren Blog haben Sie eine weitere Einnahmequelle. Bei verschiedenen Anbietern können Sie sich Links vermitteln lassen. Pro Link können Sie etliche Euro im Monat bekommen. Dafür gibt es spezielle Portale, auf denen Sie sich mit Ihrer Seite anmelden können. Das Portal www.backlinkseller.de ist wohl das interessanteste, denn hier wird auf Ihrer Seite ein bestimmter Platz für Backlinks reserviert, die Werbeanzeigen erhalten. Das Portal platziert dann auf diesem Platz automatisch Anzeigen. Die Banner dieses Portals gibt es in unterschiedlichen Größen.

Backlinkseller arbeitet mit einem Pageranking, das die Popularität Ihrer Seite anzeigt, Ihre Seite muss einen Rank haben. Das Portal zahlt Ihnen 5 % aus den Einnahmen, die es durch die Platzierung der Backlinks auf Ihrer Seite erzielt.

Die Bewertung können Sie auf der Seite relevancerank.de herausfinden. Geben Sie dort im Eingabefeld die Domain Ihrer Seite ein und klicken Sie auf *Start*. Nach einigen Sekunden wird Ihnen der Wert angezeigt und auch die Positionen der einzelnen Seiten.

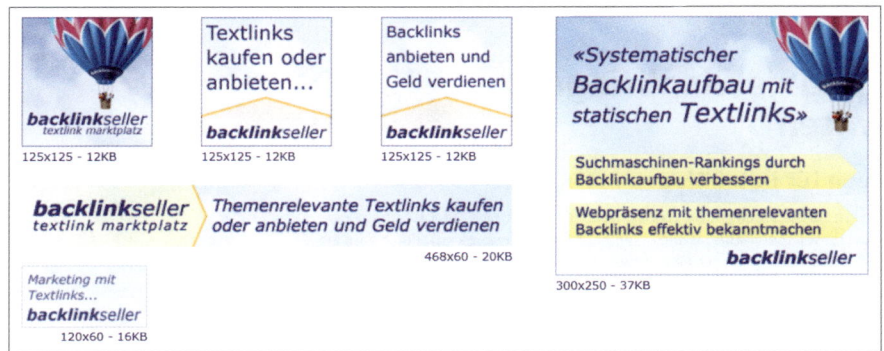

Die Auswahl der Banner in unterschiedlichen Größen.

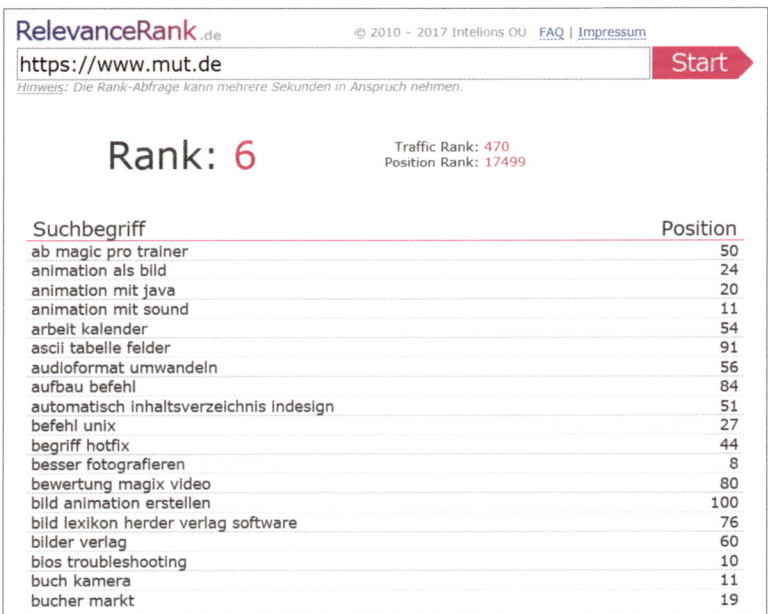

Der Wert einer Seite wurde gecheckt.

Für eine Anmeldung Ihres Blogs muss die Domain mindestens seit sechs Monaten online sein, gepflegt ausschauen und seriöse Inhalte haben. Außerdem muss die Seite PHP unterstützen, um einen PHP-Code einbauen zu können. Eine Impressum-Seite muss der Blog ebenfalls haben. Der Inhalt muss in deutscher Sprache sein und darf nicht gegen deutsches Recht verstoßen.

Bei der Plattform *Seading up* läuft das Ganze anders ab. Hier müssen Sie nach der Anmeldung warten, bis sich ein Auftraggeber bei Ihnen meldet. Sie können also selbst nicht aktiv werden.

Melden Sie sich als Publisher an.

Ein weiteres Portal in diesem Bereich ist *LinkLift*, das ebenfalls Links zum Einfügen in den Blog anbietet und für die Veröffentlichungen einen festen Geldbetrag pro Monat zahlt, unabhängig davon, wie viele Klicks getätigt wurden.

Eine andere Variante für Backlinks.

Aber auch in diesem Bereich sollten Sie es nicht übertreiben. Drei bis fünf dieser Links genügen, sonst ist Ihr Blog irgendwann mit Links gespickt und lenkt den Besucher von Ihrem eigenen Blog ab. Außerdem schaden zu viele Werbeanzeigen dem Ranking Ihres Blogs.

30.6 Schreibaufträge

Wenn Sie gern schreiben, und das werden Sie als Blogger tun, sollten Sie mal überlegen, ob Sie nicht nur für Ihren eigenen Blog, sondern auch für andere Blogs schreiben. Für Schreibaufträge gibt es etliche Anbieter im Internet. Von diesen erhalten Sie für einen Auftrag eine vorher vereinbarte Summe. Wenn der Blog, für den Sie schreiben, ziemlich bekannt ist und der Anbieter genug finanzielle Mittel zur Verfügung hat, können Sie im besten Fall mit einigen Hundert Euro rechnen. Das ist aber eher die Ausnahme von der Regel und wird auch nur passieren, wenn Sie sich bereits einen Namen gemacht haben. Normalerweise erhalten Sie zwischen 20 und 50 Euro, je nach Textumfang. Die Schreibaufträge werden von Portalen im Internet angeboten, auf denen Sie sich als der Betreiber eines Blogs und die Auftraggeber kostenlos anmelden können. Die Auftraggeber bieten dann auf diesem Portal Schreibaufträge zu allen möglichen Themen an.

Meist ist es dann so, dass Sie einen Link von Ihrem Blog aus zu dem Auftraggeber setzen müssen. Bei den Texten, die Sie schreiben sollen, handelt es sich in den meisten Fällen um Werbetexte. Diese sollten natürlich vom Inhalt her zu Ihrem Blog passen und von Ihnen auch als Werbung markiert werden. Ein sehr großes Angebot an Schreibaufträgen bietet *Blogmission*, das zuvor *Blogatus* und davor *Rankseller* hieß. Hier legen Sie den Preis für eine Veröffentlichung selbst fest.

Außerdem können Sie sich auf Kampagnen bewerben, die die Auftraggeber zur Verfügung stellen. Sie können gezielt nach Themen suchen, die Ihnen liegen, und sich mit Ihrem Blog bewerben.

Das Portal für Blogger und Auftraggeber.

Auch bei *RankSider* ist das Angebot ziemlich umfangreich. Hier läuft die Auftragsabwicklung ebenfalls über Kampagnen. Sie können aus dem Angebot einer dieser Kampagnen auswählen und ein Gebot abgeben. Die Höhe des Gebotes können Sie dabei selbst wählen. Wenn der Auftraggeber Ihr Gebot bestätigt, wird der Auftrag abgeschlossen und Sie erhalten den Betrag von *RankSider*.

Auch auf diesem Portal finden Sie Aufträge.

Ein weiterer Anbieter steht mit *Domainboosting* zur Verfügung. Melden Sie sich am besten bei allen an und auch noch bei weiteren, um die Chance auf einen Auftrag zu erhöhen. Bei diesem Anbieter gibt es drei verschiedene Vertriebswege: Der Blogger kann sich auf Angebote eines Auftraggebers direkt bewerben. Er kann aber auch die Directlinks nutzen. Bei dieser Variante muss sich der Blogger lediglich um das Recherchieren und Schreiben kümmern, für alles andere sorgt der Anbieter. Für die Nutzung der Directlinks müssen Sie Ihr Angebot auf dem Portal einstellen und einen Directlink erzeugen lassen und diesen dem Auftraggeber zusenden. Dieser sieht dann auf einen Blick alle wichtigen Infos und kann bei dem Portal das Angebot bestellen.

Ein weiteres Portal, das Bloggern zu Aufträgen verhilft.

Dann gibt es noch einen Marktplatz, auf dem alle angebotenen Seiten anonym mit einer Beschreibung angezeigt werden. Wenn Sie als Blogger nun eine Anfrage aus diesem Marktplatz erhalten, können Sie diese annehmen oder auch ablehnen.

Es kann sein, dass manche Auftraggeber auch Backlinks in den Texten zu den Auftraggebern haben wollen, und, wie bereits geschrieben, sind zu viele dieser Backlinks bei Google nicht gern gesehen. Eine gute Lösung wären hier Nofollow-Links, wenn diese angeboten werden.

30.7 Werbung

Eine weitere Möglichkeit, Einnahmen zu erzielen, ist das Einfügen von Werbebannern auf Ihrem Blog. Dafür muss Ihr Blog aber schon recht stark besucht werden. Das lohnt sich erst ab sechsstelligen Besucherzahlen, wir sprechen hier von einer Zahl ab 100.000. Das wird sich für die meisten Blogbetreiber nicht lohnen. Es gibt verschiedene Anbieter im Internet, die Werbung von Firmen für Ihren Blog anbieten.

Die Portale blogads.de, blogfoster.com und plista.com bieten Ihnen an, Werbung in Ihrem Blog zu integrieren, um damit Einkommen zu erzielen.

Falls Sie sich bei Google AdSense angemeldet haben, können Sie die angebotenen Texte und Grafikbuttons nach Ihren Wünschen gestalten und in Ihre Seite einfügen. Pro Seite Ihres Blogs dürfen Sie drei Werbeanzeigen einfügen. Wer dann auf Ihrer Seite wirbt, wissen Sie allerdings nicht, darauf haben Sie keinen Einfluss.

Für jeden Klick erhalten Sie Geld, der Betrag kann sich zwischen einigen Cent und mehreren Euro pro Klick bewegen. Klicken Sie auf keinen Fall selbst auf diese Buttons, denn dann kann Google AdSense das als Betrug ansehen und Sie vom Programm ausschließen.

Wenn Sie die Anzeigen auf Ihrem Blog platziert haben, sollten Sie sich diese auch ab und zu anschauen. Sie liefern manchmal Inspiration für neue Artikel.

30.8 VG Wort

Die VG Wort bietet Bloggern eine jährliche Vergütung für veröffentlichte Beiträge und PDFs an. Dafür müssen Sie lediglich einen Vertrag mit der Verwertungsgesellschaft Wort abschließen, der keine Kosten verursacht. Bis zum 1. Juli des Folgejahres können Sie dann alle Texte aus dem vorherigen Jahr melden, deren Urheber Sie sind. Im darauffolgenden Jahr bekommen Sie dann im Mai/Juni Ihren Anteil an der Ausschüttung überwiesen. Da kommen bei einer umfangreichen Artikelanzahl leicht ein paar Hunderter zusammen.

Bei den Meldungen ist es wichtig, die Zeichen eines einzelnen Beitrags mitzuteilen. Die Meldung kann auch online erfolgen. Dafür müssen Sie sich bei T.O.M. (Texte Online Melden) in VG Wort registrieren.

In Ihrem Text muss ein Zähler der VG Wort mit einer Nummer eingebaut sein. Die Nummern können Sie kostenlos bei der VG Wort anfordern. Sie erhalten pro Bestellung 100 Nummern und insgesamt 1.000 je Person. Sie können aber auch darüber hinaus Zählmarken auf Antrag erhalten. Die Nummern sollten Sie als CSV- oder PDF-Dateien downloaden.

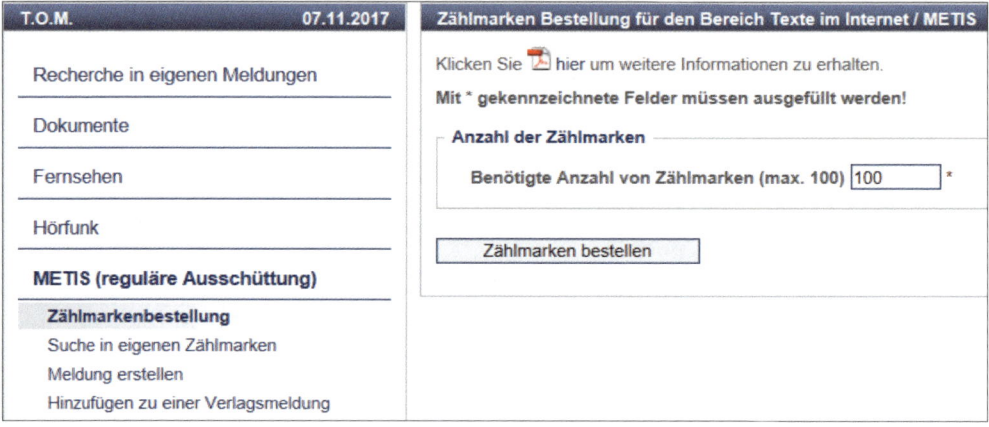

Hier werden die Zählmarken bestellt.

Entscheiden Sie, welche Art von Datei Sie wollen.

Jede Zählmarke besteht aus drei verschiedenen Zahlen: dem HTML-Code, dem PDF-Code und einem privaten Identifikationscode. Diesen benötigen Sie zunächst nicht, erst wenn Sie Ihre Texte bei VG Wort melden.

Die Zählmarken fügen Sie an einer von Ihnen ausgesuchten Stelle in Ihrem HTML-Text ein, also nicht unter der visuellen Einstellung. Das sollte bei jedem Beitrag die gleiche Stelle sein, am besten am Ende des Textes. Eine Zählmarke müssen Sie pro Artikel nur einmal einfügen, nicht jedes Jahr wieder neu. Von VG Wort wird der Zähler nach Ablauf des Jahres oder nach der Meldung automatisch wieder auf null gestellt.

Die Übersicht über die bestellten Zählmarken.

Ihr Text muss allerdings einige Voraussetzungen für eine Ausschüttung mitbringen. Er muss einen Mindestumfang von 1.800 Zeichen inklusive Leerzeichen haben und 1.500-mal im Jahr aufgerufen worden sein. Die Texte müssen kopierfähig sein. Sonst gibt es kein Geld. Bei Texten, die über 10.000 Zeichen haben, genügt auch bereits die Hälfte der Zugriffe, also 750. Die Auszahlung pro Beitrag beträgt etwa 30 Euro und bei mehr als 3.000 Zugriffen pro Jahr sogar 40 Euro.

Für die Korrektheit dieser Angaben kann ich natürlich nicht garantieren, da sich immer etwas ändern kann. Falls jetzt jemand auf die glorreiche Idee kommt, Freunde und Bekannte aufzufordern, einen seiner Artikel öfter mal anzuklicken, wird das vom Zählsystem der VG Wort bemerkt. Das bringt also nichts.

Außer der regulären Ausschüttung mit dem Zugriffszähler und der Anzahl der Aufrufe gibt es noch die Sonderausschüttung. Diese Sonderausschüttung gibt es einmal pro Jahr. Texte für die Sonderausschüttung, die bis zum 31.12. eines Jahres erschienen sind, können bis zum 31.1. des Folgejahres gemeldet werden.

Meldungen für die Sonderausschüttung sind nur möglich, wenn sich auf der zu meldenden Seite keine Zählmarke der VG Wort befindet. Alle meldefähigen Texte werden in einer Meldung zusammengefasst. Bei der Meldung müssen Sie den Namen Ihrer Domain angeben.

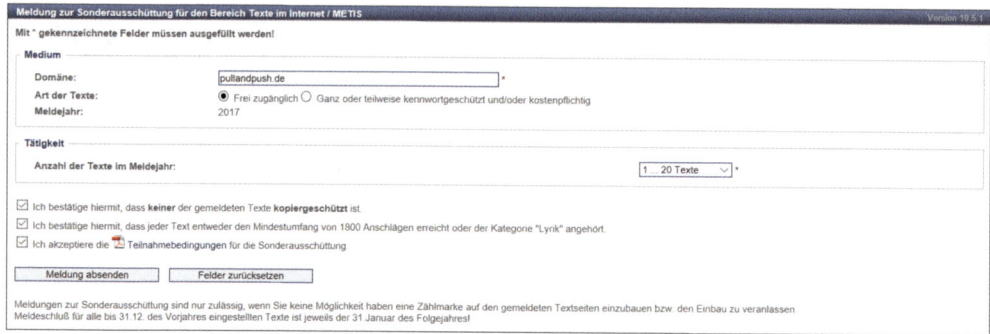

Bei der Sonderausschüttung werden alle Artikel eines Blogs zusammengefasst.

Die PDF-Zählmarke muss vor dem Kopieren angepasst werden. Sie müssen die URL des Artikels und den Link-Namen eingeben. Die PDF-Zählmarke muss an dem Platz im Text eingefügt werden, an dem auf das PDF verlinkt werden soll. Nach zwei Tagen ist die Zählmarke im T.O.M. unter der Zählmarkenübersicht gelistet.

Im Juni können Sie im Bereich *METIS* (Texte im Internet) unter T.O.M. sehen, welche Ihrer Texte die Anforderungen wie Länge und Zugriffszahl anhand des VG-Wort-Zählers erreicht haben. Sie bekommen von der VG Wort im Juni auch eine Mitteilung, wenn bei einem Artikel die Mindestanzahl der Zugriffe erreicht wurde.

Diese können Sie dann melden, für diejenigen, die die Anforderungen nicht erreicht haben, macht das keinen Sinn. Bis zum 1. Juli des Jahres, das auf die Zählung folgt, müssen diese Texte bei der VG Wort gemeldet werden. Für die Meldung müssen Sie den privaten Identifikationscode des Zählers eingeben, der in Ihrem Beitrag eingefügt ist.

Hier geht es zur Meldung des Textes.

Bei der Meldung müssen Sie jede der infrage kommenden Zählmarken einzeln aufrufen und folgende Daten eintragen: die URL, die Überschrift des Artikels und den Text des Artikels. Gehen Sie für die Meldung auf die Zählmarkenübersicht von VG Wort, klicken Sie die Zählmarke an, die die geforderten Zugriffszahlen erreicht hat, und klicken Sie auf *Meldung erstellen*. Den gleichen Vorgang führen Sie bei den anderen Zählmarken durch, die gemeldet werden können.

Um die Übersicht über Ihre eingebauten Zählmarken zu behalten, können Sie sich eine Excel-Tabelle anlegen, in die Sie die fortlaufende Nummer der Zählmarke eintragen sowie die URL des Artikels und das aktuelle Datum. So wissen Sie immer auf einen Blick, wann Sie bei welchem Artikel eine Zählmarke eingefügt haben.

Um die Zählmarken in Ihre Seite einzufügen, können Sie auch auf das Plug-in *Prosodia* zurückgreifen. Mit dem Plug-in verwalten Sie die Zählmarken und deren Zuordnung auf Beiträge. Dadurch können Sie kontrollieren, ob Zählmarken fehlen oder doppelt vergeben wurden. Dies werden Sie zu schätzen wissen, wenn die Zahl Ihrer Beiträge ziemlich hoch geworden ist. Mit dem Plug-in erhalten Sie eine Übersicht über alle Zählmarken und können die Anzahl der Zeichen eines Beitrags anzeigen lassen. Sie können Zählmarken direkt aus CSV-Dateien von der VG Wort importieren. Für PDFs ist keine Zuordnung von Zählmarken möglich. Ein Datenschutzhinweis bezüglich der Zählmarken ist ebenfalls vorhanden und sollte in Ihre Seite eingefügt werden.

Die Zählmarken der VG Wort wurden in den Blog kopiert.

30.9 Besucherzähler aus dem Internet

Wenn Sie unabhängig von den Zählmarken der VG Wort prüfen wollen, wie viele Besucher Ihr Blog hat, dann sollten Sie über die Installation eines Besucherzählers nachdenken. Diese erhalten Sie kostenlos im Netz.

Sie können damit entweder nur die Anzahl aller Besucher anzeigen lassen oder auch von heute, die von gestern und alle zusammen und natürlich diejenigen, die aktuell auf Ihrer Seite sind.

Ein Zähler aus dem Internet ist einfach und schnell installiert. Auf der Seite www.gratis-besucherzaehler.de/# finden Sie einige zur Auswahl. Durch einen Klick auf den Link *Den will ich!* können Sie einen davon auswählen.

Nach der Auswahl wird ein Code angezeigt, den Sie in Ihre Startseite und in Ihre Beiträge einfügen sollten, damit Sie auch wirklich sehen, ob man nur Ihre Seite besucht hat oder auch Ihre Beiträge.

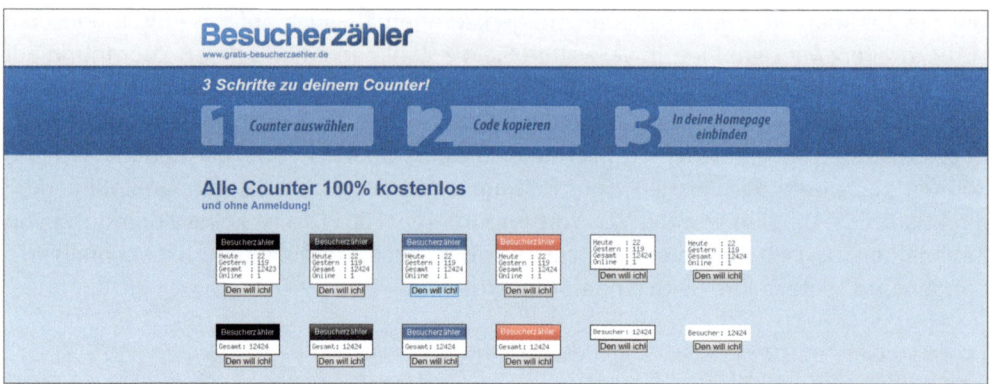

Hier gibt es kostenlose Besucherzähler.

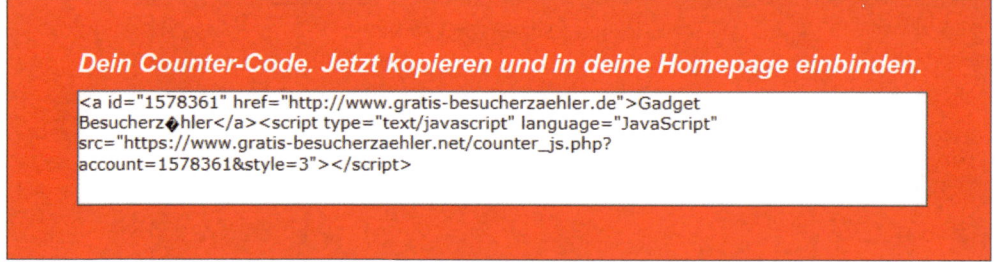

Der Code für die Installation des Besucherzählers.

30.10 VG Bild-Kunst

Diese Verwertungsgesellschaft zahlt genauso wie die VG Wort Tantiemen an Künstler aus, allerdings nur für Fotos. Sie erhebt ebenfalls Pauschalen für Kopien von Fotos von den Herstellern von Druckern und anderen Geräten, die ein Kopieren ermöglichen.

Um Mitglied in der VG Bild-Kunst zu werden, müssen Sie eine Tätigkeit im visuellen Bereich ausführen. Sie müssen also entweder Maler, Bildhauer oder Fotograf sein. Kameraleute, Kostümbildner, Karikaturisten und Illustratoren werden ebenfalls aufgenommen.

Die Künstler werden von der VG Bild-Kunst in drei Bereiche eingeteilt: die bildenden Künste, die Fotografen und die Berufe in der Filmbranche. Die Erben von Künstlern können ebenfalls Mitglied werden, ebenso Bildagenturen.

Für eine Mitgliedschaft müssen Sie sich von der VG Bild-Kunst einen Vertrag zusenden lassen und diesen in doppelter Ausführung zusammen mit einer Kopie Ihres Personalausweises zurückschicken. Geben Sie am besten auch Ihre E-Mail-Adresse mit an, denn dann bekommen Sie auch den Login für eine Onlinemeldung gleich mitgeschickt. Es dauert etwa einen Monat, bis Sie Ihren Vertrag erhalten.

VG Bild-Kunst

Wenn Sie von der VG Bild-Kunst aufgenommen wurden, können Sie Ihre Meldungen online senden, für die Sie bis zum 31. Oktober des Folgejahres, in dem die Fotos erschienen sind, Zeit haben. Wenn Sie die Meldungen in Papierform schicken wollen, haben Sie nur bis Ende Juni des Folgejahres Zeit.

Bei Meldungen für Onlineveröffentlichungen müssen Sie den Domainnamen angeben und der Inhaber der Domain sein. Das muss anhand des Impressums nachgewiesen werden. Sie müssen auch angeben, ob die Webseite privat oder gewerblich ist. Die Anzahl der Bilder, die Sie zeigen, müssen Sie dann noch in ein Formular eintragen und nach drei Kategorien gliedern: Foto, Illustration und Kunst.

Es können auch Bilder gemeldet werden, die auf anderen Webseiten abgebildet sind. Dort muss aber Ihr Name unter dem Bild stehen. Bilder, die durch ein Passwort oder einen Filter geschützt sind, können Sie nicht melden. Doppelte Bilder werden ebenfalls nicht anerkannt.

Auch Bildagenturen und Galerien dürfen die eigenen Werke anmelden, ebenso Verkaufsportale, die Bücher oder DVDs anbieten.

Wenn Sie Veröffentlichungen melden wollen, müssen Sie ein Belegexemplar Ihres veröffentlichten Buches oder Zeitungen und Zeitschriften mit Ihren Veröffentlichungen mitsenden oder Mitglied in der Künstlersozialkasse sein.

Zusätzlich müssen Sie Ihr Einkommen aus der Tätigkeit im visuellen Bereich durch einen Steuerberater nachweisen oder durch Kopien von Rechnungen, die Ihr Einkommen belegen, mit dem dazugehörenden Nachweis des Zahlungseingangs. Alternativ genügt der Nachweis der Mitgliedschaft in einem der Berufsverbände, mit dem die VG Bild-Kunst zusammenarbeitet. Sie können nur Veröffentlichungen in Deutschland melden und Auftraggeber mit deutschem Firmensitz.

31. Rechtliche Aspekte

Im Internet gibt es immer mehr rechtliche Dinge zu beachten, auch bei Blogs. Ein Blog muss bestimmte rechtliche Anforderungen erfüllen, sonst gibt es Probleme, meist in Form von Abmahnungen.

Jeder Blog und jede Webseite, egal ob privat oder geschäftlich, muss gekennzeichnet sein. Sobald Sie nur ein einziges Werbebanner auf Ihrem Blog integrieren, müssen Sie ein Impressum haben, in dem die wichtigsten Daten über den Betreiber stehen.

An zweiter Stelle ist die Datenschutzerklärung zu nennen, die auf einer separaten Seite stehen muss, also nicht im Impressum. In dieser Erklärung müssen alle Dienste, die Sie in Ihrem Blog nutzen, angegeben sein.

Werbung, die sich auf Ihrem Blog befindet, muss speziell gekennzeichnet sein, denn in Deutschland müssen Inhalte und Werbung strikt getrennt sein. Kennzeichnen Sie Werbung auf Ihrem Blog also immer als solche. Dann gibt es noch das Urheberrecht.

Außerdem dürfen Sie niemanden beleidigen oder verleumden. Kontrollieren Sie auch Ihre erhaltenen Kommentare auf diese Dinge.

Falls Sie Newsletter versenden, müssen Sie die Abonnenten mit dem Double-Opt-in-Verfahren verifizieren, die Abonnenten müssen also bestätigen, dass sie die Newsletter auch wollen, denn unerwünscht versendete Mails sind abmahnbar.

Achten Sie bei der Auswahl Ihres Domain- und Blognamens darauf, dass Sie keine Markenrechte verletzen.

Und beachten Sie auch das Leistungsschutzrecht, das besagt, dass Sie keine Texte aus anderen Veröffentlichungen kopieren dürfen. Genau aus diesem Grund sollten Sie Gastautoren eine Vereinbarung unterzeichnen lassen, aus der hervorgeht, dass der gelieferte Artikel nicht irgendwo kopiert wurde.

Halten Sie sich bei der Verwendung des Statistik-Plug-ins *Google Analytics* an den deutschen Datenschutz. Auch auf den Social-Media-Kanälen müssen Sie einige rechtliche Dinge beachten. Wenn Sie auf all diese Dinge achten, haben Sie viele Probleme im Voraus vermieden.

31.1 Das Impressum

Fast jede Webseite muss ein Impressum haben. Wer Waren zum Verkauf oder zur Vermietung anbietet, benötigt ein Impressum, ebenso Freiberufler. Wer regelmäßig redaktionelle Texte veröffentlicht, braucht ebenfalls ein Impressum. Blogger sollten immer ein Impressum haben.

Jede Webseite, die nicht privat ist, muss ein Impressum haben. Als privat gelten nur jene Seiten, die sich ausschließlich auf die privaten Inhalte und die Familie beziehen. Im Zweifelsfall sollten Sie auch auf einer privaten Seite ein Impressum einfügen, da sich ja auch Ihr privater Blog an die Öffentlichkeit wendet. Eine Abmahnung müssen Sie aber hier nicht befürchten, da Sie ja bei einem privaten Blog keine Mitbewerber haben wie bei einem geschäftlichen Blog.

Das Impressum muss als solches leicht erkennbar, unmittelbar erreichbar und ständig verfügbar sein.

Für das Impressum sollten Sie immer einen eigenen Menüpunkt anlegen, der von jeder Seite aus erreichbar ist. Diesen sollten Sie mit dem Namen *Impressum* versehen.

Im Impressum muss die aktuelle Adresse stehen, die Umsatzsteuernummer oder die Steuernummer und eine E-Mail-Adresse. Wenn Sie diese Dinge nicht berücksichtigen, kann man Sie wegen eines Impressumverstoßes abmahnen.

31.2 Die Datenschutzerklärung

Eine Datenschutzerklärung muss jede Webseite haben, da ja auf den Seiten Daten für den Zugriff erzeugt werden und Kontakte erfolgen.

Sie müssen den Besuchern verschiedene rechtliche Dinge mitteilen. Tun Sie das nicht, kann eine Anzeige beim Datenschutzbeauftragten die Folge sein. Sie müssen auch mitteilen, was Ihre Plug-ins tun.

Für das Erstellen von Impressum und der Datenschutzerklärung gibt es im Internet kostenlose Impressums-Generatoren, die Ihnen das schnelle Erzeugen dieser beiden Dinge ermöglichen. Hierbei wird auch angefragt, welche Plug-ins Sie benutzen, und auf deren Aktivitäten hingewiesen.

Bestimmte Plug-ins, die aus Sicht des Datenschutzes bedenklich sind, hatte ich in diesem Buch ja bereits erwähnt. Das waren *Jetpack*, *Google Analytics* und *Akismet*.

31.3 Versenden von Newslettern

Beim Versand von E-Mail-Werbung und Newslettern müssen Sie in Deutschland das Opt-in-Verfahren nutzen. Dieses Verfahren besagt, dass der Empfänger dem Kontakt per E-Mail zustimmen muss. Schicken Sie dem Empfänger unerlaubt auch nur eine einzige Mail, können Sie abgemahnt werden.

Die Zustimmungen der Empfänger müssen Sie natürlich jederzeit nachweisen können, also genau protokollieren. Sie müssen beweisen können, dass Sie das Double-Opt-in-Ver-

31. Rechtliche Aspekte

fahren angeboten haben, und ebenfalls den Klick des Empfängers auf den Link in der Bestätigungsmail.

Sie dürfen vom Empfänger nur so wenige Daten wie nötig anfordern, also am besten nur die E-Mail-Adresse. Diese muss genügen, damit der Empfänger Newsletter erhält. Außerdem muss er die Möglichkeit haben, sich vom Newsletter-Versand wieder abzumelden. Dafür sollten Sie am Ende der E-Mail einen Link einfügen, der es ihm ermöglicht, den Newsletter-Versand abzubestellen. Natürlich muss er sich auch über E-Mail oder Telefon abmelden können.

Es besteht übrigens auch bei dem Versand von Newslettern die Impressumspflicht. Auch in diesem müssen Name und Ihre Anschrift stehen und eine E-Mail-Adresse. Alternativ genügt es aber auch, wenn das Impressum über maximal zwei Klicks erreicht wird. Wenn Sie also in der Mail einen Link zu der Impressum-Seite auf Ihrem Blog einfügen, reicht das ebenfalls aus.

Eine vom Empfänger erteilte Einwilligung kann auch wieder erlöschen. Die erste E-Mail muss dann zeitnah beim Empfänger eintreffen, also nicht erst ein Jahr später.

Eine Ausnahme von den bisher genannten Regeln gibt es. Wenn der Empfänger Stammkunde ist, dürfen Sie ihm Newsletter auch ohne Einwilligung schicken, wenn Sie ihm Ware verkauft haben und dadurch seine Postadresse bekommen haben und Sie diese Adresse zur Bewerbung für ähnliche Waren oder Dienstleistungen verwenden, die der Kunde gekauft hat. Außerdem darf der Kunde der Nutzung seiner Adresse nicht widersprochen haben und natürlich muss er auch darauf hingewiesen werden, dass er der Nutzung jederzeit widersprechen kann, ohne dass ihm Kosten entstehen.

Sicherheitshalber sollten Sie eine Einwilligung verlangen, dass der Kunde dem Zusenden von E-Mail-Werbung nach Aufnahme einer Geschäftsbeziehung zustimmt.

Geben Sie auch immer die Preise plus Liefer- und Versandkosten korrekt an. Wenn Sie einen Shop betreiben, müssen Sie angeben, dass der Preis eines Artikels die gesetzliche Mehrwertsteuer enthält und dass zusätzliche Liefer- und Versandkosten anfallen. Dies müssen Sie auch in einem Newsletter zu einem Produkt angeben, wenn Sie den Preis nennen.

31.4 Das Urheberrecht

Im Internet ist so gut wie alles urheberrechtlich geschützt: von Bildern und Fotos über Videos bis zu Liedern und Texten. Wenn Sie irgendetwas aus dem Netz einfach kopieren, müssen Sie mit einer Abmahnung rechnen. Wollen Sie etwas verwenden, müssen Sie von dem Urheber die Verwendung genehmigen lassen. Bilder und Texte, die von Ihnen selbst fotografiert oder geschrieben wurden, können Sie natürlich jederzeit verwenden.

31.5 Bilder veröffentlichen

Wenn Sie Bilder ins Netz stellen, sollten diese auf keinen Fall fremde Personen ohne deren Einwilligung zeigen. Bei Verwendung von Bildern aus Archiven sollten Sie sich an die Lizenzbedingungen halten. Vor allem die Nennung des Urhebers ist wichtig. Tun Sie dies nicht, ist Ihre Lizenz nicht mehr gültig und Sie können abgemahnt werden.

Für die Nutzung von fremden Bildern oder Videos benötigen Sie einen Vertrag entweder mit dem Urheber oder einer Agentur oder einem Bilder-Portal. Dabei gibt es verschiedene Arten von Verträgen für eine Lizenz: zeitlich eingeschränkt oder auf ein bestimmtes Medium beschränkt, mit dem Recht, die Bilder zu bearbeiten, oder für redaktionelle Zwecke.

Besondere Sorgfalt sollten Sie wahren, wenn Sie Bilder mit fremden Personen veröffentlichen, denn keiner muss es akzeptieren, sein Bild ungenehmigt im Web zu sehen. Sie müssen fast immer eine Genehmigung zur Veröffentlichung bei der fotografierten Person einholen.

Die einzigen Ausnahmen – auch als Panoramafreiheit bezeichnet – sind, wenn die Personen für das Foto bezahlt wurden oder nicht zu erkennen sind, weil auf dem Foto Dutzende von Leuten sind, die aus einer gewissen Entfernung fotografiert wurden. Auch Berühmtheiten aus der Geschichte dürfen Sie zeigen, aber nicht Prominente.

Dinge, die Sie von außerhalb eines Grundstücks sehen können, dürfen Sie fotografieren und auch veröffentlichen. Dies gilt in erster Linie für Gebäude.

Wenn Sie von Privatgrundstücken aus fotografieren wollen, benötigen Sie die Genehmigung des Grundstücksinhabers.

Falls Sie sich in einem Museum befinden, müssen Sie sich an die Hausordnung halten oder beim Eigentümer nachfragen, ob Sie Bilder veröffentlichen dürfen.

Bilder können Sie auch von Portalen laden, meistens in Verbindung mit Kosten, manchmal aber auch kostenlos.

Bei *Fotolia* (https://de.fotolia.com/) finden Sie über 35 Millionen lizenzfreie Bilder in den Bereichen Fotos, Illustrationen und Vektoren. Eine Lizenz gilt hier ohne zeitliche Einschränkung. Ein Klick auf den Button *Bestseller* zeigt Ihnen die beliebtesten Bilder an. Die Bilder sind allerdings nicht kostenlos.

Ein weiteres Portal, das Bilder und Videos anbietet, allerdings meist zu nicht sehr günstigen Preisen, ist *Getty Images* (www.gettyimages.de). Eine Besonderheit bei diesem Anbieter ist, dass Sie ein vorhandenes Bild hochladen können und das Portal dann ähnliche Bilder sucht.

Auch bei *istockphoto* (www.istockphoto.com/de) bekommen Sie Millionen von Fotos, Grafiken, Videos und Audiodateien. Diese können Sie auf einer Pinnwand sammeln und in einer Übersicht anzeigen lassen. Auch in diesem Portal können Sie nach ähnlichen Bildern suchen.

Beachten Sie auch bei kostenlosen Fotos, dass diese ebenfalls einen Urheber haben und Sie diesen nennen müssen. In vielen Fällen ist die Verwendung nur auf private oder redaktionelle Zwecke eingeschränkt.

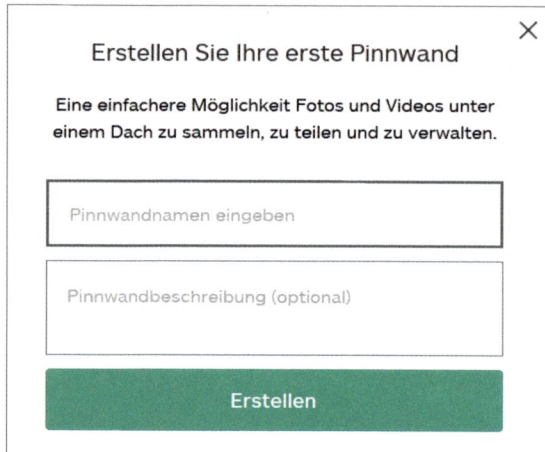

Erstellen Sie Ihre eigene Pinnwand.

Für Werbung dürfen Sie diese Bilder nicht verwenden. Wenn Sie dies tun wollen, müssen Sie auch die gewerbliche Nutzung gestatten lassen. Klären Sie vorab auch, ob Sie die Bilder bearbeiten dürfen, meistens ist das nicht so. Den Namen des Fotografen müssen Sie immer direkt unter dem Bild angeben.

31.6 Die Social-Media-Logos

Die Logos von Facebook und anderen Social-Media-Kanälen sind urheberrechtlich und markenrechtlich geschützt. Bei Facebook dürfen Sie das Logo und den Gefällt-mir-Button nur unter bestimmten Bedingungen nutzen. Diese finden Sie unter www.facebookbrand.com.

Bei Twitter haben Sie die Möglichkeit, verschiedene Logos oder Icons zu nutzen, aber nur unter Einhaltung verschiedener Bedingungen. Auch bei YouTube gibt es verschiedene Logos, die aber nur unter bestimmten Bedingungen genutzt werden dürfen.

31.7 Quellenangabe

Wenn Sie etwas aus einer fremden Quelle kopieren oder zitieren, müssen Sie die Quelle angeben. Dazu gehören der Name des Urhebers, der Titel der Quelle und das Jahr der Veröffentlichung. Wenn eine oder mehrere der Angaben nicht zu finden sind, dann vermerken Sie »Unbekannt« oder »ohne Jahr«. Die Angabe der Quelle muss so präzise wie möglich sein.

Quellenangabe

Die Angabe der Quelle finden Sie in Büchern auf den ersten Seiten, in Zeitungen und Zeitschriften direkt bei dem jeweiligen Artikel.

Im Internet gestaltet sich die Suche nach der Quelle da schon etwas schwieriger, denn hier fehlen meist die Angaben für das Jahr des Erscheinens. Daher geben Sie am besten das Datum an, an dem Sie die Seite zuletzt besucht haben. Dann haben Sie den aktuellen Inhalt wiedergegeben, der sich ja später ändern kann.

Bei der Nennung von Webseiten müssen Sie die vollständige Adresse angeben, also die komplette URL.

Die Quellenangaben sollten bei einem Beitrag immer am Ende stehen, bei einem Artikel auch. Bei einem wörtlichen Zitat oder einem Bild sollte die Angabe direkt darunter stehen. Wörtliche Zitate müssen Sie in Anführungszeichen setzen.

Ich weise darauf hin, dass für alle rechtlichen Hinweise in diesem Buch keine Garantie übernommen werden kann. Besonders im Medienrecht ändern sich öfter Gesetze oder es kommen neue hinzu. Im Zweifelsfall sollten Sie sich an einen Rechtsanwalt für Medienrecht wenden.

32. Anhang

32.1 Die besten Tipps zum Blog

- Versehen Sie Ihren Blog mit einem besonderen Aussehen.
- Vermeiden Sie Rechtschreibfehler.
- Versehen Sie Ihre Beiträge immer mit Bildern und Videos.
- Bieten Sie regelmäßig neue Artikel.
- Schreiben Sie in flüssigem Stil.
- Teilen Sie Ihren Blog in Kategorien ein.
- Antworten Sie auf Kommentare immer schnell.
- Lernen Sie, mit Kritik umzugehen.
- Verzichten Sie auf Werbung, solange Sie nicht genug Besucher auf Ihrem Blog haben.
- Bauen Sie Social-Media-Buttons in Ihren Blog ein.
- Nutzen Sie Plug-ins.
- Verwenden Sie Shortcuts, um Zeit zu sparen.

32.2 Die wichtigsten Tastenkombinationen

- Einblenden der Werkzeugleiste: Alt + ⇧ + Z
- Aufrufen des Hilfe-Bereichs: Alt + ⇧ + H
- Wechseln zur Vollansicht: Alt + ⇧ + G
- Wechseln zum HTML-Editor: Alt + ⇧ + E
- Einfügen eines Links: Alt + ⇧ + A
- Einfügen eines Bildes: Alt + ⇧ + M
- Einfügen einer Liste: Alt + ⇧ + U
- Einfügen einer nummerierten Liste: Alt + ⇧ + O
- Formatieren von Zwischenüberschriften als h1–h6: Strg + 1 - 6
- Aktivierung der Rechtschreibprüfung: Alt + ⇧ + N

Alle Tastenkürzel des visuellen Editors können Sie sich bequem mithilfe der Tastenkombination Alt + ⇧ + H ansehen.

Die Tastenkombinationen von WordPress.

32.3 Das WordPress-Lexikon

Administrator
Ein Administrator ist bei WordPress derjenige, der den Blog verwaltet.

Archiv
Mit dem Archiv filtern Sie Ihre Artikel. Archive gibt es für Tage, Monate und Jahre und für Autoren.

Artikel
Geschriebene Artikel werden in WordPress als Beiträge angezeigt und chronologisch sortiert. Einem Artikel kann man Kategorien und Schlagwörter zuordnen.

Auszug
Ein Auszug fasst den Inhalt eines Artikels kurz zusammen. Wenn keine Zusammenfassung vorliegt, dann wird der Anfang des Artikels für den Auszug verwendet.

Avatar-Bild
Unter Avatar-Bild versteht man ein kleines Bild, das neben Kommentaren erscheint und vorher erstellt wurde.

Backend
Das Backend ist der Bereich des Administrators, den nur dieser einsehen kann.

Anhang

Beitrag
Beiträge sind Artikel in WordPress, die mit dem aktuellen Datum versehen sind. In Beiträgen werden aktuelle Infos vermittelt.

Benutzer
In WordPress besteht die Möglichkeit, jedem Benutzer, der sich registriert hat, eine Aufgabe zuzuteilen. Er kann Administrator, Redakteur, Autor, Mitarbeiter oder Abonnent sein.

Blog
Ein Blog ist die Abkürzung für Weblog. Er enthält Artikel und Beiträge, die nach Datum sortiert sind.

Blogroll
Unter einer Blogroll versteht man eine Liste mit Links, die zu anderen Blogs führen.

Browser
Browser sind Programme auf dem PC, die Internetseiten zeigen.

Chat
In einem Chat können zwei oder mehrere Personen miteinander kommunizieren.

CMS
Ein Content-Management-System dient zur Verwaltung der Inhalte einer Seite. Mit dieser Software können Sie sich von jedem beliebigen Computer aus anmelden und Ihre Webseite bearbeiten.

Community
Eine Community ist eine Gemeinschaft, die sich auf einem Blog oder einer Webseite austauscht.

Dashboard
Unter Dashboard versteht man auch die Startseite des Bereichs für den Administrator. Hier hat er eine Übersicht über Artikel, Seiten und Kommentare und kann das Design seines Themes ändern.

Datenbank
In einer Datenbank werden Daten gesammelt. Bei der Anmeldung bei einem Provider benötigt dieser eine MySQL-Datenbank für die Speicherung.

Domain
Unter einer Domain versteht man die Adresse einer Webseite.

Drop-down
Alle Elemente, die sich nach unten hin öffnen lassen, werden als Drop-down bezeichnet. Ein Beispiel dafür sind die Untermenüs auf Webseiten.

Editor
Der Editor von WordPress dient zur Eingabe der Texte. Er besteht aus zwei Bereichen, dem visuellen und dem HTML-Bereich. Im visuellen Bereich nehmen Sie Ihre Eingaben vor und bearbeiten Texte. Im HTML-Bereich wird der Code dieser Texte angezeigt.

E-Mail
Unter einer E-Mail besteht man eine Nachricht, die von Netzwerken übertragen wird.

FAQ
Der Begriff FAQ beschreibt oft gestellte Fragen und die Antworten dazu.

Footer
Der Footer ist das untere Ende einer Webseite. Hier werden die Teile der Seite eingefügt, die auf einer Seite ganz unten angezeigt werden sollen.

Frontend
Mit Frontend wird der für jeden Besucher sichtbare Bereich eines Blogs bezeichnet.

FTP
Mithilfe dieses Verfahrens für die Übertragung von Dateien können Sie Dateien direkt von Ihrem PC zu Ihrem Provider hochladen.

Header
Mit Header wird der obere Bereich einer Webseite bezeichnet. Dort wird ein Logo, ein Bild oder ein Link eingefügt. Das Menü zur Navigation durch die gesamte Seite ist hier ebenfalls platziert.

Hosting
Das Hosting ist das Speichern einer Webseite auf dem Server eines Providers.

HTML-Editor
Der HTML-Editor lässt in WordPress das Schreiben von HTML-Code zu.

Kategorien
Die Kategorien sind als Hilfe gedacht, um Artikel zu sortieren und somit den Überblick zu behalten, wenn viele Artikel geschrieben werden.

32. Anhang

Mediathek
In der Mediathek sind alle Bilder, Videos, Audiodateien und Dokumente wie PDF-Dateien gespeichert. Alle Medien werden in einer Übersicht angezeigt und neue Medien können von hier aus hochgeladen werden.

MySQL
Alle Daten und Einstellungen in WordPress werden in MySQL-Datenbanken gespeichert.

Permalink
Unter einem Permalink versteht man die festgelegte URL eines Artikels oder einer Seite.

Plug-in
Mit einem Plug-in versehen Sie Ihren Blog mit zusätzlichen Funktionen. Ein Plug-in muss vor der Nutzung installiert und aktiviert werden und kann auch wieder deaktiviert oder gelöscht werden.

Responsive
Mit Responsive ist die Anpassung Ihrer Seite an diverse Endgeräte gemeint. Wenn sie responsive ist, wird sie auf Smartphones und Tablets gut sichtbar dargestellt.

Revisionen
Unter einer Revision versteht man das Backup eines Artikels, auf das man zurückgreifen kann, wenn der Artikel nicht gespeichert wurde.

Schlagwort
Ein oder mehrere Schlagwörter können einem Artikel zugewiesen werden, um ihn einem bestimmten Thema zuzuordnen.

Seite
Eine Seite wird im Menü jeweils mit ihrer Bezeichnung angezeigt. Das kann die Startseite sein, die Kontakt-Seite oder das Impressum. Eine Seite ist immer statisch und wird in der Hauptnavigation angezeigt.

SEO
Die Suchmaschinenoptimierung dient dazu, Webseiten im Ranking höher zu platzieren.

Shortcode
Unter Shortcodes versteht man kurze Codes, mit denen Sie Elemente in einen Artikel einfügen können. Diese Codes stehen immer in eckigen Klammern.

Sidebar
In der Sidebar findet der Besucher die Links zum Archiv, zu den Kategorien oder zu beliebten Artikeln und zu den Kommentaren. Diese steht in der Regel als Spalte am linken oder rechten Rand einer Webseite.

Slider
Unter einem Slider versteht man eine Galerie von Bildern, die für einige Sekunden angezeigt wird und meist auf der Startseite platziert ist.

Spam
Kommentare werden immer Spam enthalten. Um dem entgegenzuwirken, sollte ein Plug-in benutzt werden, das den Spam herausfiltert.

Theme
Ein Theme ist eine Design-Vorlage für den Blog. Jedes Theme beinhaltet Funktionen zur weiteren Bearbeitung und Gestaltung des Blogs.

Thumbnail
Ein Thumbnail ist ein Vorschaubild auf einen Artikel. Es wird am Anfang des Artikels angezeigt. Ein solches Bild können Sie in der Mediathek direkt von Ihrem PC hochladen.

URL
Die URL ist der direkte Hinweis auf eine Seite.

Visueller Editor
Der visuelle Editor sorgt dafür, dass Sie das sehen, was Sie gerade schreiben. In diesem Bereich können Sie den Text auch formatieren.

Webspace
Ein Webspace ist der Speicher, den Ihnen ein Provider auf seinem Server zur Verfügung stellt.

Widgets
Mit Widgets können Sie verschiedene Funktionen direkt in die Sidebar oder in den Footer Ihrer Seite ziehen. Es gibt Widgets für Archive, Kalender, für eine Suchfunktion und viele andere. Diese können Sie in Ihre Sidebar oder in Ihren Footer einfügen.

WordPress
WordPress ist eine Software zur Gestaltung von Blogs, die jedem kostenlos zur Verfügung steht. Es wurde auf der Grundlage der Skriptsprache PHP gestaltet und muss für die Speicherung der Daten eine SQL-Datenbank zur Verfügung haben.

32.4 Blogs, Themes, Plug-ins

Blog

- http://www.got-big.de von Thomas Bluhm

Themes

- Misty Lake von Automattic
- Fabulous Fluid von Catch Themes
- RenNews Child von Madalin Milea
- Boardwalk von Automattic
- ARIX von Photricity Web Design
- Powerclub Lite von Grace Themes
- Wilson von Anders Norén
- Graduate von Theme Palace
- Radcliffe von Anders Norén
- Ignite von Ben Sibley
- Libretto von Automattic
- Courage von ThemeZee
- Twenty Seventeen von WordPress.org

Plug-ins

- Contact Form 7 von Takayuki Miyoshi
- Yoast SEO von Team Yoast
- Antispam Bee von pluginkollektiv
- Scroll To Top von Rafael Cirolini
- Regenerate Thumbnails von Alex Mills
- TinyMCE Advanced von Andrew Ozz
- WP Statistics von Verona Labs
- MailPoet 2 von MailPoet
- WP User Avatar von flippercode
- WooCommerce von Automattic
- Very Simple Contact Form von Guido van der Leest
- Enhanced Media Library von wpUXsolutions
- Media File Manager von Atsushi Ueda

- Statify von pluginkollektiv
- NextGEN Gallery von Imagely
- Autoptimize von Frank Goossens
- Ninja Forms von WP Ninjas
- jQuery Lightbox For Native Galleries von Viper007Bond
- WP-Optimize von David Anderson, Ruhani Rabin, Team Updraft
- BackWPup von Inpsyde GmbH
- UpdraftPlus von UpdraftPlus.Com, David Anderson
- W3 Total Cache von Frederick Townes
- W3 Super Cache von Automattic
- WP Fastest Cache von Emre Vona
- Broken Link Checker von Janis Elsts, Vladimir Prelovac
- Wordfence Security von Wordfence
- f(x) Private Site von David Chandra Purnama
- Media Folder von Joel Laverdure
- WP Smush von WPMU DEV
- Slim Jetpack von WingerSpeed
- Shariff Wrapper von Jan-Peter Lambeck & 3UU
- Contact Form Clean and Simple von Megan Nicholas
- PDF24 Article To PDF von Stefan Ziegler
- Print Friendly & PPDF von PrintFriendly
- TablePress von Tobias Bäthge
- Table of Contents Plus von Michael Tran
- Shortcodes Ultimate von Vladimir Anokhin
- Cache Enabler – WordPress Cache von KeyCDN
- WP-Sweep von Lester 'GaMerZ' Chan
- free-images.cc Importer von Luehrsen // Heinrich

Stichwortverzeichnis

A

Abonnenten _____ 213
   anlegen _____ 196
   exportieren _____ 198
Administrationsbereich _____ 213
   Einstellungen _____ 215
Administrator _____ 213
Affiliate-Programme _____ 415
Alternativtext _____ 122
Anhang-Details _____ 122
Ansicht anpassen _____ 69
Archive _____ 234
Artikel _____ *siehe* Beiträge
Artikelideen finden _____ 147
Aufzählungen _____ 78
Autor _____ 213
Autorisierungscode _____ 103
Avatar _____ 186
Avatar einfügen _____ 187

B

Backend _____ 71
Backlinks _____ 416
Backups _____ 292
   aufteilen _____ 309
   außerhalb von WordPress _____ 306
   Dropbox _____ 302
   planen _____ 296
   testen _____ 308
   wiederherstellen _____ 311
BackWPup _____ 292, 294
Balkendiagramm _____ 330
Barrierefreiheit _____ 122
Beiträge
   Anzahl _____ 242
   auf Startseite _____ 222
   datumsorientiert suchen _____ 240
   erstellen _____ 73, 150
   geschäftlicher Blog _____ 231
   gestalten _____ 151
   gleichzeitig bearbeiten _____ 166
   Länge _____ 154
   mit mehreren Teilen _____ 157
   Unterschied zu Seiten _____ 85
   verlinken _____ 279
Beitragsbild einfügen _____ 138
Beleidigungen _____ 428
Benutzer
   anlegen _____ 213
   löschen _____ 214
Benutzerkonten-Verwaltung _____ 217
Benutzername _____ 216
Bereinigen _____ 397
Besucherzähler _____ 425
Bildarchive _____ 143
Bilder _____ 115
   Alternativtext _____ 122
   aus dem Web _____ 115
   Ausschnitt _____ 126
   bearbeiten _____ 117, 118
   bearbeiten in WordPress _____ 122
   Dateigröße _____ 123
   Dateinamen _____ 122
   Details anzeigen _____ 116
   direkt in WordPress übertragen _ 145
   drehen _____ 127
   einfügen _____ 119
   ersetzen _____ 137
   erstellen _____ 115
   Größe ändern _____ 118
   große einfügen _____ 136
   Import _____ 145
   in die Mediathek übernehmen __ 128
   in Newsletter _____ 201
   kostenlose _____ 143
   neben Text platzieren _____ 176
   optimieren _____ 368
   skalieren _____ 123
   sortieren _____ 253
   verschieben _____ 256
   Vorschau _____ 140
   zuschneiden _____ 118
Bildergalerie erstellen _____ 133

Stichwortverzeichnis

Blog _____ 23
   bekannt machen _____ 409
   erzeugen _____ 42
   geschäftlicher _____ 225
   Layout _____ 39
   Leistung testen _____ 318
   mit Bildern _____ 174
   privater _____ 365
   Reisen _____ 281
   Seiten _____ 85
   Shop _____ 259
   Struktur _____ 40
   technische Fragen _____ 24
Blogparade _____ 409
Blogroll _____ 409
Blogverzeichnisse _____ 409
Broken Link Checker _____ 363

C

Caching _____ 345, 396
Contact Form Clean and Simple _____ 378

D

Dareboost _____ 341
Dashboard _____ 67
Datenmüll beseitigen _____ 288
Datenschutzerklärung _____ 428, 429
Datenschutzseite _____ 229
Datum und Zeit _____ 220
Designs _____ 43
Dokument anlegen _____ 163
Domain _____ 24
Domainnamen _____ 25
DOM-Teile _____ 329
Double-Opt-in-Verfahren _____ 428, 430
Downloads anbieten _____ 410
Dropbox _____ 292
Dropbox, Backup _____ 302

E

E-Books _____ 416
Einstellungen _____ 219
   Allgemein _____ 219
   Diskussionen _____ 223
   gebräuchliche _____ 223
   Lesen _____ 222
   Mediathek _____ 223
   Permalinks _____ 223
   Schreiben _____ 221
Einzug _____ 83
E-Mail-Adresse _____ 219

F

Facebook _____ 399, 412
Fachblogs _____ 159
Fanpage _____ 412
Flickr _____ 403
Footer _____ 277
Foren _____ 411
Formatieren _____ 77
Formatierung löschen _____ 82
Formulare erstellen _____ 189
Foto in Kopfzeile einfügen _____ 226
Frontend _____ 71

G

Gastartikel _____ 411
Gebräuchliche Einstellungen _____ 223
Geschwindigkeitsbremsen _____ 361
Geschwindigkeit verbessern _____ 361
GIMP _____ 29
Google+ _____ 399
Google PageSpeed Insights _____ 337
GTmetrix _____ 323

H

Hauptbenutzer _____ 19
Header-Bild _____ 60

443

Stichwortverzeichnis

Headline 26
Hierarchie anlegen 207
Horizontale Linie 81
Hoster 15
HTML 73
HTML-Code 77

I

Icon
    auswählen 56
    Bild hochladen 56
    Größe 58
ID, Seiten 244
Impressum 89, 229, 428
    abmahnsicher 89
    Newsletter 430
    platzieren 89
Inhaltsverzeichnis 389
Instagram 400, 412
Installation 15
IP-Adresse auswerten 173

J

Jetpack 370

K

Kalender 240
Kategorie-Basis 223
Kategorien 206
    anlegen 206
    auflisten 241
    benennen 211
    Hierarchie 207
    löschen 210
    Uncategorized 206
Keywords 159, 168, 278
Kommentare 68, 183
    Anzahl der neuesten 242
    anzeigen 183
    erlauben 183
    freischalten 185
    prüfen 185
    sortieren 185
    Spam 109
    Spam erkennen 185
    verschachteln 184
Kommentarfunktion 183, 413
    ausschalten 88
    deaktivieren 183
Kontaktformular 230, 284
Kontakt-Seite 85, 229
Kundennummer 15

L

Ladezeit 318
Ladezeit verbessern 361
Lagerbestand verwalten 272
Latenz 341
Layout 39
Lightbox 283
Linie, horizontale 81
Links 279
    checken 363
    einfügen 79
    entfernen 79
    externen erstellen 179
    internen erstellen 179
Listen 194
Listen bearbeiten 195
Logo 28

M

Managed WordPress 17
Managed-WordPress-Paket 15
Mediathek 128, 251
    Bilder sortieren 253
Medienkategorie hinzufügen 254
Mehrwertsteuer 271
Menüs hinzufügen 238

Stichwortverzeichnis

Metadaten _____ 102
Metatag _____ 175
Mitarbeiter _____ 213
Motivation _____ 148

N

Name, öffentlichen ändern _____ 232
Navigationsmenü erstellen _____ 238
Newsfeed _____ 222
Newsletter _____ 413
   Anmelde-Formular _____ 190
   Double-Opt-in-Verfahren _____ 428, 430
   Impressum _____ 430
   normal/automatisch _____ 199
   Trennbalken _____ 202
   versenden _____ 193
Nummerierungen _____ 78

O

Öffentlichen Namen ändern _____ 232
Öffentlicher Name _____ 232
Onlineshop _____ 265
   Reihenfolge der Seiten _____ 267
Optimierungen _____ 288
Opt-in-Verfahren _____ 429
Ordner anlegen _____ 367

P

Pagespeed _____ 339
Passwort _____ 15, 314
Passwort ändern _____ 217
PDF-Datei einfügen _____ 383
Performance _____ 318
   Testprogramme _____ 337
Permalink _____ 178, 223, 411
Photoshop _____ 29
Pingdom _____ 318
Pinterest _____ 401, 412
Planung _____ 37

Plug-ins _____ 93
   Akismet _____ 378
   All in One SEO Pack _____ 279
   Antispam Bee _____ 109
   auswählen _____ 162
   Autoptimize _____ 279
   BackWPup _____ 292, 294
   Better Delete Revision _____ 172
   Broken Link Checker _____ 363
   Cache Enabler _____ 396
   Contact Form 7 _____ 95
   Cookie Consent _____ 162
   Disqus _____ 186
   downloaden _____ 109
   E-Mail Address Encoder _____ 317
   Enable Media Replace _____ 137
   Enhanced Media Library _____ 253
   entfernen _____ 113
   free-images.cc Importer _____ 145
   fx-private-site _____ 366
   Google Analytics _____ 162
   installieren _____ 94
   Jetpack _____ 370
   jQuery Lightbox For Native Galleries _ 283
   MailPoet _____ 189
   Media File Manager _____ 255
   Media Folder _____ 367
   network-privacy _____ 222
   Ninja Forms _____ 284
   nützliche _____ 94
   PDF24 Article To PDF _____ 383
   Print Friendly & PDF _____ 384
   Prosodia _____ 425
   QuickEdit _____ 168
   Scroll to Top _____ 112
   Shariff für WordPress _____ 162
   Shariff Wrapper _____ 373
   Shortcode Ultimate _____ 392
   Spam vermeiden _____ 109
   Statify _____ 276
   Table of Contents Plus _____ 389
   TablePress _____ 386

Stichwortverzeichnis

TinyMCE Advanced _____ 162, 375
UpdraftPlus _____ 289, 312
W3 Total Cache _____ 345
WooCommerce _____ 262
WooCommerceGermanized _____ 273
Wordfence _____ 314
WordPress Backup to Dropbox _____ 306
WP Fastest Cache _____ 359
WP-Optimize _____ 288
WP Smush _____ 368
WP Statistics _____ 162, 173
WP-Super-Cache _____ 356
WP-Sweep _____ 397
WP User Avatar _____ 186
Yoast SEO _____ 99, 279
Produktbild _____ 266
Produktgalerie _____ 267
Profi-Blogger _____ 414
Profil
   anpassen _____ 215
   bearbeiten _____ 68

Q

Qualität _____ 149

R

Recherchieren _____ 148
Rechtsfragen _____ 428
Redakteur _____ 213
Reinigungsarbeiten _____ 288
Reiseblog _____ 281
Revisionen _____ 169
   löschen _____ 172
   vergleichen _____ 170
Rollen _____ 213
RSS _____ 243

S

Schlagwort-Basis _____ 223
Schlagwörter _____ 169
Schlagwörter-Wolke _____ 243
Schlüsselwörter _____ 168
Schreibaufträge _____ 419
Schrift formatieren _____ 165
Seiten _____ 35, 85
   ändern _____ 91
   Aufbau _____ 35
   auflisten _____ 244
   ID _____ 244
   Struktur _____ 40
   Unterschied zu Beiträgen _____ 85
   Untertitel vergeben _____ 228
SEO-Titel _____ 178
Serien _____ 157
SFTP-Zugangsdaten _____ 19
Shortcodes _____ 392
Shortcodes kopieren _____ 230
Shortcode Ultimate _____ 392
Sicherung _____ 292
Sichtbarkeit für Suchmaschinen _____ 222
Sidebar _____ 71
Sidebar, Bild einfügen _____ 237
SlideShare _____ 406
Snapchat _____ 402
Social Media _____ 399
Social-Media-Logos _____ 432
Sonderzeichen _____ 82
Songs, Urheberrecht _____ 236
Spam vermeiden _____ 109
Speedtest _____ 361
Spitzname _____ 216
Sprache _____ 219
SSL-Verschlüsselung _____ 19
Startseite _____ 85, 86
Statistiken _____ 173, 246
Statistiken erstellen _____ 173
Struktur _____ 40
Suchmaschinenoptimierung _____ 178, 278
   außerhalb der Seite _____ 279
   Einstellungen _____ 218
   Sichtbarkeit _____ 222
Suchwörter festlegen _____ 168
Support-Foren _____ 69

Stichwortverzeichnis

T

Tabellen einfügen _____ 181, 386
TablePress _____ 386
Tag-Wolke einbinden _____ 243
Tantiemen _____ 426
Tastaturkürzel _____ 83, 215
Templates _____ 47
Text
   ausrichten _____ 78
   aus Textverarbeitung einfügen _____ 81
   bearbeiten _____ 76
   durchstreichen _____ 81
   einfügen _____ 81
   eingeben _____ 74
   Einzug _____ 83
   formatieren _____ 77
   Widget _____ 247
Textfarbe _____ 81
Textmodus _____ 81
Themes _____ 47
   ändern _____ 53
   anzeigen _____ 46
   aussuchen _____ 161
   Auswahl _____ 47
   bearbeiten _____ 54
   downloaden _____ 52
   installieren _____ 51
   kostenlose _____ 48
   Layout _____ 48
   suchen _____ 48, 61
Thread _____ 26
Thumbnail _____ 140
Trennbalken in Newsletter _____ 202
Trennlinie _____ 164
Trolle _____ 28
Tumblr _____ 404
Twitter _____ 403, 412

U

Über-mich-Seite _____ 85, 88, 228
Überschriften _____ 25, 76, 278

Untertitel einfügen _____ 55
Updates _____ 15, 314
Urheberrecht _____ 428, 430
Urheberrecht, Songs _____ 236

V

Verleumdungen _____ 428
Verlinkung _____ 177
Veröffentlichen _____ 413
Veröffentlichungstermin festlegen _____ 398
Verschlüsselung _____ 19
Versionen _____ 169
VG Bild-Kunst _____ 426
VG Wort _____ 421
Via E-Mail schreiben _____ 221
Video einfügen _____ 248
Vimeo _____ 407
Vollbildmodus _____ 151
Vorschaubilder _____ 142

W

Wasserfalldiagramm _____ 330
Webanalyse _____ 173
Webhoster _____ 15
WebPagetest _____ 327
Webseiten
   barrierefreie _____ 122
   für Mitglieder freigeben _____ 219
Website Speed Ranker _____ 343
Webspace _____ 15
Weiterlesen-Tag _____ 79
Werbebanner _____ 421
Werbung _____ 428
Werkzeugleiste _____ 74, 215
WhatsApp _____ 408
Which loads faster? _____ 342
Widgets _____ 233
   Archive _____ 234
   Audio _____ 235
   Bild _____ 237

Stichwortverzeichnis

einfügen _____ 233
inaktive _____ 250
inaktiv schalten _____ 239
Individuelles Menü _____ 238
Kalender _____ 240
Kategorien _____ 241
Meta _____ 241
Neueste Beiträge _____ 242
Neueste Kommentare _____ 242
RSS _____ 243
Schlagwörter-Wolke _____ 243
Seiten _____ 244
Statistik _____ 245
Suchen _____ 247
Text _____ 247
Video _____ 248
Video-Widget _____ 249

X

XING _____ 404

Y

YouTube _____ 406, 412

Z

Zeitzone _____ 220
Zertifikat _____ 22
Zitate _____ 78